KB176449

논어

論語

예지의 보고 논어
우리 어법으로 풀다

논어
論語

신춘호 역주

푸른사상
PRUNSASANG

왜 지금 『논어』라야 하는가

　『논어』는 『성서』와 『불경』과 함께 우리가 반드시 읽어야 할 가장 소중한 고전 중의 하나이다.

　그런데, 『논어』는 정체성이나 보편성에서 다른 두 가지보다 열세에 놓여 왔음이 사실인바, 인간이 스스로를 뛰어넘어 하나님[神]이 되기가 지난한 점에서 『성서』를 따르지 못하는가 하면, 사랑을 중생들에게 고루 베풀지 못하는 점에서 불경에 미치지 못하기 때문이다.

　그러나, 지금은 상황이 달라졌으니 현재 인류는 일찍이 경험하지 못한 끔찍한 위기 속에서, 한낱 보잘것없이 여겨져온 정체불명의 역병과 치열한 싸움을 벌이고 있기 때문이다.

　최초의 코로나 19 확진자가 발견된 지 1년 가까이 지난 우리나라는 국민의 공감대를 이룸으로써 세계의 주목을 받고 있는바, 이는 과거 36년간 일제의 가혹한 수탈과 통일의 호기를 놓친 동족상잔으로 인한 무고한 생명들에 대한 애석함에서 우러나온 평화 지향성이, 전쟁 불사 정책을 강화시켜온 일본과 대조적이거니와, 아시아의 두 대국인 중국과 인도 중에서 인간의 삶의 문제를 종교보다 우선시해온 전자의 현황도, 『논어』에 대한 관심도를 살피는 데 더 긍정적이기 때문이다.

그러기에, 『논어』야말로 다름 아닌 '인간성'을 지켜내는 마지막 보루인 것이다. '사람들 사이'에서 살아야 하기에 '인간'이란 이름으로 대접받아온 존재가 그 의미를 거부당해버리는 날, 정작 '신성(神性)'이나 '중생(衆生)'을 인식해줄 주체 자체는 지구촌에서 자취를 감추고 말 것이므로, 오늘날 『논어』에 관한 학습은 필수불가결하다.

한마디로, 『논어』는 우리들 인간에게 더함 없는 위대한 가르침을 주는 예지의 보고이다. 인간이 인간답게 살아가기 위해서는 무엇을 가장 소중한 가치로 삼아야 하며, 그것을 추구하고 실현시키기 위해서는 어떻게 살아가야 하는가 하는 지혜를, 공자께서 그의 제자나 여러 정치인들과 나눈 어록을 통해서 생생하게 가르쳐주었기 때문이다.

나는 젊은 시절 『논어』를 대하고 나자 이를 직감하게 되어, 늘 책상 위에 두고 틈이 나는 대로 읽고 생각해왔다. 그만큼 공자는 내가 가장 흠모하는 인생의 스승이었다.

그럼에도 불구하고, 『논어』는 그리 쉽게 접근할 수 있는 대상은 아니었다. 각고의 노력을 경주하지 않으면 정복하기 어려운 매우 난해한 서적이기 때문이다. 글자 하나하나가 다의적인 의미를 지니고 있는 데다가, 허사(虛辭)의 쓰임새도 종잡을 수 없으리만큼 다양했으니, 이를테면 실사(實辭)인 '갈 지(之)' 자가 허사인 구조조사로 쓰이면, 주격, 관형격, 목적격, 보격 등 다양한 쓰임새를 나타내고 있는 것이 사실이다.

한자는 중국의 뜻글자이자 중국어는 고립어이므로, 첨가어인 우리말과 다른 체계를 지니고 있다. 우리말엔 어미나 조사가 분명하지만, 중국어에 선 그것이 분명하지 않기 때문에 궁여지책으로 실사를 가져다가 허사로도 쓰니, 이런 것을 안다는 것부터가 쉬운 일이 아닌데, 정작 이런 것을 모르 고는 문장의 의미를 올바로 파악할 수 없는 것이 사실이라, 따라서 어쩔 수 없이 문장에 대한 문법적인 이해가 필요불가결하게 된다.

　그러기에 저자는 초학자나, 보다 체계적이고 심도 있는 『논어』 학습(연구) 을 원하는 이들을 위하여, 『논어』의 전 문장을 어법적으로 분석 · 설명하는 데 이르게 되었다. 그러한 작업을 하면서 저자는 특히 논어 학습의 최대 난 제인 허사와 다의어 설명에 많은 부분을 할애하였다.

　의미 체계가 단순하지 않고 복잡할 수밖에 없는 한문의 문장구조를, 한 국 문법 이론으로 설명하는 데 큰 어려움이 따랐으나, 가능하면 우리 식으 로 설명해야 한다는 신념으로 풀어나가기로 하였다.

　이런 믿음을 지치지 않게 해준 두 분의 모습이 떠오른다. 한 분은 국조(國祖) 단군(檀君)이고 다른 한 분은 세종대왕이시다. 국조가, 지구촌의 주인으 로서 지켜야 할 임무를 타이른 '홍익인간'은 중국으로 건너가 공자에게도 전해진 듯한 환상을 갖게 한다. 그리고 세종대왕은 상류층에 한문이 널리 보급돼 있었음에도 제 나라의 '어린 백성'들을 위해 단군의 뜻을 이어받아 『훈민정음』을 창안하셨다. 인간에 대한 사랑이야말로 휴머니즘 정신이다. 우리 말 '사람'의 어원이 '살 보람'이며, '우리'의 어원은 '울타리[籬(리)]로서, 공동 운명체라는 뜻이다. 이 두 말이 '우리는 공동 운명체로서 서로 도우며 살아갈 존재'라는 진리를 일깨워주는 것이 아닐까 한다.

　이런 생각들을 떠올리면서 졸고(拙稿)를 상재(上梓)하고 보니, 너무나도 보잘것없는 것이 된 듯하여 부끄럽기 짝이 없다. 다만 이 저서가 『논어』를 처음 공부하는 분들이나, 바르게 읽고자 하는 분들에게 구우일모(九牛一毛)의 도움이라도 되었으면 하는 소박한 마음을 가져본다. 아무쪼록 부족한 점과 오류에 대해서는 강호제현의 아낌없는 질정을 바란다.

　끝으로 이 책의 출간을 선뜻 허락해주신 푸른사상사 한봉숙 대표님과 맹문재 주간님, 그리고 품격 있는 책을 만들기 위해 편집과 디자인에 정성을 쏟아주신 김수란 편집팀장님을 비롯한 직원 여러분께 깊은 감사를 드린다. 아울러 이 책의 출판을 위하여 물심양면으로 크나큰 도움을 주신 외우(畏友) 김재길 박사님께도 진심으로 깊은 감사의 뜻을 표한다.

2020년 10월

신 춘 호

차례

특수 연구

일러두기

1. 본서는 우리나라에서 통용되는 『논어집주(論語集註)』 언해본(諺解本)을 주된 텍스트로 하였다.

2. **통해(通解)**에서는 축어적 의미 내용을 보다 확대·보충하여 현대적인 해석을 가했다.

3. 내용의 개요를 빨리 파악하도록 **요지**를 붙였다.

4. 본문의 올바른 해석의 기초가 되는 **어석(語釋)**과 함께 문장의 구조를 어법적으로 설명한 **문법**란을 두었다.

5. 내용의 심도 있는 이해를 돕기 위하여 〈**특수 연구**〉를 마련했다. 초학자는 참고만 하고 깊이 천착(穿鑿)하지 않아도 좋다. 후일에 읽는 것이 오히려 좋을 것이다.

6. 부록으로 **중니제자일람(仲尼弟子一覽)**과 **춘추시대의 지도**를 붙였다.

제1편

학이 學而

학이편은『논어』전체의 수편(首編)으로,

배우는 사람의 기본적인 도리에 대해 말했다.

효세와 같은 근본에 힘쓰는 깃이 도에 들어기는 문이요

덕을 쌓는 토대가 되며,

사람은 배워야 사람다운 사람이 될 수 있다는 것을 강조하였다.

1-1

子曰 學而時習之면 不亦說乎아. 有朋自遠方來면 不亦樂乎
자 왈 학 이 시 습 지　　불 역 열 호　　　유 붕 자 원 방 래　　불 역 락 호

아. 人不知而 不慍이면 不亦君子乎아.
인 부 지 이 불 온　　불 역 군 자 호

통해(通解)

공자께서 말씀하셨다. "배우고 항상 복습하면 또한(어찌) 기쁘지 않겠는
가? 벗이 먼 곳으로부터 찾아오는 일이 있다면 또한 기쁘지 않겠는가? 사
람들이 알아주지 않더라도 원망하지 않으면 또한 군자답지 않겠는가?"

■요지 : 학문을 하는 즐거움과 그 마음가짐에 대한 생각을 말한 것이다.

어석 · 문법

子曰(자왈) : 공자 가라사대(공자께서 말씀하시기를). '子'는 남자의 미칭으로 고대
에는 선생이란 뜻을 가진 말이었다. 여기서의 '子'는 공자를 가리킨다. 이
'子'는 경칭으로 왕, 군주, 제후, 중신, 대학자 등의 성(姓)에 붙이는 것이
원칙이었다. '曰(가로다)'은 '말하다'라는 뜻을 가진 말인데 우리 선조들은
공자와 그의 제자인 증자에게만 높임말인 '가라사대'를 사용했고, 다른 제
자들에게는 예삿말인 '가로되'를 사용했다. '자왈'로 시작되는 문장은 공
자 문인(門人)들의 기술(記述)이고, '공자왈'로 시작되는 문장은 문인이 아
닌 다른 사람늘의 기술이다.

學而時習之(학이시습지) : 학문을 하여 제때에 그것을 복습하다. '學'은 '학문
을 하다'라는 뜻의 동사다. 이 '學'의 내용은 성현의 도나 선왕의 유언, 또
는 요순의 도 같은 것을 말한다. '而'는 순접 접속사로 영어의 and와 같다.
'時'는 배워야 하는 때, 기회가 있을 때, 제때, 또는 늘(恒常)이란 뜻이고,

'習'은 복습하다, 연습하다라는 뜻이다. '之'는 지시대명사로 '學'을 가리킨
다.

不亦說乎(불역열호) : 또한 기쁘지 않겠는가? '亦'은 '~도 또한'으로 새기나, '어
찌'란 뜻을 가진 부사 '豈(기)'에 가깝다. 이 '亦'자는 어조를 느슨하게 하기
위하여 첨가한 글자다.(같은 뜻을 지닌 '又'는 그냥 '또'로 새긴다.) '不~乎'는
반어형이다. 반어형이란 형식은 의문형이지만, 긍정적인 내용을 부정 형
식으로, 부정적인 내용을 긍정 형식으로 표현하는 문장 형식으로, 문의를
강조하기 위하여 사용한다. '說(열)'은 悅(열)과 같다. '乎'는 반어를 나타내
는 조자(助字)로 '~가'로 새긴다. 조자(助字) 또는 조사(助辭)란 문장의 의
미를 돕기 위하여 첨가한 글자로, 어기(語氣)의 강약·완급이나 소리의 고
서, 빠름과 느림 등을 나타낸다. 조지에는 개사(介詞), 조동사, 접속사, 조
사(助詞) 등이 있다.

특수 연구 1 - 조자(助字)의 종류와 용례

1. 개사(介詞) : 명사, 대명사, 혹은 명사성 어구 앞이나 뒤에 쓰여 동사나 형용사
를 수식·보충·설명하는 일을 하며 시간·장소·방향·대상·목적·방식·
비교·피동 등의 관계를 나타낸다. 전치사와 후치사의 두 종류가 있으나 현대
문법에서 후치사는 어기조사로 다루고 있다

  1) 전치사 '於·于·乎' : 명사 앞에 오며 방향·위치·때·원인·대상 등을
  표시하거나 목적이나 비교의 의미를 표시한다.

    嫁禍于人(화를 남에게 전가시키다.) [방향]

    入於井(우물에 들어가다.) [위치]

    我來於十時(나는 열 시에 왔다.) [때]

    靑出於藍(푸른색은 쪽에서 나왔다.) [원인]

    志于學(학문에 뜻을 두다.) [대상]

    攻乎異端(이단을 공격하다.) [목적]

    異乎中國(중국과 다르다.) [비교]

  2) 전치사 '以·爲·由·從·到·自' : 역시 명사 앞에 오며 수단·방법·원

인 · 대상 · 기점 · 근거 · 출발 · 도착 등의 뜻을 나타낸다.

　以德治之(덕으로써 이를 다스린다.) [수단, 방법]

　不以成功自滿(성공했다고 사만하지 않다.) [원인]

　他爲國民服務(그는 국민을 위하여 복무한다.) [대상]

　我來自農村(나는 농촌에서 왔다.) [기점]

　由此可知(이것에 의해 알 수 있다.) [근거나 구성 요소]

　從南到北(남쪽에서 북쪽까지) [장소, 시간의 출발점과 도착점]

2. 접속사 '而 · 與 · 則 · 乃 · 且 · 以 · 又 · 故 · 況 · 與其 · 所以 : 文章 가운데의 두 성분 또는 문장과 문장을 이어준다.

　亡而入胡(도망쳐서 호 땅에 들어가다.) 그리고 and [순접]

　滿而不溢(가득 찼으나 넘치지 않는다.) 그러나 but [역접]

　楯與矛(방패와 창) [병렬]

　學而不思則罔(배우고 생각하지 않으면 어둡다.) ～하면 곧 [조건]

　項王乃大驚(項王은 이에 크게 놀랐다.) 곧, 이에 [인과]

　貧且賤(가난하고 또 천하다.) 또 [점층]

　修己以治人(자기의 몸을 닦고 남을 다스린다.) '而'(그리고)와 같음. [순접]

　梅花落又開(매화꽃은 떨어지고 또 핀다.) 또 [반복]

　吾少也賤故多能鄙事(나는 젊었을 때 비천했다. 그러므로 비천한 일을 잘 할 수 있다.) [인과]

　此事成人尙不能爲況幼童乎(이 일은 어른도 할 수 없거든 하물며 어린애가?) 하물 며, 더구나, 況且 [점층]

　禮與其奢也寧儉(예는 사치스러운 것보다는 차라리 검소한 편이 낫다.) [비교]

　父親去世所以非常悲痛(부친이 돌아가셨다. 그래서 매우 슬펐다.) [인과]

3. 조동사 '能 · 可以 · 欲 · 令 · 使 · 見 · 被 : 동사 앞에 쓰여 가능, 의지, 사역, 피동 등의 의미를 나타낸다.

　鳥能飛(새가 날 수 있다.) [가능]

　溫故而知新可以爲師矣(옛것을 복습하여 새것을 알면 남의 스승이 될 수 있다.) ～할 수 있다. [가능]

欲速則不達(빨리 하고자 하면 이르지 못한다.) 하고자 한다. [의지]

令人知之(사람들로 하여금 그것을 알게 하다.)~로 하여금 ~하게 하다. [사역]

天帝使我長百獸(천제께서 나로 하여금 백수의 장이 되게 하시다.) ~로 하여금 ~하게 하다. [사역]

匹夫見辱拔劍而起(필부는 욕을 당하면 칼을 빼고 일어선다.) ~을 당하다.[수동]

信而見疑忠而被謗(신의를 지키고도 의심을 받고 충성을 다하고도 비방을 받는다.) ~ 을 받다. [수동]

4. 조사 : 자립 형태소에 붙어서 그 말과 다른 말과의 문법적 관계를 나타내거나 뜻을 도와준다.

　1) 也 : 문말에 붙어서 단정을 표시하거나 문중, 문말에서 의문, 반어, 영탄, 강의(强意)를 표시한다.

　　是亦走也(이것도 또한 달아난 것이다.) [단정]

　　何爲不去也(어찌하여 가지 않는가?) [의문]

　　如何欲諸大夫也(어찌하여 여러 대부들을 욕보일 수 있으랴?) [반어]

　　不知也(알지 못하겠노라!) [영탄]

　　今也則亡(지금은 없다.) [강의]

　2) 矣 : 문말에 붙어서 단정, 확인, 영탄의 의미를 표시한다.

　　過而不改是謂過矣(허물을 고치지 않는 것이야말로 정말 허물이라 이른다.) [단정]

　　悔之晩矣(그것을 후회해도 늦었다.) [확인]

　　大矣哉(크구나!) [영탄]

　3) 焉 : 문말에 붙어서 단정의 어기를 표시한다.

　　三人行必有我師焉(세 사람이 길을 감에 반드시 나의 스승이 있다.) [단정]

　4) '邪・耶・乎・與・哉・夫' : '邪・耶・乎・與'는 의문, 반어, 영탄을 표시하고 '哉'나 '夫'는 영탄을 나타낸다.

　　雲耶山耶(구름인가, 산인가?) [의문] / 可謂仁乎(어질다고 이를 수 있는가?) [의문]

　　不亦說乎(또한 기쁘지 아니한가.) [반어] / 是魯孔丘與(이는 노나라의 공구인

가?) [의문]

嗚呼哀哉(아아, 슬프구나!) [영탄] / 逝者如斯夫(가는 것은 이(물)와 같구나!)
[영탄]

有朋自遠方來(유붕자원방래) : 동학의 우인이 먼 곳(나라)에서 찾아옴이 있다. 이
　　구를 종래에는 '有朋이 自遠方來하면'으로 읽고 '벗이 먼 곳으로부터 찾
　　아오면'이라고 새겨왔다. 그러나 신설은 벗이 특정한 한 사람이 아니기
　　때문에 '有來'(옴이 있다)로 해석해야 한다는 것이다. '有'는 '있다'는 뜻의
　　動詞. '朋'은 동학한 우인(友人)이고 '友'는 뜻이 같은 우인(동지)이다. '自'
　　는 장소나 방향을 나타내는 개사로 앞에 붙는 전치사다. '遠方來'는 '벗이
　　먼 곳으로부터 오다'의 뜻. 개사(介詞)인 '自(부터, 에서)'는 '遠方'이란 명사
　　를 부사어(먼 곳으로부터)로 만든다.
人不知而不慍(인부지이불온) : 남(세인)이 自己의 진가를 인정해주지 않아도 불
　　평·불만의 마음을 가지지 않는다. '慍'은 마음속으로 불평·불만을 품고
　　화를 내는 것이다. '而'는 역접 접속사다.
君子(군자) : 지위가 높은 관리(재위자, 유위자). 덕망이 높은 사람(성덕자, 인격
　　자). 여기서는 성덕자를 뜻한다. 현대어의 교양인이란 말과 가깝다. '君子'
　　는 '小人'의 대(對)가 된다. 소인은 지식만 있고 덕이 없는 사람을 말한다.
　　"德勝才謂之君子 才勝德謂之小人"(덕이 재주보다 많은 사람을 군자라 이르
　　고, 재주가 덕보다 많은 사람을 소인이라 이른다.)
不亦君子乎(불역군자호) : 또한 군자 답지 아니한가?. '또한 ~지 아니한가'는 반
　　어형. '乎'는 의문조사로, '不亦'이나 '不豈' 등을 받아 반어형을 만든다.
　　'何~也', '安~哉', '焉~哉', '豈~哉' 등도 반어형이다. 반어(irony)는 문
　　학에서도 중요한 기법으로 사용된다. 반어에는 수사적인 것(말의 irony)과
　　상황적인 것(극적 irony)이 있다. 『논어』는 수사적인 아이러니(irony)를 많이
　　담고 있으며 소포클레스(Sophocles)의 「오이디푸스 왕」은 극적인 아이러니
　　를 사용한 대표적인 작품으로 알려져 있다. 『논어』는 문체론적인 면에서
　　보면 매우 시적이고 문학적인 형태의 글이라고 할 수 있다.

有子曰 其爲人也孝弟요 而好犯上者鮮矣니 不好犯上이요
유자왈 기 위 인 야 효 제　　　이 호 범 상 자 선 의　　　불 호 범 상

而好作亂者 未之有也니라. 君子는 務本이니 本立而道生하나
이 호 작 란 자 미 지 유 야　　　군 자　　무 본　　　본 립 이 도 생

니 孝弟也者는 其爲仁之本與인저.
효 제 야 자　　　기 위 인 지 본 여

통해(通解)

　유자가 말했다. "그 사람됨이 부모님께 효도하고 형 등의 연장자를 공경
하면서 윗사람의 뜻을 거스르기를 좋아하는 사람은 드물다. 윗사람을 범하
기를 좋아하지 아니하면서 국가 사회의 질서나 평화를 어지럽히기를 좋아
하는 그런 사람은 아직까지 있지 않았다. 군자가 근본에 힘쓰는 것은 근본
이 서야 도가 생기기 때문이다. 효제라는 것은 아마도 인의(인을 실천하는) 근
본이 될 것이다."

■요지 : 유자의 말 – 효제자는 범상이나 작란을 하지 않는다는 것이다. 결국
　효제는 인도(仁道)를 행하는 근본이 된다고 말하고 있는 것이다.

어석 · 문법

有子(유자) : 姓(성)은 유, 名(명)은 若(약), 字(자)는 子有(자유)다. '子'는 선생이라
　　는 뜻이다. 공자의 제자 중에 '子'가 붙은 사람은 유자 · 증자 · 염자 · 민자
　　4인뿐이다. 『논어』 편집에 관여한 사람들이란 주장이 있다. 유자 또는 유
　　약(有若)은 공자보다 13세 젊고 용자와 언동이 공자와 매우 닮았다고 한
　　다. 공자 사후 스승(師)을 그리워하는 제자들이 유약을 공자 대신 스승으
　　로 섬기려고 했으나 증자가 반대했다는 말이 있다. 유약은 '사람이 생겨난

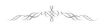

이래 공자보다 더한 인물은 아직 나오지 않았다'는 말을 했다고 한다.

其爲人也(기위인야) : 그 사람됨이. '其'는 지시사(대명사)로 특정인을 가리키지는 않는다. 일종의 발어사로 '바로' 정도의 뜻을 가졌다고 볼 수 있다. '위인'은 사람됨, 마음씨, 성질 등을 뜻한다. '也'는 주어인 '유위인'의 어세를 강하게 하는 어기조사다. 문말에 쓰이는 단정조자가 아니다.

특수 연구 2 – 조사의 분류

현대 중국어 문법에서는 조사를 구조조사, 어기조사, 동태조사의 세 가지로 분류하여 설명한다.

구조조사는 앞뒤의 문법적 구조를 제시해주는 조사이며, 어기조사는 화자의 감정, 의문, 추측, 주의 환기, 재촉, 과장 등을 표시하는 조사다. 그리고 동태조사는 동사와 일부 형용사의 뒤에 붙어서 동작의 변화와 상태를 표시하는 조사다.

한문 고문법에서는 구조조사와 어기조사가 초점의 대상이 된다.

1. 구조조사에는 '之', '是' 등이 있다.

　1) 之

　　a) 주어를 만드는 명사성 구조조사 : 萬物之所以生長(만물이 나고 자라는 까닭)

　　b) 관형어를 만드는 수식어성 구조조사 : 生而知之者上也(태어나면서부터 아는 사람은 상급이다.)

　　c) 목적어를 만드는 보족어성 구조조사 : 志體之養(뜻과 몸을 보양하다.)

　　d) 부사어를 만드는 보족어성 구조조사 : 何必公山氏之之也(하필이면 공산 씨에게 가시려 하십니까?)

　2) 是

　목적어를 만드는 보족어성 구조 : '論篤是與'(언론이 독실함을 칭찬하다). 이 문장은 본시 '論與篤' 즉, 論(주어) + 與(술어) + 篤(목적어)의 구조였으나 목적어인 '篤'을 강조하기 위하여 술어 앞으로 도치시키는 과정에서 구조조사 '是'를 주어와 술어 사이에 끼워 넣은 것이다. 이는 論(주어) + 篤(목적어) + 是(강

조의 구조조사) + 與('칭찬하다'란 뜻의 술어)로 분석된다. 위의 "之의 c)"와 같은 구조다.

2. 어기조사

　　1) 화자의 감정을 표시하는 어기사 : 也(단정·영탄), 矣(단정·확인·영탄), 焉(단정), 哉(영탄), 夫(영탄), 而已(수량이 적음)

　　2) 의문·추측 등을 표시하는 어기사 : 也(의문·반어), 耶(의문), 乎(의문·반어), 哉(의문), 歟(추측)

　　1)과 2)의 구체적인 예문은 〈특수 연구 1 – 조자의 종류와 용례〉를 참고하면 좋을 것이다.

孝弟(효세) : '孝'는 어버이를 잘 섬기는 것이고 '弟'는 형이나 연장자를 잘 섬기며 순종하는 것이며, '弟'는 悌와 같다. 한문에서는 음이 같으면 서로 뜻이 통한다고 한다. 이를 '음통(音通)'이라 한다.

而好犯上者鮮矣(이호범상자선의) : 윗사람의 뜻을 따르지 않고 거스르기를 좋아하는 사람은 드물다. '上'은 마을(지역사회)의 연장자를 뜻한다. '而'는 역접 접속사로서 '～하면서'로 새긴다. 즉, 위의 '孝弟'에 붙여서 '효제를 하면서'의 뜻. '好犯上'은 자기보다 연장자에게 거역하는 것이다. '犯'은 '저항하다, 반역하다'의 뜻. '者'는 '～을 하는 사람'이란 불완전명사다. '鮮'은 '아주 적다, 전혀 없다'는 뜻이다. '矣'는 강한 단정의 어기를 나타내는 어기조사다. 어기가 강한 순서는 焉 〉矣 〉也다. 접속사 '而는 순접의 경우 '～ 하고', '그리하고'로 새기고, 역접의 경우엔 '～이나', '～하여도', '～지만', '～하면서'로 새긴다.

好作亂者(호작란자) : 난을 일으키기를 좋아하는 사람. '作亂'은 국가 사회의 질서나 평화를 어지럽히는 것. '作'은 '일으킨다'는 뜻의 동사.

未之有也(미지유야) : 아직 그런 사람은 있지 않았다. 지금까지 단 한 사람도 있은 적이 없다. '未有之也'의 도치형으로 강한 단정의 표현이다. 즉 주어 '之'(그런 사람)를 강조하기 위하여 술어 '有' 앞으로 도치시켰다. '也'는 단정의 어기사다. '未'는 재역한자로, '아직 ～지 않다'로 새기며 미정을

표시한다. 대명사 '之'는 '不好~亂者'를 가리키며 어조를 강하게 만든다. 재역한자는 〈특수 연구 26(p.486)〉을 참조하기 바람.

君子務本(군자무본) : 군자는 근본에 힘쓴다. '務本'은 근본이 되는 것에 힘을 기울인다는 말. '本'은 근본이 되는 것, 효제의 도를 포함한 것이다.

本立而道生(본립이도생) : 근본이 서야 도가 생긴다. 효제를 확립해야 도가 저절로 나온다는 것. '도'는 도리, 사리, 도덕, 수단, 방법 등 여러 가지 뜻이 있으나 여기서는 사람으로서 마땅히 행해야 할 도리, 곧 사람의 도리라는 뜻이다. '而'는 순접.

孝弟也者(효제야자) : 효제라는 것은. '也者'는 어기를 고르는 조사로 ' ~라고 하는 것은', ' ~이야말로', ' ~는'으로 새기는데 위의 '孝弟'를 들어 올려 강조하는 일종의 제시어이다.

其爲仁之本與(기위인지본여) : 아마 인의 근본이 될 것이다(근본이 될까, 아마 그럴 것이다). 또는 '인을 실천하는 근본이다'라는 뜻. '其'는 발어사로서 여기선 '아마, 실로' '우선' 등의 뜻을 가지고 있다. '仁'은 사람이나 사물을 사랑하고 가까이하는 마음으로 자애(慈愛), 또는 충서(忠恕, 성실하고 너그러운 마음) 등으로 표현된다. '爲'는 '행하다, 실천하다'라는 뜻을 가진 동사다. '與'는 '그럴까 (여)' 자로 의문을 포함한 감탄, 또는 추측의 어기를 나타내는 조사다. 즉, ' ~일 것인가? (아마) ~일 것이다'의 뜻을 나타낸다. 주자(朱子)의 『집주』에서는 '의문사이니 겸퇴(謙退)하여 감히 단정하여 말하지 못하는 것이다'라고 하였다. '與'는 '歟'로 쓰기도 한다. 우리 말 토(吐)인 '인저'는 지정사(잡음씨) 또는 서술격조사라고 하는 '이다'의 '이'에 'ㄴ뎌'(감탄의 어미)"가 붙은 말인데, '인뎌 〉 인져 〉 인저'로 변해왔다. '與'는 '歟'로 쓰기도 한다.

특수 연구 3 – '與'의 용법

1. 와(과) : 접속사

    富與貴是人之所欲也(부와 귀는 사람이 하고자 하는 것이다.)

2. 함께 : 부사

未足與議(아직 함께 의론하기에 충분하지 않다.)

3. 함께하다 : 동사

　子行三軍則誰與(그대가 삼군을 행한다면 누구와 함께하겠는가?)

4. 관여하다 : 동사

　後死者得與於其文也(후사자가 어찌 그 문화에 참여할 수 있겠는가?)

5. 편들다, 가담하다, 찬성하다, 허여하다 : 동사

　吾與點也(나는 증점의 의견에 찬성한다.)

6. ～가 : 의문의 어기조사

　君子人與 君子人也(군자다운 사람인가, 군자다운 사람이다.)

7. ～하구나, ～일 것이다 : 의문, 감탄, 반어, 추측의 어기조사.

　孝弟也者其爲仁之本與(효와 제라는 것은 인의 근본이 될 것이다.)

8. 보다(는) : 비교 접속사.

　禮與其奢也寧儉(예는 사치하기보다 차라리 검소한 것이 낫다.)

9. 상대로 : 전치사

　特與嬰兒戱耳(다만 유아를 상대로 농담을 했을 뿐이다.)

1-3

子曰 巧言令色이 鮮矣仁이니라.
자 왈　교 언 영 색　　신 의 인

통해(通解)

　공자께서 말씀하셨다. "다른 사람(남)에 대하여 말을 교묘하게 하거나, 외면을 착한 사람처럼 꾸미는 사람들 가운데는 어진 사람이 드물다"

■요지 : 말이나 얼굴을 꾸미려고 하는 사람에게는 인이 거의 없다.

어석 · 문법

巧言令色(교언영색) : 입에 발린 말을 잘하고 얼굴을 꾸미는 사람. '巧言'은 입
　　　에 발린 말을 잘 하는 것, 곧 말을 꾸미는 것이고 '令色'은 안색을 부드럽
　　　게 하는 것, 곧, 얼굴을 꾸민다는 뜻이다. '令'은 '잘하다', 곧 선(善)의 뜻이
　　　다. 그러므로 교언영색은 말이나 얼굴을 꾸며 상대방의 기분에 들도록 하
　　　는 태도나 몸짓을 나타낸 말이다. 한마디로 '번지르르하게 발라 맞추는 말
　　　과 알랑거리는 낯빛'이다.
鮮矣仁(선의인) : 어진 사람이 드물다. 또는 인심(仁心)이 거의 없다. '鮮矣仁'은
　　　仁鮮矣의 도치형으로 술어인 '鮮矣'(드물다)를 강조한 표현이다. '鮮'은 적
　　　다, 거의 없다는 뜻이며 '矣'는 강한 단정을 나타내는 어기조사다. '드물도
　　　다, 인이'로 새길 수도 있다.

특수 연구 4 – 문장의 성분

　문장의 성분이란 문장을 구성하는 요소로서, 주성분에는 주어 · 술어 · 목적
어 · 보어, 부속성분에는 관형어, 부사어, 독립성분에는 독립어가 딸린다. 여기서
부속성분은 한국어 문법에서 다루는 성분이므로 그 개념만 설명하고 넘어가겠
다. 관형어는 체언(명사 · 대명사 · 수사)을 수식하는 성분이고 부사어는 용언(동
사 · 형용사)를 한정하는 성분이다. 예컨대, '빨간 꽃이 매우 예쁘다'에서 '빨간'
은 관형어이고 '매우'는 부사어이다. 한문에서 까다롭고 문제가 되는 것이 목적
어와 보어의 구별이다. 목적어는 타동사에 의하여 표현된 동작이나 작용이 미치
는 대상이 되는 말로, 한국어 문법에선 목적격 조사 '을(를)'이 붙어서 이루어진
다. 보어는 주어와 술어만으로 뜻이 불완전한 경우, 그 술어의 부족함을 보완하
는 말이다. 한국어의 문법에서는 예컨대, '물이 얼음이 되다'나 '그는 선생이 아
니다'라는 문장에서 '되다'나 '아니다'의 부족함을 기워주는 '얼음이'나 '선생이'
가 보어다. 그런데 한문의 보어는 목적어와 구별하기 어려울 정도로 좀 애매하
다. '立山'(산에 들어가다)이나 '無憂'(근심이 없다)에서 '山'이나 '憂'가 보어라는
것이다. '問禮老子'라는 어구는 問(술어) + 禮(목적어) + 老子(보어)로 분석된다.

목적어와 보어를 합쳐서 보족어라고 한다.

이어서 한문의 문법 구조를 적시하겠다.

1) 주어 + 술어 : 大風起(큰 바람이 일어남이여.)

2) 주어 + 술어 + 목적어 : 趙伐吳(조나라가 오나라를 쳤다.)

3) 주어 + 술어 + (乎·于·於) + 보어 : 孔子之于武城(공자께서 무성에 가셨다.)

4) 주어 + 술어 + 목적어 + (乎·于·於) + 보어 : 子張問仁於孔子(자장이 인을 공자에게 물었다.)

5) 주어 + 술어 + 보어 + 목적어 : 乙支文德與于仲文詩(을지문덕이 우중문에게 시를 주다.)

6) 주어 + 술어 + 보어 + (乎·于·於) + 보어 : 管仲仕桓公於齊(관중이 환공에게 제나라에서 벼슬했다.)

1-4

曾子曰 吾日三省吾身하노니 爲人謀而不忠乎아.
증 자 왈　오 일 삼 성 오 신　　　위 인 모 이 불 충 호

與朋友交而不信乎아. 傳不習乎아이니라.
여 붕 우 교 이 불 신 호　　전 불 습 호

통해(通解)

증자께서 말씀하셨다. "나는 하루에 자주(세 가지 관점에서) 내 몸을 반성한다. '남을 위하여 일을 도모하면서 혹시 성실하지 않았는가, 벗들과 사귀면서 혹 말과 행동의 차이가 없지 않았는가, 스승께서 전수해주신 학문을 잘 익히지 않고서 다른 사람에게 전하지나 않았는가?'(전해 받은 것을 잘 익히지

않았는가?)"(이 장은 증자의 제자가 기술한 것으로 보인다.)

■요지 : 증자의 말—나는 매일 나의 몸을 자주(세 가지 점에서) 살펴 인격 향상에 힘쓰고 있다.

어석 · 문법

曾子(증자) : 前 505～ 불상(不詳). 名은 參(참, 삼), 字는 子輿(자여). 높이어 증자라고 불려졌다. 공자의 문인으로 46세나 젊었다고 한다. 노(魯)나라 남무성(南武城) 사람. 부(父) 증석(曾晳)에게 지효했고 효도에 정통하여 『효경』은 증자가 공자로부터 전수받은 것이라고 한다. 공자의 도를 계승하여 자사(子思; 공자의 손자)를 거쳐 맹자에게 전했다고 한다. 노나라에서 죽음.

吾日三省吾身(오일삼성오신) : 나는 매일 나의 행위를 자주 반성했다. '吾'는 1인 칭대명사로 '나'. '日'은 매일, '三省'은 자주 여러 번 반성한다. 또는 이하의 세 가지 항목에 대하여 반성한다.

爲人謀而不忠乎(위인모이불충호) : 남을 위하여 일을 꾀하되 성실하지 않았는가? '위인'은 '남을 위하여'란 뜻. '謀'는 남의 상담에 응하여 의견을 진술하는 것. '而'는 역접. '忠'은 남을 위하여 자신의 진심을 다하는 것, 곧 성실한 것이다. '乎'는 의문조사로 오늘의 중국어 '吗'(마)와 같다.

與朋友交而不信乎(여붕우교이불신호) : 벗과 사귀되 신실하지 않았는가? '與'는 병렬을 표시하는 조자(접속사)로 '～와'에 해당한다. '信'은 언행이 일치하는 것, 신실하고 거짓이 없는 것.

傳不習乎(전불습호) : 익히지 않은 것을 전했는가? '전불습'은 자기도 충분히 익히지 않은 것을 남에게 전한다는 것이다. '習'은 반복 복습하여 습숙(習熟)하는 것. 또는 연습을 자주 한다는 뜻을 나타냄.

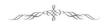

1-5

子曰 道千乘之國 호대 敬事而信 하며 節用而愛人 하며
자왈 도 천 승 지 국   경 사 이 신   절 용 이 애 인

使民以時니라.
사 민 이 시

통해(通解)

공자께서 말씀하셨다. "제후의 나라를 다스리는 데는 사업을 신중히 하
면서 신의를 지켜야 하며, 비용을 줄이고 사람들을 사랑하며, 백성을 부리
는 데도 적당한 때를 타서 해야 하는 것이다."

■요지 : 치국의 요도(要道)에 대하여 기술했다.

어석 · 문법

道千乘之國(도천승지국) : 천승의 나라를 다스리다. '道'는 '다스리다'라는 뜻의
　　동사. '乘'은 전시에 1000대의 병거를 낼 수 있는 나라 곧 제후의 나라. 乘
　　은 병거를 세는 양사. 주대의 제도에 천자는 기내(畿內)의 땅 천 리를 내놓
　　으며, 큰 제후국은 사방 백 리를 영유하고 병거 천승을 내놓음. 제(齊)·초
　　(楚)·진(晉)·진(秦) 등. 그러니 이 시대에는 그다지 크지 않은 나라를 의
　　미했다. 일승에는 갑사 3명, 보병 72명, 거사(車士) 25명이 딸린다. '道'는
　　'治'와 같다.

敬事而信(경사이신) : 일을 경건하게 하고 신의 있게 하다. '敬事'는 매사를 조심
　　하여 한다, 만사를 신중히 행한다는 뜻. '信'은 백성을 믿게 한다는 뜻. '而'
　　는 순접 접속사.

節用而愛人(절용이애인) : 비용을 절약하고 사람을 사랑하다. '用'은 씀새 곧 비
　　용. '愛人'은 '인재를 사랑하다'라는 뜻이다.

使民以時(사민이시) : 백성을 부리되 적시로써 한다. '使民'은 백성을 사역에 사용한다는 뜻. 그러므로 '使'는 '쓰다, 부리다, 사역하다'라는 뜻의 동사로 쓰였다. '以時'는 '때로써 한다'. 여기서 '以'는 '으로써'라는 뜻의 전치사. '時'는 적기 곧 겨울이나 농한기를 뜻한다.

1-6

子曰 弟子入則孝하고 出則弟하며 謹而信하며 汎愛衆호대
자 왈 제 자 입 즉 효   출 즉 제   근 이 신   범 애 중

而親仁이니 行有餘力이어든 則以學文이니라.
이 친 인   행 유 여 력   즉 이 학 문

통해(通解)

공자께서 말씀하셨다. "청소년은 가정생활에 있어서는 효를 행하고 사회생활에 있어서는 윗사람을 따라야 한다. 항상 윗사람을 공경하고 언행을 일치시켜 세상 사람들을 사랑하되 어진 이를 가까이할 것이다. 그것을 행하고도 여유가 있으면 그 여력으로 고전을 읽으라."

■요지 : 사람의 자제로서의 수양은 효제·근신·범애·친인·학문에 있다고 술(述)했다.

어석·문법

弟子(제자) : 자제. 나이 어린 사람, 곧 연소자. 문하생이란 뜻이 아님.
入則孝(입즉효) : 들어오면 효하다. '入則'은 가정에 있을 때면. '則'은 접속사로 인과관계를 나타낸다. '〜 하면'으로 새긴다. 유사한 접속사에는 乃[이에], 卽[곧], 便[그대로], 輒[문득], 載(一方은 〜하고 一方은 〜하다) 등이 있다.

出則弟(출즉제) : 밖에 나가면 윗사람을 공경하다. '出則'은 가정을 나와 밖에 있을 때면. '弟'는 '悌'와 같다. 윗사람을 공경하고 잘 종순함.

謹而信(근이신) : 삼가고 신실하다. '謹'은 자기의 행동을 삼간다는 말. '而'는 순접접속사. '信'은 입으로 말한 것을 그대로 실행함. 거짓말을 하지 않는 것.

汎愛衆而親仁(범애중이친인) : 널리 중인을 사랑하고 인을 가까이할 것이다. '汎'은 널리. '而'는 순접접속사. '親仁'은 인덕이 있는 사람을 가까이하고 친하는 것이니. 결국, 인덕 있는 이를 존경하며, 그 사람의 모든 것을 모범으로 삼아 수양하는 것.

行有餘力(행유여력) : 이상의 것(孝弟~親仁)을 행하고도 남은 힘이 있다.

則以學文(즉이학문) : 그렇다면 (여력)으로써 고전을 배울 것이다. '則'은 가정 조선을 나타내는 접속사로 '그렇다면'의 뜻이다. '以學文'은 '以餘力學文'의 생략형이다. 여기서 '以'는 '~을 가지고'란 뜻의 개사(전치사). '文'은 시·서·예·악과 같은 고전. 즉 고전을 공부하여 행위나 생각들의 도리를 분별하라는 것.

1-7

子夏曰 賢賢호대 易色하며 事父母호대 能竭其力하며 事君호
자 하 왈 현 현   역 색   사 부 모   능 갈 기 력   사 군

대 能致其身하며 與朋友交호대 言而有信이면 雖曰未學이리도
능 치 기 신   여 붕 우 교   언 이 유 신   수 왈 미 학

吾必謂之學矣라 하리라.
오 필 위 지 학 의

통해(通解)

자하가 말했다. "어진 사람을 공경하되 미색을 좋아하는 것같이하며 (아내

를 대할 때 그 어진 덕을 소중히 여기고 미색을 멀리하며), 부모님을 섬길 때 자기가 할 수 있는 온 힘을 다하며, 임금을 섬길 때 그 몸을 다 바치며, 벗과 사귈 때 말함에 믿음이 있으면, 비록 배움이 없다고 할지라도 나는 그를 배운 사람이라고 말하겠다."

■요지 : 자하의 말－사람으로서의 바른 도리를 실행할 수 있으면, 그 사람은 학문을 한 사람이라고 말할 수 있는 것이다.

어석 · 문법

子夏(자하) : 공자의 문인. 姓은 卜, 名은 商. 자하는 字. 위(衛)나라 사람. 공자보다 44세 연하. 문학(학문)에 뛰어났다고 함. 공자가 더불어 시를 논할 수 있겠다고 말함. 공자 사후 사람들에게 학문을 가르침. 위문후(衛文候)도 그를 스승으로 모심.

賢賢易色(현현역색) : 현인을 현인으로 존경하되 미색을 좋아하는 것처럼 하다. (또는) 아내의 현덕을 존중하되 미색을 멀리한다. '현현'의 앞의 현은 '소중하게 여기다'라는 동사이고 뒤의 '현'은 현인이란 명사다. 현인은 학문과 덕행이 매우 뛰어난 사람이다. 그런데, '현인(賢人)'을 '아내'로 보는 설(가지노부유키[加地伸行]의 『논어』 등)이 있다. 그것은 아마도 다음에 사친(以孝), 사군(以忠), 교우(以信)에 관한 말이 이어지기 때문에 '현인'은 당연히 부부의 윤리를 말한 것이므로 남편이 사랑하는 대상인 아내일 수밖에 없다는 추론이 가능하기 때문일 것이다. 그리고 '易色'도 여러 가지 해석이 있다. ㉠ 엄한 안색을 부드럽게 고치다(程伊川), ㉡ 女色을 경멸하다(顏師古), ㉢ 색을 좋아하는 것같이 하다(王念孫) 등이다. 어느 것이 옳은지 판단하기 어려우나 여기서는 일단 통설인 ㉢을 취한다.

事(사) : 섬기다. '仕'와 같다.

能竭其力(능갈기력) : 그 힘을 다할 수 있다. '竭'은 다하다. '其'는 지시대명사.

能致其身(능치기신) : 그 몸(힘)을 다할 수 있다(맡길 수 있다). '치기신'은 주군을 섬기는 데 헌신적인 노력을 한다는 뜻.

謂之學矣(위지학의) : 그를 배운 사람이라고 이르겠다. '위'는 사람을 향하여 말
　　하고 듣게 하는 것. 평가한다는 뜻. '之'는 '배우지 못했다고 말하는 사람'
　　을 가리킴. '矣'는 강한 단정의 어기를 나타내는 어기조사.

1-8

子曰 君子不重이면 則不威하니 學則不固니라.
자 왈 　군 자 부 중　　　즉 불 위　　　학 즉 불 고

主忠信하고 無友不如己者요 過則勿憚改니라.
주 충 신　　　무 우 불 여 기 자　　　과 즉 물 탄 개

통해(通解)

　공자께서 말씀하셨다. "군자가 신중하지 않으면 인간으로서의 위엄이 없
고 학문을 하더라도 견고하지 않다. 성실과 신의를 주로 하고, 자기보다 못
한 사람을 친구로 하지 말고, 과오를 범했을 때는 꺼리지 말고 즉시 고쳐야
한다."

■요지 : 남의 위에 있는 자의 수양에 관하여 말한 것이다.

어석 · 문법

不重則不威(부중즉불위) : 언동이 무겁지 않으면 위엄이 없다. '重'은 중후 또는
　　신중. '則'은 '~하면'처럼 조건을 나타내는 어구를 받아서 다음 어구에 접
　　속하는 구실을 한다.
學則不固(학즉불고) : 배워도 견고하지 아니하다. 여기서의 '則'은 역접의 의미
　　를 내포하고 있다. 학문을 하면 고루해지지 않는다는 해석도 있다. '固'는
　　고루함.

主忠信(주충신) : 남에게 성실과 신심을 오로지하다. '主'는 그것만 오로지하는
것. 성실함과 언행일치에 힘쓰다. '忠'은 성실 곧 정성을 다하는 것이고
'信'은 신실 곧 말과 행동이 일치하는 것을 뜻한다.

無友不如己者(무우불여기자) : 자기보다 못한 사람을 친구로 해서는 안 된다. '無'
는 '毋'와 통하며 금지의 뜻을 가짐. '不如'는 '~만 같지 못하다'의 뜻이며 비
교의 구법이다. '불여기자'는 자기에게 미치지 못하는 자. '己'는 자기.

過則勿憚改(과칙물탄개) : 허물이 있으면 고치기를 꺼리지 말라는 것. '過'는 명
사에서 전성된 동사. 사람으로서의 도리를 밟지 않는 것. '勿'은 '말라'는
뜻을 가진 금지사. '憚'은 두렵고 어려워하는 것. 과실을 범하는 것이 나쁜
것이 아니라, 고치지 않는 것이 나쁜 것이다.

1-9

曾子曰 愼終追遠이면 民德이 歸厚矣리라.
증 자 왈 신 종 추 원   민 덕   귀 후 의

통해(通解)

　증자께서 말씀하셨다. "부모의 상을 신중히 모시고 먼 조상의 덕을 추모
하면 백성의 도덕성도 독실한 방향으로 돌아갈 것이다."

■요지 : 윗사람의 덕이 자연히 아랫사람에게 미친다는 것을 가르친 것.

어석 · 문법

愼終追遠(신종추원) : '신종(愼終)'은 부모의 상을 예를 다하여 모시는 것이고,
'추원'은 조상의 덕을 추모하여 연기(年忌) 등의 제례를 (옛날을 추모하여)
정성껏 모시는 것이다.

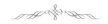

歸厚矣(귀후의) : 두터워질 것이다. 돈후한 데로 돌아갈 것이다. '矣'는 단정의
　　어기조사.

1-10

子禽이 問於子貢曰 夫子至於是邦也하사 必聞其政하시나니
자 금　　문 어 자 공 왈　부 자 지 어 시 방 야　　　　필 문 기 정

求之與아. 抑與之與.
구 지 여　　　억 여 지 여

子貢曰 夫子는 溫良恭儉讓以得之시니 夫子之求之也는
자 공 왈　부 자　　온 량 공 검 양 이 득 지　　　부 자 지 구 지 야

其諸異乎人之求之與인저.
기 저 이 호 인 지 구 지 여

통해(通解)

　자금이 자공에게 물었다. "우리 선생님(공자)께서는 어느 나라에 가시건
꼭 그 나라의 정사에 관한 이야기를 들으셨습니다. 그것은 선생님이 그 이
야기를 듣기를 요구하신 것입니까? 아니면 그 나라에서 그것을 선생님께
들려준 것입니까?" 이에 자공이 말했다. "선생님께서는 온화하고 정직하고
공손하고 검약하고 겸양함으로써 그 나라의 정사에 관한 이야기를 얻어들
으신 것이다. 그러므로 선생님께서 그것을 요구하신 것은 아마 다른 사람
들이 그것을 요구한 방법과는 달랐을 것이다."

■요지 : 자공의 말─공자는 정치 참획을 함에 있어서 자진해서 지위를 구한 것
　이 아니라는 것이다.

어석 · 문법

子禽(자금) : 姓은 陳, 名은 亢(항), 자금은 그의 字. 진(陳)나라 사람으로 공자보
다 31세 연하. 공자의 문인이고 자공의 문인이기도 하다.

子貢(자공) : 공자의 문인. 姓은 端木, 名은 賜. 지공은 그의 字. 공자보다 31세
연하. 변설이 뛰어났고 재자(才子) 기질의 사람이었으므로 노(魯)와 위(衛)
나라에서 벼슬하여 여러 번 외교 담판 등에 성공하였다. 또 이재(利才)의
도에 밝아 많은 부를 얻었다고 한다. 공문 십철(十哲)의 하나. 덕행에는 안
연(顔淵) · 민자건(閔子騫) · 염백우(冉伯牛) · 중궁(仲弓), 언어에는 재아(宰
我) · 자공(子貢), 정사에는 염유(冉由) · 자로(子路), 문학에는 자유(子游) ·
자하(子夏).

夫子(부자) : 원래는 '대부(大夫)가 된 자'를 일컫는다. 아마 공자가 대부가 된 적
이 있어서 그 문제(門弟)들이 '夫子'로 불렀을 것이다. 그것이 일반화되어
선생의 뜻이 되었다.

至於是方也(지어시방야) : 어느 나라에 이르다. '於'는 '에(처소) · 을(목적) · 보다
(비교)'의 뜻을 나타내는 전치사. '是邦'은 '어느 나라에'의 뜻. '也'는 어세
를 강하게 하는 조자.

必聞其政(필문기정) : 반드시 그 정치하는 방법에 대하여 듣다. 곧, 정치에 관한
이야기를 듣다. '문(聞)'은 저절로 귀에 들어온다는 뜻으로 상대편이 상담
을 요청해 오는 것.

求之與(구지여) : (공자 쪽에서) '그것을 요구한 것인가? 아마 그럴 것이다.'의 뜻.
'之'는 지시대명사로서 정치에 관한 일을 가리킴. '與'는 의문과 함께 추측
의 어기를 표시하는 조자로 완곡한 표현을 만든다.

抑與之與(억여지여) : 아니면(그 나라에서 선생님에게) 그것(정치에 관한 이야기)을
들려준 것일까? 그쪽에서 제공한 것일까? '抑'은 접속사로서 '혹은', '그렇
지 않으면'의 뜻을 가진다. '與之'의 '與'는 '고하다', '상담을 요청하여 들
려주다'의 뜻. 문말의 '與'는 의문의 어기조사로 '그럴까?'의 뜻. 역시 완
곡어법. '抑 …與'는 '그렇지 않으면 ~일까?'의 뜻을 나타내는 구법(句法).

溫良恭儉讓以得之(온량공검양이득지) : 온화, 정직, 공손, 절제, 겸양으로써 그

것을 얻었다. 이 다섯 가지는 오덕으로 대인관계상 빠뜨릴 수 없는 것. '以'는 순접접속사 '而'와 같다. '溫'은 온화하고 두터움, 부드러운 안색이나 태도. '良'은 평이하고 곧음. 타고날 때부터 가지고 있는 선(善), '恭'은 장경(莊敬)함. 몸가짐을 신중하고 깊게 함. '儉'은 절제함, 곧, 단정하고 절도가 있는 것. '讓'은 겸손함. 곧 자기를 끌어내려 겸허한 것.

夫子之求之也(부지지구지야) : 부자(공자)가 그것을 요구하신 것우. '求夫子之也'에서 주어(夫子)를 술어(求) 앞으로 도치시키는 과정에서 구조조사(之 = 主格)가 끼어들었다. 뒤의 '之'는 '그것'이라는 지시대명사다. '也'는 주어의 어세를 강조하는 어기조사.

其諸異乎人之求之與(기제이호인지구지여) : 아마 그것은 세인이 그것(관직)을 요구하는 것과 다를 것이다. '其諸'(기제)는 '아마 그것은', '어쩌면 그것은'의 뜻. '異乎'는 ' ~와(과) 다르다'. '乎'는 비교를 나타내는 전치사. '與'는 의문과 추측의 어기를 나타내는 어기조사로 "~일 것이다"로 새기는 것이 좋겠다.

1-11

子曰 父在에 觀其志요 父沒에 觀其行이나 三年을
자 왈 부재　　　　관 기 지　　　부 몰　　　관 기 행　　　삼 년

無改於父之道라아 可謂 孝矣니리.
무 개 어 부 지 도　　　가 위 효 의

통해(通解)

　공자께서 말씀하셨다. "아버지가 살아 계실 때에는 그 인물의 뜻을 관찰하고, 아버지가 돌아가셨을 때는 그 인물의 행위를 관찰하라. 돌아가신 지 삼년 동안 아버지의 도(방법)를 고치지 않는 것을 효라고 판단할 수 있다."

■요지 : 아버지의 도를 3년간 고치지 않아야 효자라 할 수 있다는 것이다.(주자
　는 이 장을 효자 관찰법으로 해석했다.)

어석 · 문법

父在觀其志(부재관기지) : 아버지가 살아 계실 때에는 그의 뜻을 관찰한다. '其'
　를 자식으로 보기도 한다.

父沒觀其行(부몰관기행) : 아버지가 돌아가신 뒤에는 그의 행실을 관찰한다. 위
　와 같이 '其'를 자식으로 보기도 한다.

無改於父之道(무개어부지도) : 아버지의 도를 고치지 아니한다. '道'는 생활양
　식.

可謂孝矣(가위효의) : 가히 효라 이를 수 있다. 효라고 이를 수 있다. '可'는 '謂'
　를 돕는 조동사. '矣'는 단정적인 어기를 나타내는 조사. '謂'는 '판단하다,
　평가하다'의 뜻.

1-12

有子曰 禮之用이 和爲貴하니 先王之道 斯爲美라 小大由之
유자왈 예지용　　화위귀　　　선왕지도 사위미　　소대유지

니라. 有所不行하니 知和而和요 不以禮節之면 亦不可行也니
　　　유소불행　　지화이화　　불이예절지　　역불가행야
라.

통해(通解)

　유자가 말했다. "예를 운용하는 데 있어서는 조화를 이루는 것이 가장 중
요하다. 고대의 선왕도 이것을 아름답게 여겨서 작은 일을 하거나 큰일을

할 때에는 그것을 따랐다. 만일 맞지 않는 바가 있다면 그것은 조화란 것을 알고 조화를 이루려고만 했을 뿐이고, 예로써 그것을 조절하지 않으면 역시 행할 수 없는 것이다."

■요지 : 인간의 상호관계에 있어서는 아무래도 예를 화(和)로 조절하는 것이 중요하다는 것이다.

어석 · 문법

禮之用和爲貴(예지용화위귀) : 예의 운용에 있어서는 조화를 이루는 것이 가장 중요하다. '禮'는 일상생활의 예법에서 시작하여 관혼상제의 의식, 그리고 법적인 질서나 사회적 규범 등 광범한 의미를 가지고 있다. 말하자면 인간의 문화적인 법칙이다. '之'는 수식관계를 나타내는 관형격 구조조사. '用'은 본체인 경(敬)을 생활이나 행실에 적용하는 것으로 운용, 활용의 뜻. '和'는 어느 쪽에도 치우치지 않는 적절한 조화미를 뜻한다. '爲貴'는 '가장 귀하다'의 뜻이다.

斯爲美(사위미) : (조화의 적절함을 얻었기 때문에) 이것(和)을 아름다운 것으로 여기다. '斯'는 지시사 '이것'으로 상문의 '和'를 가리킨다. '美'는 善의 뜻.

先王之道(선왕지도) : 선왕의 도. 선왕은 요 · 순 · 우 · 탕 · 문왕 · 무왕 · 주공 이상적인 성인의 도. 〈특수 연구 32 － 중국의 고대 왕조사 개괄〉(p.633) 참조.

1-13

有子曰 信近於義면 言可復也며 恭近於禮면 遠恥辱也며
유 자 왈 신 근 어 의　　언 가 복 야　　공 근 어 례　　원 치 욕 야

因不失其親면 亦可子 宗也니라.
인 불 실 기 친　　역 가 자 종 야

통해(通解)

유자가 말했다. "믿음이 의리에 가까우면 그 사람의 말은 실행할 수 있을 것이다. 공손함이 예에 가까우면 부끄러움과 욕됨을 멀리할 수 있을 것이다. 친하게 지내는 사람(의지하는 사람)이 그 친밀함을 잃지 않는다면 또한 공경할 만하다."

■요지 : 교우관계를 맺는 일에 대하여 기술했다.

어석 · 문법

信近於義(신근어의) : 언약이 의리(도)에 가깝다. '信'은 약속. '近'은 어기지 않는다. '義'는 사람이 실천해야 할 도리. '於'는 시발·유래를 표시하는 전치사.

言可復也(언가복야) : 언약을 이행할 수 있다. '復'(복)은 실천하다.

恥辱(치욕) : 스스로 부끄럽다고 생각하거나 타인으로부터 욕을 먹는 것.

恭近於禮(공근어례) : 공손함이 예에 가깝다. 예는 예절에 관한 규정, 도리, 절도.

因不失其親(인불실기친) : 친하게 지내는 사람이(의지하는 사람이) 그 가까운 사람을 잃지 않는다. '因'은 '따르다'라는 동사이나, 주자는 "依也", 곧 '의지하는 사람'이라고 하였다. 『대한화사전』의 저자인 諸橋轍次(모로하시 데쓰지)는 '친하다'라는 뜻으로 풀었다.

宗(종) : 종주. 높이 모시는 어른. 존중하다. 공경하다.

1-14

子曰 君子食無求飽하며 居無求安하며 敏於事而愼於言이요
자 왈 군 자 식 무 구 포　　　 거 무 구 안　　　 민 어 사 이 신 어 언

就有道而正焉이면 可謂好學也已니라.
취 유 도 이 정 언　　　 가 위 호 학 야 이

통해(通解)

　공자께서 말씀하셨다. "군자는 식사를 함에 있어서 배불리 먹기를 바라지 않고 거처함에 있어서 편안하기를 바라지 않고, 일을 함에 있어서는 민첩하고 말을 함에 있어서는 신중하고 도덕이 있는 사람에게 나아가 자신을 바로잡으면, 학문을 좋아하는 사람이라고 할 수 있다."

■요지 : 학문·수양에 뜻을 둔 사람은 의식주라고 하는 생활에 마음을 빼앗기지 말고 우선 바른 도의 실천에 중점을 두고 유덕자에 관하여 공부하는 마음이 필요하다고 했다.

어석·문법

食無求飽(식무구포) : 먹음에 배부름을 구하지 않는다. '飽'는 배불리 먹다.

居無求安(거무구안) : 거처함에 안락함을 바라시 않는다. '居'는 거주하는 것. '安'은 안락, 안일의 뜻. 이 구는 위의 구와 대구(對句)다.

敏於事而愼於言(민어사이신어언) : 일에 민첩하고 말을 삼가다. '敏於事'는 사람으로서 하지 않으면 안 될 일을 민첩하게 행하다. '而'는 순접. '愼於言'은 말을 신중히 하다.

就有道而正焉(취유도이정언) : 道가 있는 분에게 나아가 (그른 것을) 바로하다(고치다). '就有道'는 학덕이 높은 사람에게 가까이 접(近)하는 것. '就'는 자기가 가까이 다가가는 것. '有道'는 학덕이 높은 사람, 유덕자. '而'는 순접.

'正'은 자기의 시비선악을 질문하여 그 잘못을 바로한다는 뜻. '焉'은 단정의 어기조사.

可謂好學也已(가위호학야이) : 학문을 좋아한다고 말할 수 있다. '學'은 인격 완성을 위한의 실천의 학이다. '可'는 '할 수 있다'는 가능의 뜻. '~할 가치가 있다'라는 뜻도 있다. '也已'는 '뿐'이라는 한정의 어기를 표시하는 말이지만, 여기서는 강한 단정의 어기조사로 볼 수 있다.

1-15

子貢曰 貧而無諂하며 富而無驕하면 何如니이꼬. 子曰
자공왈　　　빈이무첨　　　　　부이무교　　　　　하여　　　　　자왈

可也나 未若貧而樂하며 富而好禮者也니라. 子貢曰 詩云
가야　　미약빈이락　　　부이호례자야　　　　자공왈　시운

如切如磋하며 如琢如磨라 하니 其斯之謂與인저. 子曰 賜也는
여절여차　　　여탁여마　　하니　기사지위여　　　자왈　사야

始可與言詩已矣로다. 告諸往而知來者온여.
시가여언시이의　　　　고저왕이지래자

❧

통해(通解)

자공이 말했다. "가난해도 아첨하지 않고 부유해도 교만하지 않으면 어떻습니까?" 공자께서 말씀하셨다. "괜찮지만, 아직 가난하면서도 도를 즐기며 부유하면서도 예를 즐기는 것만은 못하다." 자공이 말했다. "『시경』에 이르기를 '끊는 듯하며 가는 듯하며 쪼는 듯하며 닦는 듯하다'고 하였으니 아마도 이것을 말하는 것이겠군요." (그러자) 공자께서 말씀하셨다. "사(賜)는 이제 함께 『시경』을 말할 수 있게 되었구나. 지난 일을 그에게 일러주었더니 앞으로의 일까지 아는구나."

■요지 : 자공이 공자에게 가난해도 비굴하지 않고, 부해도 교만하지 않을 정도의 수양은 빈부라고 하는 신념을 잊고 도를 즐기고 예를 좋아하는 경지에는 도무지 미치지 못한다는 가르침을 받고 그 가르침의 진의를 잘 이해했으므로 공자로부터 칭찬을 받았다는 것이다.

어석 · 문법

貧而無諂(빈이무첨) : 가난해도 남에게 아첨하지 않는다. '而'는 역접접속사. '諂'은 비굴하게 되어 동정을 구하는 것.

富而無驕何如(부이무교하여) : 부하되 교만하지 않으면 어떻습니까? '而'는 역접. '驕'는 우쭐하여 남을 깔보는 것. '何如'는 의문을 표시하는 말. 사물의 성질 · 상태 · 결과를 묻는 말. 마음속으로 좋다고 생각하면서 약간 불안의 뜻이 있을 때 발한다. 이에 비하여 '如何'는 '어떻게', '어떻게 하는 것인가' 따위로 새기며 일의 방법을 묻는 말이다.

可也(가야) : 좋다. '可'는 허용을 나타낸다. ~하여 좋을 것이다.

未若貧而樂富而好禮者也(미약빈이락부이호례자야) : 아직 가난하면서도 도를 즐기며 부유하면서도 예를 좋아하는 것만 같지 못하다. '未若'은 '아직(지금까지) ~에 미치지 못하다', '아직 ~함만 같지 못하다'는 뜻. '~함만 (같지) 못하다'는 비교를 나타내는 '不如'와 같다. '未'는 '아직 ~아니하다'라는 미정을 나타내는 말로 재역한자임. '빈이락'은 아무리 빈핍해도 별로 그 빈핍을 걱정하지 않고 사람으로서의 도의 탐구를 즐기고 있다는 뜻. '富而好禮'는 아무리 부자의 신분이 되어도 나아가 예의에 따르고 적극적으로 예를 좋아한다는 뜻.

詩云(시운) : 『詩經』에 이르다. '詩'는 『시경』의 衛風淇澳奧(위풍기욱욱)편을 말함. 위(衛)의 무공(武公)의 일을 읊은 시라고 알려져 있다. "瞻彼淇澳 綠竹猗猗 有匪君子 如切如磋如琢如磨 瑟兮僩兮赫兮咺兮有匪君子 終不可諼兮"(저 기수 물굽이에 푸른 대가 우거졌네. 풍채 좋은 우리 님은 뼈와 상아 다듬은 듯 구슬과 돌을 간 듯 점잖고 너그럽고 환하고 당당하네. 풍채 좋은 우리 님은 끝내 잊을 수가 없네. ─신석초 역)

如切如磋如琢如磨(여절여차여탁여마) : 칼로 자르고 줄로 갈고, 끌로 쪼고 숫돌이나 금강석으로 갈아 점차 정교함을 더해가는 것. 조야(粗野)에서 정교함으로 진전되는 방법은 학문 수양의 과정에 있어서 한층 노력이 필요한 것을 말함. 여기서 '切磋琢磨'는 학문이나 덕행을 배우고 닦는다는 뜻을 가지게 되었다.

其斯之謂與(기사지위여) : 아마 바로 그것(공자의 가르침)을 이른 말일 것이다. 그 일을 말한 것일까, 그럴 것이다. '其'는 강조하는 말로 '아마', '진실로', '정말'의 뜻을 가졌다. '與'는 의문을 품은 추측의 어기를 나타내는 어기조사로 '～일 것이다'로 새긴다.

賜也(사야) : '賜'는 자공의 이름. '也'는 호격 조사로 친애의 정을 표시한다.

始可與言詩已矣(시가여언시이의) : 비로소 함께 시를 말할 만하다 '與'는 '함께'의 뜻. '可'는 할 수 있다, 해도 좋다, 자격이 있다는 것이다. '已矣'는 '뿐이다'라는 한정과 단정을 표시하는 조자.

告諸往而知來者(고제왕이지래자) : 지난 일을 그에게(너에게) 말해주었더니 앞으로의 일까지 아는구나. 지나간 일을 말했는데 앞으로의 일까지도 아는구나. 여기서의 '諸'(저)는 아래 설명의 ㉢에 해당하므로 '之' 곧, '그것'(이것), 또는 '그'(이)로 해석해야 한다. 특히 여기서는 사람을 가리키는 인칭대명사 '그' 또는 '이'로 새겨야 한다. '來'는 아직 말해지지 않은 것.

특수 연구 5 - '諸'를 해석하는 세 가지 방법

1. '之於'의 합자로 '～에게서 그것(이것)을'로 새긴다. 君子求諸己(군자는 자기에게서 그것(이것)을 구한다.)

2. '之乎'의 합자로 '그것(이것)을 ～ 할 수 있겠는가?'로 새긴다. 吾得而食諸(내가 어찌 그것(이것)을 먹을 수 있겠는가?)

3. '之'와 같은 것으로 보고 '그것(이것)' 또는 '그(이)'로 새긴다. 告諸往(지난 일을 그(이)에게 말했다.) 堯舜其病諸 (요순도 아마 오히려 그것(이것)을 고심하셨을 것이다.)

1-16

子曰 不患人之不己知요 患不知人也니라.
자 왈 불 환 인 지 불 기 지   환 부 지 인 야

통해(通解)

　공자께서 말씀하셨다. "다른 사람이 자기를 알아주지 않는 것을 걱정하지 말고 (내가) 다른 사람을 알아주지 못하는 것을 걱정하라."

■ 요지 : 남이 알아주길 바라기보다는 자기가 남을 알아주지 못함을 걱정하라고 말하고 있다.

어석 · 문법

不患人之不己知(불환인지불기지) : 남이 자기를 알아주지 않음을 걱정하지 말라. '患'은 염려하다, 걱정하다, 괴로워하다. '不己知'는 자기를 인정해주지 않는다. '己, 吾, 我' 등의 문자가 목적격인 부정형의 경우 '不知'로 표기하지 않고 '不己知'로 쓴다.

患不知人也(환부지인야) : 남을 알아보지 못함을 걱정하라. '不患不~'는 ' ~하지 않음을 걱정하지 말라'의 뜻. 상문의 '知'는 '인정하다'의 뜻이고 하문의 '知'는 '알아차리다'의 뜻.

제2편

위정 爲政

위정편은 공자의 정치 사상을 말하고 있다.
사람은 먼저 배운 다음에 정사에 참여해야 하고,
위정자는 성인군자의 덕인 효(孝) · 경(敬) · 신(信) · 용(勇)을
구현해야 한다고 주장한다.

2-1

子曰 爲政以德이 譬如北辰이 居其所이어든 而衆星共之니라.
자 왈 위 정 이 덕   비 여 북 진   거 기 소   이 중 성 공 지

통해(通解)

　공자께서 말씀하셨다. "정치를 하되 덕으로써 하는 것은, 비유하건대 마치 북극성이 그 자리에 있으면 뭇별들이 그것을 향하여 둘러싸고 있는 것과 같다."

■ 요지 : 위정자가 덕치를 하면 뭇별이 북극성을 향하여 둘러싸고 있는 것처럼 민중이 심복한다.

어석 · 문법

譬如(비여) : '비유컨대 ~와 같다'는 관용형.

爲政以德(위정이덕) : 정치를 함에 있어서 도덕을 가지고 하다. 도덕에 의하여 정치를 行하다. 'A 以 B'는 'B로써 A를 하다'라는 관용구법이다. '政'은 처서 곧게 만드는 것, 곧 '바르게 하다'의 뜻. 자기를 바로잡고 남의 부정을 바로잡아 평화롭게 하는 것이 정치의 근본이라는 것이다. 여기서는 도덕의 뜻으로 생각해도 좋다. '以'는 수단이나 방법을 나타내는 전치사.

譬如(비여) : 비유컨대 ~와 같다.

北辰(북진) : 북극성. 북극 하늘에서 그 위치를 바꾸지 않고 빛나고 있는 별. '辰'은 일월성의 총칭.

居其所(거기소) : 그 장소에 있으며 항상 움직이지 않는다. 항상 부동을 유지하며 위치를 바꾸는 일이 없다.

而(이) : 순접을 표시하는 접속사.

衆星(중성) : 뭇별. 많은 별.

共之(공지) : 그것을 향하다. 북극성을 향하여 빛나고 있다. '共'은 '向'과 같다.
　　'共'을 '拱'으로 보고 '손끝을 마주잡고 절하다'로 푸는 이도 있다.(鄭玄).
　　'之'는 '北辰'을 가리키는 대명사.

2-2

子曰 詩三百에 一言以蔽之하니 曰思無邪니라.
자 왈 시 삼 백 　 　일 언 이 폐 지 　　 왈 사 무 사

통해(通解)

　공자께서 말씀하셨다. "『시경』에 삼백 편의 시가 있는데 단 한 마디로 그
것을 비평한다면 '생각에 사념이 없다'는 것이다."

■요지 :『시경』삼백 편의 시에는 인간의 진실한 감정이 나타나 있다.

어석 · 문법

詩三百(시삼백) :『시경』에 수록되어 있는 시 311편의 개수를 말한다. 『시경』은
　　중국에 있어서의 북방 문학을 대표하며, 남방의 초사(楚辭)와 대비된다.
　　인간의 진정을 표현한 중국 최고의 시집이다. 이 『시경』은 내용 · 형식의
　　양면으로 나누어지며, 風 · 雅 · 頌 · 賦 · 比 · 興의 6가지[六義]가 있다.
　　사마천(司馬遷)에 의하면 삼천 편이나 있던 고래의 시에서 공자가 삭감하
　　고 정리한 것이 311편이라 한다. 이 중 6편은 제목만 전하므로, 실은 305
　　편만 현존한다.
一言以(일언이) : 한 마디 말로써. '以一言'의 도치형으로 '일언'을 강조한 표현.
　　'일언'은 한 마디, 한 문구.
蔽之(폐지) : 그것을 개괄하다. '蔽'는 '가리다, 덮다'라는 뜻을 지닌 동사지만 여

기서는 '개괄하다, 비평하다'라는 뜻으로 쓰였다. 『시경』의 시 300수를 개
괄하여 비평하다. '之'는 시 삼백 편을 가리킨다.

思無邪(사무사) : 시를 짓는 사람의 마음에 조금도 사념이 없다. 『시경』 노송(魯
頌) 경편(駉篇)에 나오는 말이다. 모든 시가 진솔한 심정의 발로이며 성실
한 뜻을 나타내고 있다는 뜻이다. 진정의 표현이라는 것이다.

2-3

子曰 道之以政하고 齊之以刑이면 民免而無恥니라. 子曰
자 왈　도 지 이 정　　　제 지 이 형　　　　민 면 이 무 치　　　자 왈

道之以德하고 齊之以禮면 有恥且格이니라.
도 지 이 덕　　　제 지 이 례　　유 치 차 격

통해(通解)

공자께서 말씀하셨다. "백성들을 인도하기를 법률과 명령으로써 하고 백
성들을 다스리기를 형벌로써 하면 백성들은 모면하려고만 하고 부끄러움
을 느끼지 못한다." 공자께서 말씀하셨다. "도덕을 가지고 백성들을 인도하
고 예의를 가지고 백성들을 다스리면 백성들은 부끄러움을 알게 되고 또
한 선에 도달할 수 있다."

■ 요지 : 군자가 백성을 다스리는 근본 방침 - 법률이나 명령에 의한 정치를 하지
말고, 덕과 예에 의한 정치를 하라는 것이다.

어석 · 문법

道之(도지) : 그들을 인도하다. '道'는 '導'와 같다. 인도하다, 지도하다. '之'는 후
문의 '民'을 가리키는 지시대명사.

以政(이정) : 법률과 명령으로써.

齊之(제지) : 그들을 가지런히 하다(다스리다). '齊'는 '정돈하다, 통제하다, 규제하다'는 뜻의 동사. 법령에 따르지 않는 자가 있으면 형벌을 가하여 정리한다.

免而無恥(면이무치) : 면하려고만 하고 부끄러워하지 않는다. 형벌에 걸려들지만 않으면 부끄럽다고 생각하지 않는다. 양심이 마비되어 수치심이 없어진다.

德(덕) : 사람으로서의 도리를 자기의 몸으로 체득한 것이다. 여기서는 도덕의 뜻.

禮(예) : 예의작법은 말할 것도 없고 법제, 질서, 사회규범 등 넓은 뜻을 가지고 있다.

有恥(유치) : 수치를 느끼게 되다.

且格(차격) : 또한 스스로 선에 도달할 수 있다. '且'는 '또한. 게다가'라는 뜻을 지닌 접속사. '格'은 '스스로 닦아서 자기의 행위를 바르게 하다'라는 뜻으로 해석하거나 '至'(이르다)와 같은 자로 보고 '선에 도달하다'라는 뜻으로 해석하기도 하며 '감동하다'라는 뜻으로 보기도 한다.

2-4

子曰 吾十有五而志于學하고, 三十而立하고, 四十而不惑하
자 왈 오 십 유 오 이 지 우 학　　　삼 십 이 립　　　사 십 이 불 혹

고, 五十而知天命하고, 六十而耳順하고, 七十而從心所欲하여
오 십 이 지 천 명　　　육 십 이 이 순　　　칠 십 이 종 심 소 욕

不踰矩호라.
불 유 구

통해(通解)

  공자께서 말씀하셨다. "나는 열다섯 살에 학문에 뜻을 두었고, 서른 살에 학문의 기초가 확립되어 홀로 설 수 있게 되었고, 마흔 살에 자신감이 생겨 미혹되지 않았고, 쉰 살에 하늘이 준 사명을 자각했고, 예순 살에 남의 말을 순순히 이해했고, 일흔 살에는 마음이 내키는 대로 행해도 법도를 넘지 않았다."

■ 요지 : 공자가 일생을 회고하며 그 인간 형성 과정을 술회한 것이다.

어석 · 문법

十有五(십유오) : 15세. '有'는 '又'와 같은 접속사. 10과 또 5의 뜻.
志于學(지우학) : 학문 수양에 뜻을 두었다. 그 학문의 내용은『시경』,『서경』등
       을 읽고 예와 음악을 배우는 것. '志'는 '之'(가다, 향하여 가다)와 동일한 어
       원을 가진 말로 마음에 두고 그것을 향하여 가다. 목적을 가지는 것. '于'
       는 '於'와 동일함. '~에, 을(를), ~보다' 등의 뜻을 나타내는 전치사. '學'은
       성인의 학, 실천의 학을 말하는 것이고 단순한 지식만의 학이 아니라 인
       격적으로 자기를 완성하는 것.
立(립) : 학문을 이해하고 덕을 닦아서 홀로 서다. 학문의 기초가 확립되었고 그
       것에 의하여 세상에 몸을 세울 수 있게 되었다.
不惑(불혹) : 자신의 학문이나 살아나가는 방법에 자신이 생겨 미혹하는 일이 없
       어지다.
知天命(지천명) : 하늘이 자기에게 부여한 사명을 자각했다. 사명의 내용은 주대
       (周代) 초기의 문화를 이어받아 발전시켜 후세에 전하는 것. 일의 바른 도
       리를 깨닫다.
耳順(이순) : 말의 의도나 입장을 이해하면서 순순히 들을 수 있게 되었다. 또는
       자기의 의견은 확실히 지니면서 타인의 의견에도 귀를 기울여 잘 이해한다.
從心所欲不踰矩(종심소욕불유구) : 마음이 하고자 하는 바를 좇아 행동해도 바
       른 도리에 어긋나지 않았다. '所'는 '~하는 바'의 뜻을 지닌 특수대명사라

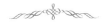

고 하지만, 우리 말의 불완전명사에 해당한다. '踰'는 벗어나는 것이고 '矩'는 사람으로서 따르고 지켜야 할 도를 말한다. 해탈의 경지에 이른 것.

2-5

孟懿子問孝한대 子曰 無違니라. 樊遲御러니 子告之曰 孟孫이
맹 의 자 문 효   자 왈 무 위   번 지 어   자 고 지 왈 맹 손

問孝於我어늘 我對曰 無違라호라. 樊遲曰 何謂也니이꼬. 子曰
문 효 어 아   아 대 왈 무 위   번 지 왈 하 위 야   자 왈

生事之以禮하며 死葬之以禮하며 祭之以禮니라.
생 사 지 이 례   사 장 지 이 례   제 지 이 례

통해(通解)

　맹의자가 효에 대하여 묻자 공자께서 말씀하셨다. "도리 곧 예에 어긋나지 않아야 할 것이다." 번지가 수레를 몰았는데 공자께서 그에게 알려주며 말씀하셨다. "맹손이 효에 대하여 나에게 묻기에 내가 대답하기를 예를 어기지 말라고 하였다." 번지가 말했다. "무엇을 이르신 것입니까?" 공자께서 말씀하셨다. "부모님께서 생존해 계실 때는 예를 다하여 섬기고, 돌아가시면 또 예를 다하여 장사를 지내며, 예를 다하여 제사를 지내야 하는 것이다."

■ 요지 : 효는 도리(예)에 어긋나지 않아야 하는 것으로 어버이에 대한 섬김과 장례와 제사를 예로써 해야 한다고 가르쳐주고 있다.

어석 · 문법

孟懿子(맹의자) : 노나라 대부 중손씨(仲孫氏). 名은 何忌(하기). 숙손(叔孫), 계손
　　(季孫)과 함께 국정을 마음대로 한 권세가. 맹손씨(孟孫氏)라고도 한다. 의
　　(懿)는 시호(諡號, 죽은 뒤에 생전의 공적을 기리어 임금이 추증하던 이름).

無違(무위) : 도리에 위배되지 않는다.

樊遲(번지) : 공자의 제자로 명(名)은 수(須)다.

御(어) : 수레를 몰다. 어거.

孟孫(맹손) : 중손(仲孫).

何謂也(하위야) : 무엇을 이름입니까? '也'는 의문의 어기조사.

生事之以禮(생사지이례) : 살아 계시면 그(어버이)를 섬기기를 예로써 하라. '以'
　　는 동사에서 전성된 전치사.

死葬之以禮(사장지이례) : 돌아가시면 그를 장사 지내기를 예로써 하라.

祭之以禮(제지이례) : 그를 제사 지내기를 예로써 하라.

2-6

孟武伯問孝한대 子曰 父母는 唯其疾之憂시니라.
맹 무 백 문 효　　자 왈 부 모　　유 기 질 지 우

통해(通解)

　맹무백이 효에 대하여 물으니 공자께서 말씀하셨다. "부모는 오직 그 자
식이 병들까 근심하실 뿐이다."

■요지 : 효는 몸을 조심하여 건강한 것이라고 언술하고 있다.

어석 · 문법

孟武伯(맹무백) : 맹의자(孟懿子)의 아들. 名은 彘(체), 武는 시호. 伯은 맏아들이
　　라는 뜻. 자의적인 행동을 많이 했고 몸이 약했다고 한다. 애공(哀公) 40년
　　에 가로(家老)가 됨.

唯(유) : '오직(다만) ~을 할 뿐'이란 뜻으로 한정을 나타낸다.

其疾之憂(기질시우) : 그(자식)가 병들까 근심한다. '憂其疾'의 도치형. '其疾'을
　　강조하는 형이다. '之'라고 하는 구조조사는 도치법 사용으로 삽입된 것이
　　다. 우리말의 목적격 조사 '을/를'에 해당한다.

2-7

子游問孝한대 子曰 今之孝者는 是謂能養이니 至於犬馬하여도
자 유 문 효　　자 왈 금 지 효 자　　시 위 능 양　　　지 어 견 마

皆能有養이니 不敬이면 何以別乎리오.
개 능 유 양　　불 경　　　하 이 별 호

통해(通解)

　자유가 효에 대하여 여쭈었다. 공자께서 말씀하셨다. "요즈음의 효라는
것은 다만 훌륭하게 음식 등으로 공양하는 것을 말한다. 그러나 개와 말에
이르러서도 (음식물을 준다든지 하여 그것을) 다 먹여살리는 일이 있을 수 있으
니, 공경하지 않으면 무엇으로써 개나 말과 인간을 구별할 것인가?"

■요지 : 어버이를 단지 물질적으로만 봉양하고 공경하는 마음이 없다면 효라고
　말할 수 없다.

어석 · 문법

子游(자유) : 공자의 문인. 姓은 言, 名은 偃(언). 자유는 字. 오(吳)나라 사람. 공
　　　　자보다 45세 연하. 子夏와 함께 문학(학문)에 뛰어났다. 특히 예에 정통했
　　　　다.

謂(위) : 말하다. 평하다.

是謂(시위) : 단지 ~함을 이른다.

能(능) : 충분히, 훌륭하게, 흡족하게

養(양) : 의식주 등 물질적인 면에서 부자유가 없도록 어버이를 잘 공양하다.

今之孝者(금지효자) : 요즈음의 孝는. '者'는 '~은(는)'으로 새기는데 위의 말을
　　　　집어 들어 강조하는 어기조사.

특수 연구 6 – '者'의 용법

　'者'는 특수한 지시 대사(代詞)라는 것인데 대명사라는 말과 차이가 있다. 곧 대
명사는 명사적 범주에 있는 것만 대신하는 데 비하여 대사는 형용사, 부사, 수사
까지도 대신할 수 있다. 이는 대개 우리 문법의 불완전명사에 가깝다고 하겠다.
그런데 어기사로도 쓰이는 것이 특이하다.

1. 사람, 사물, 추상적인 개념 등을 나타냄 : '~한 것', '~한 사람'
　　仁者不憂(어진 사람).
　　知之者(아는 것).
2. 판단문의 주어에 붙어 제시를 표하는 어기사 : '~라는 사람', '~라고 하는 것
　　은'.
　　屈原者 楚人也(굴원이라는 사람은 초인이다)–제시.
3. 가정, 조건을 나타내는 어기조사.
　　不然者(그렇지 않으면).
　　不者(그렇게 하지 않으면).
4. 시간을 나타내는 어기조사.
　　昔者(옛적), 今者(지금), 頃者(요즘), 向者(전에), 曩者(접때), 乃者(이전에).

2-8

子夏問孝한대 子曰 色難이니 有事어든 弟子服其勞하고
자 하 문 효   자 왈 색 난   유 사   제 자 복 기 로

有酒食어든 先生饌이 曾是以爲孝乎아.
유 주 사   선 생 찬   증 시 이 위 효 호

통해(通解)

자하가 효에 대하여 여쭙자, 공자께서 말씀하셨다. "얼굴빛을 부드럽게 하여 기분 좋은(상냥한) 태도로 부모님을 모시기가 어렵다. 가사 등의 일이 있으면 제자(연소자)가 그 수고로움을 대신하고, 술이나 음식이 있으면 연장자(부형)께 드리는 것만을, 어찌 이것을 효라고 하겠는가?"

■ 요지 : 자하의 물음에 대하여 공자는 효에 있어서는 안색을 부드럽게 하고 부모를 섬겨야 한다고 말했다.

어석 · 문법

子夏(자하) : 姓은 卜, 名은 商, 자하는 그의 字이다. 공문(孔門) 십철 중의 하나. 子遊와 함께 문학에 뛰어났다. 위(衛)나라 사람으로 공자보다 44세 연하. 박학하여 경전에 통달했다. 소심익익(小心翼翼)하고 한 가지 일도 소홀하게 하지 않는 근엄한 기풍이 있었다. 그래서 '商은 불급이라'고 말해졌다. 공자 몰후 서하(西河)에서 강(講)했으며 위나라 문후(文侯)의 스승이 되었다. 늙어 아들을 잃고 곡하다가 맹인이 되었다 한다.

色難(색난) : 안색을 온화하게 짓기가 어렵다. '色'은 안색. 안색을 부드럽게 하여 항상 기분이 좋은 태도로 부모님의 마음을 안심시킨다. 이것이 참다운 효행이다.

有事(유사) : 일(가사 등)이 있으면.

弟子服其勞(제자복기로) : 연소한 자제가 그 수고로운 일을 하다. '弟子'는 연소
　　한 자제(형에 대하여 아우, 부모에 대하여 자식)다. '服'은 맡다, 쓰다. '其'는
　　상문의 '事'를 가리키는 지시대명사. '勞'는 수고로운 일.

酒食(주사) : 맛있는 요리. 술과 밥.

先生饌(선생찬) : 손윗사람에게 드리다. '先生'은 연장자의 뜻. '饌'(찬)은 차려내
　　어 먹게 하다.

曾是以爲孝乎(증시이위효호) : 어찌 이것을 효라고 말할 수 있겠는가? 효라고
　　말할 수 없다는 뜻. '曾'은 '어찌'라는 의문부사. 乃(이에)로 보기도 한다.
　　'是'는 상문의 '有事 … 先生饌'을 가리키는 대명사. '乎'는 '以爲'를 받아
　　반어형을 만들고 있다. '是以'는 '以是'가 도치된 것이다.

2-9

子曰 吾與回言終日에　不違如愚러니　退而省其私혼대
자왈 오여회언종일　　　불위여우　　　퇴이성기사

亦足以發하나니　回也 不愚로다
역족이발　　　　회야 불우

통해(通解)

　공자께서 말씀하셨다. "내가 안회와 함께 온종일 이야기를 하였으나 내
뜻에 어긋나지 않아서 어리석은 것 같았는데, 그가 물러간 뒤에 그의 사사
로운 언행을 살펴보니, 또한 (내 뜻을) 발명(발양)하기에 충분한 능력을 가지
고 있다고 생각된다, 그러므로, 안회는 어리석지 않구나!"

■요지 : 안회는 일견 어리석은 사람처럼 잠자코 말을 듣고 있지만 잘 관찰해보
　니 실로 현명한 인물이었다는 공자의 칭찬의 말이다.

어석 · 문법

與回(여회) : '回'와 더불어. '與'는 전치사 '～와'.

回(회) : 안회(顔回), 姓은 顔, 名은 回, 字는 子淵. 노나라 사람. 공문 제일의 준
　　재. 공자보다 30세 연하.

不違如愚(불위여우) : 거스르지 않아 어리석은 것 같았다. 곧 의심하거나 질문하
　　거나 반론하지 않아 어리석은 것만 같았다는 뜻이다.

退而省其私(퇴이성기사) : 물러간 뒤의 그의 사생활을 살피다. '私'는 사적인 언
　　행.

亦足以發(역족이발) : 또한 발양하기에 족하다. '足以'는 '～하기에 충분하다'라
　　는 뜻을 지닌 조동사. '發'은 이치를 명확히 밝히는 것. 곧 발양(發揚)하다,
　　발명하다.

回也不愚(회야불우) : 안회는 어리석지 않도다. '也'는 어기를 하게 한다.

2-10

子曰 視其所以하며 觀其所由하며 察其所安이면 人焉廋哉리
자 왈 시 기 소 이　　　관 기 소 유　　　찰 기 소 안　　　인 언 수 재

오. 人焉廋哉리오.
　　인 언 수 재

통해(通解)

　공자께서 말씀하셨다. "그가 하는 것을 보며 그가 지내온 내력(경력)을 자
세히 보며 그가 안락하고 편안하게 여기는 것을 깊이 살피면, 사람이 어찌
(어떻게) 자기를 숨길 수 있겠는가? 사람이 어찌(어떻게) 자기를 숨길 수 있겠
는가?"

■요지 : 사람을 관찰하는 3단계의 방법을 말했다.

어석 · 문법

視(시) : 직접 보다. 가볍게 보다.

所以(소이) : 행하는 바. 행동. 행위. '以'는 '하다'라는 동사.

觀(관) : 널리 보는 것. '視'보다 무겁게 보는 것.

所由(소유) : 지내온 바. 내력. '由'를 경력. '동기'로 보는 설도 있다.

察(찰) : 살피다. '觀'보다 무거움. 사물의 경중 대소를 간파하는 것.

所安(소안) : 마음속으로 안락하게 여기는 바. '安'은 '편안하게 여기다'라는 동
　　　　　사. 형용사에서 동사로 전성된 것.

焉(언) : 어찌(어디다, 어떻게) ～ 할 수 있으랴? '焉'은 반어 조자로 '安'(어찌)과 동
　　　　일함.

廋(수) : 감추다. 숨기다.

2-11

子曰 溫故而知新이면 可以爲師矣니라.
자 왈 온 고 이 지 신　　가 이 위 사 의

통해(通解)

　공자께서 말씀하셨다. "옛것을 잘 연구하여 새로운 도리를 발견하면 그
사람은 남의 스승이 될 수 있다."

■요지 : 남의 스승이 될 수 있는 자의 참된 자세를 말했다.

어석 · 문법

溫(온) : 다시 반복하여 충분히 습숙하는 것. 고구(考究)하는 것. '연구'의 뜻.

故(고) : 古, 舊와 같다. 옛것. 전통문화. 고전 등. 堯 · 舜 · 禹 · 湯 · 文 · 武 · 周公 등이 남긴 덕치주의를 실현하려고 노력했던 것. '而'는 순접.

知新(지신) : 새로운 뜻을 안다. 고전을 잘 익혀 새로운 뜻을 발견하는 것.

2-12

子曰 君子不器니라.
자 왈 군 자 불 기

통해(通解)

공자께서 말씀하셨다. "군자는 한 가지 기예에만 능한 융통성 없는 존재가 아니다."

■요지 : 군자는 한 가지 기예만 지닌 융통성 없는 사람이 아니라, 전인격적인 존재라는 것이다.

어석 · 문법

器(기) : 도구라든가 기물(器物). 한 가지 기예에만 능한 직능자. 직능공. 융통성 없는 존재. 국한된 능력의 소유자.

2-13

子貢問君子한대 子曰 先行其言이요 而後從之니라.
자 공 문 군 자　　자 왈 선 행 기 언　　이 후 종 지

통해(通解)

　자공이 군자에 대하여 여쭙자 공자께서 말씀하셨다. "먼저 자신이 말하고자 하는 것을 실행하고 후에 그것(말)을 따르는 것이다."

■ 요지 : 말보다 실행이 먼저라는 것.(군자의 조건)

어석 · 문법

先行其言(선행기언) : 먼저 그 자신의 말을 실행하다.

而後從之(이후종지) : 후에 그것을 따르다. '之'는 言을 가리킨다. '從'을 '설명하다'로 보고 '후에 그것을 설명한다'로 해석하는 설도 있다.(『集說』)

2-14

子曰 君子는 周而不比하고 小人은 比而不周니라.
자 왈 군 자　　주 이 불 비　　소 인　　비 이 부 주

통해(通解)

　공자께서 말씀하셨다. "군자는 두루 사람과 친하여 공평하고 편협하지 않으며, 소인은 사당을 만들어 편협하고 공평하지 못하다."

■ 요지 : 군자는 널리 사람과 친하나 소인은 편협한 사당을 만들기 쉬운 것이다.

어석 · 문법

周而不比(주이불비) : 널리 사람과 사귀고 편협하지 아니하다. '周'는 정도로써
　　사귀는 것이고 '比'는 아첨하여 사귀는 것이다. 정도로써 사귀고 아첨하여
　　사귀지 않는다.

比而不周(비이불주) : 편협하고 널리 사람과 사귀지 않는다. 아첨하여 사귀고 정
　　도로씨 사귀지 않는다.

2-15

子曰 學而不思則罔하고 思而不學則殆니라.
자 왈　학 이 불 사 즉 망　　　　사 이 불 학 즉 태

통해(通解)

　공자께서 말씀하셨다. "배우기만 하고 사색하지 않으면 견식이 어둡고,
사색만 하고 배우지 않으면 독단에 빠지게 되어 위태롭다."

■ 요지 : 학문과 사색을 병용하지 않으면 안 된다. 일방에 치우치면 그 결과가 좋
　지 않다는 것.

어석 · 문법

學而不思則罔(학이불사즉망) : 학문은 하지만 사색하지 않으면 배운 도리가 명
　　확하지 않다. '學'은 널리 배우고 읽히는 학문. 고전을 배우는 것. '思'는 마
　　음속으로 이리저리 생각하는 것, 곧 사색. '罔'은 배운 것이 분명하지 않은
　　것, 도리가 통하지 않는 것. 어두운 것. '而'는 역접이나 '배우고'로 읽는
　　관습이 있다.

思而不學則殆(사이불학즉태) : 사색만 하고 학문을 하지 않는다면 그 사색은 위

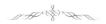

험하다. '殆'는 '危'와 같음. 독단으로 위험에 빠진다. '而'는 역접.

특수 연구 7 – '而'의 용법

1. 접속사로서 동사와 동사, 형용사와 형용사를 연결한다.

   取而代之(취하여 대신한다.)

   美而艶(아름답고 곱다.)

2. 부사어화 접미사로서 형용사와 동사를 연결한다.

   恂栒而起(공손하게 일어나다.)

3. 순접과 역접을 나타낸다. 순접은 '(이)고, 하고, 그리고'로 새기며 역접은 '(이) 나. ~지만, ~면서, 그러나' 등으로 새긴다.

   學而時習之不亦說乎(배우고 제때에 그것을 익히면 어찌 기쁘지 아니한가?)

   有其名而无其實(그 이름은 있으나 그 실이 없다.)

4. 감탄의 어기를 표시하는 어기조사로 쓰인다.

   今之從政者殆而(지금의 정사에 종사하는 자들은 위태하도다.)

5. 조건을 표시하는 접속사로 쓰인다. '則'과 같다.

   見不賢而內自省也(현명하지 못한 사람을 보면 속으로 자신을 돌아본다.)

6. 시간 부사와 결합한다. 이때는 접미사다.

   旣而(이미), 俄而(갑자기),

7. '~까지'를 나타내는 접속사로 쓰인다.

   由小而大(작은 것에서 큰 것에 이르기까지)

2-16

子曰 攻乎異端이면 斯害也已니라.
자 왈 공 호 이 단　　　사 해 야 이

통해(通解)

　공자께서 말씀하셨다. "잡학이나 잡서 같은 이단 학습에 전념하면 해로울 따름이다."

■ 요지 : 이단을 전공하면 해롭다는 것이다.

어석 · 문법

攻乎異端(공호이단) : 이단을 전공하다. '異端'은 경서(육경 : 시경 · 서경 · 역경 · 예기 · 춘추 · 예악) 이외의 잡술을 말함. 예악은 진시황의 분서갱유(焚書坑儒) 때 타버려 부전(不傳). '乎'는 동작의 대상을 나타내는 전치사.

斯害也已(사해야이) : 이것은 해로울 뿐이다. '斯'는 '이것'이란 대명사. 또는 ' ～을 하면'이란 접속사로 보기도 한다. '也已'는 ' ～뿐이다, 따름이다'라는 한정의 어기를 지닌 단정조자.

2-17

子曰 由아. 誨女知之乎인저. 知之爲知之요 不知爲不知
자 왈 유　　회 녀 지 지 호　　　지 지 위 지 지　　　부 지 위 부 지

是知也니라.
시 지 야

통해(通解)

　공자께서 말씀하셨다. "유야, 너에게 안다고 하는 것이 무엇인가를 가르쳐주겠다. 알고 있는 것은 안다고 하고 알지 못하는 것은 정직하게 알지 못한다고 하는 것, 이것이 참으로 안다고 하는 것이다."

■요지 : 참으로 안다는 것은, 알고 있는 것을 안다고 하고 모르는 것을 모른다고 하는 것이다.

어석 · 문법

由(유) : 공자의 문인. 姓은 仲, 名은 由. 字는 子路 또는 季路. 노나라 사람으로 공자보다 9세 연하. 용감한 것을 좋아했고 신의를 무겁게 여겼다. 노나라와 위나라에서 벼슬하고 애공(哀公) 15년에 64세로 타향에서 비업(조業)의 최후를 마쳤다. 공문 십철 중의 한 사람. 冉有와 함께 정사에 밝았다.

誨(회) : '敎'와 같은 뜻. 말로 분명히 가르쳐주다.

女(녀) : '汝'와 같다. '爾'와도 같다.

乎(호) : 의문을 나타내는 어기조사.

知之爲知之(지지위지지) : 아는 것을 안다고 하다. '之'에는 여러 가지 용법이 있다. ① 동사 밑에 붙는 어기조사 ② 지시사로 '道'를 가리킨다. ③ 어조를 가지런히 하기 위하여 가볍게 붙인 글자. ④ '知'를 동사로 만들기 위하여 사용한 글자. 대체로 '之'는 부정(不定) 대명사로 형식적 목적어가 될 경우가 많다. 여기서의 '之'는 ④의 경우라 할 수 있다.

특수 연구 8-'以'의 용법

1. '～로써 하다'(동사) : 以規矩(이규구 : 본보기로 하다.)

2. '～로써'(전치사) : 수단 · 방법 · 재료를 표한다. 以矢射鳥(화살로써 새를 쏘다.)

3. '～에 따라, ～ 때문에' : 이유 · 조건을 표한다. 互爭以不相愛故也(서로 다투는 것은 서로 사랑하지 않기 때문인 까닭이다.)

4. 그리고, 그래서 (접속사) : 舟搖搖以颺(배는 흔들흔들하며 느리게 간다.)

5. 어조를 조절하는 기능을 한다 : 無以異也(어디나 달라진 것이 없다.

6. '以爲' '~라고 생각하다' : 虎以爲然(호랑이는 그렇다고 생각했다.)

7. 까닭 : '이유'의 뜻 : 良有以也(정말 까닭이 있다.)

8. 이것, 이렇게 : 以告者過也(이것을 고한 자가 지나쳤다.)

   無以爲也(이렇게 하지 마라.)

是知也(시지야) : 이것이 안다고 하는 것이다. '是'는 지시대명사로 위의 '知之爲
  ~ 爲不知'까지를 가리킨다. '也'는 단정의 어기를 나타내는 어기조사다.

2-18

子張學干祿한대 子曰 多聞闕疑요 愼言其餘則寡尤
자장학간록   자왈 다문궐의   신언기여즉과우

며 多見闕殆요 愼行其餘則寡悔니 言寡尤하며 行寡悔면
  다견궐태   신행기여즉과회   언과우   행과회

祿在其中矣니라.
녹재기중의

통해(通解)

  자장이 녹을 얻는 방법에 대하여 여쭙자 공자께서 말씀하셨다. "많이 배
워서 의심나는 것을 빼어버리고 신중하게 그 나머지(확실한 것)를 말하면 허
물이 적고, 많이 경험하여 불안한 점을 빼고 신중하게 그 나머지(확고한 것)
를 행하면 후회가 적으니, 말에 허물이 적고 행실에 후회가 적으면 녹은 자
연히 그 가운데 있다."

■요지 : 공자는 자장에게 견문을 넓히고 언행을 삼가면 자연히 취직의 도가 열린다고 교도하였다는 것이다.

어석 · 문법

子張(자장) : 공자의 문인. 姓은 전손(顓孫), 名은 師, 자장은 그의 字이다. 공자보다 40세 연하.

學(학) : 여기서는 '問'의 뜻.

干祿(간록) : 녹봉을 구하는 것. 좋은 녹봉을 나아가 구하는 것. '干'은 나아가 구하다. '祿'은 녹봉, 봉급.

闕(궐) : '缺'과 같다. 없애다. 남겨두다. 버리다. 비우다.

尤(우) : 허물. 죄가 밖으로부터 이르는 것.

疑(의) : 스스로 믿을 수 없는 것.

言其餘(언기여) : 그 나머지를 말하다. 확실한 것을 말하다.

寡(과) : 적다.

殆(태) : 위태하다. 위험하다. 불확실하여 마음에 안심이 되지 않는 것.

悔(회) : 자기가 행한 행위에 대하여 죄를 자각하는 것. 후회.

在其中矣(재기중의) : 자연히 그 가운데 있는 것이다. '矣'는 단정의 어기를 표시하는 이기조사.

2-19

哀公問曰 何爲則民服이니이꼬. 孔子對曰 擧直錯諸枉이면
애공문왈 하위즉민복   공자대왈 거직조저왕

則民服하고 擧枉錯諸直이면 則民不服이니이다.
즉민복   거왕조저직   즉민불복

통해(通解)

애공이 물으시며 말씀하셨다. "어떻게 하면 백성들이 심복할 수 있습니까?" 공자께서 대답하여 말씀하셨다. "곧은 것을 들어서 굽은 것 위에 놓으면 그 압력에 의하여 백성들이 복종하고, 굽은 것을 들어서 곧은 것 위에 놓으면 백성들이 그 중압에 반발하여 복종하지 않을 것입니다." 또는 "곧은 이를 들어 쓰고 모든 굽은 이를 버리면 백성이 복종하고, 굽은 이를 들어 쓰고 모든 곧은 이를 버리면 백성이 복종하지 않을 것입니다."

■요지 : 바른 인물을 들어 써 정치를 하게 되면 인민은 심복한다.

어석 · 문법

哀公(애공) : 노국의 군주. 名은 蔣. 哀는 시호. 재위 27년. 가로 삼가(三家)를 제거하려 실패하여 국외로 망명함.

何爲(하위) : 어떻게 하면. '何'는 의문사.

民服(민복) : 인민이 복종하다. 심복하다.

擧直錯諸枉(거직조저왕) : 곧은 것을 들어 쓰고 모든 굽은 것을 버려둔다. '擧'는 들어 쓰다. 발탁 등용하다. '直'은 정직한 인물, 바른 인물. '枉'은 구부러지다. 마음이 비뚤어진 인물. 주자는 '錯'(조)를 '버려두다' 곧 '捨置也'로, '諸'(제)는 '모든'으로 보았다. 그리하여 '錯諸枉'(조제왕)은 '모든 굽은 것을 버려둔다'는 뜻으로 해석했다. 그러나 諸(저)를 '之於'의 합음자인 어조사로 볼 때는 〈특수 연구 5-'諸'를 해석하는 세 가지 방법〉에서 보듯이 '그 것을 ~에'로 새길 수 있다. 즉, 錯之於枉이므로 '(곧은 것을 들어) 그것을 굽은 것 위에 두다(올려놓다)'로 새길 수가 있다. 이때 '錯'(조)는 '置也' 곧 '두다'이다. 이렇게 되면 위에 있는 곧은 것의 압력에 의하여 아래에 있는 굽은 것이 펴진다는 논리다.(『徵』)

擧枉錯諸直(거왕조저직) : 이것도 두 가지 해석이 가능하다. '굽은 것을 들어 쓰고 모든 곧은 것을 버려둔다'로 새기거나 '굽은 것을 들어 그것을 곧은 것 위에 둔다(올려놓는다)'로 새길 수 있다.

2-20

季康子問使民敬忠以勸_{호대} 如之何_{리이꼬.} 子曰 臨之以莊則
계 강 자 문 사 민 경 충 이 권　　　여 지 하　　　자 왈　임 지 이 장 즉

敬_{하고} 孝慈則忠_{하고} 擧善而敎不能則勸_{이니라.}
경　　　효 자 즉 충　　　거 선 이 교 불 능 즉 권

통해(通解)

　계강자가 물었다. "백성으로 하여금 주군을 존경하고 정성스럽게 받들
며 백성들 자신이 (업을) 열심히 하게 하려면, 그것을 어떻게 하여야 합
니까?" 공지께서 말씀하셨다. "그들(백성들)을 상중(엄장)한 태도로 대하면
공경하게 되고, 효성스럽고 자애로운 태도로 대하면 성심을 다하게 되
고, 선한 자를 들어 쓰고 무능한 사람을 가르쳐주면 자기의 업에 힘쓸 것
입니다."

■요지 : 위정자는 위엄을 가지고 백성에 임하며 선인을 등용하고 불능자의 지도
　에 대처하는 것이 필요하다는 것이다.

어석 · 문법

季康子(계강자) : 춘추시대의 노나라 대부. 名은 肥. 노나라의 삼환(三桓)의 하나
　　　로 권세를 멋대로 한 계손씨의 제7대째 가로. 공자의 동료였던 계환자(季
　　　桓子)의 아들.

使民敬忠以勸(사민경충이권) : 백성으로 하여금 자기를 공경하고 진심을 다하
　　　게 하며 업에 열중하게 하다. '敬忠'은 주군을 존경하고 충성(진심)을 다하
　　　는 것. '忠'은 마음속, 곧 진심(盡心)이다. '以'는 '그리고 또한', '아울러' 등
　　　의 뜻을 가진 병렬접속사로 '而'와 같다. '勸'은 백성들이 업에 힘쓰다, 또
　　　는 선행에 힘쓰도록 권면하다. '장려하다, 인도하다, 따르다'의 뜻도 가지

고 있다.

如何(여하) : 어찌하면 좋을까요. '어떻게 할까'와 같이 방법을 묻는 경우에 사용
　　　　된다. '何如'는 어떨까, 어떤 모양일까 등 성질, 상태를 물을 때 사용한다.

莊(장) : 언행이 바르고 위엄이 있는 것. 엄격하다. 엄장(嚴壯)하다. 엄정(嚴正)하
　　　　다.

孝慈(효자) : 잘 부모를 섬기고 자식을 사랑하는 것. '慈'는 사랑.

則(즉) : 조건을 나타내는 어구를 받는 접속사.

而(이) : 그리고(순접)

擧善(거선) : 선행이 있는 사람을 들어 칭찬하는 것.

敎不能(교부능) : 선을 행할 능력이 없는 인간을 가르치고 지도하다.

2-21

或謂孔子曰 子는 奚不爲政이시니이꼬.
혹 위 공 자 왈 자　　해 불 위 정

子曰 書云孝乎인저. **惟孝**하며 **友于兄弟**하여 **施於有政**이라 하니
자 왈 서 운 효 호　　　 유 호　　　우 우 형 제　　　 시 어 유 정

是亦爲政이니 **奚其爲爲 政**이리오.
시 역 위 정　　　 해 기 위 위 정

통해(通解)

　어떤 사람이 공자님께 일러 말했다. "선생은 어찌하여 정치를 하지 않으
십니까?" 공자께서 말씀하셨다. 『서경』에 이르기를 '효도할 것이다. 오직 효
도할 것이며 형제에게 우애 있게 하여 정사에 옮겨간다'고 하였으니 이 (효
제) 또한 정치를 하는 것이니, 어찌 그것(나라를 다스리는 것)만이 정사를 하는

것입니까?"

■요지 : 국정에 참여하는 것만이 정치가 아니다. 효제도 정치이다.

어석 · 문법

或(혹) : 어떤 사람. 막연한 사람을 가리키는 인칭대명사.

奚(해) : 어찌하여, 왜?

書云孝乎(서운효호) : 『서경』에 이르기를 효도할 것이다. 이하는 『서경』 주서(周
書) 군진편(君陳篇)의 인용이다. "君陳이여 惟爾令德孝恭이니 惟孝하며
友于兄弟하여 克施有政이라."(군진이여, 오직 그대의 훌륭한 덕은 효성과 공
손이니 오직 효도하며 형제에게 우애하여 정사를 베풀 수 있을 것이다.) 『서경』
곧, 『상서(尙書)』는 禹·夏·商·周의 역사적 사실과 사상을 기록한 것.
백 편이었다 하나 현재 58편이 전한다.

有政(유정) : 정치를 하는 일. 정사(政事). '有'는 접두사로서 무의미한 조자. 고
유명사나 보통명사, 형용사 앞에 붙인다. 예를 들면 有夏(하나라), 有政(政
事), 有忡(유충; 걱정함) 등과 같다.

施(시) : 베풂. 옮겨 감. 이행하다.

爲政(위정) : 정치를 하는 것.

奚其爲爲政(해기위위정) : 어찌 그것(벼슬해서 백성을 다스리는 일)만이 정치를 하
는 것인가? 어찌하여 그것만이 정사를 하는 것이겠는가? '爲爲政'은 爲
('하다'라는 동사) + 爲政(정치하는 일) → 정사(政事)를 행하다.

2-22

子曰 人而無信이면 不知其可也로라. 大車無輗하고 小車無軏이
자 왈 인 이 무 신　　부 지 기 가 야　　　대 거 무 예　　　소 거 무 월

면 其何以行之哉리오.
기 하 이 행 지 재

통해(通解)

  공자께서 말씀하셨다. "사람이 되어서 신의가 없으면 그 사람의 옳은 점을 알지 못한다. 큰 수레에 채마구리가 없고 작은 수레에 멍에막이가 없으면 장차 무엇으로써 그 수레를 운행할 수 있겠습니까?"

■ 요지 : 사람이면서 신의가 없으면 수레에 채(나릇)마구리나 멍에막이가 없는 것과 같아서 사람 자격이 없다고 기술하고 있다.

어석·문법

人而(인이) : 사람이. '而'는 역접으로 '如'(만약)와 같으며 가정의 뜻을 포함하고 있다.

信(신) : 언행이 일치하는 것을 이름. 신실하고 거짓이 없는 것.

其可(기가) : 그 사람의 옳은 점. 좋은 점. 장점. '可'는 인간으로서의 가능성.

大車(대거) : 소가 끄는 수레. 하물 등을 운반하는 수레.

輗(예) : 수레채마구리. 멍에 끝에 가로지른 나무로 멍에를 걸어 묶는 것.

小車(소거) : 전차와 병거(兵車)같이 사람이 타는 수레.

軏(월) : 멍에막이. 멍에 끝의 굽은 고리로 말에 걸어 평형을 유지하는 것.

2-23

子張問十世를 可知也이까. 子曰 殷因於夏禮하니 所損益을
자 장 문 십 세   가 지 야   자 왈 은 인 어 하 례   소 손 익

可知也며 周因於殷禮하니 所損益을 可知也니 其或繼周者면
가 지 야   주 인 어 은 례   소 손 익   가 지 야   기 혹 계 주 자

雖百世라도 可知也니라.
수 백 세   가 지 야

통해(通解)

　자장이 여쭈었다. "열 세대 뒤의 일을 알 수 있습니까?" 그러자 공자께서 말씀하셨다. "은나라는 하나라의 예를 따랐으므로 그 덜거나 보탠 것을 알 수 있으며, 주나라는 은나라의 예를 따랐으므로 그 덜고 보탠 것을 알 수 있다. 만약 어떤 자가 주나라를 잇는다면 비록 백 세대 이후라고 할지라도 알 수 있다."

■요지 : 과거의 역사를 고찰하면 먼 장래의 일도 알 수 있다.

어석 · 문법

子張(자장) : 공자의 문인. 문학에 뛰어났고 특별히 예에 정통했다. 본명은 顓孫師(전손사).

十世(십세) : 십 대의 왕조. '世'는 한 왕조가 일어나서 멸망했을 때까지의 기간. 일 대는 부(父)에서 자(子)까지의 약 30년.

可知也(가지야) : 예지할 수 있는가? 의문형. '可'는 가능, 할 수 있다. '也'는 의문조사.

殷(은) : 탕왕(湯王)이 하(夏)의 걸왕(桀王)을 멸하고 세운 왕조. '商'이라고도 한다. 전 12세기 중엽 주(周)에 멸망당했다.

因(인) : 받아 계승하다. 이어받다. 인습하다.

夏(하) : 대홍수를 다스린 우(禹)가 세웠다고 하는 전설적 왕조.

禮(예) : 도덕, 법률, 제도를 포함하여 사회를 유지하기 위한 규칙을 총칭한다. 문물제도.

所損益(소손익) : 덜기도 하고 보태기도 한 것. '損'은 줄다. 없애다. '益'은 늘다. 신설하다. '所'는 '~하는 바의 것'으로 아래 동사를 명사화한다. 근소한 차가 있으나 근본은 변하지 않는다는 뜻.

可知也(가지야) : 알 수 있다. '可'는 가능. 이곳의 '也'는 단정의 어기조사.

周(주) : 무왕(武王)이 은(殷)의 주왕(紂王)을 멸하고 세운 왕조. 전삼세기에 멸망
　　했다.

其或繼周者(기혹계주자) : 만약 주(周)의 뒤를 계승할 왕조가 있다고 하면. '其或'
　　은 가정을 나타내는 접속사.

2-24

子曰 非其鬼而祭之는 諂也요 見義不爲는 無勇也니라.
자 왈 비 기 귀 이 제 지 　 함 야 　 견 의 불 위 　 무 용 야

통해(通解)

　공자께서 말씀하셨다. "자기의 귀신이 아닌 것을 제사 지내는 것은 아첨
이고, 의를 보고도 행하지 못하는 것은 용기가 없는 것이다."

■ 요지 : 사람은 귀신에 의혹되지 말고 사람으로서의 바른 도리를 용감하게 행해
　야 하는 것이라고 말하고 있다.

어석 · 문법

其鬼(기귀) : 그(자기)의 조선(祖先). 자기가 당연히 제사 지내지 않으면 안 되는
　　귀신의 일. '其'는 시시대명사로 당연히 제사를 지내야 한다는 의미를 담
　　고 있다. 일월성신 등으로 일컬어지는 하늘에 있는 신을 '神'이라고 하고,
　　산천에 있는 지신을 '祈'(기)라고 하고, 사람이 죽은 것을 '鬼'라고 했다.
　　『주례(周禮)』에는 천신, 지신, 인귀라는 말이 보인다.

而(이) : 역접 접속사

祭之(제지) : '之'는 지시대명사로 '其鬼'를 가리킨다.

諂(첨) : 마음에 들도록 아첨하며 자기의 행복을 구하는 것.

제3편

팔일 八佾

'팔일'(八佾)은 천자의 무악을 일컫는 것이다.

예와 악은 정치의 요체이다.

예는 사회적 문화적 규범으로서 사회의 질서 유지에 필요하며,

악은 인간의 성정을 화락하게 해주므로

민중 교화에 불가결한 요소이다.

3-1

孔子謂季氏하사대 八佾舞於庭하니 是可忍也온 孰不可忍也리
공 자 위 계 씨　　　　팔 일 무 어 정　　　시 가 인 야　　　숙 불 가 인 야

오.

❦

통해(通解)

　공자께서 계씨를 비판하였다. "팔일무를 뜰에서 추게 하다니, 이런 짓을 거리낌 없이 할 수 있다면 무슨 짓인들 거리낌 없이 할 수 없겠는가?"

■ 요지 : 대부 계손씨의 참람(僭濫, 분수에 맞지 않게 지나친 데가 있음)함을 비판한 말.

어석 · 문법

季氏(계씨) : 노나라의 대부 계손씨. 맹손, 숙손과 같이 삼환, 또는 삼가(三家)라 하여 국정을 전횡했다. 대부의 신분인 그가 천자의 무악인 팔일(八佾)을 춤추게 함으로써 질서와 분수를 어겼다.

謂(위) : 비평하다. 비판하다.

八佾(팔일) : 천자의 뜰에서 추는 춤. 일렬 8인 8렬의 춤, 곧 64인의 춤이다. 제후는 6일무(6×8), 대부는 4일무(4×8), 사(士)는 2일무(2×8)로 되어 있다.

庭(정) : 선조 묘의 뜰.

是可忍也(시가인야) : 이것을 차마 할 수 있다면. '忍'은 거리낌 없이 하다. 차마 할 수 없는 일을 하다. '也'는 '則'과 같은 가정의 어기조사.

孰(숙) : 어느 것, 무엇. 어떠한 일.

특수 연구 9 – '孰'의 용법

1. '누구'(誰와 같음)

    哀公問弟子孰爲好學 : (애공이 물었다. 제자 가운데 누가 학문을 좋아합니까?)

2. '어느 것, 어느 쪽'(지시대명사) – "어느 쪽이 ~가" 하고 묻는 뜻

    女與回也孰愈(너와 안회 중 어느 쪽이 나은가?)

3. 여러 개 중에서 '어느 것(무엇)이 ~가'의 뜻

    事孰爲大(무엇을 섬기는 것이 가장 소중하다고 생각합니까?)

    不可忍也(차마 할 수 없겠는가?)

3-2

三家者以雍徹이러니 子曰 相維辟公이어늘 天子穆穆하셨다를
삼 가 자 이 옹 철   자 왈 상 유 벽 공   천 자 목 목

奚取於三家之堂고.
해 취 어 삼 가 지 당

통해(通解)

삼가(삼대부)가 '옹시(雍詩)'로써 제사를 마치고 제기를 거두니 공자께서 말씀하셨다. "(제사를) 돕는 이는 제후인데 '천자의 용모는 아름답고 성(盛)하셨다'는 노래를 어찌 삼가의 묘당에서 취하는가?"

■ 요지 : 삼가(孟孫, 季孫, 叔孫)의 참람한 죄를 기롱(譏弄)함.

어석 · 문법

者(자) : 특별한 의미 없이 첨가한 말. 복수의 수량사 뒤에 붙는다.

雍(옹) : 『시경』 '주송(周頌)'의 편명으로 '雝(옹)'을 가리킨다. 천자의 제사에서나

'雍'을 노래하는 것인데 대부가 참람한 짓을 한 것이다.

徹(철) : 제사를 마치고 제기를 거두는 것.

相維(상유) : '相'은 돕는 이. '維'는 '이다'라는 뜻을 가진 동사.

辟公(벽공) : 제후.

穆穆(목목) : 깊고 멀다는 뜻. 천자의 언어와 용모가 아름답고 훌륭한 모양. 위의
　　　　 가 성한 모양.

取(취) : 취하다. 쓰다(用).

3-3

子曰 人而不仁이면 如禮何며 人而不仁이면 如樂何리오.
자 왈　인 이 불 인　　　 여 례 하　 인 이 불 인　　　 여 악 하

통해(通解)

　공자께서 말씀하셨다. "사람이면서 어질지 않다면 예의를 어떻게 차리
며, 사람이면서 어질지 않다면 음악을 어떻게 사용하겠는가?"

■요지 : 인간으로 태어나서 인덕(仁德)을 잃으면 예와 악을 쓸 수가 없다.

어석 · 문법

人而(인이) : 사람이면서. 사람이지만. '而'는 역접.

不仁(불인) : 어질지 않다. 인덕을 잃다. '仁'은 충서(忠恕) 곧 성실함을 뜻한다.

如何(여하) : '어떻게 하나?, 어떻게 쓸까?' 등 방법을 묻는 데 쓰인다. '何如'는
　　　　 성질 · 상태를 묻는 데 쓰임.

禮(예) : 법률, 제도, 규범, 도덕, 의례 등 일체의 사회질서. 문화의 총합체.

樂(악) : 시를 노래하면서 춤을 추는 것. 고대에는 예와 항상 병칭되어왔다.

3-4

林放이 問禮之本한대 子曰 大哉라 問이여.
임방　문예지본　　자왈 대재 문

禮는 與其奢也론 寧儉이요 喪은 與其易也론 寧戚이니라.
예　여기사야　영검　　상은 여기이야　영척

통해(通解)

　임방이 예의 근본에 대하여 여쭙자 공자께서 말씀하셨다. "중대한 의미가 있다, 그 물음에는. 즉 예는 사치스럽기보다는 차라리 검소한 편이 낫고, 상사는 정연한 절차에 따라 치르기보다는 차라리 애통한 마음을 다하는 것이 나은 것이다."

■요지 : 예의 근본 정신은 의식이나 꾸밈을 가지런히 하기보다는 실질과 내용에 진심이 있어야 하는 것이라고 술했다.

어석·문법

林放(임방) : 노나라 사람. 字는 子丘. 공자의 문인이라고도 하나, 『史記』에 나오지 않아 미상임.

大哉問(대재문) : 크도다, 그 물음이여! '問大哉'의 도치문. '哉'는 감탄조자.

奢(사) : 奢侈.

儉(검) : 검소하다. 검약하다. 조심스럽게 하다.

與其奢也(여기사야)~寧儉(영검) : '그 ~보다는 차라리 ~가 낫다'. A이기보다는 B가 좋다는 뜻. 비교의 관용형. '寧' 외에 '寧其', '無寧', '不如', '不若' 등이 쓰이기도 한다.

喪(상) : 상사. 죽은 자에 대한 모든 예.

易(이) : 다스린다(治)는 뜻. 절차 등이 정연하게 행해지는 것. 잘 치르다.

戚(척) : 마음으로부터 슬퍼하다. 애통의 정을 다하는 것.
與其易也(여기이야) : 그 잘 치르기보다는.

3-5

子曰 夷狄之有君이 不如諸夏之亡也니라.
자 왈 이 적 지 유 군　불 여 제 하 지 무 야

통해(通解)

공자께서 말씀하셨다. "오랑캐에 임금이 있는 것이 중화(中華)에 임금이
없는 것만 같지 못하다." 또는 "오랑캐에 임금이 있는 것이 중화에 임금이
없는 것보다 낫다."

■ 요지 : 중국 제국의 문란한 상태가 이적의 상태에도 미치지 못한다고 개탄한
것이다. (이설−이적의 유군(有君)은 중국 제국의 무군보다 못하다).

어석 · 문법

夷狄(이적) : 동쪽 오랑캐(東夷)와 북쪽 오랑캐(北狄). 남은 '蠻'(만), 서는 '戎'(융)
　　　　이라 했다. 춘추시대에는 陳 · 超 · 越 · 吳 등을 '夷狄'이라 했다.
之(지) : 주격을 표시하는 구조조사. '∼이'.
有君(유군) : 임금이 있다. 무군(無君)의 반대.
諸夏(제하) : 중국의 여러 제후국. '夏'는 중화.
不如(불여) : 같지 아니하다(다르다). ∼만 못하다.
亡(무) : 없다(無).

季氏旅於泰山이러니 子謂冉有曰 女弗能救與아. 對曰 不能이
계 씨 여 어 태 산　　　　 자 위 염 유 왈 여 불 능 구 여　　 대 왈 불 능

로소이다. 子曰 嗚呼라. 曾謂泰山 不如林放乎아.
　　　　 자 왈 오 호　　 증 위 태 산 불 여 임 방 호

통해(通解)

　계씨가 태산에 산신제를 지내려고 하자 공자께서 염유에게 "네가 그 일을 구제할 수 없겠느냐?" 하고 물으셨다. 염유는 "구제할 수 없습니다." 하고 대답했다. 그러자 공자께서 말씀하셨다. "아, 어찌 태산의 신이 (일찍이 나에게 와서 禮에 대하여 물었던) 임방만도 못하다고 하겠는가?"[신은 비례를 흠향(歆饗)하지 않는다는 뜻도 담겨 있다.]

■ 요지 : 공자가 염유를 통하여 계씨의 잘못을 바로잡으려 한 것.

어석 · 문법

季氏(계씨) : 노나라의 대부 季孫氏. 참월(僭越)한 세도가.

旅(여) : 산제. 산천제는 천자나 제후만이 지낼 수 있는데 대부의 신분으로 태산에 제사를 지내는 것은 참월행위다.

泰山(태산) : 노나라 영내의 명산. 지금의 산동성 태안현 북부에 위치함.

冉有(염유) : 공자의 문인. 姓은 冉, 名은 求, 字는 子有. 노나라 사람. 공자보다 29세 연하. 성격은 소극적인 듯했으나 행정 수완이 뛰어나 계씨의 재(宰)로 총용됨. 계씨의 군세를 거느리고 제(齊) 나라의 대군을 격파했다.

女(여) : 汝. 이인칭 대명사.

弗(불) : '不'보다 더 강한 부정부사다.

救(구) : 참월을 못하게 말려 올바르게 바로잡다.

曾(증) : 어찌. 반문을 표시하는 부사. '일찍이'란 뜻도 있다.

嗚呼(오호) : 아아. 감탄사.

3-7

子曰 君子無所爭이나 必也射乎인저. 揖讓而升하여 下而飮하
자 왈 군 자 무 소 쟁   필 야 사 호   읍 양 이 승   하 이 음

나니 其爭也君子니라.
　　 기 쟁 야 군 자

통해(通解)

　공자께서 말씀하셨다. "군자는 다투는 것이 없으나 있다면 반드시 활쏘
기(射禮)일 것이다. 읍(揖)을 하고 겸양의 뜻을 표하고 나서 당에 올라가 활
을 쏘고, 끝나면 내려와서 술을 마시니 그 다툼은 매우 군자다운 것이다."

■요지 : 군자는 활쏘기를 마땅한 예로 생각하고 다투나 그 이외의 일로는 다투
　　지 않는다.

어석 · 문법

無所爭(무소쟁) : 남과 다투는 바(경우)가 없다. '所'는 '~을 하는 바, ~하는 것,
　　~하는 경우' 등의 뜻을 가지는 특수한 대사로 아래에 오는 동사 '爭'을 명
　　사화하는 기능을 가짐. 우리 어법으로 불완전명사다. '爭'은 경쟁.

必也射乎(필야사호) : 반드시 활쏘기일 것이다. 확실히 쏘는 예일 것이다. 활을
　　쏘는 예를 사례(射禮)라 한다. 乎는 '~일 것이다' 로 가볍게 생각을 다짐
　　하는 뜻을 나타내는 어기조사다.

揖讓而升(읍양이승) : '揖'은 손을 앞가슴에 대고 머리를 숙여 가볍게 절하는 것

이다. 경례를 하다. '讓'은 서로 양보하다. '升'은 활을 쏘는 당에 오르다.
계단을 오르다. '而'는 순접.

下而飮(하이음) : 당에서 내려와서 벌주를 마시다. 진 사람에게 술을 먹이다.

其爭也君子(기쟁야군자) : 그 다툼이 군자답다. '也'는 주어인 '爭'의 어세를 강하
게 하는 조자(어기조사).

3-8

子夏 問曰 巧笑倩兮며 美目盼兮여 素以爲絢兮라 하니 何爲
자하 문왈 교소천혜　　　미목변혜　　　소이위현혜　　　　　하위

也이고. 子曰 繪事後素니라. 曰 禮後乎인저. 子曰 起予者는 商
야　　자왈 회사후소　　　　왈 예후호　　　자왈 기여자　　상

也로다. 始可與言詩已矣로다.
야　　시가여언시이의

통해(通解)

　자하가 "(『시경』에) '곱게 웃는 웃음에 입매가 아름다우며 어여쁜 눈매엔 흑
백이 뚜렷하도다! 흰 분으로써 문채를 함이여!'라 했는데 무엇을 말한 것입
니까?' 하고 물었다. 공자께서 "그림을 그리는 데는 흰 칠을 나중에 한다는
말이다."라고 말씀하셨다. 자하가 "예가 뒤라는 말씀입니까?" 하자 공자께
서는 "나를 흥기시키는 자는 상(자하)이로구나. 비로소 너와 함께 시를 이야
기할 수 있게 되었구나."라고 말씀하셨다.

■요지 : 『시경』을 통하여 사람은 인이 바탕이 되고 예로써 다듬어야 한다는 것을
　깨달은 자하의 시적인 안목에 대하여 공자가 높이 평가한 것이다.

어석 · 문법

巧笑倩兮(교소천혜) : 방긋 웃는 웃음에 입매가 아름답도다. 예쁘게 웃는 입모습
이 아름답도다. 『시경』 위풍(衛風) 석인부(碩人賦)에 나옴. 위나라 군주 장
공(莊公)의 부인 장강(莊姜)의 아름다운 모습을 노래한 것. 이하 두 구도 마
찬가지다. '兮'는 감탄의 어기조사.

美目盼兮(미목반혜) : 어여쁜 눈매엔 흑백이 또렷하여 균형이 잘 잡혀 있도다!
아름다운 두 눈이 맑게 빛나도다(碩人賦의 한 구). '盼'은 눈동자의 검은 색
과 흰 자위의 흰 색이 분명한 것을 가리킨다.(주자)

素以爲絢兮(소이위현혜) : 흰 분으로써 채색을 하도다. 흰 바탕을 마련해놓고 아
름다운 문채를 만듦이여! (이 구절은 오늘날의『시경』에서 빠져 보이지 않는다.)

繪事後素(회사후소) : '그림을 그릴 때에는 제일 나중에 호분을 칠하여 완성한
다'는 해석과 '그리는 일은 밑바탕을 마련한 후에 하는 것이다'라는 해석
이 있다. 어떻든 인간은 천성의 미질을 예로 갈고 닦음으로써 완성된다는
뜻이다.

起予者(기여자) : 내 뜻을 발명하는(깨달아 밝히는) 사람. 나를 깨우쳐주는 자.

始與言詩已矣(시여언시이의) : 비로소 그와 함께 시를 이야기할 수 있게 되었을
뿐이다. '與'는 (그와) 함께(전치사). '已矣'는 '따름이다, 뿐이다'라는 뜻의
한정 및 단정의 어기조사.

3-9

子曰 夏禮를 吾能言之나 杞不足徵也며 殷禮를 吾能言之나
자 왈 하 례   오 능 언 지   기 부 족 징 야   은 례   오 능 언 지

宋不足徵也는 文獻이 不足故也니 足則吾能徵之矣로리라.
송 부 족 징 야   문 헌   부 족 고 야   족 즉 오 능 징 지 의

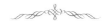

통해(通解)

공자께서 말씀하셨다. "하나라의 예는 내가 말할 수 있으나 기나라는 증거가 충분하지 않다. 은나라의 예는 내가 말할 수 있으나 그 후예인 송나라는 증명하기에 충분하지 않다. 이것은 문헌(전적과 현인)이 부족한 까닭인데, 문헌만 충분하다면 내가 이것을 증명할 수 있을 것이다."

■요지 : 기(杞)와 송(宋)의 예제는 문헌이 부족하여 증명할 수 없다.

어석 · 문법

夏禮(하례) : 하나라의 문물제도.

杞(기) : 주나라 무왕이 하나라의 우왕을 제사 지내기 위하여 우왕의 후손 동루공(東樓公)을 봉한 나라. 지금의 하남성 기현에 있었다.

徵(징) : 증명하다. 증거를 대다.

殷(은) : 탕왕이 하나라를 멸하고 세운 왕조. 원래는 상나라.

宋(송) : 주나라의 무왕이 은나라의 주왕을 죽이고 탕왕의 제사를 지내기 위하여 주왕의 서형 미자계(微子啓)를 봉한 나라. 지금의 하남성 상구현에 있었다.

文獻(문헌) : '文'은 문적, '獻'은 현인.

吾能徵之矣(오능징지의) : 나는 그것을 증명할 수 있다. '之'는 지시대명사. '矣'는 단정의 어기조사.

3-10

子曰 禘自旣灌而往者는 吾不欲觀之矣로라.
자 왈 체 자 기 관 이 왕 자 오 불 욕 관 지 의

통해(通解)

공자께서 말씀하셨다. "우리나라의 체제사에 있어서는 강신주를 땅에 붓고 신령을 부르기까지는 좋지만 그 이후의 의식은 예에 맞지 않아 나는 그것을 보고 싶지 않구나."

■요지 : 체제(禘祭) 이후 노나라에 명분(사람이 도덕적으로 지켜야 할 도리) 없는 일이 발생하여 그런 나라의 실정을 보고 싶지 않다.

어석 · 문법

禘(체) : 천자가 정월에 종묘에서 시조와 그 조상을 제사하는 것. 천자만이 할 수 있는 제사. 노나라의 선조 주공은 주문왕의 아들로 무왕의 아우다. 주실(周室)을 일으키는 데 큰 공을 세웠다. 주공을 이은 노나리의 백금(伯禽)이 주공 제사에 천자의 예악을 쓰고 나서 노나라의 명분이 문란해졌다.

灌(관) : 체제에서는 울창주(鬱鬯酒, 향기가 강한 술)를 땅에 뿌려 강신을 한다.

而往(이왕) : 이후

不欲觀之(불욕관지) : 그것을 보려고 하지 않는다.

3-11

或이 問禘之說한대 子曰 不知也로라. 知其說者之於天下也에
혹   문 체 지 설   자 왈 부 지 야   지 기 설 자 지 어 천 하 야

其如示諸斯乎인저하시고 指其掌하시다.
기 여 시 저 사 호   지 기 장

통해(通解)

어떤 사람이 체제의 이치를 여쭈어보았다. 공자께서 "모릅니다. 그 이치

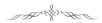

를 아는 사람이 천하에 있다면 아마도 여기(손바닥)에 놓고 그것(천하만사)을 보는 것 같을 것이오."라 하시고 그 손바닥을 가리키셨다.

■요지 : 체제의 뜻이 심오하다는 것을 말한 것이다.

어석 · 문법

知其說者之(지기설자지) : 그 뜻을 아는 사람이. '之'는 주격을 나타내는 구조조사. '說'은 의의, 이론.

於天下也(어천하야) : 천하에 있다면. '於'는 동사로 '在'와 같다. '也'는 어기를 고르며, 가정이나 조건을 나타내는 어기조사.

其如示諸斯乎(기여시제사호) : 아마도 여기에서 그것을 보는 것 같을 것이다. '示'는 '視'와 같다. '諸'는 '之於'의 합자이므로 '示諸斯'는 '示之於斯'다. 그러므로, '여기(손바닥)에서 그것(천하의 일)을 보다'로 새겨야 한다. '乎'는 감탄과 추측의 어기조사.

3-12

祭如在하시며 祭神如神在러시다.
제 여 재　　　　제 신 여 신 재

子曰 吾不與祭면 如不祭니라.
자 왈 오 불 여 제　　여 부 제

통해(通解)

　조상에게 제사를 지낼 때는 조상이 앞에 계시는 것처럼 정성을 다했고 신령들께 제사를 지낼 때에는 신령들이 앞에 계시는 것처럼 경건하셨다.

공자께서 말씀하셨다. "내가 제사에 참여하지 아니하면 제사를 지내지 않은 것과 마찬가지다."

■ 요지 : 제사는 정성(성의)이 중요하며 직접 참여해야 한다.

어석 · 문법

祭如在(제여재) : 제사를 지낼 때에는 조상이 계신 듯이 하다. '祭'는 선조에게 제사함. '如'는 '～처럼 한다'는 동사.

祭神如神在(제신여신재) : 신을 제사 지낼 때에는 신이 계신 듯이 하다. '祭神'은 外神(선조 이외의 신)에게 제사함이다.

不與祭 如不祭(불여제 여불제) : 제사에 참여하지 않으면 제사하지 못한 것과 같다. '與'는 '더불다, 참여하다'의 뜻의 동사.

3-13

王孫賈問曰 與其媚於奧론 寧媚於竈라 하니 何謂也이꼬.
왕 손 가 문 왈 여 기 미 어 오   영 미 어 조   하 위 야

子曰 不然하다. 獲罪於天이면 無所禱也니라.
자 왈 불 연   획 죄 어 천   무 소 도 야

통해(通解)

왕손가가 물었다. "그 아랫목 신에게 아첨하는 것보다는 차라리 부엌 신에게 아첨하는 것이 낫다고 하는데 이는 무엇을 말하는 것입니까?" 공자께서 말씀하셨다. "그렇지 않습니다. 하늘에 죄를 지으면 아무리 빌어도 소용이 없습니다." (오신[奧神] 곧 군주를 하늘에 비유했다.)

■요지 : 실권자에게 아부하는 것은 큰 죄이니 바른 이치를 따라야 한다고 말한 것이다.

어석 · 문법

王孫賈(왕손가) : 위나라 대부.

與其媚於奧(여기미어오) : 그 아랫목 신에게 아첨하기보다. '與其'는 '그 ~히기보다'라는 접속사. '奧'(오)는 방의 서남쪽 모퉁이를 가리킨다. '奧'는 항상 존귀한 자이나 제사의 주인이 아니다. 여기서는 실권 없는 군주. 근신(近臣)의 뜻.

寧媚於竈(영미어조) : 차라리 부엌 신에게 아첨하다. '寧'은 '차라리'란 부사. 竈(조)는 오제(五祭)의 하나로 여름에 제사하는 곳이다. '竈'는 비록 비천하나 행사 당시에 이용하게 된다. 여기서는 실권을 가진 권신을 뜻함.

獲罪於天(획죄어천) : 하늘에 죄를 짓는다.

無所禱也(무소도야) : 빌 바(데)가 없다. '所'는 특수 대사. 한국어의 불완전명사.

특수 연구 10 – '所'의 용법

'所'는 장소를 뜻하는 명사[중국에선 대사라 한다]이지만 명사구를 만드는 어기 조사로 많이 쓰인다. 우리말의 '…하는 것'에 해당한다. 우리는 이를 형식 명사 또는 불완전명사라 한다.

1. '所+동사'로 명사구를 만든다. '…한 바'. '…한 것'으로 사물이나 사람을 가리킨다.

   己所不欲勿施於人(자기가 하고자 않는 바는 남에게 베풀지 말라.)

   日知其所亡(날마다 그 모르는 것을 배워 안다.)

2. '所+동사+명사'의 경우 '…한 (바의) 것'으로 '명사 '것'의 내용이나 이름을 밝힌다'

   時習之則所學者在我(때때로 그것을 배운다면 배운 바의 것 [배운 것 곧 지식]이

나에게 있다.)

3. 개사와 결합하여 행위의 방식이나 이유를 나타낸다.

　　所謂 [이른바. 세상에서 말하는 바], 所爲 [한 짓. 행위], 所以 [까닭]

4. 가정이나 조건을 표시하는 접속사로 쓰인다.

　　子所否者天厭之(내가 만약 나쁜 사람이었다면 하늘이 미워하실 것이다.)

3-14

子曰 周監於二代하니 郁郁乎文哉라 吾從周호리라.
자 왈　주 감 어 이 대　　욱 욱 호 문 재　　오 종 주

통해(通解)

　공자께서 말씀하셨다. "주나라의 문물제도는 하·은 두 대를 본받았으니 찬란하도다, 그 문화여. 그러므로 나는 주나라의 문화를 따르겠다."

■요지 : 주대에 와서 예(문화)가 완성되어 크게 광채가 난 것을 찬미한 것이다.

어석 · 문법

周監於二代(주감어이대) : 주나라가 2대의 예를 보아 절충하다. 2대는 하·은대
　　이다. '於'는 동작·대상을 나타내는 전치사.
郁郁乎文哉(욱욱호문재) : 찬란하도다, 문화여. '郁郁'은 성대하다, 찬란하다.
　　'乎'는 감탄의 어기조사. '文'은, 문장, 문명, 문화, 문채, 문물제도 등 여러
　　가지 의미를 가지고 있다. '乎'와 '哉'는 감탄의 어기조사.

子入大廟하사 每事問하신대 或曰 孰謂鄹人之子知禮乎아.
자 입 태 묘　　　매 사 문　　　혹 왈 숙 위 추 인 지 자 지 례 호

入大廟하여 每事問이온여. 子聞之하시고 曰是禮也니라.
입 태 묘　　　매 사 문　　　자 문 지　　　왈 시 례 야

통해(通解)

　공자께서 태묘에 들어가시면 여러 가지 일에 대하여 자세히 물으셨다.
어떤 사람이 말했다. "누가 추읍 사람의 아들이 예를 안다고 했는가? 태묘
에 들어가서 일일이 묻는구나." 공자께서는 이 말을 들으시고 말씀하셨다.
"일일이 묻는 것이 예다."

■ 요지 : 예의 실천에 있어서는 삼가고 삼가지 않으면 안 된다는 사상을 언술하
　고 있다.

어석 · 문법

大廟(태묘) : 노나라의 주공을 모신 묘.

每事(매사) : 일마다. 여러 가지 일.

孰謂鄹人之子知禮乎(숙위추인지자지례호) : 누가 추읍(鄹邑) 사람의 아들이 예를
　　안다고 말했는가? '鄹人之子'는 공자의 부친인 숙양흘(叔梁紇)이 대부로
　　다스리던 추읍 사람의 아들이라는 것이니, 곧 공자를 가리킨다. '乎'는 의
　　문 · 반어의 어기조사.

특수 연구 11 – '乎'의 용법

'乎'는 주로 어기사로 쓰이며 개사로 쓰일 때도 있다.

어기사로는 의문의 어기를 비롯하여 여러 가지 어기를 나타낸다

1. 어기조사

  1) 의문을 표시한다

   以我爲隱乎(내가 숨기고 있다고 생각하느냐?)

   傳不習乎(잘 익히지 못한 것을 남에게 전하지 않았는가?)

  2) 반문·반어의 어기를 나타낸다.

   學而時習之不亦說乎(배우고 제때에 그것을 익히면 또한 기쁘지 아니한가?)

   其何傷於日月乎(그것이 어찌 일월을 손상시킬 수 있겠는가?)

  3) 추측의 어기를 나타낸다.

   其恕乎(아마도 용서일 것이다.)

  4) 감탄의 어기를 표시하다.

   天乎吾無罪(하늘이여, 나는 죄가 없습니다.)

  5) 명령의 어기를 표시한다.

   以與爾隣里多黨乎(너의 이웃과 많은 고장 사람에게 주라.)

  6) 호격 조사 같은 구실을 한다.

   參乎吾道一以貫之(삼아, 나의 도는 히나로 일관되어 있다.)

2. 개사로는 '장소'를 나타내거나, 비교의 뜻으로 쓰인다.

   浴乎沂(기수에서 목욕하다.)

   莫大乎尊親(어버이를 존경하는 것보다 큰 것이 없다.)

3-16

子曰 射不主皮는 爲力不同科니 古之道也니라.
자 왈 사 불 주 피   위 력 부 동 과   고 지 도 야

통해(通解)

공자께서 말씀하셨다. "활쏘기 예절에서 과녁의 가죽 뚫기를 주로 하지 않는 것은 사람마다 힘의 등급이 같지 않기 때문이다. (바로 이것이) 옛날의 궁도였다."

■ 요지 : 사도(射道)는 과녁을 맞히는 것보다 마음가짐이나 자세가 중요하다는 것이다.

어석 · 문법

射(사) : 활쏘기. 사례.

不主皮(불주피) : 과녁의 가죽을 뚫는 것을 주장하지 않는다. '皮'는 과녁 중앙의 가죽 댄 부분.

爲力不同科(위력부동과) : 등급이 같지 않은 힘 때문이다. 각인의 체력의 차이가 있기 때문이다. '爲'는 때문, '故也'. '科'는 등급.

3-17

子貢이 欲去告朔之餼羊한대
자 공   욕 거 곡 삭 지 희 양

子曰 賜也아. 爾愛其羊가. 我愛其禮하노라.
자 왈 사 야   이 애 기 양   아 애 기 례

통해(通解)

자공이 곡삭 의식에서 사용하는 희생양을 없애려고 하자니, 공자께서 말씀하셨다. "사야! 너는 그 양을 아끼느냐? 나는 희생되는 양보다 그 예를 중요하게 여긴다."

■요지 : 허례는 차마 볼 수 없지만 어떤 기회에 고례의 의의가 부활하는지도 알 수 없다. 공자는 한 마리의 양으로 예의 흥폐를 나타낸 것이다.

어석 · 문법

告朔(곡삭) : 옛날 천자가 동계(음력 12월)에 다음 해 열두 달의 책력을 만들어 그것을 제후에게 반포했다. 제후는 받아서 그것을 조선의 묘에 보관하여두고 매월 삭일(초하루)에 양의 희생을 바치고, 종묘에 고한 후 그 달의 책력을 꺼내어 그 내용을 백성에게 고시하고 농작 등의 행해야 할 것을 알렸다. 이것을 곡삭례(告朔禮)라 한다. 그러나 노나라 문공(文公)에 이르러 이 예가 쇠하여 다만 양만을 바치는 습관만 남아, 일견 낭비로 보이기도 했다.

爾(이) : 너. 汝. 2인칭대명사.

餼羊(희양) : 신에게 바치는 희생양. 희(餼)는 생생(生牲).

賜也(사야) : 자로야. '인명 + 也'에서 '也'는 부름을 나타내는 어기조사다.

愛(애) : 아끼다. 애석해하다.

3-18

子曰 事君盡禮를 人以爲諂也로다.
자 왈 사 군 진 례   인 이 위 첨 야

통해(通解)

　공자께서 말씀하셨다. "임금을 예를 다하여 섬기면 사람들은 그것을 보고 아첨한다고 생각하는구나."

■ 요지 : 임금을 정성을 다해 섬기라는 말.

어석 · 문법

事君(사군) : 임금을 섬기다.

進禮(진례) : 예를 다하다.

人以爲諂也(인이위첨야) : 남들이 아첨한다고 여긴다. '以位'는 여기다. 생
　　각하다.

3-19

定公問君使臣하며　臣事君호대　如之何이꼬.　孔子對曰
정 공 문 군 사 신　　　　신 사 군　　　　여 지 하　　　　공 자 대 왈

君使臣以禮하며　臣事君以忠이니이다.
군 사 신 이 례　　　신 사 군 이 충

통해(通解)

　노나라 임금인 정공이 물었다. "임금이 신하를 부릴 때는 어떻게 해야 하며 신하가 임금을 섬길 때는 어떻게 해야 합니까?" 공자께서 대답하셨다. "임금이 신하를 부릴 때는 예로써 부리며 신하가 임금을 섬길 때는 충심으로써 섬겨야 할 것입니다."

■ 요지 : 임금과 신하는 예와 충의 관계.

어석 · 문법

定公(정공) : 노나라의 군주이며 양공(襄公)의 아들. 공자는 정공(定公)을 도와 43
세부터 57세까지 정치무대에서 활동했다.

君使臣(군사신) : 임금이 신하를 부리다. '使'는 '用'과 같다.

臣事君(신사군) : 신하가 임금을 섬기다. '事'는 섬기다.

如之何(여지하) : 이를 어찌해야 하는가?

君使臣以禮(군사신이예) : 임금이 신하를 부리기를 예로써 하다. '以'는 '~으로
써 하다'란 동사.

忠(충) : 성심. 진심.

3-20

子曰 關雎는 樂而不淫하고 哀而不傷이니라.
자 왈 관 저   낙 이 불 음   애 이 불 상

통해(通解)

공자께서 말씀하셨다. "관저편의 시구는 즐거우면서도 지나치지 않고 슬
프면서도 마음을 상하게 하지 않는다."

■요지 : 『시경』의 '관저'는 중화(中和)를 얻은 훌륭한 시라는 것이다.

어석 · 문법

關雎(관저) : 『시경』의 첫 번째 '國風 周南'편의 수편(首編)이다. '關關雎鳩는 在
河之洲요 窈窕淑女는 君子好逑로다.'(까아까아 하고 우는 징경이는 강의 모
래톱에 있도다. 곱고 얌전한 아가씨는 군자의 좋은 짝이로다.)

樂而不淫(악이불음) : 즐거우면서도 지나치지 않다. 淫은 '지나치다'는 뜻. '而'는

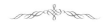

역접(逆接).

哀而不傷(애이불상) : 슬프면서도 마음을 상하게 하지 않는다. '傷'은 '和를 해치
　　　다'의 뜻.

3-21

哀公이 問社於宰我한대 宰我對曰 夏后氏는 以松이요 殷人은
애 공　문 사 어 재 아　　재 아 대 왈 하 후 씨　이 송　　은 인

以栢이요 周人은 以栗이니 曰 使民戰栗이니이다.
이 백　주 인　이 율　　왈 사 민 전 율

子聞之하시고 曰成事라 不說하며 遂事라 不諫하며 旣往이라
자 문 지　　왈 성 사　불 설　　수 사　불 간　　기 왕

不咎로라.
불 구

통해(通解)

　애공이 재아에게 사수(社樹)에 대하여 물으셨다. 재아가 대답했다. "하후
씨는 소나무를 썼고 은인은 잣나무를 썼고 주인은 밤나무를 썼으니, 말하
자면 백성들로 하여금 두려움을 갖게 한 것입니다." 공사께서 이를 들으시
고 말씀하셨다. "이미 이루어진(성취된) 일이라 말하지 못하며 이미 끝난 일
이라 간언하지 못하며 이미 지나간 일이라 탓하지 못하겠다."

■요지 : 사주(社樹)가 소위 백성을 전율케 한 것이라고 한 재아의 말을 듣고 쓸
　데없는 말을 했다고 공자가 꾸짖었다는 것이다.

어석 · 문법

哀公(애공) : 노나라 군주. 정공의 아들.

社(사) : 토지의 신. 하 · 은 · 주 삼대에는 흙을 쌓아 방형(方形)의 단을 만들고
    그곳에 각기 사신(社神)을 상징하는 송(松) · 백(栢) · 율(栗)을 심었다. 이것
    을 사수라 한다. '社'는 왕성의 서쪽에 있고 동쪽에 종묘가 있었다. 선행자
    는 종묘에서 포상하고 죄인은 서쪽에서 주살했다 한다.

宰我(재아) : 공자의 제자. 姓은 宰, 名은 子(여), 字는 子我. 이구변사(利口辯辭)
    했다(『史記』)고 한다. 공자의 꾸중을 많이 들었다.

夏后氏以松(하후씨이송) : 우왕이 세운 하의 임금이 소나무를 쓰다. '以'는 '用'이
    라는 동사.

曰使民戰栗(왈사민전율) : 이른 바 백성으로 하여금 두려워하게 한 것이다. '曰'
    은 '이른바', 소위. '使'는 '~로 하여금 ~하게 하다'로 새기는 재역한자.
    '戰栗'은 몸을 떪.

成事(성사) : 일을 이룸. 이룬 일. 이미 이루어진 일.

不說(불설) : 말하지 않다.

遂事(수사) : 이미 끝난 일. 수행한 일.

旣往(기왕) : 지나간 일. 과거.

不咎(불구) : 탓하지 않는다. 허물잡지 않는다.

3-22

子曰 管仲之器小哉라. 或이 曰 管仲은 儉乎이까. 曰 管氏有
자 왈 관 중 지 기 소 재 혹 왈 관 중 검 호   왈 관 씨 유

三歸하며 官事를 不攝하니 焉得儉이리오. 然則管仲知禮乎
삼 귀   관 사 불 섭   언 득 검   연 즉 관 중 지 례 호

이까. 曰 邦君이야 樹塞門이어늘 管氏亦樹塞門하며 邦君이야
    왈 방 군   수 색 문   관 씨 역 수 색 문   방 군

爲兩君之好에 有反坫이어늘 管氏亦有反坫하니 管氏而知禮면
위 량 군 지 호   유 반 점   관 씨 역 유 반 점   관 씨 이 지 례

孰不知禮리오.
숙 부 지 례

❧

통해(通解)

공자께서 말씀하셨다. "관중의 기국(器局)은 작았다." 어떤 사람이 말했
다. "관중은 검소했습니까?" 공자께서 말씀하셨다. "관중은 세 군데의 저택
을 가졌고 가신을 많이 두고 관부의 일을 겸직시키지 않았으니 어찌 검소
할 수 있었겠습니까?" 또 그 사람이 물었다. "그렇다면 관중은 예를 알았습
니까?" 공자께서 말씀하셨다. "나라 임금이라야 병장으로 문을 가렸는데 관
씨도 또한 병장으로 문을 가렸으며, 나라 임금이라야 양국의 우호적 모임
을 위하여 반점을 가졌는데 관씨도 또한 반점을 가졌으니, 그런 관씨가 예
를 알았다면 누가 예를 모르겠느냐?"

■요지 : 공자는 관중(管仲)에 대하여 일부 그의 공적을 인정하면서도 그가 사치
스런 삶을 살았고, 참월, 비례의 일을 하였으므로 '그릇이 작다'고 평가했다.

어석 · 문법

管仲(관중) : 춘추시대의 정치가로서 법가사상의 조(祖)다. 姓은 管, 名은 夷吾. 字는 仲. 대부로서 환공(桓公)을 도와 제후 중 일인자로 올려놓았다. 관포지교(管鮑之交)로 유명하다.

之(지) : 관형격 구조조사.

器(기) : 사람됨의 그릇. 기국(器局). 재간과 도량. 일예일능만은 쓸모가 있으나 다른 데는 쓸모가 없는 것 같은 인물.

哉(재) 영탄을 표시하는 어기조사.

儉(검) : 검소한 것. 검약.

乎(호) : 의문의 어기조사.

有(유) : '가지다'의 뜻.

三歸(삼귀) : 세 군네의 서택. '歸'는 좋은 곳. 세 성의 여인에게 장가든 것이라는 구설이 있다.

不攝(불섭) : 겸하지 아니하다. 대부의 가신은 한 사람이 여러 일을 맡아보는 것이 보통인데 관중은 많은 가신을 썼다.

焉得儉(언득검) : 어찌 검소할 수 있었겠는가. '焉 ~'은 반어의 구법. '得'은 '할 수 있다'는 가능의 뜻을 표시하는 조동사.

知禮(지예) : 예의를 알고 있는가?

邦君(방군) : 제후. 나라의 임금.

樹塞門(수색문) : 병풍을 문 안에 세워 밖과 안을 구분했다. '樹'는 병풍. '塞'은 가린다는 뜻, '蔽(폐)'와 같다.

好(호) : 제후의 친목회. 수호회(修好會).

反坫(반점) : 흙으로 만든, 술잔을 엎어놓는 잔대(盞臺). 동서 두 기둥 사이에 있다. 주인은 동점, 객은 서점에 잔을 놓는다.

管氏而知禮(관씨이지례) : 관씨가 만약 예를 알았다면. '而'는 '만약 ~이면'이라는 뜻을 가진 가정, 조건을 표시하는 접속사. 역접의 접속사로 볼 수도 있다.

孰不知禮(숙불지례) : 누가 예를 알지 못할까? 예를 모르는 사람은 결코 없다.

'孰不'은 반어를 나타내는 구법.

3-23

子語魯大師樂 曰 樂은 其可知也니 始作에 翕如也하여 從之
자 어 노 태 사 악 왈 악   기 가 지 야   시 작   흡 여 야   종 지

에 純如也하며 皦如也하며 繹如也하여 以成이니라.
   순 여 야   교 여 야   역 여 야   이 성

통해(通解)

공자께서 노나라 악관에게 말씀하셨다. "음악은 어려운 것이 아니고 알만한 것입니다. 연주가 시작되면 (여러 악기의 소리가) 서로 합하여 잘 맞으며, 그것을 따라 각 악기 소리가 조화를 이루어 순일해지며 개개의 악기 소리가 뚜렷해집니다. 이 상태로 여음이 계속 이어지다가 그리하여 연주가 완료되는 것입니다."

■ 요지 : 음악의 요령(세 단계)에 대하여 말한 것이다.

어석 · 문법

大師(태사) : 악관장.

樂其可知也(악기가지야) : 음악은 알 수 있다. '其'는 어세를 강하게 하는 조자.

翕如也(흡여야) : 음악의 성률(聲律) 같은 것이 잘 맞는다. 오음이 상합하여 성한 것. '翕'은 합(合). '如'는 형용사화 접미사로 '然'이나 '焉'과 같이 사물을 형용하는 데 붙임. '忽然(홀연)', '忽焉(홀언)' 등이 그 예. '也'는 단정의 어기조사.

從之(종지) : 그것(시작)을 따르다. 그것을 이어. '從'은 충분히 음색을 내는 것.

純如也(순여야) : (소리가) 조화를 이루어 순일(純一)해지는 것. '純'은 조화. '如'는
　　형용사화 접미어.

皦如(교여) : 밝다. 분명하다. 곡절이 분명하여 어지럽지 않은 것. 각개의 소리가
　　뚜렷하게 울림.

繹如(역여) : 이어지다. 끊이지 않고 계속함. 여운을 남기며 끊어지지 않는 것.

以(이) : 그리하여. 순접 접속사 '而'와 같다..

成(성) : 끝나다. 이루어지다. 한 악장이 끝나는 것. 주악(奏樂)을 완성시키다.

3-24

儀封人이 請見日 君子之至於斯也에 吾未嘗不得見也
의 봉 인　　청 현 왈　군 자 지 지 어 사 야　　　오 미 상 부 득 현 야

로라. 從者見之한대 出日 二三子는 何患於喪乎리오.
　　　종 자 현 지　　　출 왈　이 삼 자　　하 환 어 상 호

天下之無道也久矣라 天將以夫子爲木鐸이시리라.
천 하 지 무 도 야 구 의　　천 장 이 부 자 위 목 탁

통해(通解)

　위나라 의 땅의 봉인이 뵙기를 청하면서 말했다. "군자가 이곳에 오시
면 나는 아직 만나보지 못한 적이 없었습니다." 그래서 종자가 그에게
(공자님을) 뵙게 해주자 그가 공자님을 뵙고 나와서 말했다. "그대들은 어
찌하여 (선생님께서 관직을) 잃으신 것을 걱정합니까? 천하에 도가 없어진
지가 오래이므로 하늘이 장차 선생님을 목탁으로 삼으실 것입니다."

■ 요지 : 위의 봉인이 공자를 뵙고 그 인물됨의 비범함을 간파하고, 공자의 제자
　들에게 그것을 알리고 격려했다.

어석 · 문법

儀(의) : 위나라의 국경에 있는 소읍. 지금 하남성 난의현.

封人(봉인) : 국경을 수비하는 관원.

請見(청현) : 뵙기를 원하다. '請'은 청하다. '見'(현)은 웃어른을 만나뵙다.

至於斯也(지어사야) : 여기에 이를 때에는. '斯'는 '此'와 같으며 '의읍'을 가리킴.
　　　'也'는 ' ~때에는'의 뜻. 상하를 접속한다.

未嘗不(미상불) : 아직까지 일찍이 (한 번도) 못한 적이 없다. '未'는 재역한자. '未
　　　~不'은 이중부정으로 긍정의 강조다.

從者(종자) : 공자와 함께 여행을 하고 있던 제자들.

見之(견지) : 그(공자)를 만나뵙게 하다. '見'(현)은 사역형.

天下之無道也久矣(천하지무도야+의) : 천하의 무도함이 오래되었다. '也'는 주
　　　어를 제시하고 어세를 강하게 하는 어기조사. '矣'는 단정의 어기조사. '無
　　　道也久矣'는 '久矣無道也'가 도치된 것.

二三子(이삼자) : 여러분. 제군. 선생이나 윗사람이 수인의 제자나 아랫사람을
　　　부르는 말.

何~乎(하~호) : 어떻게 ~ 할 수가 있을까? 그럴 필요는 없다. 반어형.

患(환) : 근심하다. 염려하다.

喪(상) : 잃다. 공자가 지위를 잃고 노나라를 떠났던 일을 말함. 상위(喪位).

將(장) : 장차(막) ~을 하려 하다. 재역한자. ~하려고 하고 있다.

木鐸(목탁) : 독경이나 염불할 때 치는 기구. 세상 사람을 깨우쳐 지도하는 사람
　　　이나 기관.

3-25

子謂韶하사대 盡美矣요 又盡善也라 하시고 謂武하사대 盡美矣
자 위 소　　　진 미 의　　우 진 선 야　　　　　　　위 무　　　　　진 미 의

요 未盡善也라 하시다.
　미 진 선 야

통해(通解)

공자께서 소악을 비평하셨다. "지극히 아름답고 또 지극히 좋도다". 그리고 또 무악을 비평하셨다. "지극히 아름다운 음악이나 아직 지극히 좋은 경지에는 이르지 못하였도다."

■ 요지 : 공자가 임금의 음악인 소와 무의 다른 점을 평가했다.

어석 · 문법

韶(소) : 순 임금이 제작한 무악.

盡美矣(진미의) : 아름다움을 다했도다. '矣'는 감탄의 어기조사

盡善也(진선야) : 선함을 다했도다. '善'은 좋다, 착하다, 훌륭하다.

武(무) : 주나라 무왕의 무악. 장대한 아름다움이 있었다고 함.

3-26

子曰 居上不寬하며 爲禮不敬하며 臨喪不哀면 吾何以觀之哉
자 왈 거 상 불 관   위 례 불 경   임 상 불 애   오 하 이 관 지 재
리오.

통해(通解)

공자께서 말씀하셨다. "지도자로서 윗자리에 있으면서 남에게 너그럽지 아니하며 예를 행하면서 공경하지 아니하며 상사에 임해서도 슬퍼하지 아니하면 내가 어찌(무엇으로써) 그 사람을 볼 수 있겠는가?"

■ 요지 : 근본을 잊은 자로부터는 취할 것이 없다.

어석 · 문법

居上不寬(거상불관) : 윗자리에 있으면서 관대하지 못하다. '上'은 윗자리. '寬'은
　　너그러움.

爲禮不敬(위례불경) : 예를 행하면서 공경하지 아니히다. '爲'는 하다, 행하다.

臨喪不哀(임상불애) : 喪事에 임하여 슬퍼하지 아니하다.

吾何以觀之哉(오하이관지재) : 내가 어찌 그를 볼 수 있으리오? '之'는 不寬 · 不
　　敬 · 不哀하는 것을 가리킴. '哉'는 반어조자. 반어구문이다.

제4편

이인 里仁

인(仁)에 사는 것이 아름답다고 한 공자의 말과 같이
이인편에는 인에 대한 내용이 많다.
전반부에는 고금의 인물들에 대한 평가가 많고,
후반에는 인(仁)·지(知)·군자(君子) 등에 관한 언술이 많다.

4-1

子曰 里仁이 爲美하니 擇不處仁이면 焉得知리오.
자 왈 이 인 위 미   택 불 처 인   언 득 지

통해(通解)

공자께서 말씀하셨다. "인이 두터운 곳에 사는 것이 아름답다고 하니, 인이 두텁지 않은 곳을 선택하면 어찌 지혜로운 사람이라고 할 수 있겠는가?"

■ 요지 : 사람이 항상 인도에 따라 몸을 처하는 것이 가장 좋으며 그것이 불가능한 사람은 지혜 있는 사람이라고 할 수 없다.

어석 · 문법

里(이) : 처하다. 거하다. 마을로 삼다. 고향으로 삼다. 명사가 동사로 전성된 것이다.

爲美(위미) : 아름답다. 좋다. 아름답다고 하다. '爲'는 '하다'라는 동사.

擇不處仁(택불처인) : 인에 처하지 않음을 택하다. '擇'은 '選'과 같다. '不處仁'은 '擇'의 목적어. '仁'은 '處'의 보어다. '處'는 '里'와 같다. 거하다.

焉得知(언득지) : 어찌 참다운 지혜를 가진 사람이라고 할 수 있겠는가? 참다운 지혜를 가진 사람이라고 할 수 없다는 것. 반어형. '언득위지자호(焉得謂知者乎)'의 생략형이다. '知'는 단순한 지식을 말하는 것이 아니고 인생의 진실을 알아내는 예지를 말함. '得'은 '할 수 있다'는 뜻을 가진 조동사.

4-2

子曰 不仁者는 不可以久處約이며 不可以長處樂이니 仁者는
자왈 불인자   불가이구처약   불가이장처악   인자

安仁하고 知者는 利仁이니라.
안인   지자   이인

통해(通解)

공자께서 말씀하셨다. "어질지 못한 사람은 오래 곤궁한 생활을 해나가지 못하며 오래 닉닉한 생활도 해나가지 못하니, 어진 사람은 인에 안주하고 지혜로운 사람은 인을 사회에 잘 활용한다."

■ 요지 : 불인자는 나쁜 일을 하는 사람이지만, 인자와 지자는 인을 행하여 악에 떨어지지 않는다.

어석 · 문법

不仁者(불인자) : 인덕이 없는 사람. 덕행이 갖춰지지 않은 사람.

不可以久處約(불가이구처약) : (불인으로써는) 오래 곤궁한 데에 처할 수가 없다. '可以'는 '～을 할 수 있다'는 뜻을 가진 조동사. '不可以(不仁)久處約'의 생략형. '不可 ~ A'는 부분부정의 구법. 조금은 ～할 수 있어도 오래는 A할 수 없다.

約(약) : 생활이 궁곤한 것. 빈핍한 것. 빈천곤궁의 경우. 다음 구의 '樂'의 대어(對語).

不長處樂(불장처악) : 오래 즐거움에 처할 수 없다. '樂'은 생활의 즐거움. 물질적인 행복. 부귀.

仁者安仁(인자안인) : '仁者'는 인을 편안하게 여기다. '安'은 안주하다. '편안하게 여기다'라는 동사.

利仁(이인) : 仁을 이롭게 여기다. 仁이라고 하는 것이 자신에게 이익이 있는 것

이라고 생각하고 열심히 탐구한다. '利'는 '이용하다, 이롭게 여기다'라는
뜻의 동사다.

43

子曰 惟仁者야 能好人하며 能惡人이니라.
자 왈 유 인 자　　능 호 인　　　능 오 인

통해(通解)

　공자께서 말씀하셨다. "오직 어진 사람이라야 다른 사람을 좋아할 수 있
으며 다른 사람을 미워할 수도 있다."

■ 요지 : 인자만이 사람을 공평하게 평가할 수 있다는 것.

어석 · 문법

惟(유) : 오직. '維'나 '唯'와 혼용됨.

惡人(오인) : 사람을 미워하다. 남을 미워하다. '惡는 '미워하다'라는 뜻의 동사임.

특수 연구 12 – '惡'의 용법

1. "나쁜 일, 변변치 못한 일" — 명사

　天下之惡皆歸焉(천하의 악은 다 돌아온다.)

　恥惡衣惡食(악의악식을 부끄러워하다.)

2. "미워하다" — 동사

　鄕人皆惡之何如(마을 사람들이 모두 그를 미워하면 어떻습니까?)

3. "어찌" — 부사

　惡用子矣(어찌 그대를 쓸까 보냐?) — 반어문

4. "어디에서 ~(가)" — 대명사

　　君子去仁惡乎成名(군자가 인을 버리면 어디에서 이름을 이룰 수 있는가?) —
　　의문문

4-4

子曰 苟志於仁矣면 無惡也니라.
자 왈　구 지 어 인 의　　무 악 야

통해(通解)

　공자께서 말씀하셨다. "진실로 인애(仁愛)의 도에 뜻을 두면 악을 행할 일
이 없다."

■ 요지 : 인을 향하면 악을 행할 일이 없다.

어석 · 문법

苟(구) : 진실로. '誠也'. '苟'는 가정 · 조건을 표시하는 접속사.

惡(악) : 악한 일.

無(무) : 할 수 없다. 하지 않는다. 조동사.

也(야) : 강하게 단정하는 조자.

子曰 富與貴는 是人之所欲也나 不以其道로 得之어든
자 왈 부 여 귀 시 인 지 소 욕 야   불 이 기 도   득 지

不處也하며 貧與賤은 是人之所惡也나 不以其道로 得之라도
불 처 야   빈 여 천 시 인 지 소 오 야   불 이 기 도   득 지

不去也니라. 君子去仁이면 惡乎成名이리오. 君子無終食之間을
불 거 야   군 자 거 인   오 호 성 명   군 자 무 종 식 지 간

違仁이니 造次에 必於是하며 顚沛에 必於是니라.
위 인   조 차 필 어 시   전 패 필 어 시

통해(通解)

공자께서 말씀하셨다. "부와 귀는 모든 사람들이 구하는 것이지만 정당
한 도로써 얻은 것이 아니면 거기에 머물지 말 것이며, 가난함과 천함은 모
든 사람들이 싫어하는 것이지만 정당한 도로써 얻은 것이 아니더라도 굳이
버리지(떠나지) 말아야 한다. 군자가 인의 도를 버리면(군자로서의) 이름을 어
찌 이룰 수 있겠느냐? 군자는 식사를 마칠 정도의 시간에도 인에서 벗어나
면 안 되고, 급박한 때에도 반드시 인에 머물러야 하며, 위급한 때에도 반
드시 인에 머물러야 한다."

■ 요지 : 군자의 본질은 인에 있으므로 어떠한 경우에도 인에 의거하여 행동할
것을 말했다.

어석 · 문법

富與貴(부여귀) : 봉록을 받는 것과 높은 지위에 있는 것. '富'는 자산, 재산 따위
가 많은 것. '貴'는 신분이나 지위 등이 높은 것으로 '賤'의 반대. '與'는 병
렬을 표시하는 접속사.

所欲(소욕) : 하고자 하는 바. '所'는 뒤의 동사를 명사화하는 대사(불완전명사).
　　탐내는 것.

所惡也(소오야) : 미워하는 바(것).

不以其道 得之不處也(불이기도 득지불처야) : 그 정도로써 얻은 것이 아니면 그
　　것을 얻었더라도 처하지 않는다. '以'는 '로써 하다'라는 동사. '其道'는 부
　　귀를 얻는 바른 수단, 방법. 정도다. '得之'는 '비록 그것(부귀)을 얻는다 해
　　도'의 뜻. '不處'는 부귀의 위치에 안주하려고 하지 않는다는 뜻.

貧賤(빈천) : 봉록이 없고 비천한 것.

不去也(불거야) : (하늘이 부여한 것이므로) 버리지 않는다. 떠나지 않는다.

惡乎成名(오호성명) : 어디에서 군자로서의 이름(명예)을 이룰 수 있을 것인가?
　　'이룰 수 없다'의 뜻. 반어의 구법. '惡成名乎'의 도치로 반어의 어세가 강
　　해졌다.

終食之間(종식지간) : 식사를 마칠 시간. 편시(片時). '之'는 관형격을 표시하는
　　구조조사.

造次顚沛(조차전패) : '造次'는 급할 때. 분주할 때. '顚沛'는 뒤집혀 넘어지다. 위
　　급한 경우. 성어로서의 뜻은 얼마 안 되는 시간인 '잠깐 동안, 눈 깜짝할
　　사이, 별안간, 창졸간'이다.

必於是(필어시) : 반드시 이것(仁)에 의해 행하다. '是'는 '仁'을 가리킴. '於'는 '
　　…을 하다', '…에 처하다'라는 뜻의 동사다. '必(處)於是'의 생략형이다.

子曰 我未見好仁者와 惡不仁者케라. 好仁者는 無以尚之
자왈 아 미 견 호 인 자   오 불 인 자   호 인 자   무 이 상 지

요 惡不仁者는 其爲仁矣에 不使不仁者로 加乎其身이니라.
　　오 불 인 자   기 위 인 의   불 사 불 인 자   가 호 기 신

有能一日用其力於仁矣乎아. 我未見力不足者케라. 蓋有之矣
유 능 일 일 용 기 력 어 인 의 호   아 미 견 력 부 족 자   개 유 지 의

어늘 我未之見也로다.
　　아 미 지 견 야

⚜

통해(通解)

　공자께서 말씀하셨다. "나는 아직 인을 좋아하는 사람과 인하지 않은 것을 미워하는 사람을 보지 못하였다. 인을 좋아하는 사람은 이보다 더 좋을 것이 없으며, 불인을 싫어하는 사람은 그가 인을 행함이 인하지 않은 것이 그의 몸에 달라붙지 못하게 하는 것이다. 하루라도 그의 힘을 인에 쓸 수 있는 사람이 있었는가? 나는 아직 힘이 부족하여 인을 행하지 못하는 사람을 보지 못했다. 아마도 그런 사람이 있을지 몰라도 나는 아직까지 그런 사람을 찾아보지 못했다."

■요지 : 인의 도가 쇠퇴하여 인을 실천하는 사람을 보기 어렵다.

어석 · 문법

未見(미견) : 아직 보지 못하다. '未'는 재역한자.

惡不仁者(오불인자) : 인하지 않은 것(不仁)을 싫어하는 사람. '케라'는 '~았(었)다'라는 뜻의 과거형 어미다.

無以尙之(무이상지) : 이에 더할 수 있는 것이 없다. 최상의 가치가 있다. '以'는

‘可能'의 뜻을 가진 조동사. ‘尙'은 더하다, 초과하다, 능가하다. ‘尙'은 ‘上'
　　과 통한다. ‘之'는 ‘好仁'을 가리킴.

爲仁矣(위인의) : 인을 행함이. ‘也'는 제시의 뜻을 나타내는 어기조사. 어세를
　　강하게 한다.

不使不仁者加乎其身(불사불인자가호기신) : 불인자로 하여금 그의 몸에 더하게
　　히지 못할 것이다. ‘使'는 ‘~로 하여금 ~하게 하다'의 재역한자. ‘乎'는 동
　　작의 대상을 나타내는 전치사.

有能一日用其力於仁矣乎(유능일일용기력어인의호) : 하루라도 그의 힘을 인에
　　쓸 수 있는 사람이 있었는가? ‘有 ~用乎'는 ‘~을 쓸 수 있는 것이 있는
　　가?'. ‘乎'는 의문을 표시하는 어기조사.

未見力不足者(미견력부족자) : 이직 힘이 족하지 않은 사람을 보지 못하였다.

蓋有之矣(개유지의) : 아마도(생각건대, 어쩌면) 그런 자(力不足者)는 있을 것이다.
　　‘矣'는 단정의 어기조사.

未之見也(미지견야) : 아직 그런 사람은 보지 못했다. ‘也'는 단정의 어기조사.

4-7

子曰 人之過也는 各於其黨이니 觀過면 斯知仁矣니라.
자 왈 인 지 과 야　　각 어 기 당　　관 과　　사 지 인 의

통해(通解)

　　공자께서 말씀하셨다. "사람의 과실은 각각 그 인물의 종류(군자인가, 소인
인가)에 상응하므로 과실의 종류를 보면 곧 그 사람의 인(인간성)을 알 수 있
다.

　■요지 : 과실에 따라 그 사람의 덕성을 알 수 있다.

어석 · 문법

人之過也(인지과야) : 사람이 과실을 범할 때는. 'A之 ~B也'는 A가 B를 할 때(경우)는.

各於其黨(각어기당) : 각각 그 종류를 따르다. '黨'은 '類'와 같아 '종류', '동류'의 뜻이다. '於'는 '따르다, 의지하다, 상응하다, 있다' 등의 뜻을 가진 동사.

斯(사) : 이렇게 되면, 곧. 조건에 따른 결과를 표시하는 접속사.

4-8

子曰 朝聞道면 夕死라도 可矣니라.
자 왈 조 문 도　　석 사　　　가 의

통해(通解)

공자께서 말씀하셨다. "아침에 삶의 진실을 배우면 저녁에 죽어도 좋다."

■ 요지 : 사람은 도를 아는 것이 가장 중요하다.

어석 · 문법

聞道(문도) : 도를 들어 마음으로 깨닫다. '聞'은 배운다는 뜻. 들어서 이해하여 마음으로 깨닫다. '道'는 사람으로서 마땅히 행해야 할 도리. 인의 도.

朝夕(조석) : 아침저녁. 시간적인 사이가 가까운 것. 곧바로.

死可矣(사가의) : 죽더라도 좋다. 죽더라도 마음에 남는 것이 없다. '矣'는 단정의 뜻을 나타내는 조자. '可'는 좋다, 괜찮다는 뜻의 형용사.

4-9

子曰 士志於道而恥惡衣惡食者는 未足與議也니라.
자 왈 사 지 어 도 이 치 악 의 악 식 자   미 족 여 의 야

통해(通解)

　공자께서 말씀하셨다. "선비가 도에 뜻을 두고 나아갈 때, 불우하여 가난한 옷과 나쁜 음식을 부끄러워한다면 아직 동지로서 함께 의논할 자격이 부족하다."

■요지 : 선비가 악의악식을 부끄러워하면 도를 의논할 자격이 없다.

어석 · 문법

士(사) : 경, 대부, 사(士)의 '士'다. 도에 뜻을 두고 학문에 들어간 사람.

恥(치) : 부끄러워하다. 욕되게 생각하다.

未足(미족) : 아직 족하지 아니하다. 자격이 모자라다. '未'는 '不'과 같다.

與議(여의) : (그와) 더불어 논의하다. 함께 말하다. '與(之)議'로 보면, '之'에 해당하는 것이 '士志～食者'다.

4-10

子曰 君子之於天下也에 無適也하며 無莫也하여 義之與比니라.
자 왈 군 자 지 어 천 하 야   무 적 야   무 막 야   의 지 여 비

통해(通解)

공자께서 말씀하셨다. "군자가 천하의 일에 관해서는 공평하여 일방적으로 고집하는 것이 없으며 또한 배척하는 것도 없고, 다만 의를 함께 따를 뿐이다."

■요지 : 군자는 반드시 의를 좇는다.

어석 · 문법

君子之於天下也(군자지어천하야) : 군자가 천하의 일에 관해서는. '之'는 주격을 표시하는 구조조사다. '於'는 '~에 있다, ~에 관계하다'라는 뜻의 동사. '也'는 구중(句中)에서 제시의 뜻을 나타내는 구조조사다.

특수 연구 13-'之'의 용법

'之'의 쓰임새는 다양하고 복잡하다. 주로 대명사나 동사로 쓰이나 구조조사로도 많이 쓰인다.

1. '그, 그것, 그들'을 뜻하는 대명사로 쓰인다. (목적어)

  學而時習之不亦說乎(배우고 제때에 그것을 익힌다.)

  不忍殺之(차마 그것을 죽이지 못하다.)

  吾從而師之(나는 좇아서 그를 스승으로 삼으리라.)

  舍之則藏(그들을 버리면 숨어버린다.)

2. '가다'라는 동사로 쓰인다.

  之東之西(동으로 가고 서로 간다.)

  曾子之妻之市(증자의 처가 저자에 가다.)

3. 격조사성 구조조사로 '~이, ~의, ~을/를, ~에게'로 새길 수 있다.

  1) 주격 : 臣固知王之不忍也(신은 진실로 왕이 차마 하지 못함을 압니다.)

  2) 관형격 : 秦王有虎狼之心(진왕은 호랑이 같은 마음이 있다.)

  3) 목적격 : 父母其疾之優(부모는 그의 병을 근심한다.)

  4) 보격 : 何必公山氏之之也(하필 공산씨에게 가시려 합니까?) 뒤의 '之'는 '가

다' 의 뜻

4. '이' 라는 지시사로 쓰인다.

　之者于歸(이 처녀가 시집가다.)-(『시경』). 歸 는 '시집가다' 라는 뜻.

5. 어기를 고르고 뜻을 강조한다. 도치형에서 많이 볼 수 있다.

　是之謂大丈夫(이것을 대장부라 이른다.)

6. 접미사로 시간부사와 결합한다.

　頃之(잠시 후에)

　久之(잠시, 시간이 좀 지나서)

適(적) : 가다, 고집하다. 전일하다. 可하다.

莫(막) : 반대하다. 배척하나. 불가하다. 『소(疏)』.

比(비) : 가까이하다. 따르다. 친하다. '從也'.

義之與比(의지여비) : '여의비(與義比)'의 도치형. 의를 따르다. 의와 친하다. '與'
　　는 '와(과)'와 '를'에 해당하는 전치사. '之'는 목적격을 표시하는 구조조사.

4-11

子曰 君子는 懷德하고 小人은 懷土하며 君子는 懷刑하고 小人
자 왈 군 자 　　회 덕 　　소 인 　회 토 　　　군 자 　　회 형 　　소 인
은 懷惠니라.
　회 혜

통해(通解)

　공자께서 말씀하셨다. "군자는 선하게 살아가기를 원하고 소인은 편안하
게 살아가기를 원하며, 군자는 형벌로 다스리기를 원하고 소인은 은혜로운
곳을 찾아 떠나기를 원한다."

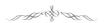

■요지 : 군자와 소인을 대비하여 말했다. 군자는 덕과 형벌, 소인은 땅과 이익을 생각한다.

어석 · 문법

君子(군자) : 학문과 덕을 겸비한 사람. 위정자.

小人(소인) : 학문은 했으나 덕이 없는 사람. 일반 백성.

懷(회) : 생각하다. 사념하다. 원하다. 생각을 품다.

土(토) : 편안함. 땅. 정든 땅. 고향.

刑(형) : 형벌. 법. 형벌로 다스릴 생각을 하다.

惠(혜) : 은혜. 이익. 은혜로운 곳.

4-12

子曰 放於利而行이면 多怨이니라.
자 왈 방 어 리 이 행   다 원

통해(通解)

공자께서 말씀하셨다. "이해타산에 따라 행동하면 남으로부터 원망을 많이 받는다."

■요지 : 이익 본위로 일을 하면 원한을 산다는 것.

어석 · 문법

放於利而行(방어리이행) : 이(利)에 따라 행하다. '放'은 의거하다. 따르다. '利'는 이해관계. 이익본위. '而'는 순접.

怨(원) : 원한.

4-13

子曰 能以禮讓으로 爲國乎에 何有며 不能以禮讓으로 爲國이
자 왈 능 이 예 양　　　위 국 호　　하 유　불 능 이 예 양　　　위 국

면 如禮何리오.
여 예 하

통해(通解)

공자께서 말씀하셨다. "인간 사회의 규범인 예와 예의 근본인 겸양의 정신을 가지고 나라를 다스릴 수 있으녀 무슨 문제가 있으며, 예악을 바탕으로 나라를 다스릴 수 없으면 예를 어디에 쓸 수 있겠는가?"

■요지 : 예의 정신을 정치 면에 살리는 것이 긴요하다.

어석 · 문법

以禮讓(이예양) : 예와 양으로써. 예와 겸양(謙讓). '讓'은 예의 실제임. '以'는 개
　　사(전치사).

何有(하유) : 무슨 어려움이 있으리오? 어려움이 없다. 반어문에서 목적어가 동
　　사 앞에 놓인 형태다. '有何'가 '何有'로 됨.

不能以禮讓爲國(불능이예양위국) : 예양으로써 나라를 나스릴 수 없다. '爲'는
　　'治'也.

如禮何(여예하) : 예를 어찌하나? 예를 해서 무엇 하랴?

4·14

子曰 不患無位요 患所以立하며 不患莫己知요 求爲可知也
자왈 불환무위   환소이립   불환막기지   구위가지야
니라.

통해(通解)

  공자께서 말씀하셨다. "지위가 없다고 하여 근심하지 말고 세상에 나아
갈 방법을 근심하며(아무도) 자기를 알아주지 않음을 근심하지 말고 오히려
자기가 남을 알아줄 수 있게 되는 방법을 강구해야 할 것이다."

■요지 : 군자는 자기 능력을 걱정하고 남에게 알려질 만한 일을 추구한다.

어석 · 문법

位(위) : 지위. 벼슬자리.

所以立(소이립) : 설 바(이유). 설 능력. 所以는 '방법'이라는 뜻의 명사.

莫己知(막기지) : 자기를 알아주지 않는다. '莫'은 '아무도 ~을 하지 않다'로 새
　　기는 무칭(無稱)의 재역한자. '己知'는 '知己'의 도치형.

求爲可知也(구위가지야) : 알아줄 수 있게 되기를 구하다. 알려지게 될 수 있는
　　방법을 구하다.

4-15

子曰 參乎아. 吾道는 一以貫之니라. 曾子曰 唯라. 子出이어시
자왈 삼호   오도   일이관지   증자왈유   자출

늘 門人問曰 何謂也이꼬. 曾子曰 夫子之道는 忠恕而已矣시
 문인문왈 하위야   증자왈 부자지도   충서이이의

니라.

통해(通解)

　공자께서 말씀하셨다. "삼아! 나의 도는 하나의 원리로 일관(관철)하고 있
다." 증자께서 "예" 하고 대답하셨다. 공자께서 방을 나가시자 옆에 있던
문인이 물어보았다. "무엇이라고 말씀하셨습니까?" 증자께서 말씀하셨다.
"선생님의 도는 성실성(忠)과 남에 대한 배려(恕)일 뿐이다."

■요지 : 공자의 인의 도는 충서의 마음으로 일관되어 있다는 증자의 설명이다.

어석 · 문법

參乎(삼호) : 參('삼' 또는 '참')아!, '인명+乎'에서 '乎'는 호격(呼格)의 어기조사.

　吾道(오도) : 자기가 마음속에서 믿고 행하여 온 것. '道'는 '敎'와 거의 뜻이 같다.

一以貫之(일이관지) : 하나로써 그것을 꿰뚫었다. 하나의 원리로써 일관하고 있
　　　다. '以一貫之'에서 '一'을 강조하기 위하여 도치법을 사용했다. '之'는 형
　　　식적 목적어로 쓰인 지시대명사다.

何謂也(하위야) : 무엇을 이름입니까? '也'는 의문의 어기조사.

　夫子之道(부자지도) : 선생님의 도(仁道)

忠恕(충서) : 성실함과 남을 헤아려주는 마음(배려, 동정). '忠'은 中+心 = 정성을
　　　다하는 것, '恕'는 如+心 = 상대의 마음을 생각해주는 것.

而已矣(이이의) : 뿐이다, 따름이다. '다만 이것뿐이고 다른 아무것도 아니다'의
　　뜻. 한정에 더하여 단정의 어기를 나타내는 조사. '而'(접속사) + '已'(한정)
　　+ '矣'(단정)

4-16

子曰 君子는 喩於義하고 小人은 喩於利니라.
자 왈 군 자　유 어 의　　소 인　유 어 이

통해(通解)

　공자께서 말씀하셨다. "군자는 도리에 민감하고 소인은 이익에 민감하
다."

■ 요지 : 군자와 소인이 생각하는 방법은 서로 다르다.

어석 · 문법

喩(유) : 밝히다. 좋아하다. 깨닫다. 마음이 민감하게 작용하는 것.

於(어) : 일의 기점 또는 동작의 대상을 나타내는 개사. '~에, ~에서, ~을, ~
　　보다' 등의 뜻이 있다. 타동사와 목적어 사이의 들어가는 전치사.

義(의) : '宜'와 통함. 자연의 이치에 맞게 바른 것. 의리. 정의. 도의. 도덕적 가
　　치.

利(이) : 자기의 몸을 이롭게 하는 것. 욕망을 이루는 것. 이익. 사리. 이득. 경제
　　적 가치.

4-17

子曰 見賢思齊焉하며 見不賢而內自省也니라.
자 왈 견 현 사 제 언　　　 견 불 현 이 내 자 성 야

통해(通解)

　공자께서 말씀하셨다. "어진 사람을 보면 자기도 그와 같아지고 싶다고
생각해야 하며 어질지 않은 사람을 보면 자기에게도 그와 같은 나쁜 점은
없는가 하고 마음속으로 반성을 해야 한다."

■ 요지 : 수양에 뜻을 둔 이는 현·불현을 보고 다 수양의 자료로 삼는다.

어석 · 문법

賢(현) : 학문과 덕행이 뛰어난 사람.

思齊(사제) : 똑같이 되고 싶다고 염원하다. '齊'는 '同'의 뜻.

焉(언) : 이것과. '於是'와 같음. 전치사+지시대명사.

不賢(불현) : 학덕이 낮은 사람.

而(이) : ~하면 곧. 조건에 따른 결과를 표시하는 접속사.

內(내) : 마음속으로.

自省(자성) : 자기의 언행에 대하여 마음속으로 깊이 반성하다.

4-18

子曰 事父母호대 幾諫이니 見志不從하고 又敬不違하며
자왈 사부모　　　 기간　　　 견지부종　　　　 우경불위

勞而不怨이니라.
노 이 불 원

통해(通解)

　공자께서 말씀하셨다. "부모 밑에 있을 때 부모에게 바르지 않은 일이 있으면 부드럽게 간한다. 그러나 부모의 뜻이 나의 간언을 받아들이지 않으실 기색을 살피고도, 여전히 공경하고 어기지 말며, 힘들어도 원망하지 않는다."

■ 요지 : 부모를 섬기는 도리에 대하여 말했다.

어석 · 문법

幾諫(기간) : 은미하게 간하다. 노하지 않게 완곡히 간하다. 말을 부드럽게 하면서 간하다.

見志不從(견지불종) : (부모의) 뜻이 따라주지 않으심을 살피다.

又敬不違(우경불위) : 또 공경하고 어기지 않는다.

勞而不怨(노이불원) : 수고롭되 원망하지 않는다. '而'는 역접.

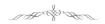

4-19

子曰 父母在어시든 不遠遊하며 遊必有方이니라.
자 왈 부 모 재   불 원 유   유 필 유 방

통해(通解)

공자께서 말씀하셨다. "부모님이 생존해 계시면 먼 곳에는 가지 말며 가면 반드시 거소(행방)를 알려야 할 것이다."

■ 요지 : 부모가 걱정하지 않게 먼 곳에 나가지 말며 나갈 때는 행소를 밝히라는 것이다.

어석 · 문법

遠遊(원유) : 먼 길을 떠나다. 먼 여행을 하다.

有方(유방) : 방향이 있는 것. 행선지. '方'은 위치, 방향. 거처하는 곳.

4-20

子曰 三年을 無改於父之道라야 可謂孝矣니라. 子曰
자 왈 삼 년   무 개 어 부 지 도   가 위 효 의   자 왈

父母之年은 不可不知也니 一則以喜요 一則以懼니라
부 모 지 년   불 가 부 지 야   일 즉 이 희   일 즉 이 구

통해(通解)

공자께서 말씀하셨다. "삼 년 동안 부친의 도를 고치지 말아야 효자라고

할 수 있다." 공자께서 말씀하셨다. "부모의 연세는 반드시 알아두어야 한다. 한편으로는 장수하심을 기뻐할 수 있기 때문이고 한편으로는 오래 사시지 못할까 두렵기 때문이다."

■요지 : 양친의 연세를 알고 있지 않으면 안 된다는 것을 말했다

어석 · 문법

父母之年(부모지년) : 부모의 연세. '之'는 관형격을 표하는 구조조사.

不可不知也(불가부지야) : 절대로 알지 않으면 안 된다. 알지 않을 수 없다.

一則以喜一則以懼(일즉이희일즉이구) : 일방으로는 기쁘기 때문이고 일방으로는 두렵기 때문이다. '一'은 때로는, 한편으로는. '喜'는 부모의 건재 장수를 기뻐함. 구(懼)는 만일의 일이 일어날지도 모른다고 두려운 마음을 갖는 것. '以'는 원인을 나타내는 조자(전치사)다.

4-21

子曰 古者에 言之不出은 恥躬之不逮也니라.
자 왈 고 자　　언 지 불 출　　치 궁 지 불 체 야

통해(通解)

공자께서 말씀하셨다. "옛날에 사람들이 말을 함부로 하지 않은 것은 실천이 말을 따르지 못할까 두려워했기 때문이다."

■요지 : 고인이 실천을 존숭한 것을 말하고, 당시의 사람들을 경계한 것이다.

어석 · 문법

古者(고자) : 옛 사람. 옛적에. '者'는 때를 나타내는 말 뒤에 붙여 쓰이는 조자(접
　　미사). '頃者'(경자), '嚮者'(향자), '今者'(금자) 따위.

言之不出(언지불출) : 말을 함부로 하지 않는다. '不出言'으로 쓰는 것이 원칙이
　　나, 여기서는 '言'을 강조하기 위하여 도치법을 써서 표현한 것임. '之'는
　　도치법을 쓸 경우 자주 사용되는 목적격 구조조사.

躬之(궁지) : 몸소 행하는 것이. '之'는 주어를 제시하는 구조조사.

逮(체) : 미치다. 따르다. 쫓다.

恥(치) : 부끄러워하다. 창피하게 여기다. '구(懼)'와 가깝다. 곧 두려워하다.

4-22

子曰 以約失之者가 鮮矣니라.
　　자 왈　이 약 실 지 자　　선 의

통해(通解)

　공자께서 말씀하셨다. "절제하면 소중한 것을 잃는 일은 거의 없다." 또
는 "빈곤하면 그 이상 잃을 것이 없다."

■요지 : 매사에 검약, 검속하면 실패하지 않는다는 것을 말하고 있다.

어석 · 문법

以約失之者(이약실지자) : 검속함으로써 (그것을) 잃는 사람. '之'(그것)는 지시하
　　는 것이 분명치 않다. 무언가 소중한 것일 것 같다. '約'을 '빈곤'으로 보기
　　도 한다.

鮮矣(선의) : 드물다. '矣'는 단정을 표하는 어기조사.

4-23

子曰 君子는 欲訥於言而敏於行이니라.
자 왈 군 자 　욕 눌 어 언 이 민 어 행

통해(通解)

　공자께서 말씀하셨다. "군자는 말은 어눌하나 사람의 도는 빨리 실행하고자 한다."

■ 요지 : 군자는 말은 어눌해도 행동에는 민첩해지길 바란다는 것이다.

어석 · 문법

欲(욕) : 하고자 하다. 원망을 나타내는 말.

訥(눌) : 말을 더듬거리다. 말이 어눌하다. 입이 무거워 말을 잘하지 않음.

而(이) : 역접 접속사.

敏(민) : (일의 실천에는) 민첩하다.

4-24

子曰 德不孤라 必有隣이니라.
자 왈 덕 불 고 　필 유 린

통해(通解)

　공자께서 말씀하셨다. "인격이 뛰어난 사람은 결코 외롭지 않다. 반드시 그를 사모하는 사람들이 주위로 많이 몰려온다."

■요지 : 유덕자는 남으로부터 친애를 받는다는 것을 설명했다.

어석 · 문법

德不孤(덕불고) : 덕은 외롭지 않다. 덕은 사람으로서의 도리를 자기 몸에 체득
　　한 것. '孤'는 고립하다. 혼자 외톨이로 친구가 없는 것. '不' 뒤엔 용언(동
　　사나 형용사)이 오고 '非' 뒤엔 체언(명사나 대명사)이 온다.

必有隣(필유린) : 반드시 이웃이 있다. '隣'은 '鄰'과 같다. 동조하기도 하고 공
　　감하기도 하는 자. '有'는 존재의 주체를 지시하며, '在'는 장소를 지시
　　한다.

4-25

子游曰 事君數이면 斯辱矣요 朋友數이면 斯疏矣니라.
자 유 왈 　사 군 삭　　　　사 욕 의　　　봉 우 삭　　　　사 소 의

통해(通解)

　　자유가 말했다. "임금을 섬기면서 자주 간하게 되면 그것 때문에 곤욕을
당하게 되고 친구를 사귀면서 자주 충고를 하면 그것 때문에 우정에 금이
가서 멀어지게 될 것이다."

■요지 : 지나친 간언이나 충고는 역효과를 낼 수 있다.

어석 · 문법

事君數(사군삭) : 임금을 섬김에 자주 간하다. '數'(삭)은 '자주 간언을 하다'.

斯辱矣(사욕의) : 이런 경우 욕을 보게 되다. '辱'은 모욕을 당한다는 뜻. '斯'
　　는 접속사 '則'과 같으나, '이것'이란 지시대명사로 볼 수도 있다.

朋友數(붕우삭) : 벗에게 자주 충고를 하다.

斯疏矣(사소의) : 이런 경우 멀어진다. '疏'는 사이가 벌어짐. '斯'를 접속사 '則'
으로 보기도 하고, 지시사 '이에'로 보기도 함. '矣'는 단정의 어기조사.

제5편

공야장 公冶長

공야장편에서는 공자의 문인 및
고금의 인물들에 대한 평을 비롯하여
이상적인 인간형과 어진 인물을 선택하는 문제에 대한
논의가 이루어진다.

5-1

子謂公冶長하사대 可妻也로다. 雖在縲絏之中이나 非其罪也라
자 위 공 야 장   가 처 야   수 재 누 설 지 중   비 기 죄 야

하시고 以其子妻之하시다.
      이 기 자 처 지

통해(通解)

공자께서 공야장을 평하여 "사위로 삼을 만하다. 비록 옥중에 구속된 적이 있었지만 그는 죄인이 아니었다."라고 하시고 자기의 딸을 그에게 시집보내셨다.

■요지 : 공야장이란 인물에 대한 비평이다. 사위로 삼을 만한 인물이라는 것이다.

어석 · 문법

謂(위) : 비평하다. 평가하다. '～에 대하여 말하다.'

公冶長(공야장) : 공자의 문인. 姓은 公冶이고 名은 長이다. 字는 子長 또는 芝. 제(齊)나라 사람이라고 하나 人品에 대한 기록은 없다. 새(조류)의 말을 잘 이해했다고 전해진다.

可妻(가처) : 사위로 삼음직하다. '妻'는 '딸을 시집보내다'라는 뜻을 가진 동사. 사위로 삼다.

縲絏(누설) : '縲'(누)는 검은 줄. '絏'(설)은 얽어매다. 옛날엔 죄인을 검은 줄로 포박했다. 옥중에 묶여 있음의 뜻.

以其子妻之(이기자처지) : 그의 자식(딸)으로써 그(공야장)에게 시집보내다. 그를 사위로 삼다. '其'는 공자를 가리키고, '之'는 공야장을 가리킨다. 둘 다 삼인칭 대명사.

5-2

子謂南容하사대 邦有道에 不廢하며 邦無道에 免於刑戮이라 하
자 위 남 용   방 유 도   불 폐   방 무 도   면 어 형 륙

시고 以其兄之子로 妻之하시다.
     이 기 형 지 자   처 지

통해(通解)

공자께서 남용을 평하여 "나라에 도가 서 있을 때에는 나아가 책임을 다
하였으므로 버려지지 않았으며, 나라에 도가 무너졌을 때는 물러나 악행을
하지 않았으므로 형벌을 면했다."라고 하시고 그 형의 딸을 그에게 시집보
내셨다.

■ 요지 : 남용에 대하여 진퇴의 도리를 잃지 않는 인물이라고 비평했다.

어석 · 문법

南容(남용) : 공자의 문하생. 姓은 南宮, 名은 适(괄), 字는 子容. '南宮子容'을
　　　　　줄여 '南容'이라 했다. 노나라 대부 맹희자의 아들 南宮敬叔과 동일인이
　　　　　라 하나 정확하지 않다. 『시경』에 나오는 '白圭의 詩'를 세 번 외울 정도의
　　　　　신언자(愼言者). '백규의 시'는 다음과 같다. "白圭之玷은 尙可磨也어니와
　　　　　斯言之玷은 不可爲也니라"(흰 구슬의 결점은 다시 갈 수 있으려니와 입 밖에
　　　　　낸 말의 잘못은 다시 어찌할 수 없는 일이로다.)

不廢(불폐) : 버림받지 않다. 반드시 등용되다.

免於刑戮(형륙) : 형벌에서 면제되다. '於'는 시발을 나타내는 전치사.

兄之子(형지자) : 이복형 맹피(孟皮)의 따님.

5-3

子謂子賤하시대 君子哉라. 若人이여. 魯無君子者면 斯焉取斯
자 위 자 천   군 자 재   약 인   노 누 군 자 자   사 언 취 사
리오.

통해(通解)

　공자께서 자천을 평하셨다. "군자답구나, 이 사람은. 노나라에 군자가 없었다면 이 사람이 어디에서 이런 군자다운 덕을 터득할 수 있었겠는가?"

■요지 : 자천은 군자다운 사람이다.

어석 · 문법

子賤(자천) : 姓은 宓(복), 名은 不齊. 字는 子賤. 공자보다 49세 연하. 자천이 單
　　父(선보)의 장관이었을 때, 종일 금(琴)을 타고 청사 밖으로 나오지 않았어
　　도 잘 다스렸다고 함.

君子哉若人(군자재약인) : 군자답도다 이 사람은. '哉'는 감탄의 어기조사. '若此
　　人'은 이와 같은 사람, 이 사람.

斯焉取斯(사언취사) : 이 사람이 어디에서 이런 덕을 취득했으리오? 앞의 '斯'는
　　자천을 가리키고 뒤의 '斯'는 군자의 덕을 가리킨다. '焉'은 '어디'라는 대
　　명사.

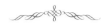

5-4

子貢問曰 賜也는 何如하니이꼬. 子曰 女器也니라. 曰何器也이
자공문왈 사 야   하 여   자왈 여기야   왈 하기야

꼬. 曰瑚璉也니라.
　　왈 호 련 야

통해(通解)

　자공이 여쭈었다. "저(賜, 자공)는 어떤 사람입니까?" 공자께서 말씀하셨
다. "너는 그릇이다." 자공이 "무슨 그릇입니까?" 하고 여쭈어보자 공자께
서 말씀하셨다. "호련이다."

■요지 : 공자가 자공의 인품을 제기 호련에 비유해 평가했다.

어석 · 문법

何如(하여) : 어떠한가? 성질 · 상태 · 정도 · 진위 등을 묻는 의문사.

女(녀) : 너. 자네. '汝'와 같다.

何器也(하기야) : 무슨 그릇이냐? '器'는 그릇. '也'는 의문을 표하는 어기조사.

瑚璉(호련) : 종묘 제사 때 서직(黍稷; 메기장과 찰기장)을 담는 그릇. 제기. 하나라
　　시대는 호(瑚), 은나라 시대는 연(璉), 주나라 시대는 보궤(簠簋)라 헸다. 출
　　륭한 인재라는 뜻.

5-5

或이 曰 雍也는 仁而不佞이로다. 子曰 焉用佞이리오. 禦人以
혹 왈 옹야 인 이 불 녕   자왈 언 용 녕   어 인 이

口給하여 屢憎於人하니 不知其仁이어니와 焉用佞이리오.
구 급   누 증 어 인   부 지 기 인   언 용 녕

통해(通解)

　어떤 사람이 말했다. "옹은 어질지만 말재주가 없다." 공자께서 말씀하셨
다. "어디에다 말재주를 쓰겠는가? 말재주를 가지고 사람을 상대하여 자주
다른 사람들에게 미움을 받았으니, 그가 어진지는 알 수 없으나 말재주를
어디에 쓰겠는가?"

■요지 : 혹자가 옹은 인자이나 구변이 없다고 하나 말재주를 쓰지 않는 사람이
　　라고 비평함.

어석 · 문법

雍(옹) : 姓은 冄, 名은 雍, 字는 仲弓. 공자보다 29세 연하. 노나라 사람. 고결
　　한 인품의 소유자.

焉用佞(언용녕) : 어디에다 말재주를 쓰는가? '用焉佞'의 도치. '佞'은 구변, 말재
　　주.

禦(어) : 응답하다. 상대하다. 막다. 맞서다. 대항하다.

以口給(이구급) : 구변으로써. '口給'(구급)은 수다스레 말하는 것. '以'는 수단이
　　나 방법을 표시하는 전치사.

屢憎於人(누증어인) : 자주 남에게 미움을 받다. '屢'는 자주. 노상. 흔히. '於'는
　　피동문에서 수신(受身)을 표시하는 전치사.

5-6

子使漆雕開仕하신대 對曰 吾斯之未能信이로소이다. 子說하시다.
자 사 칠 조 개 사　　　대 왈　오 사 지 미 능 신　　　　자 열

통해(通解)

공자께서 칠조개에게 "벼슬을 하라."고 하셨다. 칠조개가 "저는 이것(벼슬살이를 하는 것)을 할 만한 자신이 아직 없습니다."라고 대답하자 공자께서 기뻐하셨다.

■ 요지 : 칠조개가 벼슬할 자신이 없다고 말하자 공자가 기뻐했다.

어석 · 문법

子使漆彫開仕(자사칠조개사) : 공자께서 칠조개로 하여금 벼슬을 하게 하다. '使'는 '~로 하여금 ~하게 하다'의 재역한자. '仕'는 벼슬하다.

漆雕開(칠조개) : 공자의 문인. 字는 自開(子啓?). 본명에 있는 '開' 字는 자(字)에 사용하지 않으므로 이는 잘못 표기된 것이라는 설이 있다. 박일봉(朴一峰) 역『사기』. 노나라 사람. 공자보다 11세 연하. 겸허한 인물이었다고 함.

吾斯之未能信(오사지미능신) : 나는 이것을 아직 사신할 수 없습니다. '斯'는 벼슬길에 나갈 자격. '之'는 목적격을 표시하는 구조조사. '能信斯'에서 '斯'를 강조하기 위하여 도치시키면서 '之'가 끼어들어 가게 되었다. '未'는 '아직 ~지 아니하다'로 새기는 재역한자.

5-7

子曰 道不行이라 乘桴하여 浮于海호리니 從我者는 其由與인저.
자왈 도불행　　　승부　　　부어해　　　종아자　　　기유여

子路聞之하고 喜한대 子曰 由也는 好勇이 過我나 無所取材로
자로문지　　　희　　　자왈 유야　　호용　　과아　　무소취재

다.

ꕷ

통해(通解)

　공자께서 말씀하셨다. "도가 행해지지 않는 난세이니 뗏목을 타고 바다를 항해하고 싶다. 나를 따를 사람은 아마 유(由, 자로의 본명)일 것이다." 자로가 그 말을 전해 듣고 기뻐하자 공자께서 말씀하셨다. "유가 용기를 좋아함은 나를 뛰어넘지만 뗏목을 만들 목재를 구할 데가 없다."

■요지 : 도의 실현이 어려움을 개탄하면서 제자들과 고락을 서로 나누는 경애(境涯)를 진술한 것이다.

어석·문법

道(도) : 공자가 이상으로 하는 도덕적 질서. 구체적으로는 '예악'.

桴(부) : 뗏목. '筏也'. 작은 것이 '桴'이고 큰 것이 '筏'(벌)이다.

浮於海(부어해) : 바다를 건너다. 바다를 항해하다. 해외로 나가다. '浮'는 '도항(渡航)하다'의 뜻.

其由與(기유여) : 아마 由(子路)일 것이다. '其'는 아마. '與'는 영탄(詠歎), 의문. 반어, 추측을 포함하는 어기조사.

過我(과아) : 나 이상이다. 나보다 낫다.

無所取材(무소취재) : 뗏목을 만드는 목재를 구할 수가 없다. '材'를 재량. 재능

의 뜻으로 보아 '사리를 취하여 재량(스스로 판단하여 처리)할 줄을 모른다'
고 해석하기도 함.

5-8

孟武伯이 問한대 子路는 仁乎이까. 子曰 不知也로라. 又問한대
맹무백　　문　　　자로　　인호　　자왈부지야　　　우문

子曰 由也는 千乘之國에 可使治其賦也어니와 不知其仁也케
자왈유야　　천승지국　　가사치기부야　　　　부지기인야

라. 求也는 何如하니이꼬. 子曰 求也는 千室之邑과 百乘之家
　　구야　　하여　　　　자왈구야　　천실지읍　　백승지가

에 可使爲之宰也어니와 不知其仁也케라. 赤也는 何如하니
　 가사위지재야　　　　부지기인야　　　　적야　　하여

이꼬. 子曰 赤也는 束帶立於朝하여 可使與賓客言也어니와
　　자왈적야　　속대입어조　　　　가사여빈객언야

不知其仁也케라.
부지기인야

통해(通解)

　맹무백이 "자로는 인자합니까?" 하고 묻자 공자께서 말씀하셨다. "알지
못하겠다." 다시 묻자 공자께서 말씀하셨다. "유는 천승의 나라(제후국)에서
그가 그 나라의 병사를 다스리게 할 수 있는 능력은 있지만 그가 인자한지
는 알지 못하겠다." 또 맹무백이 "구는 어떠합니까?" 하고 묻자 공자께서 말
씀하셨다. "구는 천 호 정도 되는 읍과 병거 백 대를 가진 경대부 집안에서
그 재(가로)를 할 수 있는 능력은 있지만 그가 인자한지는 알지 못하겠다."
맹무백이 또 "적은 어떠합니까?" 하고 묻자 공자께서 말씀하셨다. "적은 관

복을 입고 조정에 서서 외국의 빈객을 응접할 수 있는 능력은 있지만 그가 인자한지는 알지 못하겠다."

■ 요지 : 공자가 문인들의 재덕은 인정했지만, 인에 대해서는 확신을 가지지 않았음을 말해주고 있다.

어석 · 문법

孟武伯(맹무백) : 맹의자(孟懿子)의 아들. 名은 彘(체). 공자의 문인. 노나라의 대부. 순량한 성품을 가졌으나 몸이 약했다고 한다.

仁乎(인호) : 어진가? '乎'는 의문을 표하는 어기조사.

不知也(불지야) : 잘 알지 못한다. 긍정도 부정도 하지 않는 태도. '也'는 단정의 어기조사.

又(우) : 그 위에. 또 한 번.

由也(유야) : 유(자로)야. '也'는 호격 조사.

賦(부) : 병사(兵事)를 말함. 또는 조세를 뜻함.

求(구) : 공자의 제자. 염유(冉有). 名은 求, 字는 子有. 공자보다 29세 연하. 춘추시대 노나라 사람.

何如(하여) : 어떠한가? '어떤 상태인가?' 하고 묻는 경우에 쓴다. 환언하면 상태와 정도를 물을 때 쓴다. '如何'는 '어떻게 할까', '어떻게 처치하면 좋은가?'와 같이 처치 방법을 물을 때 쓴다.

千室之邑(천실지읍) : 홋수 1000에 이르는 큰 마을. 고대에는 일가(一家), 일호(一戶)를 일실(一室)이라 했다.

爲之宰(위지재) : 그 재가 되다. '宰'는 가신이나 가로. 또는 모든 장관을 뜻한다. '之'는 '千室之邑'과 '百乘之家'를 가리키는 지시대명사로 '其'와 같다.

赤(적) : 공자의 제자. 姓은 公西. 字는 子華. 노나라 사람. 공자보다 42세 연하. 의식, 예법에 정통하여 공자 장례식 때 장의 위원장을 맡았다 함.

束帶(속대) : 예복에 쓰는 대. 띠를 매다. 관복을 입다.

立於朝(입어조) : 조정에 서다. '於'는 장소를 표하는 전치사.

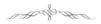

可使與賓客言也(가사여빈객언야) : 그로 하여금 빈객과 더불어 말하게 할 수 있
　　다. '使'는 사역 조동사이며 '可'는 가능 조동사.

5-9

子謂子貢曰 女與回也로 孰愈오. 對曰 賜也는 何敢望回리이
자 위 자 공 왈　여 여 회 야　숙 유　　대 왈　사 야　　하 감 망 회

꼬. 回也는 聞一以知十하고 賜也는 聞一以知二하노이다. 子曰
　회 야　문 일 이 지 십　　사 야　문 일 이 지 이　　　　자 왈

弗如也니라. 吾與女의 弗如也하노라.
불 여 야　　　오 여 여　불 여 야

통해(通解)

　공자께서 자공에게 말씀하셨다. "너와 안회는 누가 더 나으냐?" 자공이
"제(사)가 어찌 감히 회를 바라볼 수 있겠습니까? 회는 하나를 들으면 열을
알고, 저는 하나를 들으면 둘을 알 정도의 수준입니다."라고 대답했다. 그러
자 공자께서 말씀하셨다. "미치지 못한다(그만 못하다). 나는 네가 그(안회)에
미치지 못함을 허여한다."(다른 설 : 나와 너는 그에 미치지 못한다.)

■요지 : 공자가 제자인 자공의 말에 찬성하여 안회의 현명함을 탄미(嘆美)하고,
　자공의 자기를 아는 현명함도 칭찬했다.

어석 · 문법

謂曰(위왈) : 일러 가로되, 비평하여 말하기를.
女(여) : 너. '汝'와 같음.
與(여) : 병렬을 표시하는 조자로 접속사.

也(야) : 주어를 제시하여 이어지는 문장에 주의를 환기시키는 어기조사.

孰(숙) : 누군가. 누가.

愈(유) : 우수하다. 낫다. 뛰어나다. 훌륭하다.

何敢望回(하감망회) : 어찌 감히 안회와 비교할 수 있겠습니까? 반어형. '望'은 '멀리서 바라보다'의 뜻.

聞一以知十(문일이지십) : 하나를 듣고 열을 안다. '以'는 '而'와 같음.

聞一以知二(문일이지이) : 하나를 듣고 둘을 안다.

吾與女(오여녀) : 나는 너를 허여한다(인정한다). 이때 '與'는 동사.

弗如(불여) : 미치지 못한다. '弗'은 '不'과 같다. '如'는 미치다. 같다.

5-10

宰予晝寢이어늘 子曰 朽木은 不可雕也요 糞土之墙은
재여주침   자왈 후목   불가조야   분토지장

不可杇也니 於予與에 何誅리오.
불가오야   어여여   하주

子曰 始吾於人也에 聽其言而信其行이러니 今吾於人也에
자왈 시오어인야   청기언이신기행   금오어인야

聽其言而觀其行하노니 於予與에 改是와라.
청기언이관기행   어여여   개시

통해(通解)

　재여가 낮잠을 자자 공자께서 말씀하셨다. "썩은 나무에는 조각을 할 수 없고 더러운 흙으로 쌓은 담장은 흙손질을 하여 매끈하게 할 수 없다. 재여 같은 사람에게 무엇을 책망하겠는가?" 공자께서 또 말씀하셨

다. "처음에 나는 다른 사람을 대할 때에 그의 말을 듣고 그의 행실을 믿었는데, 지금에 와서 나는 다른 사람을 대할 때에 그 사람의 말을 듣고 그 사람의 행실을 관찰하게 되었으니, 재여로 인하여 이것을 바꾸게 되었다."

■ 요지 : 문인 재여를 통해서 사람을 보는 관점을 바꾸게 되었다는 것이다. 곧 말만 들을 것이 아니라 행실에 대한 관찰이 병행되어야 한다는 것이다.

어석 · 문법

宰子(재여) : 춘추시대 노나라 사람. 공자의 문인. 字는 子我 또는 宰我. 임치(臨淄)의 대부가 되었다. 변설이 교묘했던 것으로 정평이 나 있다.

晝寢(주침) : 낮잠을 자다. 낮부터 침실에 들어가 자다.

朽木(후목) : 썩은 나무. 노인이나 쓸모없는 사람. '朽'는 '腐'와 같다.

不可雕(부가조) : 조각할 수 없다. '雕'(조)는 새기다. 조각하다. 쪼개다.

糞土之牆(분토지장) : 더러운 흙으로 만든 담. '糞土'는 썩고 더러운 흙.

杇(오) : ' 손질하다'라는 동사임.

於予與何誅(어여여하주) : 재여에게 무엇을 나무라리오? '於子誅何與'의 도치형. '於'는 전치사. '誅何'는 동사 + 목적어의 구조. '與'는 감탄의 어기를 지닌 반어조자다. 반어의 구법. '何'(무엇)는 도치된 목적어다.

吾於人也(오어인야) : 나는 다른 사람을 대함에 있어서. 내가 다른 사람을 대하는 입장은. '於'는 동작의 대상을 표시하는 전치사. '也'는 일종의 제시어.

聽(청) : 귀를 기울여 듣는다. 주의하여 듣는다.

聽其言而(청기언이) : 그의 말을 듣고. '而'는 순접.

信(신) : 언행의 일치. 믿다.

觀(관) : 관찰하다. 끝까지 지켜보다. 확인하다.

於予與改是(어여여개시) : 재여로 인하여 이것을 바꿨도다. '於'는 원인 · 근거를 표시하는 전치사. '與'는 감탄의 어기조사. 와라 : -았(었)노라. -았(-었)도다. 어미(語尾)다.

5-11

子曰 吾未見剛者케라. 或對曰 申棖이니이다. 子曰 棖也는 慾
자왈 오 미 견 강 자   혹 대 왈 신 정   자 왈 정 야   욕

이어니 焉得剛이리오.
　　　　언 득 강

통해(通解)

　공자께서 말씀하셨다. "나는 아직 강직한 사람을 보지 못하였다." 어떤
사람이 대답했다. "신정입니다." 그러자 공자께서 말씀하셨다. "정은 욕심
쟁이이니 어찌 강직하다 할 수 있겠는가?"

■ 요지 : 신정(申棖)은 욕심이 많아 굳센 자가 아니다.

어석 · 문법

剛者(강자) : 굳세고 강한 자.

申棖(신정) : 공자의 문인. 字는 周. 노나라 사람.

慾(욕) : 욕심쟁이. 탐욕스럽다. 유혹을 뿌리치지 못할 사람.

焉得剛(언득강) : 어찌 강직할 수 있으리오? 반어형. '焉'은 '어찌'라는 의문부사.
　　　'得'은 '能'과 같은 조동사다.

5-12

子貢曰 我不欲人之加諸我也를(면) 吾亦欲無加諸人하노이다.
자 공 왈 아 불 욕 인 지 가 저 아 야   오 역 욕 무 가 저 인

子曰 賜也아. 非爾所及也니라.
자 왈 사 야   비 이 소 급 야

통해(通解)

　자공이 말했다. "저는 남이 저에게 무엇을 하라고 강압하고자 하지 않는 일을(않는다면) 저도 남에게 무엇을 하라고 강압하지 않으려고 합니다." 공자께서 말씀하셨다. "사야, 그건 너의 힘이 미칠 일이 아니다."

■ 요지 : 서(恕)는 평생토록 실천해 나가야 할 도이다.

어석 · 문법

我不欲人之加諸我也(아불욕인지가저아야) : 나는 남이 나에게 그것을 가하고자 하지 않는다면. '之'는 주격의 구조조사. '加'는 압력을 가하다. 그 압력이란 정신적 물리적 폭력이다. '諸'는 '之於'의 합자로 이 '之'는 일반적인 사실을 가리킨다. '也'는 제시, 또는 가정의 어기를 표하는 어기조사.

특수 연구 14 – '也'의 용법

1. 문말에서 단정의 어기를 나타낸다. ' ~은 ~이다. '
   陳勝者陽城人也(진승은 양성 사람이다.)
2. 인과문에서 이유를 설명한다. '~이기 때문이다.'
   鮑叔不以我爲貪知我貧也(포숙은 나를 탐욕스럽다고 하지 않았으니 내가 가난함을 알았기 때문이다.)
3. 문중에서 주어를 제시하는 구실을 한다. '~이/가/는'

鳥之將死 其鳴也哀(새가 죽으려 할 때는 그 울음 소리가 슬프다.)

回也不愚(안회는 어리석지 않다.)

4. 문말에서 의문, 반어. 영탄의 어기를 나타낸다. '~가? ~겠는가? ~하구나!'

寡人之民不加多何也(과인의 백성이 늘어나지 않는 것은 어찌해서입니까?)

何爲不去也(어찌하여 가지 않는가!)

是何楚人之多也(여기는 왠지 초인이 많구나!)

5. 강의(强意)의 어기조사

今也則亡(지금은 없다)

6. 也 + 者 : 초들어 강하게 주어를 제시하는 어기조사. '~라는 것은'.

孝弟也者仁之本也(효제라는 것은 인의 근본이다.)

7. 시간사 다음에 붙어 때를 표시한다.

今也(이제는) / 少也(어렸을 때는)

吾亦欲無加諸人(오역욕무가제인) : 나 또한 남에게 그것을 가하지 않고자 한다. 네가 할 수 있는 일이 아니다.

非爾所及也(비이소급야) : 네가(너의 힘이) 미칠 바가 아니다. '爾'는 '汝'와 같다.

5-13

子貢曰 夫子之文章은 可得而聞也어니와 夫子之言性與天道는
자 공 왈 부 자 지 문 장   가 득 이 문 야   부 자 지 언 성 여 천 도

不可得而聞也니라.
불 가 득 이 문 야

통해(通解)

　자공이 말했다. "저는 선생님의 학문은 배울 수 있었으나 선생님으로부터 인간의 본성이나 천도에 대한 말씀은 배운 적이 없었습니다."

■요지 : 선생님의 인성과 천도에 대한 언급은 쉽게 들을 수 없었다는 것이다.

어석 · 문법

文章(문장) : 문채. 곧 국가의 예악제도 등. 학문.

可得而(가득이) : 얻을 수 있다. 옛날엔 '得'을 '시러곰'(능히)으로 훈독했다. '得
　　而'를 '할 수 있다'는 뜻의 조동사로 보기도 한다.

言性與天道(언성여천도) : 인성과 천도에 대하여 논의하다. '言'은 언급하다, 또
　　는 의론하다. '性'은 인간의 본성. '天道'는 하늘의 도리. 우주의 법칙.

5-14

子路는 有聞이요 未之能行하여선 唯恐有聞하더라.
자 로　　유 문　　미 지 능 행　　　　유 공 우 문

통해(通解)

　자로는 뭔가 가르침을 받은 것이 있지만 아직 그것을 실행할 능력이 없으면, 다만 또 다른 가르침이 나올까 두려워하였다.

■요지 : 자로는 가르침을 아직 실행하지 못하고 있을 때 또 다른 가르침이 있을
　까 두려워했다는 것이다.

有聞(유문) : 가르침이 있다. 들은 바가 있다.

未之能行(미지능행) : 아직 그것을 행할 수 없다. 아직 그것을 잘 행하지 못하다.
  '未能行之'의 도치문.

唯恐有聞(유공유문) : 오직 새로운 가르침이 있을까 두려워하다. 오직 새로 들을
  것이 있을까 두려워하다.

5-15

子貢問曰 孔文子를 何以謂之文也이꼬. 子曰 敏而好學하며
자 공 문 왈 공 문 자 하 이 위 지 문 야   자 왈 민 이 호 학

不恥下問이라 是以謂之文也니라.
불 치 하 문   시 이 위 지 문 야

통해(通解)

자공이 물었다. "공문자 같은 사람을 어찌하여 '문(文)'이라고 이릅니까?"
공자께서 말씀하셨다. "민첩하고 학문을 좋아하며 아랫사람에게 묻기를 부
끄러워하지 않았기 때문에 그를 문이라고 이르는 것이다."

■ 요지 : 공문자가 '문(文)'이란 시호를 얻은 까닭은 호학(好學)하고 불치하문(不恥
下問)했기 때문이라는 공자의 설명이다.

어석 · 문법

孔文子(공문자) : 姓은 孔文, 名은 圉(어). 위나라 대부. 시호가 '文'이다. '문'은
  가장 높은 단계의 시호다.

何以謂之文也(하이위지문야) : (욕심이 많고 충성심이 부족한 사람인데) 어찌하여

그를 文이라고 이릅니까? '何以'는 '以何'의 도치형. '以'는 원인을 표하는 전치사. '之'는 공문자를 가리키는 대명사. '文'은 가장 높은 단계의 시호. '也'는 의문의 어기조사.

敏(민) : 민첩하다.

不恥下問(불치하문) : 자기보다 지위가 낮은 사람에게 묻는 것을 부끄럽게 생각 하지 않는다.

是以謂之文也(시이위지문야) : 이로써 그를 '文'이라 이른다. '是以'는 이로써. 以 (전치사) + 是(대명사)의 도치형. '也'는 단정의 어기조사다.

5-16

子謂子産하시되 有君子之道四焉하니 其行己也恭하며
자 위 자 산   유 군 자 지 도 사 언   기 행 기 야 공

其事上也敬하며 其養民也惠하며 其使民也義니라.
기 사 상 야 경   기 양 민 야 혜   기 사 민 야 의

통해(通解)

공자께서 자산을 평하셨다. "(현인 정치가인 자산은) 군자의 도 네 가지를 갖 추고 있었다. 그 행실이 공손하였으며, 그 윗사람을 섬길 때 공경스러웠으 며, 그 백성을 기를 때 자혜로웠으며, 그 백성을 부릴 때 의로웠다."

■요지 : 자산에게는 군자의 도 네 가지가 갖추어져 있다는 것.

어석 · 문법

子産(자산) : 정(鄭) 나라 목공(穆公)의 손자. 대부 공손교(公孫僑). 자산은 그의 字 다. 내정 외교에 능한 명재상이었다. 공자에게 많은 영향을 준 듯하다.

其行己也恭(기행기야공) : 그의 몸가짐이 공손하다. '其'는 '그'(자산)라는 대명사. '行己'는 행실. 처신. '也'는 제시를 나타내는 어기조사. '恭'은 공손. 겸손.

事上也敬(사상야경) : 윗사람을 섬기는 것이 경건하다. '敬'은 경건하다. 공경스럽다.

養民(양민) : 백성을 보양하다.

惠(혜) : 자혜. 은혜.

使民(사민) : 백성을 사역하다. '使'는 '부리다'의 뜻의 사역동사.

5-17

子曰 晏平仲은 善與人交로다. 久而敬之온여.
자 왈 안 평 중　　　 선 여 인 교 　　　 구 이 경 지

통해(通解)

공자께서 말씀하셨다. "안평중은 다른 사람들과 잘 사귀는구나. 사귄 지 오래되었어도 그들을 변함없이 공경하는구나."

■ 요지 : 안평중의 교제술은 훌륭하다는 것.

어석·문법

晏平仲(안평중) : 제나라 정치가. 名은 嬰(영), 字는 仲, 시호는 平. 재상으로서 어려운 사태를 잘 처리함. 공자의 제나라 등용을 반대했다. 그럼에도 불구하고 공자는 그를 정당하게 평가함.

久而敬之(구이경지) : 오래되어도 그들(상대)을 존경하는구나. '온여'는 이두(吏讀) '爲乎亦'(하온여)로 '하는구나'라는 뜻이다. '而'는 역접 접속사. '之'는 대명사.

5-18

子曰 臧文仲이 居蔡호대 山節藻梲하니 何如其知也리오.
자 왈 장 문 중   거 채   산 절 조 절   하 여 기 지 야

통해(通解)

공자께서 말씀하셨다. "장문중이 점치는 거북을 종묘에 감추어두었으되 두공(斗栱)에 산을 새기고 동자기둥에 수초를 그렸다. 어찌 그를 분별 있는 사람이라고 하겠는가?"

■요지 : 장문중은 참월을 했으므로 지자(知者)라 할 수 없다. 대부로서 천자의 종묘 장식을 모방한 사치하고 우매한 사람이었다.

어석 · 문법

臧文仲(장문중) : 노나라 대부 臧孫氏(장손씨)로 名은 辰이다. 文은 시호, 仲은 항렬. 지혜로운 사람으로 알려짐.

居蔡(거채) : 큰 거북을 지니다. 천자는 대구(大龜)를 종묘에 장(藏)하고 중대사가 있으면 그 거북으로 점을 치고 귀신에게 물었다. '蔡'는 대구. 거채(居蔡)는 천자가 하는 것인데 대부가 하는 것은 참월한 짓이다. '居'는 '藏'의 뜻으로 종묘에 감추어두는 것.

山節(산절) : 기둥 위의 방목(方木)에 산을 조각하다. '節'은 두공(斗栱, 기둥머리에 댄 나무쪽들)이다. 그러므로 '산절'은 두공에 산을 조각한다는 뜻이다. 산절을 하는 것은 천자의 예다. 대부가 이를 하는 것은 참월한 짓이다.

藻梲(조절) : '藻'는 물풀 무늬를 그리다. 절(梲)은 동자기둥(들보 위의 짧은 기둥)이다. 그러므로 '조절'은 동자기둥에 물풀 무늬를 그린다는 뜻. 조절도 대부가 하는 것은 참월한 짓이다.

何如(하여) : 어떠한가? 성질 · 상태 등을 묻는 의문사. 이에 비하여 '如何'는 수

단 · 방법을 묻는 의문사.

특수 연구 15 – '如何'와 '何如'의 용법

1. 如何 : 의문(반어)을 표시하는 말로 수단 · 방법 · 이유 등을 묻는다. '奈
   何' · '若何'와 같다. '如'와 '何' 사이에 목적어가 들어가는 경우가 많다.
   爲之奈何(그것을 하려면 어떻게 하면 좋은가.) – 수단 · 방법(의문)
   桓魋其如予何(환퇴가 장차 나를 어떻게 할 수 있겠는가.) – 수단 · 방법(반어)
   君臣之義如之何其廢之(군신의 의를 어떻게 그가 폐할 수가 있겠는가?) – 이유
   (반어)

2. 何如 : 의문을 표시하는 말로 성질 · 상태 · 정도 · 진위 등을 묻는다.
   貧而無諂富而無驕何如(가난하나 아첨하지 않고 부유하나 교만하지 않으면 어
   떻습니까?) – 성질
   今日之事何如(오늘의 일은 어떠합니까?) – 상태
   德何如則可以王矣(덕이 어떠하면 왕 노릇을 할 수 있습니까?) – 정도
   以子之矛陷子之循何如(당신의 창으로써 당신의 방패를 뚫는다면 어떻게 될까
   요?) – 진위

5-19

子張問曰 令尹子文이 三仕爲令尹호대 無喜色하며 三已之
자장문왈 영윤자문 삼사위영윤 무희색 삼이지

호대 無慍色하며 舊令尹之政을 必以告新令尹하니 何如하니이
무온색 구영윤지정 필이고신영윤 하여

꼬. 子曰 忠矣니라. 曰 仁矣乎이까. 曰 未知로라. 焉得仁이리
자왈 충의 왈인의호 왈미지 언득인

오. 崔子弑齊君이어늘 陳文子有馬十乘이러니 棄而違之하고
최자시제군 진문자유마십승 기이위지

至於他邦하여 則 猶吾大夫崔子也라 하고 違之하며 之一邦하
시어타방 즉 유오대부최자야 위지 지일방

여 則又曰猶吾大夫崔子也라 하고 違之하니 何如하니이꼬. 子曰
즉우왈유오대부최자야 위지 하여 자왈

淸矣니라. 曰 仁矣乎이까. 曰 未知로라. 焉得仁이리오.
청의 왈인의호 왈미지 언득인

통해(通解)

자장이 물었다. "영윤 자문은 세 번이나 벼슬에 나아가 영윤이 되었으나 기쁜 기색이 없었으며, 세 번이나 그 영윤을 그만두었으나 노여운 기색이 없었으며, 전임 영윤이 한 정사를 반드시 후임 영윤에게 일러주었으니 어떠합니까?" 공자께서 말씀하셨다. "성실했다." 자장이 말했다. "어진 것입니까?" 공자께서 말씀하셨다. "모르겠다. 어떻게 어질다고 할 수가 있겠느냐?" 자장이 또 "최자가 제나라의 임금을 죽이자, 진문자가 말 십 승을 지니고 있다가 버리고 그곳을 떠나 타국에 이르러서는 곧 '(이 나라의 신하들도) 우리의 대부 최자와 같다'고 말하고 그곳을 떠났고, 다른 나라에 가자마자 곧 또 '우리의 대부 최자와 같다'고 말하고 그곳을 떠났으니 어떻습니까?" 하

고 문자 공자께서 말씀하셨다. "깨끗했다." 자장이 말했다. "어진 사람이라고 할 수 있습니까?" 공자께서 말씀하셨다. "모르겠다. 어찌 어질다고 할 수가 있겠느냐?"

■ 요지 : 공자는 영윤 자문과 대부 최자가 직무에 충실하고 청렴결백한 인물들이기는 하나 인자라고 할 수는 없다고 논평하였다.

어석 · 문법

令尹(영윤) : 재상. 초나라의 관명. 국무총리.

子文(자문) : 초나라의 대부. 姓은 鬪(투), 名은 穀(누), 字는 於菟(오도). '穀於菟(누오도)'는 '범에게 젖을 먹다'라는 뜻을 가진 말이다. 초나라 귀족 투백비(鬪伯比)가 외숙의 딸과 사통하여 출생한 아이로 그 모친에 의하여 산속 풀밭(또는 호숫가)에 버려졌으나 범의 젖을 먹고 자랐다는 일화가 있다. 공자보다 100년 빠른 춘추시대 초기 사람. 청렴하고 유능한 정치가였다. 그가 재상을 사양한 후, 왕자가 진(晉)과 싸우다가 대패했다.

三仕(삼사) : 세 번 출사하다.

三已之(삼이지) : 세 번 그것(영윤 벼슬)을 그만두다. '之'는 영윤을 가리킨다.

慍色(온색) : 노여워하는 기색.

必以告新令尹(필이고신령윤) : 반드시 그것(전임 영윤의 정사)을 신임 영윤에게 알려주었다. '以'는 전치사로 뒤에 명사(政)나 대명사(之)가 생략되었다.

未知(미지) : 알지 못하다. 모르다. '未'는 '不'과 같다.

焉得仁(언득인) : 어찌 인하다 할 수 있겠는가? '焉'은 '어찌'라는 의문부사.

崔子(최자) : 제나라의 대부. 姓은 崔, 名은 杼(저). 양공(襄公) 25년 제나라의 군주 장공(莊公)을 시해했다.

弑(시) : 윗사람을 죽이다.

齊君(제군) : 제나라 임금 장공.

陳文子(진문자) : 제나라 왕실의 일족으로서 공자보다 한 세대 전의 선배. 제나라 대부. 姓은 陳, 名은 須無(수무), 시호는 文.

馬十乘(마십승) : 거(車) 일승이 4필의 말이므로 '十乘'은 4×10=40(필)

棄而違之(기이위지) : 버리고 그곳을 떠나다. '違'는 떠나다. '之'는 '齊'를 가리키는 대명사.

之一邦則又日(지일방즉우왈) : 한 나라에 가자 또 말하다. '之'는 '가다'라는 동사.

淸(청) : 깨끗하다. 청렴결백하다.

5-20

季文子三思而後에 行하더니 子聞之하시고 日 再斯可矣니라.
계 문 자 삼 사 이 후　　행　　　　자 문 지　　　　왈 재 사 가 의

~*~

통해(通解)

　계문자가 세 번 생각한 뒤에 실행하였는데, 공자께서 그 말을 들으시고 말씀하셨다. "두 번이면 족하다."

■요지 : 계문자의 신중한 태도를 비평한 것이다.

어석 · 문법

季文子(계문자) : 노나라 대부. 계손씨의 삼대째 당주(當主). 외교 활동이 많았고 내외에 신망이 두터웠다.

再斯可矣(재사가의) : 두 번이면 족하다. '斯'는 이에, 또는 '則'. 무의미한 조자로 보기도 한다.

5-21

子曰 甯武子 邦有道則知하고 邦無道則愚하니 其知可及也어니
자왈 영무자 방유도즉지   방무도즉우   기 지 가 급 야

와 其愚不可及也니라.
기 우 불 가 급 야

통해(通解)

공자께서 말씀하셨다. "영무자는 나라에 도가 있을 때는 지자처럼 일했고 나라에 도가 없을 때는 우자처럼 행동했다. 그의 지혜는 따라갈 수 있거니와 그의 어리석음은 따라갈 수 없다."

■요지 : 영무자가 어리석은 듯한 태도로 난국을 극복한 것은 우리가 도저히 따를 수 없는 것이라고 말하고 있다.

어석 · 문법

甯武子(영무자) : 위나라 대부. 姓은 甯(녕)영), 名은 俞. 시호는 武. 춘추 초기 사람. 위나라는 약소국으로 대국인 진(晉)과 초 사이에서의 위기에 처했으나 그 정세에 잘 대처했다.

邦有道則知(방유도즉지) : 나라에 도가 있으면 지혜로웠다. 문공은 덕치를 했다. (성공[成公]은 무도했다.)

其愚不可及也(기우부가급야) : 그 어리석음은 따를 수 없었다. '及'은 미치다. 따르다.

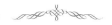

5-22

子在陳하사 曰 歸與歸與인저. 吾黨之小子狂簡하여 斐然成章
자 재 진   왈 귀 여 귀 여   오 당 지 소 자 광 간   비 연 성 장

이요 不知所以裁 之로다.
부 지 소 이 재 지

통해(通解)

공자께서 진(陣)나라에 계실 때 말씀하셨다. "돌아가자! 돌아가자! 우리 고향 마을의 젊은이들이 뜻은 높으나 일에 소홀하여 찬란하게 문채를 이루었을 뿐이고 그것을 재량(마름질)하는 방법을 알지 못하였구나."

■ 요지 : 돌아가 소자(小子)들이 바르게 재량할 수 있도록 교육하여 도를 후세에 전하겠다는 뜻을 밝힌 것이다.

어석 · 문법

陣(진) : 지금 하남성 중부 지역에 위치했던 나라다. 주나라 초기 순 임금의 후예를 봉해준 제후국이다.

歸與(귀여) : 돌아갈 것이다. '與'는 다짐과 추측을 표하는 어기조사.

吾黨之小子(오당지소자) : 나의 고향 마을의 젊은이. 노나라에 있는 문인들. '黨'은 500가구가 사는 마을. '之'는 관형격 구조조사

狂簡(광간) : 뜻은 크지만 일에는 소략(疏略, 소홀하고 간략함)한 것.

斐然(비연) : 문채 나는 모양. 찬란한 모양. '然'은 형용사화 접미어.

成章(성장) : 문리가 성취되다. 문장을 이루다. 다채롭고 아름답다.

不知所以裁之(부지소이재지) : 그것을 재단(마름질)할 방법(도리)을 알지 못하다. '所以'는 방법. '裁'는 베어서 바르게 하는 것을 뜻하나 '소질을 계발하는 것'의 비유로도 볼 수 있다.

5-23

子曰 伯夷叔齊는 不念舊惡이라 怨是用希니라.
자 왈 백 이 숙 제　　불 념 구 악　　　　원 시 용 희

통해(通解)

　공자께서 말씀하셨다. "백이와 숙제는 다른 사람들의 지나간 악을 생각하지 않았다. 이 때문에 원망하는 사람이 드물었다."

■ 요지 : 백이숙제는 구악을 염두에 두지 않고 남에게 관대했다는 것이다.

어석 · 문법

伯夷(백이) · 叔齊(숙제) : 기원전 12세기 고죽국(孤竹國)의 공자들. 군위를 형제
　　간에 양보하다가 주나라에 왔다. 주 무왕이, 천자인 은나라의 주왕을 치
　　려 할 때 말 앞에서 간했으나 듣지 않아 은이 멸망한 후 주나라의 녹을 먹
　　지 않겠다고 수양산에 숨어 고사리를 캐 먹으며 노명을 이어가다가 아사
　　했다.

舊惡(구악) : 지난날에 있었던 악.

念(념) : 언제나 생각하다.

是用(시용) : '用'이 以이므로 是以 곧, '이로써'라는 접속사다.

希(희) : 드물다. 거의 없다.

5-24

子曰 孰謂微生高直고. 或乞醯焉이어늘 乞諸其鄰而與之
자 왈 숙 위 미 생 고 직   혹 걸 혜 언   걸 저 기 린 이 여 지

온여.

통해(通解)

공자께서 말씀하셨다. "누가 미생고를 정직하다고 말하는가? 어떤 사람이 식초를 빌리거늘 이웃에 가서 빌려다가 자기 것처럼 그에게 주었구나!"

■요지 : 미생고가 초를 빌려다 남에게 준 것은 정직한 행위라고 할 수 없다는 것이다.

어석 · 문법

微生高(미생고) : 姓은 微生, 名은 高. 노나라 사람. 정직하다고 소문이 났다
　　　함. '尾生之信'의 '尾生'으로 보기도 한다. 다리에서 여자를 기다리다가
　　　물이 불어났는데도 떠나지 않고 교각을 잡고 죽었다는 고지식한 사나이
　　　의 이야기다.

醯(혜) : 초.

乞醯焉(걸혜언) : 초를 빌리다. '乞'은 빌리다. 얻어 쓰다.

乞諸其鄰而與之(걸저기린이여지) : 그의 이웃에서 그것(초)을 빌려 와서 그(빌
　　　리러 온 사람)에게 주다. '諸'는 '之於'의 合字다. '之'는 '或'을 가리킴.

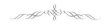

5-25

子曰 巧言令色 足恭을 左丘明恥之러니 丘亦恥之하노라.
자왈 교언영색 주공 좌구명치지 구역치지

匿怨而友其人을 左丘明恥之러니 丘亦恥之하노라.
익원이우기인 좌구명치지 구역치지

통해(通解)

　　공자께서 말씀하셨다. "교언영색(교묘한 말과 부드러운 얼굴빛)과 지나치게 공손한 것을 좌구명이 부끄러워했는데 나도 또한 그것을 부끄럽게 여긴다. 원한을 감추고 그 사람과 벗하는 것을 좌구명이 부끄러워했는데 나도 또한 그것을 부끄럽게 여긴다."

■ 요지 : 겉만 꾸미거나, 자신이나 남을 속이는 것은 부끄러운 일이라는 것을 말한 것이다.

어석 · 문법

足恭(주공) : 지나치게 공손하다. '足'(주)는 지나치다.

左丘明(좌구명) :『春秋左氏傳』을 지은 노나라 사람. 공자의 제자 또는 후배라고 한다. 姓을 左라고도 하고 左丘라고도 하나 불명이다. 따라서 名은 丘明 또는 明이다.

丘亦恥之(구역치지) : 나도 또한 그것을 부끄러워한다. '丘'는 '나', 공자 자신. '之'는 '巧言令色足恭'을 가리킴. '恥'는 '부끄럽게 여기다'라는 동사.

匿怨而友其人(익원이우기인) : 원한을 감추고 그 사람을 벗으로 삼다. '友'는 '벗하다'라는 전성동사.

5-26

顔淵季路侍러니 子曰 盍各言爾志오. 子路曰 願車馬 衣輕裘
안 연 계 로 시   자 왈 합 각 언 이 지   자 로 왈 원 거 마 의 경 구

를 與朋友共하여 敝之而無憾하노이다. 顔淵曰 願無伐善하
   여 붕 우 공   폐 지 이 무 감   안 연 왈 원 무 벌 선

며 無施勞하노이다. 子路曰 願聞子之志하노이다. 子曰 老者를
   무 시 로   자 로 왈 원 문 자 지 지   자 왈 노 자

安之하며 朋友를 信之하며 少者를 懷之니라.
안 지   붕 우 신 지   소 자 회 지

통해(通解)

　안연과 계로가 모시고 있었을 때 공자께서 말씀하셨다. "어찌 각각 너희
들의 희망을 말하지 않느냐?" 그러자 먼저 자로가 말했다. "바라건대, 수레
와 말을 타고 가벼운 갖옷을 입고 벗과 함께 사용하다가 그것이 해지는 일
이 있어도 유감으로 생각하지 않고자 합니다." 이어서 안연이 말했다. "저
는 바라건대, 잘한 것을 자랑하지 않으며 공로를 자랑하지 않고자 합니다."
자로가 다시 말했다. "바라건대, 선생님의 뜻을 들었으면 합니다." 그러자
공자께서 말씀하셨다. "나는 노인들을 그들이 편안하게 사시도록 해드리며
벗들을 그들이 신의로써 사귀게 해주며 젊은이들을 그들이 사랑하게 하고
싶다."

■ 요지 : 공자의 제자인 안연·자로가 각자의 뜻을 진술한 것은 각각 인(仁)에 의
　　거한 특색 있는 의견의 진술이며 그들이 항상 공자를 중심으로 하여 향상에
　　노력하고 있는 모습을 여실히 보여주고 있다.

어석 · 문법

顔淵(안연) : 顔回. 전513～전482. 공자의 제자 중에서 가장 뛰어나며 덕행이 높다. 淵은 그의 字. 노나라 사람. 공자보다 먼저 죽음. 몰년 32세. 아성(亞聖)이라고 일컬어진다.

季路(계로) : 子路는 그의 字. 용맹을 좋아하고 신의를 중히 여김.

侍(시) : 옆에서 어른을 모시다. 옆에서 대기하고 있다.

盍各言爾志(합각언이지) : 어찌하여 각자 너희들의 뜻을 말하지 않는가? 의문반어형. '盍'(합)은 '何'와 '不'의 합자이다. '어찌하여 ～하지 않는가?'로 새기는 재역한자로 의문, 반어, 권유의 뜻을 표시한다. '爾'는 너. 곧 '汝'와 같다. '志'는 뜻. 포부.

車馬衣輕裘(거마의경구) : 거마를 타고 가벼운 갖옷(가죽옷)을 입다. '乘車馬'의 (乘)자가 빠진 듯하다.

敝之而無憾(폐지이무감) : 그것을 해지게 하는 일이 있어도 유감이 없다. '敝'는 해지다, 부수어지다. 壞也. '之'는 '車馬衣輕裘'를 가리키는 대명사다. '而'는 역접 접속사다. '無憾'은 '유감이 없다'는 뜻. '憾'은 恨也.

伐(벌) : 자랑하다. 자만하다.

施勞(시로) : 수고로움을 자랑하다. 고역을 억지로 남에게 부과하다. '施'는 베풀다. 자랑하다.

老者安之(노자안지) : 노인들을 그들로 하여금 편안히 살게 해드리다. '安'은 사역동사로 '편안하게 해드리다'라는 뜻이다. '之'는 앞의 '老子'를 가리키는 인칭대명사다.

朋友信之(붕우신지) : 벗들을 그들로 하여금 신의를 가지고 사귀게 하다. '之'는 앞의 '朋友'를 가리킨다.

懷之(회지) : 그들로 하여금 사랑하게 하다. '懷'는 사역동사로, 품게 하다. 따르게 하다. 사랑하게 하다. 감싸주게 하다. '之'는 '少者'를 가리킨다.

子曰 已矣乎라. 吾未見能見其過 而內自訟者也케라.
자 왈 이 의 호   오 미 견 능 견 기 과 이 내 자 송 자 야

통해(通解)

　공자께서 말씀하셨다. "끝장이다! 나는 아직 자신의 허물을 발견하고 속으로 스스로를 꾸짖을 수 있는 사람을 보지 못했다."

■요지 : 자신의 과실을 돌이켜보고 자책하는 사람은 실로 적다고 한탄한 것이다.

어석 · 문법

已矣乎(이의호) : 끝장이로구나! 어찌할 수 없는 일이구나! 다 되었구나! 할 일이 없구나! '已'는 '끝나다'라는 뜻의 동사다. '已'는 단정의, 그리고 '乎'는 감탄의 어기조사.

未見能見其過而內自訟者也(미견능견기과이내자송자야) : 아직 그(자신)의 허물을 보고 속으로 스스로를 꾸짖을 수 있는 사람을 보지 못했다. '未見'은 '아직 보지 못했다'. '能'은 '~을 할 수 있다'는 가능의 조동사. '而'는 순접. '自訟'은 자책하나. 스스로 꾸짖나. '自'는 1인칭 내명사. '也'는 단정사. '訟'은 '꾸짖다'의 뜻.

子曰 十室之邑에 必有忠信如丘者焉이어니와 不如丘之 好學
자 왈 십 실 지 읍   필 유 충 신 여 구 자 언   불 여 구 지 호 학

也니라.
야

통해(通解)

공자께서 말씀하셨다. "십 호 정도밖에 안 되는 작은 마을에도 반드시 성실과 신의를 좋아하는 나와 같은 사람은 반드시 있을 것이다. 그러나 그것은 내가 학문을 좋아하는 것만은 못할 것이다."

■ 요지 : 충신한 사람은 있어도 자기처럼 학문을 좋아하는 사람은 없다고 말하며 학문의 존엄을 진술하고 있다.

어석 · 문법

十室之邑(십실지읍) : 집이 열 채 정도 있는 작은 마을. 촌락. '邑'은 '村'보다 크다.

忠信(충신) : '忠'은 마음을 다하는 것. 성실. '信'은 말과 행실이 일치하는 것. 신의. 신실.

丘(구) : 공자가 자기 자신을 가리키는 것.

焉(언) : 어조를 고르기 위하여 文末에 첨가하는 조사. '於是'로 보기도 한다. 이때의 '是'는 '十室之邑'을 가리킨다.

不如(불여) : '~에 미치지 못하다'의 뜻.

好學(호학) : 학문을 좋아하다. '好'는 적극적인 뜻을 포함하고 있다.

也(야) : 단정의 어기조사.

제6편

옹야 雍也

옹야편에는 고금의 인물들을 평가한 내용이 많이 보인다.
후반에 가서는 인(仁)·지(知)·군자(君子)에 대한 견해도 있어
공자의 학문을 이해하는 데 중요한 부분이라 할 수 있다.

6-1

子曰 雍也는 可使南面이로다.
자 왈 옹 야   가 사 남 면

통해(通解)

　공자께서 말씀하셨다. "옹(仲弓)은 그 자신이 임금이 될 만한 아주 훌륭한
인물이다."

■요지 : 공자가 옹(仲弓)을 군왕이 될 만한 인물로 평가함.

어석 · 문법

雍也(옹야) : 공자의 제자. 염옹(冉雍). 字는 중궁(仲弓). '也'는 제시를 나타내는
　　　　　어기조사. 아버지가 낮은 계층의 사람으로 악행을 많이 했다고 한다.
南面(남면) : 남쪽을 향하다. 군왕(君王)이 된다는 뜻. 신하는 북면한다.

6-2

仲弓이 問子桑佰子한대 子曰 可也簡이니라. 仲弓 曰
중 궁   문 자 상 백 자   자 왈 가 야 간   중 궁 왈

居敬而行簡하여 以臨其民이면 不亦可乎이까. 居簡而行簡이면
거 경 이 행 간   이 림 기 민   불 역 가 호   거 간 이 행 간

無乃大簡乎이까. 子曰 雍之言然하다.
무 내 대 간 호   자 왈 옹 지 언 연

통해(通解)

　중궁이 자상백자의 인품에 대하여 묻자 공자께서 말씀하셨다. "좋은 점이 있다. 아주 대범하고 소탈함이다." 중궁이 말했다. "경건한 태도를 가지고 간소한 정치를 행하면서 이런 태도를 가지고 백성에게 임한다면 또한 좋지 않겠습니까? 개인 생활이 간소하고 백성에 대해서도 간소한 정치를 행하면 지나치게 간소한 것이 아닙니까?" 그러자 공자께서 말씀하셨다. "너(雍)의 말이 옳은 듯하구나."

■ 요지 : 자상백자가 스스로 간소함에 거처하고 남에게도 간소함을 행하는 것은 너무 간소(대범)한 것이 아니냐는 중궁의 질문에 대하여 공자가 동의했다는 것이다. 곧 위정자는 백성에게는 소탈해야 하지만 자신에게 지나치게 소탈해선 아니 된다는 것이다.

어석 · 문법

子桑伯子(자상백자) : 노나라 대부. 현인. 자잘한 것에 구애받지 않는 대범한 인물이었던 것 같다. 공자가 그로부터 많은 교훈을 받아 실천했다고 한다. 지배자 계층에 속하는 인물이었다.

簡(간) : 대범하다. 소탈하다. 까다롭지 아니함. 잘게 굴지 아니함. 간소(대범하고 소탈함)하다.

居敬(거경) : 경건함에 거처하다. 항상 마음을 바르게 하여 품행을 닦는다. 개인 생활에 대하여 경건하고 엄숙한 태도를 취한다.

行簡(행간) : 간소하게 행하다. 남에게 대범하고 소탈하게 행하다.

以臨其民(이림기민) : (이런 태도)로써 그의 백성을 다스리다. '以' 다음에 '이런 태도'에 해당하는 지시대명사(此)가 생략되었다. '以'는 전치사. '臨'은 '다스리다, 대하다'라는 뜻의 동사.

無乃 ~乎(무내 ~호) : '곧(바로) ~지 않겠는가?'. 반문형.

大簡(태간) : 너무 대범하다. 지나치게 간략하다. '大'(태)는 너무.

6-3

哀公이 問弟子孰爲好學이니이꼬. 孔子對曰 有顔回者好學하
애공   문제자숙위호학   공자대왈 유안회자호학

야 不遷怒하며 不貳過하더니 不幸短命死矣라. 今也則亡이니
불천노   불이과   불행단명사의   금야즉무

未聞好學者也니이다.
미문호학자야

통해(通解)

　애공이 물으셨다. "제자 중에서 누가 가장 학문을 좋아합니까?" 공자께서
대답하여 말씀하셨다. "안회라는 사람이 배우기를 좋아했습니다. 그는 화
가 나도 다른 사람에게 그것을 옮기지 않았고 잘못을 두 번 반복하지 않았
는데 불행하게도 명이 짧아서 죽었습니다. 이제는 이 세상에 없으니 아직
배움을 좋아하는 사람이 있다는 말을 듣지 못하였습니다."

■요지 : 공자는 호학했던 안회의 죽음를 애석하게 여기고 또 호학이 공자학의
　주된 목표이고 그 실현에는 대단한 노력이 요구된다고 말하고 있다.

어석 · 문법

哀公(애공) : 노나라의 군주, 名은 蔣. 정공의 아들. 哀는 시호. 재위 27년.

孰(숙) : 누구. 의문대명사.

爲(위) : 以爲에서 '以'가 생략된 것으로 본다. 생각하다.

好學(호학) : 학문을 좋게 여기다. '學'은 '知'보다 크게 진전된 경지. '好'는 '생각
　하다'의 뜻

不遷怒(부천노) : 노여움을 남에게 옮기지 않는다.

不貳過(불이과) : 같은 잘못을 두 번 되풀이하지 않는다. 마구 화풀이를 하지 않

는다. '貳'는 '두 번 다시 하다'라는 동사.

死矣(사의) : 죽었다. '矣'는 과거완료와 탄식을 표하는 어기조사.

今也則亡(금야즉무) : 지금은 살아 있지 않다. '今'은 '이 세상에는'. '也'는 때를
　표시하며 어세를 강하게 한다. '則'은 '～로 말할 것 같으면', '～은'의 뜻을
　표시하는 접속사. '亡'(무)는 '無'(없다)와 같다.

未聞好學者也(미문호학자야) : 아직 학문을 좋아하는 사람이 어디 있는지 듣지
　못하였다. '也'는 단정.

6-4

子華使於齊러니 冉子爲其母請粟한대 子曰 與之釜하라.
자 화 시 어 제　　염 자 위 기 모 청 속　　자 왈 여 지 부

請益한대 曰 與之庾하라 하여시늘 冉子與之粟五秉한대 子曰
청 익　　왈 여 지 유　　　　염 자 여 지 속 오 병　　자 왈

赤之適齊也에 乘肥馬하며 衣輕裘하니 吾聞之也하니 君子는
적 지 적 제 야　승 비 마　　의 경 구　　오 문 지 야　　군 자

周急이요 不繼富라호라. 原思爲之宰러니 與之粟九百이어시늘
주 급　　불 계 부　　　　원 사 위 지 재　　여 지 속 구 백

辭한대 子曰 毋하야 以與爾鄰里鄉黨乎인저.
사　　자 왈 무　　이 여 이 인 리 향 당 호

통해(通解)

　자화가 제나라에 심부름을 갔을 때 염자가 그(자화)의 어머니를 위하여 공
자에게 곡식을 요청하였다. 공자께서 말씀하셨다. "그 여인에게 1부를 주어
라." 자화가 더 요청하자 공자께서 말씀하셨습니다. "그 여인에게 1유(庾)를
주어라." 염자가 그 여인에게 곡식 5병을 주자, 공자께서 말씀하셨다. "적(자

화)이 제나라에 갈 때에 살진 말을 타고 가벼운 모피옷을 입었다. 내가 들으니 군자는 가난한 이를 구제하고 부유한 이에게는 보태주지 않는다고 하였다." 원사가 공자의 재가 되었을 때 그에게 곡식 구백 말을 주셨는데 그가 많다고 사양하자, 공자께서 말씀하셨다. "사양하지 말고 받아서 그것을 가지고 네 이웃과 마을 사람들에게 주어라."

■요지 : 공자가 염유에게 '군자는 궁박한 사람을 도와주고 부유한 사람은 도와줄 필요가 없다'고 가르친 것이다.

어석 · 문법

子華(자화) : 姓은 公西, 名은 赤, 자화는 그의 자(字)임.

使(시) : 심부름을 가다.

冉子(염자) : 공자의 제자 冉求. '子'자가 붙은 것으로 보아 이 장은 염구의 제자가 썼을 가능성이 높다.

與之釜(여지부) : 그에게 부(釜)를 주어라. '之'는 '其母'를 가리킨다. '釜'는 六斗四升. '之'는 '與'의 간접 목적어이고 '釜'는 직접 목적어다.

庾(유) : 16두(斗).

秉(병) : 16곡(斛). 10두(斗)가 1곡임.

周急(주급) : 궁박한 데를 구휼하다. '周'는 구제하다. 다급한 이를 구제하다.

不繼富(불계부) : 여유가 있는 데는 보태주지 않는다. '繼'는 '계속 대주다', '보태다'의 뜻.

原思(원사) : 공자의 제자. 名은 '憲'. 字는 '子思'. 공자가 노나라 사구(司寇)였을 때 원사를 가신으로 삼음.

粟(속) : 재(宰)의 봉록.

毋(무) : 금지사. '그러지 말아라.' '毋(辭)' 곧, 사양하지 말라.

隣里鄕黨(인리향당) : '隣'은 5가구, '里'는 25가구, '鄕'은 12,500가구, '黨'은 500가구.

6-5

子謂仲弓曰 犁牛之子 騂且角이면 雖欲勿用이나
자 위 중 궁 왈　이 우 지 자　성 차 각　　　수 욕 물 용

山川其舍諸아.
산 천 기 사 저

통해(通解)

공자께서 중궁에게 말씀하셨다. "얼룩소의 새끼가 털이 붉고 또 뿔이 났다면 사람들이 비록 (희생으로) 쓰지 않으려 하겠지만 산천의 신이 어찌 그것을 내버려두겠는가?"

■요지 : 부모는 평범하더라도 자식이 훌륭하면 반드시 쓰인다는 뜻을 담은 말이다.

어석 · 문법

仲弓(중궁) : 冉雍의 字. 공자보다 29세 연하. 덕행이 뛰어난 공문 십철의 한 사람.

犁牛(이우) : 얼룩소. 얼룩소는 털이 순일(純一)하지 않아 희생으로 쓰지 못한다. 노란 딜 + 검은 딜.

騂且角(성차각) : 붉고 또 뿔이 나다. 충분히 자란 것을 뜻한다. '騂'은 붉은색. 희생에 털이 붉은 것을 썼다. '角'은 뿔이 바르게 자란 것. '且'는 점층 관계를 나타내는 접속사.

舍(사) : '사야(舍也)'. 버리다.

其舍諸(기사저) : '其舍之乎'의 축약형. 어찌 그것을 버리겠는가? '其'는 의문대명사. '之'는 '그것'이라는 지시대명사. '乎'는 반어를 표하는 어기조사다.

6-6

子曰 回也는 其心三月不違仁이요 其餘則日月至焉而已矣니
자 왈 회 야   기 심 삼 월 불 위 인   기 여 즉 일 월 지 언 이 이 의
라.

통해(通解)

공자께서 말씀하셨다. "안회는 그의 마음이 석 달 동안 인에서 떠나지 않
았고 그 이외의 제자들은 겨우 하루나 한 달 동안 인에 생각이 미쳤을 따름
이다."

■ 요지 : 공자가 안회의 덕행을 칭찬한 말 – 오랫동안 인도(仁道)에서 떠나지 않았
다고.

어석 · 문법

三月(삼월) : 석 달. 오래도록. 오랜 기간.

其餘(기여) : 그 나머지. 안회 이외의 제자들. '其'는 안회를 가리키는 인칭대명
사.

日月至焉(일월지언) : 하루나 한 달 동안 이(인)에 이르다(생각이 미치다). '焉'은
'於是'와 같다.

而已矣(이이의) : ' ~일 뿐이다, ~일 따름이다'. 而(접속사)+已(한정조사)+矣(단
정조사) → 강한 단정조사.

6-7

季康子問 仲由는 可使從政也與이까. 子曰 由也는 果하니
계 강 자 문 중 유　　가 사 종 정 야 여　　　자 왈 유 야　　과

於從政乎에 何有리오. 曰 賜也는 可使從政也與이까. 曰 賜也
어 종 정 호　　하 유　　왈 사 야　　가 사 종 정 야 여　　왈 사 야

는 達하니 於從政乎에 何有리오. 曰 求也는 可使從政也與이까.
　달　　어 종 정 호　　하 유　　왈 구 야　　가 사 종 정 야 여

曰求也는 藝하니 於從政乎에 何有리오.
왈 구 야　예　　어 종 정 호　　하 유

통해(通解)

계강자가 물었다. "중유는 정사에 종사하게 해도 되겠습니까?" 공자께서
는 "중유는 과단성이 있는데 정사에 종사하는 데 무슨 어려움이 있겠습니
까?"라고 말씀하시자, 계강자가 다시 말했다. "사(자공)는 정사에 종사하게
할 만합니까?" 공자께서는 "사는 사리에 통달했으니 정사에 종사하는 데 무
슨 어려움이 있겠습니까?" 하고 말씀하셨다. 계강자는 또 "구(염유)는 정사
에 종사하게 할 만합니까?" 하고 물었다. 공자께서는 "구는 재능이 많으니
무슨 어려움이 있겠습니까?"라고 대답하셨다.

■요지 : 제자 유(由)·사(賜)·구(求) 3인에 대하여 종정(從政)케 할 만하냐는 계강
　자의 물음에 각기 과(果)·달(達)·예(藝)가 있어 종정하게 할 만하다고 대답했
　다.

어석·문법

季康子(계강자) : 노나라 大夫. 계손비(季孫肥). 후에 소공(昭公)을 몰아냈다.
仲由(중유) : 자로의 字.

可使(其)從政也與(가사(기)종정야여) : (그로) 하여금 정사에 종사하게 할 만한가
　　(할 수 있는가)? '也與'는 의문조사.

於從政乎何有(어종정호하유) : 정사에 종사하는 데 있어서 무슨 어려움이 있으
　　랴? '何有於從政乎'의 도치형. 도치를 하면 앞부분이 강조된다. 대부는
　　종정(從政)을 한다 하고 군주는 위정(爲政)을 한다 함. '乎'는 반어, 감탄의
　　어기조사다.

賜(사) : 자공의 이름. 단목사(端木賜).

達(달) : 사리에 밝다. 통달하다.

求(구) : 염유의 이름. 字는 (子)有. '子'를 붙이는 데는 존경의 의미가 담겨 있다.

藝(예) : 재능이 많다. 재예.

何有(하유) : 무엇이 어려우랴? 무슨 문제가 있으랴? '何難之有'의 축약형. 반어
　　형.

6-8

季氏 使閔子騫으로 爲費宰한대 閔子騫曰 善爲我辭焉하라.
계 씨 사 문 자 건　　　 위 비 재　　 민 자 건 왈 선 위 아 사 언

如有復我者인대 則吾必在汶上矣로리라.
여 유 부 아 자　　 즉 오 필 재 문 상 의

통해(通解)

　계씨가 민자건을 비읍의 재로 삼으려고 하자 민자건이 말했다. "제발 나
를 위하여 거절한다고 말씀을 전해주십시오. 만일 나에게 출사를 부탁하러
다시 돌아오는 사람이 있다면 나는 반드시 문수강가에 가 있을 것입니다."
(노나라를 떠나 제나라로 가겠다는 뜻이다.)

■요지 : 계씨가 읍재(邑宰)로 등용하려 하자 민자건은 단호히 거절함으로써 군자 적인 풍도를 보이고 있다.

어석 · 문법

季氏(계씨) : 노나라 대부 계손씨.

閔子騫(민자건) : 공자의 제자. 姓은 閔, 名은 損(손). 字는 '子'騫(자건). 공자보다 15세 연하. 효행으로 이름이 높고 언행이 단호했다 함.

費宰(비재) : 비읍의 재(수장). 費는 계씨의 식읍(조세를 받아 급료에 쓰라고 왕이 하사한 고을).

復我(부아) : 나에게 되돌아오다. 나를 다시 부르다.

汝上(문상) : 汝水의 위(북쪽). 문수 강가. 문수 북쪽은 제나라임.

矣(의) : 단정의 어기조사.

6-9

伯牛有疾어늘 子問之하실새 自牖執其手 曰 亡之러니 命矣夫
백 우 유 질　　　　 자 문 지　　　　 자 유 집 기 수 　왈 망 지　　　　 명 의 부

인저. 斯人也而有斯疾也할셔. 斯人也而有斯疾也할셔.
　　　　사 인 야 이 유 사 질 야　　　　 사 인 야 이 유 사 질 야

통해(通解)

백우가 병이 나서 공자께서 그를 찾아가 문병하실 때 남쪽 창으로부터 그의 손을 잡고 말씀하셨다. "이 사람을 잃다니, 천명인가 보다. 이 사람이 이런 병에 걸렸구나. 이 사람이면서 이런 몹쓸 병에 걸렸구나!"

■요지 : 공자가 백우의 최후를 안타까워했다.

어석 · 문법

伯牛(백우) : 공자의 문인(門人). 姓은 冉, 名은 耕이다. 백우는 그의 字. 공자보
　　　다 7세 연하. 덕행이 뛰어남.

亡之(망지) : 이(이 사람)를 잃다. '무지'로 읽으면 소생할 가망이 없다. 틀림없이
　　　죽는다는 것. '이런 병에 걸릴 리가 없다'는 뜻이다.

命矣夫(명의부) : 운명이구나! '矣夫'는 감탄을 표하는 어기조사.

斯人也(사인야) : 이런 사람이다. '也'는 단정을 표하는 어기조사.

而(이) : 역접 접속사.

有斯疾也(유사질야) : 이런 병에 걸리다. '疾'은 나병(문둥병). '也'는 감탄을 표시
　　　하는 어기조사.

牖(유) : 남쪽 창. 병인은 북쪽 창가에 누웠다가 임금 같은 사람이 문병을 오면
　　　그로 하여금 남면하게 하기 위하여 남쪽 창 아래로 옮긴다. 공자는 자신
　　　을 군신의 예로써 대하는 것은 예가 아니라고 생각하고 창밖에서 문병한
　　　것이라는 설도 있다.

6-10

子曰 賢哉라 回也여. 一簞食와 一瓢飮으로 在陋巷을
자 왈　현 재　　회 야　　　　일 단 사　　　일 표 음　　　　　재 누 항

人不堪其憂어늘 回也 不改其樂하니 賢哉라 回也여.
인 불 감 기 우　　　회 야　불 개 기 락　　　현 재　　회 야

통해(通解)

　공자께서 말씀하셨다. "어질도다, 안회여! 한 개 대그릇의 밥을 먹고 한
바가지의 물을 마시며 가난한 마을에 살게 되면, 다른 사람들은 그 시름을

견디지 못하는데, 회는 자기의 즐거움을 바꾸지 않았으니 어질도다, 안회는!"

■ 요지 : 빈부에 마음을 빼앗기지 않고 스스로 사명에 투철하여, 시종일관 도를 즐긴 안회를 칭찬한 말이다.

어석 · 문법

賢哉回也(현재회야) : '回也賢哉'의 도치. 어질도다 회는. '회'는 안회(顔回). '哉'는 감탄의 어기조사. '也'는 제시어를 이끄는 주격 조사처럼 쓰였다. '인명+也'의 '也'가 呼格으로 쓰일 때도 많다.

一簞食(일단사) : 한 그릇의 밥. 조말(粗末)한 식사. '簞'은 대나무로 만든 밥을 담는 그릇. '食'(사)는 밥.

一瓢飮(일표음) : 한 바가지의 물. '瓢'는 박을 반 잘라 만든 그릇. 바가지. 결국, '一簞食'와 '一瓢飮'은 '청빈한 생활'을 뜻한다.

陋巷(누항) : 좁고 더러운 뒷골목 거리. 좁고 좋지 않은 노지(路地; 골목). 조말한 거주.

其憂(기우) : 그 빈핍의 괴로움.

其樂(기악) : 자기의 즐거움 곧 학문 탐구의 즐거움. 인간으로서 살아가는 도의 즐거움.

6-11

冉求曰 非不說子之道언마는 力不足也로이다. 子曰 力不足者
염구왈 비불열자지도   역부족야   자왈 역부족자

는 中道而廢하나니 今女畫이로다.
　 중 도 이 폐　　　금 여 획

통해(通解)

염구가 말했다. "선생님의 도를 좋아하지 않는 것이 아니지만 실행할 역량이 부족합니다." 공자께서 말씀하셨다. "실행할 역량이 부족한 사람은 도중에서 그만두고 만다. 지금 너는 실행해보지도 않고 못한다고 선을 긋고 있는 것이다."

■요지 : 공자가 염구의 자기(自棄)하는 연구 태도(소극적인 태도)를 꾸짖은 것이다.

어석 · 문법

說子之道(열자지도) : 선생의 도를 좋아하다. '說'(열)은 '좋아하다'라는 뜻을 지닌 동사. 형용사가 동사로 전성된 것.

今女畵(금여획) : 지금 너는 못한다고 선을 긋고 있다. '女'는 '汝'와 같다. '畵'(劃)은 선을 긋다. 금을 치다.

6-12

子謂子夏曰 女爲君子儒요 無爲小人儒하라.
자 위 자 하 왈 여 위 군 자 유   무 위 소 인 유

통해(通解)

공자께서 자하에게 말씀하셨다. "너는 군자다운 풍모를 지닌 선비가 되고 소인과 같은 풍모를 지닌 선비가 되지 말라."

■요지 : 공자가 자하에게 군자다운 선비가 되라고 권유했다.

어석 · 문법

子夏(자하) : 卜商의 字. 문학에 뛰어났다.

女(여) : '汝'. 2인칭 대명사.

君子儒(군자유) : 군자다운 선비(유학자). '君子'가 '儒'를 수식함.

小人儒(소인유) : 소인과 같은 유학자.

無爲(무위) : 되지 말라. '無'는 '毋'와 같은 금지사.

6-13

子游爲武城宰러니　子曰　女得人焉爾乎아.　曰　有澹臺滅明者
자유위무성재　　자왈　여득인언이호　　왈　유담대멸명자

하니　行不由徑하며　非公事어든　未嘗至於偃之室也니이다.
행불유경　　비공사　　미상지어언지실야

통해(通解)

　자유가 무성의 재가 되자 공자께서 말씀하셨다. "너는 (여기에서) 인재를 얻었느냐?" 자유가 말했다. "담대멸명이라는 사람이 있는데, 그는 길을 갈 때 시름길로 가지 않으며 공적인 일이 아니면 한 번도 저희 집에 온 적이 없었습니다."

■요지 : 자유가 담대멸명이란 절조 있는 인물을 얻었다고 공자에게 말했다는 것이다.

어석 · 문법

子游(자유) : 공자의 문인. 姓은 言. 名은 偃(언). 자유는 그의 字. 자하와 함께 문학적 재능을 가졌다고 알려짐. 노나라의 무성(武城) 대관(代官)이 되어 예

악으로 다스렸다고 하는 이야기가 남아 있음.

武城(무성) : 노나라 읍명.

女得人焉爾乎(여득인언이호) : 너는 여기에서 사람을 얻었느냐? '焉爾'는 '於是', '於此'. 여기서 '焉'은 위치를 나타내는 전치사 '於'와 같고 '爾'는 '此'와 같은 근칭 지시대명사, '이곳, 여기'로 새겼다.

澹臺滅明(담대멸명) : '澹臺'는 복성. 名은 滅明. 字는 子羽. 노나라 무성인. 공자가 처음 자우를 만났을 때는 그의 용모가 추하여 우둔하고 재능이 없는 사람이 아닌가 의심했으나 나중에 학문과 덕행이 뛰어난 훌륭한 인물임을 알게 되었다고 한다(『사기』 열전).

行不由徑(행불유경) : 길을 가는데 지름길을 경유하지 않다. '由'는 '지나다, 경유하다'라는 동사.

非公事(비공사) : 공적인 일이 아니다. 사적인 일이라는 것.

未嘗至於偃之室也(미상지어언지실야) : 아직 일찍이 나의 집에 이른 적이 없었다. '未'는 재역한자. '偃'은 자유의 이름. 여기서는 '저, 자신'으로 새긴다.

6-14

子曰 孟之反은 不伐이로다. 奔而殿하야 將入門할새 策其馬 曰
자 왈 맹 지 반　불 벌　　　분 이 전　　　장 입 문　　　책 기 마 왈

非敢後也라 馬不進也라 하니라.
비 감 후 야　마 부 진 야

통해(通解)

　맹지반은 자기의 공을 자랑하지 않았다. 패하여 달아나면서 후방을 막다가 막 성문으로 들어올 때에 그의 말을 채찍으로 치면서 말했다. "내가 감히(일부러) 뒤에서 적을 막으려고 한 것이 아니라 말이 앞으로 나아가지 않

앉기 때문이다."

■ 요지 : 맹지반이 부대의 맨 뒤에서 적의 추격을 막은 이야기를 통하여 겸손한
마음이야말로 훌륭한 덕이라고 말하고 있다.

어석 · 문법

孟之反(맹지반) : 노나라 대부. 名은 側(측), 字는 之反이다.

伐(벌) : 자랑하다. '誇'와 같다.

奔而殿(분이전) : 후퇴하며 후방을 지키다. '奔'은 전쟁에서 패하여 물러나다, 패
퇴하다. '而'는 순접. '殿'은 맨 뒤. 후미. 후미를 지키다. 패주 시 후미를 맡
는 것은 용자(勇者)가 아니면 할 수 없는 것이다.

將(장) : 막 ~을 하려고 할 때에. '장차 ~을 하려고 하다'로 새기는 재역한자.

策(책) : 채찍을 가하는 것.

非敢後也(비감후야) : 감히(결코) 자신이 뒤에 처지려고 한 것이 아니다. '非敢~'
은 강한 부정의 구법.

6-15

子曰 不有祝鮀之佞이며 而有宋朝之美면 難乎免於今之世矣
자 왈 불 유 축 타 지 녕   이 유 송 조 지 미   난 호 면 어 금 지 세 의

니라.

통해(通解)

공자께서 말씀하셨다. "축관인 타 같은 사람의 웅변이 있고, 송조 같은 사
람의 미모가 있지 않으면 지금 같은 난세에서 화를 면하기 어려울 것이다."

■ 요지 : 도가 쇠락한 세상에서는 웅변을 잘하는 사람이 필요하고, 미모를 갖춘 사람이 있으면 화를 면하기 어렵다는 공자의 상심이 섞인 말이다.

어석 · 문법

祝鮀之佞(축타지녕) : 축관(祝官) 타(鮀)의 말재간. 鮀는 위나라 대부. 字는 子魚. 축관은 종묘에서 축(祝)을 읽는 벼슬아치. '佞'(녕)은 말재간. 구변. 웅변. 무도한 위령공(衛靈公) 조정을 웅변술로 잘 유지시킨 대신이었다.

宋朝(송조) : 송나라의 공자로 名이 朝. 미모를 지녔다. 위나라 양공(襄公)의 부인 宣姜(선강)과 사통하였을 뿐만 아니라 영공의 부인 남자(南子, 송나라 태생)와 사통하고 그녀의 총애로 위나라 대부가 되었다.

難乎免於今之世矣(난호면어금지세의) : 지금 세상(난세)에서 (화를) 면하기가 어려울 것이다. 어려울 것이다, 지금 세상에서 화를 면하는 일이. 도치문이다. '乎'는 음절을 고르고 어세를 강조하는 어기조사다. '於'는 처소를 표시하는 전치사. '矣'는 확인, 추측의 뜻을 표하는 어기조사다.

6-16

子曰 誰能出不由戶리오마는 何莫由斯道也오.
자 왈 수 능 출 불 유 호 　 하 막 유 사 도 야

통해(通解)

공자께서 말씀하셨다. "누가 밖으로 나가는데 문을 통과하지 않을 수 있을까만 어찌하여 이 길을 밟지 않는 것일까?"

■ 요지 : 사람이라면 도덕을 좇아야 한다면서 실천이 부족한 자신에 대하여 공자가 한탄한 것이다.

戶(호) : 당(堂)과 실(室)을 통하는 반문(半門). 문의 반분형. '戶'는 작은 집의 한쪽
　　　문. '門'은 대가(大家)의 양쪽 문.

莫(막) : '아무도 ~하지 않다'는 뜻. 부정사.

不由戶(불유호) : 문을 거치지 않다. '由'는 통하다, 통과하다는 뜻의 동사. 좇다.
　　　따르다.

斯道(사도) : 이 도. 공자의 도. 성현의 도.

6-17

子曰 質勝文則野요 文勝質則史니 文質彬彬 然後君子니라.
자 왈　질 승 문 즉 야　　　문 승 질 즉 사　　문 질 빈 빈　연 후 군 자

통해(通解)

　공자께서 말씀하셨다. "바탕이 무늬보다 두드러지면 비속하고 무늬가 바
탕보다 두드러지면 겉만 번지르르하니, 무늬와 바탕이 조화를 이루어야만
군자답다 하겠다."

■요지 : 군자는 문(文)과 질(質)의 양면을 겸비하고 있지 않으면 아니 된다는 것이
　　　다.

어석 · 문법

文(문) : 실질. 꾸밈이 없는 그대로의 것. 내용. 성실. 인격. (내용인 실질이 '문'을
　　　이기면 품위가 없음.)

質(질) : 문채. 예악에 의하여 얻어진 문식(文飾). 형식. 무늬. 학식. (외면인 문식이
　　　'질'을 이기면 성실성이 결여됨.)

勝(승) : 낫다. 우수하다.

野(야) : 시골에 있는 것. 품위 없고 비천한 것. 또는 야인. 비속하다. 야비하다.

史(사) : 문서를 맡은 관원. 만사에 통달하나 성실성이 결여된 자. 간사한 자. 겉만 번지르르함.

彬彬(빈빈) : 알맞게 조화를 이루고 있는 것. '문'과 '질'이 조화를 이룬 모양. '문'과 '질'을 겸비한 모양.

6-18

子曰 人之生也直하니 罔之生也는 幸而免이니라.
자 왈 인 지 생 야 직   망 지 생 야   행 이 면

통해(通解)

공자께서 말씀하셨다. "사람의 삶은 곧은 것인데 그것을 속이는 삶은 요행히 죽음을 면하고 있는 것일 뿐이다."

■요지 : 사람이 사는 보람은 도를 지키는 데 있다는 것을 말함.

어석 · 문법

人之生也直(인지생야직) : 사람의 삶은 정직하다. '之'는 관형격(뒤에 오는 명사나 대명사를 수식하는 구실)을 나타내는 구조조사. '直'은 '곧다. 정직하다'의 뜻.

罔之生也(망지생야) : 그것을 속이는 삶. '之'는 '直'을 가리는 지시대명사.

幸而免(행이면) : 요행히 (난을) 모면하다. '免'는 천벌, 죄, 난리를 면하다. '而'는 부사화접미어(부사를 만드는 접미어). 고로 '幸而'는 '다행히', '요행히'란 부사가 되었다.

6-19

子曰 知之者 不如好之者요 好之者 不如樂之者니라.
자 왈   지 지 자   불 여 호 지 자   호 지 자   불 여 낙 지 자

통해(通解)

  공자께서 말씀하셨다. 사실을 진실로 아는 것은 그것을 좋아하는 것만
같지 못하고, 그것을 좋아하는 것은 그것을 즐기는 것만 같지 못한 것이
다."

■요지 : 어떤 사실을 아는 것보다 좋아하는 것이, 좋아하는 것보다 즐기는 것이
  낫다고 말하고 있다.

어석 · 문법

知之者(지지자) : 그것을 아는 것(이). '之'는 지시대명사로 도(道)를 포함한 모든
    일반적인 것을 가리킨다. 그런데 이 '之'를 접미사로 보는 설도 있다.
不如(불여) : '~만 같지 못하다'. '~에 미치지 못하다'의 뜻.
樂(악) : 터득하여 즐기다. 자타가 함께 융합하여 하나가 되는 상태.

6-20

子曰 中人以上은 可以語上也어니와 中人以下는 不可以
자 왈   중 인 이 상   가 이 어 상 야   중 인 이 하   불 가 이

語上也니라.
어 상 야

통해(通解)

공자께서 말씀하셨다. "중인 이상의 사람에게는 높은 철리(哲理)를 말할 수 있지만 중인 이하의 사람에게는 높은 철리를 말할 수 없다."

■ 요지 : 사람을 가르칠 경우 상대의 능력에 따라 가르쳐야 한다는 것을 말하고 있다.

어석 · 문법

中人(중인) : 지성이나 덕행이 중급인 사람. 보통 사람. 「계씨편」 9장에서 상인은 '生而知之者'(태어나면서부터 아는 사람), 중인은 '學而知之者'(배워서 아는 사람), 하인은 '困而學之者(괴로움을 참아가면서 배우는 사람)'이라고 했다.

可以(가이) : '할 수 있다'는 가능의 뜻과 '~을 해도 좋다'는 허가의 뜻을 표시하는 조동사다.

上(상) : 높은 도리. 고상하고 심원한 도(철학).

6-21

樊遲問知한대 子曰 務民之義요 敬鬼神而遠之면 可謂知矣니
번 지 문 지   자 왈 무 민 지 의   경 귀 신 이 원 지   가 위 지 의

라. 問仁한대 曰 仁者先難而後獲이면 可謂仁矣니라.
문 인   왈 인 자 선 난 이 후 획   가 위 인 의

통해(通解)

번지가 지에 대하여 여쭈어보자 공자께서 말씀하셨다. "사람이 의를 실천하기에 힘쓰고, 귀신을 공경하면서 멀리하면 지혜롭다고 말할 수 있다." 인에 대하여 여쭈어보자 공자께서 말씀하셨다. "어진 자는 어려운 일을 남

보다 먼저 하고, 얻는 것을 남보다 뒤에 하면 인하다고 말할 수 있다."

■요지 : 제자인 번지가 지·인에 대하여 질문했지만 공자는 번지의 결점에 의거
하여 지·인이 어떠한 것인가를 가르쳤다.

어석 · 문법

樊遲(번지) : 공자의 제자. 名은 須(수). 공자보다 36세 연하. 노나라 사람.

知(지) : 지혜(知慧). 지혜(智惠)

務民之義(무민지의) : 백성들이 도의에 이르도록 힘쓰다. 『예기』 9권 9편 「예운
(禮運)」에서 "아버지는 자(慈)를, 아들은 효를, 형은 양(良)을, 아우는 제(悌)
를, 남편은 의를, 아내는 청(聽)을, 어른은 혜(惠)를, 아이는 순(順)을, 임금
은 인(仁)을, 신하는 충(忠)을 행해야 하는데, 이 10가지의 것들을 사람의
의(義)라고 한다."라고 했다. '之'는 주격을 표시하는 구조조사다.

敬鬼神而遠之(경귀신이원지) : 귀신을 공경하면서도 이를 멀리하다. '鬼'는 인
귀로서 사람이 죽은 것. 사람의 영혼. '神'은 천지의 신, 귀신. '而'는 역접.
'之'는 '鬼'를 가리킨다.

可(가) : 할 수 있다. 가능 또는 허용의 조동사. ～해도 좋다.

특수 연구 16 - '可'의 용법

1. 가능 : '～을 할 수 있다'는 뜻을 나타내는 조동사로 쓰인다.

    溫故而知新可以爲師矣(옛것을 배워서 새것을 알면 스승이 될 수 있다.)

    不仁者不可以久處約(불인자는 오래 곤궁에 처할 수 없다.)

2. 허용 · 인정 : '～해도 좋다, ～할 만하다, ～할 가치(자격)가 있다'는 동사로 쓰
    인다.

    可以有志於學矣(학문에 뜻을 두어도 좋다.)

    可謂好學也已(학문을 좋아한다고 말할 수 있다.)

    有一言而可以終身行之者乎(한 말씀으로써 종신토록 그것을 행할 만한 것이
    있습니까?)

3. 당연, 당위 : '해야 한다'.

可以仕則仕 可以止則止(벼슬을 해야만 하면 벼슬을 하고 그만두어야 하면 그 만둔다.)

父母之年不可不知也(부모님의 연세는 기억하지 않으면 안 된다.)

4. 추량 : "～일 것이다"라는 뜻을 표시하는 어기조사로 쓰인다.

亦可以不畔矣夫(또한 도에 어긋나지 않을 것이다.)

其事可知(그 일은 알 수 있을 것이다.)

5. 반문의 어기조사로 쓰인다.

可得問與(어찌 물으랴?)

先難後獲(선난후획) : 어려움이 많은 일을 먼저 하고 효과나 보수를 얻는 것을 뒤로 한다.

6-22

子曰 知者는 樂水하고 仁者는 樂山이니 知者는 動하고 仁者는
자 왈 지 지 요 수 인 자 요 산 지 자 동 인 자

靜하며 知者는 樂하고 仁者는 壽니라.
정 지 자 낙 인 자 수

통해(通解)

공자께서 말씀하셨다. "지혜로운 사람은 물을 좋아하고 어진 사람은 산을 좋아한다. 지혜로운 사람은 움직이고 어진 사람은 조용하며, 지혜로운 사람은 즐겁게 살고 어진 사람은 정신적인 생명이 길다."

■요지 : 지자와 인자의 성향, 기상을 비유적으로 설명한 것이다.

어석 · 문법

知者(지자) : 지혜로운 사람. 일의 도리에 통달한 사람. '知'는 '智'와 같다.

樂水(요수) : 물을 좋아한다. '樂'(요)는 좋다는 뜻의 형용사에서 '좋아하다'라는
동사로 전성되었다. 지자는 도리에 통달하여 막히는 것이 없으므로 끊임
없이 그치지 않고 흐르는 물을 좋아하고 사랑한다.

仁者(인자) : 어진 사람. '인'이란 사람을 사랑하는 마음의 작용으로 모든 덕의
근원이다. 공자는 인을 학문 수양의 지극한 원리라고 했다.

樂山(요산) : 산을 좋아한다. 인자는 인에 안주하고 있으므로 중후하게 안정되어
있는 산을 좋아하고 사랑한다.

知者動(지자동) : 매사를 척척 잘 처리해가는 지자의 성격은 동적이다.

仁者靜(인자정) : 무겁게 안정되어 있는 인자의 성격은 정적이다.

知者樂(지자악) : 지자는 즐거워한다. '樂'은 즐겁게 살아간다는 뜻의 동사.

仁者壽(인자수) : 인자는 어떤 근심이나 불안도 없으므로 장생한다. '壽'는 '장생
하다, 정신적으로 생명이 길다'는 뜻이다.

6-23

子曰 齊一變이면 至於魯하고 魯一變이면 至於道니라.
자 왈 제 일 변　　　지 어 노　　　노 일 변　　　지 어 도

통해(通解)

공자께서 말씀하셨다. "제나라가 한 번 변하면 예악과 덕치를 중시하는
노나라같이 될 것이고, 노나라가 한 번 변하면 도덕정치를 행하는 나라가
될 것이다."

■요지 : 제나라와 노나라가 변화해서 도에 도달하기를 바란다는 말이다.

어석 · 문법

齊(제) : 강태공(주왕조 창업의 일등 공신. 呂望)을 영구(營丘)에 봉한 것이 제나라
다. 지금의 산동성 청주부 임치현에 있었던 강대국의 하나. 당시 패도를
숭상하는 나라에서 예악과 덕치를 중시하는 나라에로의 개혁이 필요했
다.

魯(노) : 주공희단(周公姬旦, 주왕조를 창업한 무왕의 아우)을 곡부(曲阜)에 봉한 것
이 노나라다. 지금의 산동성 연주부(兗州府) 곡부현(曲阜縣)에 있었던 약소
국의 하나. 예의는 쇠퇴했으나 선왕의 유풍이 남아 있는 나라. 예의를 숭
상하는 나라에서 도덕 정치를 행하는 나라에로의 개혁이 필요했다.

6-24

子曰 觚不觚면 觚哉觚哉아.
자 왈 고 불 고　　고 재 고 재

통해(通解)

공자께서 말씀하셨다. "모난 그릇이 모가 나지 않으면 그것을 고(모난 술그
릇)라고 할 수 있겠는가, 고라고 할 수 있겠는가."

■요지 : 공자는 명분의 쇠퇴를 한하며 나라에는 도가 있어야 한다고 말한다.

어석 · 문법

觚不觚(고불고) : 모난 술그릇이 모나지 않다. 고가 고답지 않다. 뒤의 '觚'는 '모
나다'라는 전성동사.

觚哉觚哉(고재고재) : 고(모난 술그릇)라고 할 수 있겠는가? 고라고 할 수 있겠는
가? 고이랴, 고이랴? '哉'는 반어조사.

6-25

宰我問曰 仁者는 雖告之曰 井有仁焉이라도 其從之也로소
재아문왈 인자   수고지왈 정유인언   기종지야

이까. 子曰 何爲其然也리오. 君子는 可逝也언정 不可陷也며
      자왈 하위기연야   군자   가서야   불가함야

可欺也언정 不可罔也니라.
가기야   불가망야

통해(通解)

　재아가 물어보았다. "인자는 '비록 우물 속에 사람(仁)이 빠져 있다'고 하는 말을 누가 그에게 거짓으로 고하더라도 그는 그 말을 따라 우물 속으로 들어가야 합니까?" 공자께서 말씀하셨다. "어찌 그렇게 할 수가 있느냐? 군자는 그로 하여금 우물까지 기게는 할 수는 있어도 빠지게 할 수는 없으며, 터무니가 있는 말로 그를 속일 수는 있어도 어리석게 만들 수는 없다."

■요지 : 도리에 부적합한 것으로는 인자를 속일 수 없다.

어석 · 문법

宰我(재아) : 공자의 제자. 언재(言才)가 있었다.

雖(수) : 비록 ～을 할지라도. 가정 · 조건을 나타내는 접속사. 주어 뒤에 왔다.

曰井有仁焉(왈정유인언) : 우물에 인(사람)이 빠졌다고 말하다. 여기서 '仁'은 인 (人)이다. '焉'은 단정 조자.

其從之也(기종지야) : 그가 그것을 좇아가는가? '之'는 '仁'을 가리키는 대명사. '也'는 의문의 어기조사.

可逝(가서) : 갈 수 있다. '可'는 '할 수 있다'는 조동사.

何爲其然也(하위기연야) : 어찌 그러하겠는가? '其'는 어세를 강하게 하는 어기

조사. '然'은 '그러하다'라는 형용사.

陷(함) : 빠지다. 모함해서 곤경에 빠지다.

欺(기) : 속이다. 터무니가 있는 말로 속이다.

可罔(가망) : 속게 할 수 있다. 어둡게 만들다. '可'는 가능의 조동사. 터무니없는
말로 속게 하다.

6-26

子曰 君子博學於文이요 約之以禮면 亦可以弗畔矣夫인저.
자 왈 군 자 박 학 어 문   약 지 이 례   역 가 이 불 반 의 부

통해(通解)

공자께서 말씀하셨다. "군자는 널리 문물을 배우고 그것을 예로써 집약
한다면 또한 도에 어긋나지 않을 것이다."

■ 요지 : 식견을 넓히고 예(지식)로써 요약하면 훌륭한 인물이 될 수 있다는 것이
다. '博文約禮'(널리 학문을 닦아 사리를 구명하고 이것을 실행하는 데 예의로써 하
여 정도에 벗어나지 않게 함).

어석 · 문법

博學於文(박학어문) : 박문(博文). 널리 고전(문물)을 배우다. '於'는 동작의 대상
을 표시하는 전치사. '文'은 『시경』·『서경』 등의 고전.

約之以禮(약지이례) : 약례(約禮). 그것을 집약하되 예로써 하다. '約'은 단속하
다, 요약하다, 귀납하다, 간추리다, 통합하다, 실천하다, 다잡다 등의 여
러 가지 뜻이 있다. '예'는 바른 생활방식.

亦可以(역가이) : 또한(우선) ~일 것이다. '可'는 추량의 뜻을 지님.

弗畔(불반) : 배반하지 않는다. 어긋나지 않는다. '不叛'보다 어세가 강하다.

矣夫(의부) : ' ∼일 것이다'. '矣'는 '이다'라는 뜻의 단정조사. '夫'는 '진저 (부)'로
　　　　　의문·감탄조사. '矣'(단정조사) + '夫'(의문의 어기를 포함한 감탄의 어기조사)

6-26

子見南子하신대 子路不說이어늘 夫子矢之曰 予所否者인댄
자 견 남 자　　　　　자 로 불 열　　　　부 자 시 지 왈　여 소 부 자

天厭之 天厭之시리라
천 염 지　천 염 지

통해(通解)

　공자께서 남자(南子)를 만나보시자 자로가 기뻐하지 않거늘 부자께서 그
에게 맹세하듯 말씀하셨다. "내가 잘못한 점이 있으면 하늘이 나를 미워하
실 것이다. 하늘이 나를 미워하실 것이다."

■ 요지 : 공자가 남자와의 만남을 못마땅해하는 자로에 대하여 자신에게는 잘못
　이 있을 수 없다고 천명하고 있다.

어석 · 문법

南子(남자) : 위나라 영공의 부인으로 음란하기로 이름난 여자였다. 공자가 위나
　　　　　라에 갔을 때 남자가 만나주기를 청하여, 사절하다가 부득이 만났다. 자
　　　　　로는 이 일을 매우 불쾌하게 여겼다.

矢之曰(시지왈) : 그(자로)에게 맹서하여 가라사대. '矢'(시)는 맹서하다.

予所否者(여소부자) : 내가 잘못한 점이 있다면. '所'는 '바(것)' 또는 '點'. '소(所)'
　　　　　를 '如'(만약)와 같은 접속사로 보기도 한다. '否'(부)는 '예에 불합(不合)한

것.' '즘(비)로 읽으면 나쁜 것, 악한 것, 비열한 것'. '者'는 가정이나 조건
을 나타내는 어기조사.

天厭之(천염지) : 하늘이 이 사람(나)을 싫어하실 것이다. 여기서의 '之'는 1인칭
대명사다.

6-27

子曰 中庸之爲德也 其至矣乎인저. 民鮮이 久矣니라.
자 왈 중 용 지 위 덕 야 기 지 의 호   민 선   구 의

공자께서 말씀하셨다. "중용이 지닌 도덕적인 가치는 아마 지극한 것일
것이다. 그러나 이 덕을 실천한 백성(사람)이 적어진 지 오래되었다."

■요지 : 중용의 덕이 지상이건만 실천자가 드물다고 탄식하고 있다.

어석 · 문법

中庸之爲德(중용지위덕) : 중용이 덕이 되다. '중용'은 지나치지도 모자라지도
않는 이상적인 도다. 곧 정도다. '之'는 주격을 나타내는 구조조사. '爲德'
은 덕이 되다. 덕으로서의 가치를 지닌다는 뜻이다. '爲'는 '~이 되다'라
는 동사.

其至矣乎(기지의호) : 아마 지극한 것이리라. '其'는 '아마'라는 부사. '矣乎'는 감
탄과 추측의 어기조사.

民鮮久矣(민선구의) : (실천한) 사람이 드문 지 오래되었다. '矣' '~하게 되다'라
는 단정조사.

子貢曰 如有博施於民而能濟衆혼대 何如하니이까. 可謂仁乎
자공왈　여유박시어민이능제중　　　하여　　　　가위인호

이까. 子曰 何事於仁이리오. 必也聖乎인저. 堯舜도 其猶病諸
　　자왈 하사어인　　　필야성호　　　요순　기유병저

시니라. 夫仁者 己欲立而立人하며 己欲達而達人이니라.
　　　　부인자 기욕립이립인　　　기욕달이달인

能近取譬면 可謂仁之方也已니라.
능근취비　가위인지방야이

통해(通解)

　자공이 말했다. "만일 백성들에게 널리 베풀어 많은 사람을 구제할 수 있
다면 어떠하겠습니까? 인하다고 할 수 있습니까?" 공자께서 말씀하셨다.
"어찌 인에 그치겠느냐? 반드시 성인이라고 할 것이다. 요순 같은 성인들도
아마 오히려 그렇게 하는 것을 힘들어 하셨을 것이다. 대저 인자는 자기가
서고자 할 때에 다른 사람을 서게 하며 자기가 이루고자 할 때에 다른 사람
을 이루게 한다. 가까운 데서 예를 취하여 남과 견주어볼 수 있다면 그것이
바로 인에 이르는 방법이라 할 수 있다."

■요지 : 고제자(高弟子) 자공은 여하튼 고원하게 치닫는 경향이 많으므로 공자가
　인은 몸 가까운 것부터 행해야만 한다고 교도한 것이다

어석 · 문법

如(여) : 만일. 若과 통한다. '만일 ~이 있다면'. 가정 · 조건을 표시하는 접속사.
博施於民(박시어민) : 백성에게 널리 베풀다. 민중에게 널리 은혜를 주다.
濟衆(제중) : 많은 사람을 구제하다. '濟'는 '救'와 같다.

何如(하여) : 사물의 성질이나 상태를 물을 때 쓴다. 어떻게, 어찌, 어떠하냐, 어떤고. 그러나 '如何'는 일의 수단, 방법, 처치 등을 물을 때 쓴다. 어찌하여, 어떠하게, 어찌하랴.

可謂 ~乎(가위 ~호) : (가히) ~라고 이를 수 있겠는가? '可'는 허용의 뜻. '謂'는 보고하는 것으로 남에 대하여 말하는 것.

何事於仁(하사어인) : 何事於仁(哉). 어찌 인에 머무를 수가 있겠는가? 반어의 구법. 인 이상의 경지(聖의 경지)에 오른 것이다. '事'는 '止'와 통한다. 생략된 '哉'는 반어의 어기조사.

必也聖乎(필야성호) : 그것이야말로 확실히 대덕이고 최상의 지위에 오른 성인일 것이다. '必~乎'는 '확실히 ~일 것이다'의 뜻. '乎'는 매사를 완곡하게 말하고 단정을 완화하는 가벼운 의미의 의문 어기조사. '聖'은 성인 또는 성인의 덕. '聖'이 최고의 덕이고 그 다음이 인이다. 聖〉仁.

堯舜(요순) : 유가의 이상적인 천자. 지금은 전설적인 인물들.

其猶病諸(기유병저) : 아마 그것을 힘들어했을 것이다. '其'는 아마. '諸'(저)는 之(그것)의 뜻. 〈특수 연구 5 – '諸'를 해석하는 세 가지 방법〉(p.41) 참조. '其猶~諸'는 추량의 뜻을 포함한 형. '病'은 '근심하다, 염려하다, 힘들어하다'.

夫(부) : 발어사. 본래. 무릇, 대저.

특수 연구 17 – '夫'의 용법

1. 발어사로 문장 앞에서 제시의 뜻을 나타낸다.

夫仁者己欲立而立人(대저 인자는 자기가 서고자 하면 남을 서게 한다.)

夫二人者魯國社稷之臣也(저 두 사람은 노국의 사직을 지키는 신하이냐.)

2. 문중에서 뒷말을 강조한다.

衣夫錦於女女乎(비단옷을 입으면 너에게 편하겠느냐?)

3. 문말에서 의문 감탄의 어기를 나타낸다.

仁人亦樂是夫(어진 사람도 이것을 좋아하는가?)

亡之命矣夫(그를 잃다니 운명이구나!)

4. 지시대명사 '이 · 그 · 저'가 된다.

　　夫三桓之孫微矣(저 삼환의 자손들이 쇠미해졌다.)

欲立(욕립) : 관위에 오르기를 바라다. '立'은 관위에 오르다. 몸을 세우다.

達(달) : (목표를) 달성하다. 이룩하다. 승진하다. 도달하다.

能近取譬(능근취비) : 자신의 몸 가까이에서 예를 취하여 남과 견주어 볼 수 있
　　다. '能'은 가능. '譬'는 견주다, 비교하다.

仁之方(인지방) : 인을 이룩하는 길. 인에 도달하는 방법. '方'은 방법, 수단, 도
　　술. '之'는 관형격 구조조사.

也已(야이) : 강한 확신이나 단정을 나타내는 어기조사.

제7편

술이 述而

술이편에는 성인의 겸손한 자세와
사람들을 가르치신 말씀,
그 용모와 행동의 실상을 기록한 것이 많다.
그리고 공자의 지행(志行)과 현인·군자들의 덕행을 논했다.

7-1

子曰 述而不作_{하며} 信而好古_를 竊比於我老彭_{하노라.}
자 왈 술 이 부 작　　　　신 이 호 고　　　　절 비 어 아 노 팽

통해(通解)

　공자께서 말씀하셨다. "조술(祖述)만 하고 창작하지 않았으며, 믿고 옛것
을 좋아했음을 가만히 우리 노팽에 비겨본다."

■ 요지 : 공자는 고도(古道)를 좋아하여 조술(스승의 도를 본받아서 서술하여 밝힘)
　을 할 뿐 신설을 만들지 않으므로 자신이 노팽 같은 사람이라는 것이다.

어석 · 문법

述而不作(술이부작) : 조술을 할 뿐 새로 짓지 않는다. '述'은 선왕의 예악 문
　　물 등을 전하기 위하여 기술한다는 뜻. '作'은 창작하는 것이다. 창작은
　　성현이 아니면 불가능하나 조술(祖述)은 현인이면 누구나 할 수 있다는
　　것이다.

信而好古(신이호고) : 믿고 옛것을 좋아하다. '古'는 선왕의 도.

竊比(절비) : 竊은 '몰래, 가만히'란 뜻으로, 나(私)의 뜻을 대신하는 겸양사. '比'
　　는 비기다, 견주다, 비유하다.

老彭(노팽) : 은나라의 현명한 대부. 고사(古事)를 잘 전술했다고 함. '老聃'(노담)
　　과 '彭祖'(팽조) 두 사람이라고 정현(鄭玄)은 말함.

7-2

子曰 黙而識之하며 學而不厭하며 誨人不倦이 何有於我哉오.
자 왈 묵 이 지 지   학 이 불 염   회 인 불 권   하 유 어 아 재

통해(通解)

공자께서 말씀하셨다. "묵묵히 진리를 기억하며, 배우는 것을 싫어하지 않으며, 다른 사람을 가르치는 일을 게을리하지 않는 것, 이 세 가지 점 이외에 또 무엇이 나에게 있겠는가?"

■요지 : 공자가 자신의 교학 수준이 만족할 만한 경지에 도달하지 못했다는 것을 겸허하게 인정한 말이다.

어석 · 문법

黙而識之(묵이지지) : 묵묵히 그것을 기억하다. '而'는 부사화 접미어. '識'(지)는 기억하다. 인식하다. 기록하다. '之'는 부정(不定) 목적어로 '배운 것'을 가리킨다.

不厭(불염) : 물리지 않음. 싫어하지 않음.

誨人(회인) : 남을 깨우쳐주다.

何有於我哉(하유어아재) : 무엇이 나에게 있겠느냐? 나에게는 아무것도 갖추어진 것이 없다. 또 '나에게 무슨 곤란함이 있겠느냐? 곤란한 것이 없다.'로 보기는 이도 있다. 반어형.

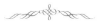

7-3

子曰 德之不修와 學之不講과 聞義不能徙하며 不善不能改
자왈 덕 지 불 수　　학 지 불 강　　문 의 불 능 사　　불 선 불 능 개

是吾憂也니라.
시 오 우 야

통해(通解)

공자께서 말씀하셨다. "덕이 닦여지지 않는 것과 학문이 익혀지지 않는 것과 의로운 말을 듣고도 실행으로 옮길 수 없으며 착하지 않은 것을 고칠 수 없는 것, 이것들이 나의 시름(걱정거리)이다."

■요지 : 덕을 충분히 닦지 못한 것을 근심하고 반성한다.

어석 · 문법

德之不修(덕지불수) : 덕이 닦여지지 않다. '之'는 주격을 나타내는 구조조사. '修'는 '닦다, 실천하다'.

講(강) : 강습하다. 강구하다. 익히다. 검토 연구하다. 궁구하다.

徙(사) : 옮아가다. 이행하다.

是吾憂也(시오우야) : 이것이 내가 걱정하는 것이다. '是'는 '德之~ 能改'를 가리키는 지시대명사.

7-4

子之燕居에 申申如也하시며 夭夭如也러시다.
자 지 연 거　　신 신 여 야　　　요 요 여 야

통해(通解)

　공자께서 한가히 계실 때에는 마음이 누긋하고 얼굴이 온화해 보이셨다.

■ 요지 : 공자의 일상의 모습을 묘사한 것이다.

어석 · 문법

子之(자지) : 선생님께서. '之'는 주격을 표시하는 구조조사다. 우리말의 주격 조
　　사에 해당한다.

燕居(연거) : 조정에서 물러나 한가하게 있다. '閒暇無事之時'(朱子). '燕'은 심신
　　이 편안함.

申申如(신신여) : 조용한 모양. 마음이 누긋한 모양. 心和. '如'는 형용사화 접미
　　사로 '그러한 모양'.

夭夭如(요요여) : 얼굴이 곱고 너그러운 모양. 온화하고 웃음을 머금은 모양. '夭'
　　는 얼굴빛 화평할 (요).

7-5

子曰 甚矣라 吾衰也여. 久矣라 吾不復夢見周公이로다.
자 왈 심 의　　오 쇠 야　　구 의　　오 불 부 몽 견 주 공

통해(通解)

　공자께서 말씀하셨다. "심하도다 나의 쇠약함이여! 오래되었도다 내가 다시는 주공을 꿈속에서 보지 못할 것이구나."

■요지 : 기력이 쇠약해져 꿈에 주공이 나타나지 않음을 탄식한 말이다.

어석 · 문법

矣 · 也(의 · 야) : 감탄조사.

衰(쇠) : 노쇠.

不復夢見(불부몽견) : 다시는 꿈에서 보지 못하다.

周公(주공) : 名은 단(旦). 문왕의 아들. 무왕의 아우. 조카 성왕(成王)을 도와 주나라의 체제를 확립했다. 노군(魯君)으로 봉해져 노나라의 시조가 됨. 공자는 주공을 이상적인 인물로 추앙, 성인시하였다.

7-6

子曰 志於道하며 據於德하며 於仁하며 游於藝니라.
자 왈 지 어 도 　　거 어 덕 　　어 인 　　유 어 예

통해(通解)

　공자께서 말씀하셨다. "(선왕의) 도를 구하며, 도덕을 근저로 하며, 인을 몸에 익히며, 육례의 세계에서 노닐 것이다."

■요지 : 군자의 수도 방법을 설명하였다.

어석 · 문법

據(거) : 근거하다. 지키다. 집수(執守)하다.

依(의) : 의지하다. 따르다.

游(유) : 노닐다. '游'는 '遊'와 같다. 경험하다. 체득하다.

藝(예) : 육례로 '禮 · 樂 · 射 · 御 · 書 · 數'를 말한다. 선비들의 필수 학습 덕목
이다.

7-7

子曰 自行束脩以上은 吾未嘗無誨焉이로라.
자 왈   자 행 속 수 이 상   오 미 상 무 회 언

통해(通解)

공자께서 말씀하셨다. "속수의 예를 치른 사람으로부터 그 이상(속수 이
상의 예를 치른 사람, 또는 15세 이상)의 사람들은 내가 일찍이 가르쳐주지 않은
적이 없었다."

■요지 : 공자가 다른 사람 가르치는 일을 게을리하지 않았다고 진술한 것이다.

어석 · 문법

自(자) : '~로부터'(전치사). '自 ~以上'은 '~로부터 그 이상'

束脩(속수) : 육포(肉脯)를 열 두름 묶은 것. 스승에게 가르침을 청할 때 바치는
가장 낮은 예물이다. 국왕에게는 옥, 경(卿)에게는 양, 대부에게는 기러기,
선비에게는 꿩, 서인에게는 오리, 상공인에게는 닭을 예물로 바친다. 성
인이 되어 의관을 갖추는 것을 뜻하기도 한다. 그리하여 성인이 되는 '15
세 때'가 속수라는 설도 있다(안정형(安井衡)의 『논어집설』).

吾未嘗無誨焉(오미상무회언) : 내가 아직 일찍이 그를 가르치지 않은 적이 없다.
'未嘗'은 '아직 일찍이 ~한 적이 없다'. '誨'는 가르치다. '焉'은 於是. 곧
'이를(그를)'.

7-8

子曰 不憤이어든 不啓하며 不悱어든 不發호대 擧一隅에 不以
자왈 불분   불계   불비   불발   거일우   불이

三隅反이어든 則不復也니라.
삼우반   즉불부야

통해(通解)

공자께서 말하셨다. "(문인이) 알려고 발분하지 않으면 깨우쳐주지 않으
며 말로 표현하려고 더듬거리지 않으면 일러주지 않는다. 한 모퉁이를 들
어 보여주어 나머지 세 모퉁이를 알아차리지 못하면 더는 가르쳐주지 않는
다."

■요지 : 공자의 교육은 자발을 근본으로 한다는 것, 결국 배우는 자가 고학 역행
하지 않으면 계발해주지 않는다는 것이다. 또 일단(一端)을 듣고 그것을 응용
할 줄 모르는 자는 그 이상 가르칠 수 없다는 것이다. 공자의 교육 방법을 말
하고 있다.

어석 · 문법

憤(분) : 알지 못하여 분만(憤懣)하다. 곧 분하고 답답해하다. 발분(發憤)하다. 곧
마음을 굳게 먹고 힘을 내다. 그 주어는 '문인(門人)'이다.

啓(계) : 이해의 길을 열어주다. 인도하여 열어주다. '開其意', 그 주어는 '我'(공

자).

悱(비) : 어떻게 표현할지 몰라 더듬거리다. 마음속으로 이해는 하나 말로 표현
하지 못해 더듬는다.

發(발) : 표현할 수 있게 말을 일러주다. 계도하다. '達其辭'.

擧一隅(거일우) : 한 모퉁이를 들어 보이다. '一隅'는 '일단'(一端). '擧一隅'를 줄
이면 '擧一'이다.

以三隅反(이삼우반) : 세 모퉁이를 알아채다. 세 모퉁이로써 반응하다. '反'은 스
스로 생각하여 유추하다. 반응을 나타내다. 반증하다, 자각하다. (일단을
보여) 그 다른 것을 자각시키다. 줄이면 '反三'이다.

則(즉) : 인과관계를 나타내는 접속사. '~을 하면'.

특수 연구 18 - 접속사 '則·卽·乃·便·輒·載'의 용법

1. 則

1) "~하면 곧, ~하면 ~이 된다" (접속사)

不識則是不明也(알지 못하면 곧 불명이 된다.)

物盛則衰(성하면 곧 쇠한다.)

2) "A는 곧 B, C는 곧 D" 다른 것과 구별하여 확실히 주어를 명시하는 기능

義則君臣 情則父子(의는 곧 군신이고 정은 곧 부자다.)

2. 卽

1) "곧". 그 자리에서 동작을 수식하는 말

項伯卽入見沛公(항백은 곧 들어가 패공을 만났다.)

2) A 則 B("A는 곧 B") - "곧, 즉, 바꿔 말하면, 단적으로 말해서"

眞卽美(진은 곧 미다.)

3) '則'의 1)과 동일

先卽制人(선수를 치면 곧 남을 제압한다.)

3. 乃

1) "그래서, 그리고" (순접)

見漁人乃大驚(어부를 보고 크게 놀라다.)

2) "그렇지만, 그런데도, 그럼에도 불구하고"(역접).

　　大禹聖人乃惜寸陰(대우는 성인이지만 촌음을 아꼈다.)

3) 感歎의 뜻을 담아 "비로소"의 뜻을 표함.

　　我今而乃知君心(나는 지금에 와서 비로소 군심을 알았다.)

4. 便(편) – "곧"

　　林盡水源便得(복숭아 숲이 개울의 원류에서 끝나자 곧 하나의 산을 발견하다.)

5. 輒(첩) – "그때마다, ~하는 때는 언제나".

　　或置酒而招之造飮輒盡(이따금 술을 남겨 그를 초대하면 찾아와서 마실 때는 언제나 다 마셔버렸다.)

6. 載(재) – "~하면서"

　　載欣載奔(기뻐하면서 달렸다.)

不復(불부) : 다시 가르치지 않는다. '復'는 반복하다, 재고하다'는 뜻의 동사.

7-9

子食於有喪者之側에 未嘗飽也러시다. 子於是日에 哭則不歌
자 식 어 유 상 자 지 측 　 미 상 포 야 　 자 어 시 일 　 곡 즉 불 가
러시다.

통해(通解)

　공자께서 상을 당한 사람의 곁에서 음식을 드실 때에 일찍이 배부르게 잡수신 적이 없으셨다. 공자께서는 이날에 곡을 하시면 노래는 부르지 않

으셨다.

■ 요지 : 공자의 일상생활 ― 상가에서 배불리 먹지 않고 이날은 노래도 하지 않
았다 ― 을 기술했다.

어석·문법

有喪者(유상자) : 상(喪)을 당한 사람.

飽(포) : 배가 부르도록 먹다. 달게 먹다.

哭(곡) : 큰소리로 우는 것.

7-10

子謂顏淵曰 用之則行하고 舍之則藏을 惟我與爾有是夫
자 위 안 연 왈 용 지 즉 행   사 지 즉 장   유 아 여 이 유 시 부

인저. 子路曰 子行三軍則誰與시리이꼬. 子曰 暴虎馮河하여
      자 로 왈 자 행 삼 군 즉 수 여   자 왈 포 호 빙 하

死而無悔者를 吾不與也니 必也臨事而懼하며 好謀而成者也
사 이 무 회 자   오 불 여 야   필 야 임 사 이 구   호 모 이 성 자 야

니라.

통해(通解)

공자께서 안연에게 이르시며 말씀하셨다. "자기를 써주면 나아가 도를
실천하고, 자기를 버리면 물러나 숨어버릴 수 있는 태도를 지닌 사람은 오
직 나와 너뿐이구나." 자로가 말했다. "선생님께서 삼군을 부리신다면 누구
와 함께하시겠습니까?" 공자께서 말씀하셨다. "호랑이를 맨손으로 잡고 맨

몸으로 황하를 건너다가 죽어도 뉘우치지 않는 자와는 내가 함께하지 않을 것이다. 반드시 일에 임하여 두려워하고 삼가며 계획을 잘 세워 성공하는 사람과 함께할 것이다."

■요지 : 공자가 과묵한 안연을 칭찬하고 지나친 행동파인 자로를 훈계한 것이다.

어석 · 문법

用之則行(용지즉행) : 그를 군주가 써주면 나아가 바른 도를 천하에 실천한다. '之'는 '쓰이는 인물' 곧 자신을 가리킴. '則'은 가정, 조건을 표시하는 접속사.

舍之則藏(사지즉장) : 그를 군주가 버리면 물러나서 숨는다. '舍'는 '捨'와 같다. 버리다. '之'는 '버려지는 인물' 곧 자신을 가리킨다. '藏'은 숨다, 은퇴하다.

我與爾(아여이) : 나와 너. '我'는 나. 곧 공자. '爾'는 이인칭 대명사로 너, 곧 안연. '是'가 가리키는 것은 '用之則行舍之則藏(用行舍藏)'. '與'는 병렬접속사 와/과.

有是夫(유시부) : 이것을 소유하고 있구나! '是'는 '用之則行舍之則藏'을 가리킨다. '夫'는 감탄의 어기조사.

行三軍(행삼군) : 대군을 움직이다. '軍'은 병사. 一軍이 12,500인. '三軍'은 대국의 군대. '行'은 통솔하다. 지휘하다.

誰與(수여) : 누구와 함께하실까? 의문의 형. '與'는 '함께하다'라는 뜻의 동사. '吾不與'와 같은 뜻이다.

暴虎馮河(포호빙하) : 호랑이를 맨손으로 치기도 하고 큰 강을 맨몸으로 걸어서 건너가다. 이런 것은 무모한 용기나 모험이다. '暴'는 맨손(도수)으로 치는 것. '馮'은 걸어서 강을 건너는 것.

死而無悔者(사이무회자) : 죽어도 뉘우치지 않는 사람. '而'는 역접.

必也(필야) : 반드시. '也'는 어세를 강하게 하는 어기조사.

臨事而懼(임사이구) : 어떤 일에 임하여 두려워하다. 신중하게 대처하다.

好謀而成者(호모이성자) : 계획을 충분히 세워 성공하는 자. '成'은 이루다, 성공

하다. '而'는 순접.

7-11

子曰 富而可求也인댄 雖執鞭之士라도 吾亦爲之어니와 如不
자왈 부 이 가 구 야   수 집 편 지 사   오 역 위 지   여 불

可求인댄 從吾所好(者)하리라.
가 구   종 오 소 호 자

통해(通解)

공자께서 말씀하셨다. "부가 만일 추구할 만한 가치가 있는 것이라면 비록 채찍을 잡는 마부 노릇이라도 나 또한 하겠거니와, 만일 추구할 만한 가치가 없는 것이라면 차라리 내가 좋아하는 것을 따르겠다."

■ 요지 : 인간이 바라는 부귀는 구해서 얻어지는 것이 아니므로 조금도 안달하지 말고 사람으로서의 바른 도를 즐기고 도리에 만족해야 한다는 것을 말하고 있다.

어석 · 문법

富而可求也(부이가구야) : 부라는 것을 만일 구할 수 있다면. 가정법. '可'는 '할 수 있다, 할 만하다'의 뜻. '而'는 '如'(만약)와 통한다. '也'는 가정을 표하는 어기조사.

雖(수) : 비록 ~이더라도. 가정 · 추량의 부사.

執鞭之士(집편지사) : 채찍을 가지고 귀인의 거마를 어거하는 사람 또는 그런 일. 비굴한 것을 따르는 자.

如(여) : 만일. 가정을 표시하는 접속사.

吾所好(者)(오소호(자)) : 내가 좋아하는 바의 것(사람). '者'가 생략됨. 좋아하는
　　것은 도를 행하고 덕을 쌓는 일.

7-12

子之所慎은 齊戰疾이러시다.
자 지 소 신　　제 전 질

통해(通解)

　공자께서 삼가시는 것은 제사 전에 근신하는 재계(齋戒)와 전쟁과 그리고
질병이었다.

■요지 : 공자가 삼간 것 세 가지를 말했다.

어석 · 문법

子之所慎(자지소신) : 공자께서(공자가) 삼가시는 바(것)는. '之'는 주격을 표시하
　　는 구조조사.

齊(재) : 제사 전에 목욕재계하고 심신을 가다듬어 근신하는 것. '齋戒'.

戰·疾(전·질) : 전쟁과 질병.

7-13

子在齊聞韶하시고　三月不知肉味하사　曰 不圖爲樂之至
자 재 제 문 소　　　삼 월 부 지 육 미　　　왈 부 도 위 악 지 지

於斯也호라.
어 사 야

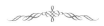

통해(通解)

공자께서 제나라에 계실 때에 소악을 들으시고 석 달 동안 고기 맛을 알지 못하시곤 말씀하셨다. "음악이란 것이 이렇게까지 훌륭한 경지에 이르리라고는 미처 생각하지 못했다."

■요지 : 공자가 순(舜)의 음악을 듣고 그 음악의 훌륭함에 마음이 사로잡혀 고기 맛을 모를 정도로 깊이 감탄한 것을 말하고 있다.

어석 · 문법

齊(제) : 춘추시대의 국명. 태공망 여상(呂尙)에게 봉해진 나라. 춘추시대 말 진
    (秦)에게 멸망됨.

韶(소) : 순제의 음악명. 공자가 미를 다하고 선을 다했다고 극찬함. 요임금의 덕
    을 찬양한 것.

聞(문) : 듣고 배우다.

三月(삼월) : 오랜 기간.

不知肉味(부지육미) : 고기 맛을 잊을 정도였다. 매우 열중했다는 뜻.

不圖爲樂至於斯也(부도위악지어사야) : 음악이 이렇게 훌륭한 지경에 이를 줄은
    몰랐노라. 소(韶)의 음악을 만든 것이 이런 정도까지 훌륭하게 선미를 다
    했다고는 예기치 못했다. '圖'는 예상하다, 예기하다. '爲'는 만들다, 짓다.
    '也'는 감탄의 어기조사.

7-14

冉有曰 夫子爲衛君乎아. 子貢曰 諾다. 吾將問之호리라. 入하
염유왈 부자위위군호   자공왈 낙   오장문지   입

여 曰 伯夷叔齊는 何人也이꼬. 曰 古之賢人也니라. 曰 怨乎니
   왈 백이숙제   하인야   왈 고지현인야   왈 원호

까. 曰 求仁而得仁이어니 又何怨이리오? 出하여 曰 夫子不爲也
    왈 구인이득인   우하원   출   왈 부자불위야

시리러라.

통해(通解)

　염유가 말했다. "선생님께서 위군을 도와 정사를 하실까?" 그러자 자공이
"글쎄(좋다), 내가 앞으로 그것을 여쭈어보겠다." 하고 안으로 들어가 공자
께 말씀을 드렸다. "백이 숙제는 어떤 사람이었습니까?" 하니 공자께서 말
씀하셨다. "옛날의 현인이셨다." 자공이 말했다. "그들은 자신들의 불행을
원망(후회)했습니까?" 공자께서 말씀하셨다. "인을 추구하여 인을 얻었으니
또한 무엇을 원망(후회)했겠느냐?" 자공이 나와서 말했다. "선생님께서는 위
군을 돕지 않으실 것이다."

■요지 : '선생님이 위나라를 도우실까'라는 염유의 물음에 자공이 공자를 만난
　뒤 선생님은 인륜을 어긴 위군(衛君)을 돕지 않으실 것이라고 대답한 것이다.

어석 · 문법

爲衛君(위위군) : 위나라의 군주를 도와주다. '爲'는 '助也'. 위군은 출공첩(出公
　輒)으로 영공의 손자요, 괴외(蒯聵)의 아들이다. 영공의 부인 남자(南子)의
　품행이 좋지 못하여 괴외가 이를 제거하려다 실패하고 송나라로 망명했

으므로 영공이 죽자 뒤를 이어 즉위한 사람이 출공첩이다. 위나라는 출공
첩과 괴외 부자 간의 싸움으로 16년간 내란에 휩싸였다.

諾(낙) : 좋다.

怨(원) : 후회하다. 유감이다.

7-15

子曰 飯疏食飲水하고 曲肱而枕之라도 樂亦在其中矣니
지왈 반소사음수   곡굉이침지   낙역재기중의

不義而富且貴는 於我如浮雲이니라.
불의이부차귀   어아여부운

통해(通解)

공자께서 말씀하셨다. "거친 밥을 먹고 물을 마시고 팔을 굽혀 베개를 삼
아도 즐거움이 또한 그 안에 있다. 의롭지 못하면서 부하고 또 귀하게 되는
것은 나에게는 뜬구름과 같은 것이다."

■ 요지 : 공자는 즐겁다고 하는 것이 세속적인 부귀를 넘어 구도에 힘쓰는 것이
며, 마음의 기쁨이야말로 진정한 즐거움이라고 말하고 있다.

어석 · 문법

飯疏食(반소사) : 거친 밥(보리밥이나 잡곡밥)을 먹다. '飯'은 '먹다'라는 동사.

曲肱而枕之(곡굉이침지) : 팔을 굽히고 그것으로 베개를 삼다.

富且貴(부차귀) : 부하고 또 귀하다. '且'는 접속사.

於我(어아) : 나에게 있어서는. '於'는 방향을 표시하는 전치사.

7-16

子曰 加我數年하여 五十以學易이면 可以無大過矣리라.
자 왈　가 아 수 년　　　오 십 이 학 역　　　가 이 무 대 과 의

통해(通解)

　공자께서 말씀하셨다. "내가 몇 년을 더하여 오십에(마침내) 완전히 『역경』을 배우면 큰 잘못 없이 살 수 있을 것이다."

■ 요지 : 역(易)을 찬양한 말이다.

어석 · 문법

加(가) : 더하다. 보태다. '假'(빌리다)로 보기도 한다.

數年(수년) : 2, 3년. 몇 년.

五十(오십) : 50. 지천명(知天命)의 나이. 누군가가 '卒'(마침내)의 약자를 '五'와 '十'으로 잘못 분리한 것이라고도 함.

以學易(이학역) : 역학을 배우다. '以學'에서 '以'를 '而'로 보고, '易'을 '亦'으로 보는 설도 있다.

可以(가이) : '~을 할 수 있다' '가능'의 뜻을 표시하는 조동사.

7-17

子所雅言은 詩書執禮니 皆雅言也러시다.
자 소 아 언　　시 서 집 례　　개 아 언 야

통해(通解)

공자께서 정음(표준어 또는 일상어)으로 말씀하신 것은 『시경』과 『서경』을 강론하실 때와 집례를 하실 때인데 모두 정음(正音)으로 하시었다.

■요지 : 공자는 시서를 읽거나 집례를 할 때 아언(특수한 문어)으로 말씀하셨다는 것이다.

어석 · 문법

雅言(아언) : '雅'는 '正'이니 곧 정음(正音)이다. 정음은 노나라 방언이 아니고 주나라의 중앙관조에서 쓰는 표준어. 그러나 이를 특수한 문어로 보는 이도 있다. 주자는 '雅'를 '常也'라 하여 아언을 '항상 쓰는 말'로 보았다.

執禮(집례) : 예를 역행하다.

7-18

葉公이 問孔子於子路어늘 子路不對한대 子曰 女奚不曰
섭공　　　문공자어자로　　　자로부대　　　자왈　여해불왈

其爲人也 發憤忘食하며 樂以忘憂하여 不知老之將至云爾오.
기위인야　발분망식　　　낙이망우　　　부지노지장지운이

통해(通解)

섭공이 자로에게 공자에 대하여 묻자 자로가 대답하지 않았다. 공자께서 말씀하셨다. "너는 어찌하여 그(나)의 사람됨이 '학문에 분발하면 먹는 것도 잊고, 학문을 즐김으로써 근심을 잊어 늙음이 이르고 있는 것도 알지 못한다'라고 그와 같이 말하지를 않았느냐?"

■요지 : 공자가 자기 자신에 대하여 학문 구도(求道)를 좋아하여 시름도, 자기의
 연령조차도 잊을 정도의 인간이라고 왜 섭공에게 말하지 않았느냐고 제자인
 자로에게 추궁했다는 것이다.

어석 · 문법

葉公(섭공) : 춘추시대 초나라 섭현(葉縣)의 장관. '葉'은 지금 하남성 섭현. '葉
 公'은 姓이 沈, 名이 諸梁(제양), 字를 子高라고 했다. 인망이 있는 초나라
 중신이었다.

對(대) : 아랫사람이 윗사람에게 대답할 때 쓰는 존경어. 남의 질문에 대하여 대
 답할 때도 쓰인다.

女奚不日(여해불왈) : 너는 어찌하여 말하지 않았느냐? 반어문. '女'는 '汝'와 같
 다.

其爲人也(기위인야) : 그의 사람됨은. '其'는 공자를 가리킨다. '也'는 모두(冒頭)
 의 구를 떠올리게 하는 제시의 어기조사.

發憤(발분) : 구도욕(求道欲)을 채우지 못해 속으로 분발하는 것.

老之將至(노지장지) : 늙음이 장차 다가오려고 하고 있다.

云爾(운이) : 위에서 말한 바와 같다. 이상과 같은 것이다. 문장 끝에 쓰이는 관
 용어구이지만 오늘날은 어세를 강하게 하는 어기조사나 단정조사로 본
 다. '爾'는 '然'과 같다.

7-19

子曰 我非生而知之者라 好古敏以求之者也로라.
자 왈 아 비 생 이 지 지 자   호 고 민 이 구 지 자 야

통해(通解)

　공자께서 말씀하셨다. "나는 나면서부터 모든 것을 잘 아는 사람은 아니다. 옛것을 좋아하여 부지런히 탐구하는 사람이다."

■요지 : 성인 공자도 보통 사람과 전혀 다르지 않다는 것, 성인은 호학의 결과라는 것이다.

어석 · 문법

生而(생이) : 태어나면서부터. 태어나자마자. '而'는 순접.

知之(지지) : 그것을 안다. '之'는 지시대명사이지만 구체적으로 가리키는 것이 없다. 동사 아래에 쓰이는 접미사라고 한다. 그러나 지시사로 본다면 '사람으로서 마땅히 행해야 할 도리'를 뜻한다고 볼 수 있다.

古(고) : 고대의 성인 군자들이 남긴 높은 가르침.

敏以(민이) : '以敏'이 도치된 것. 재빠르게. 부지런히. 민첩하게.

也(야) : 단정의 어기조사.

7-20

子不語 怪力亂神이러시다.
자 불 어　과 력 난 신

통해(通解)

　공자께서는 괴이한 것, 무용에 관한 것, 세상의 질서를 어지럽히는 것(난역), 귀신에 관한 것 등에 대해서는 이야기하시지 않으셨다.

■요지 : 공자는 이상한 것, 초자연적인 것에 관해서는 이야기하려고 하지 않았다. 인간의 상도를 가르치려고 했다.

어석 · 문법

不語(불어) : 이야기하지 않다. 말씀하여 가르쳐주지 않았다.

怪力亂神(괴력난신) : 기괴한 것, 완력이나 무용이 뛰어난 사람에 관한 것, 세상
의 질서를 어지럽히는 것, 귀신 등의 신비적인 것. 상도(常道)에서 벗어난
것들이다.

7-21

子曰 三人行에 必有我師焉이니 擇其善者而從之요 其不
자 왈   삼 인 행   필 유 아 사 언   택 기 선 자 이 종 지   기 불

善者而改之니라.
선 자 이 개 지

통해(通解)

공자께서 말씀하셨다. "세 사람이 같이 길을 가면 그중에 반드시 나의 스
승이 될 만한 사람이 있다. 그중에서 선한 것을 가려서 따르고, 그 선하지
않은 것을 가려 그것을 고치도록 한다."

■ 요지 : 학문에는 정해진 스승이 없다. 자기가 견문하는 모든 것이 자기의 스승
이라고 말하고 있다.

어석 · 문법

三人行(삼인행) : 세 사람이 함께 가다. '三人'은 나와 다른 두 사람. 두 사람(선자
와 불선자)이 다 나의 스승이라는 것.

擇(택) : 가리다. 고르다.

其(기) : 세 사람이 가진 여러 가지 점.

焉(언) : 단정의 어기조사.

從之(종지) : 그것을 따르다. '之'는 '선자(善者)'를 가리키는 삼인칭 대명사.

改之(개지) : 그것을 고치다. '之'는 '불선자(不善者)'를 가리키는 삼인칭 대명사.

而(이) : 순접 접속사. '則'과 같은 것으로 보기도 한다. 곧 A則~ B則~, A하면
　　　~하고 B하면 ~하다.

7-22

子曰 天生德於予시니 桓魋其如予何리오.
자 왈 천 생 덕 어 여　　환 퇴 기 여 여 하

통해(通解)

　공자께서 말씀하셨다. "하늘이 선천적으로 덕을 나에게 주셨는데, 환퇴
가 나를 어떻게 해치겠는가?"

■요지 : 환퇴의 난폭에도 공자는 자신의 사명을 믿고 동요하지 않았다.

어석 · 문법

天(천) : 우주의 주재신. 최고의 신.

德(덕) : 하늘로부터 부여받은 특별한 능력. 세상을 구하는 성인의 덕.

桓魋(환퇴) : 송나라 군사를 맡은 사마직(司馬職)의 향퇴(向魋). 공자가 송나라를
　　　　　통과할 때 해치려 한 인물. 환공(桓公)의 후손이라고 하여 '桓魋'라고 칭
　　　　　함. 공자의 제자 사마우(司馬牛)가 그의 아우라 함.

其(기) : 발어사(發語詞). '막, 바야흐로'의 뜻을 가진 부사. '장차 ~을 하려고 하다'

如~何(여~하) : ' ~을(를) 어떻게 할 수 있을 것인가?'. 어떻게 할 수 없다는 뜻.
　　　　　반어형.

7-23

子曰 二三子는 以我爲隱乎아. 吾無隱乎爾로라. 吾無行
자 왈 이 삼 자   이 아 위 은 호   오 무 은 호 이   오 무 행

而不與二三子者니 是丘也니라.
이 불 여 이 삼 자 자   시 구 야

통해(通解)

공자께서 말씀하셨다. "너희들은 내가 무엇을 숨긴다고 생각하느냐? 나는 너희들에게 숨긴 것이 없다. 나는 행하고서 너희들과 함께 하지 않은 것이 없다. 이것이 바로 나이다."

■ 요지 : 공자의 말 – 나는 제자들에게 나의 모든 것을 보이고 아무것도 숨기지 않는다.

어석 · 문법

二三子(이삼자) : 자네들. 너희들. 제자 등 수인(數人)을 부르는 말. 제군.

以我爲隱乎(이아위은호) : 내가 제군에게 무언가를 숨기고 있다고 생각하고 있는가? 의문형. '以A 爲B'는 'A를 B라고 생각하다'라는 의미. '乎'는 의문 표시의 어기조사.

吾無隱乎爾(오무은호이) : 나는 아무것도 너희들에게 숨긴 것이 없다. '乎'는 어세를 강하게 하는 말. '爾'는 '뿐이다'라는 한정의 어기조사로 쓰일 때도 있다.

無行而不與二三子(무행이불여이삼자) : 무엇을 행하고서 제군들과 같이하지 않은 것이 없다. 곧 같이해왔다는 것이다. '無A 不B'는 이중부정(강한 긍정)으로 'B하지 않는 A는 없다'. '與'는 '같이하다'는 뜻의 동사.

是丘也(시구야) : 이러한 것이 나의 방식(태도)이다. '丘'는 공자의 이름.

7-24

子以四敎하시니 文行忠信이러시다.
자 이 사 교　　　문 행 충 신

통해(通解)

공자께서 네 가지를 가르치셨다. 그것은 학문과 실천과 성실과 신의였다.

■ 요지 : 공자의 교육 중점 ― 학문, 실천, 성실, 신의.

어석 · 문법

以四敎(이사교) : 네 가지로써 가르치다. '以'는 전치사.

文(문) : 학문. 문학.

行(행) : 실행. 실천.

忠(충) : 성심을 다하는 것. 성실.

信(신) : 거짓이 없는 것. 신의.

7-25

子曰 聖人을 吾不得而見之矣어든 得見君子者면 斯可矣니라.
자 왈 성 인　　오 부 득 이 견 지 의　　　득 견 군 자 자　　사 가 의

子曰 善人을 吾不得而見之矣어든 得見有恒者면 斯可矣니라.
자 왈 선 인　　오 부 득 이 견 지 의　　　득 견 유 항 자　　사 가 의

亡而爲有하며 虛而爲盈하며 約而爲泰면 難乎有恒矣니라.
무 이 위 유　　　허 이 위 영　　　약 이 위 태　　난 호 유 항 의

통해(通解)

공자께서 말씀하셨다. "성인을 나는 만나볼 수 없다. 적어도 군자다운 사람이라도 볼 수 있으면 좋겠다!" 또 공자께서 말씀하셨다. "선인을 나는 만나볼 수 없다. 적으나마 항심을 지닌 사람이라도 볼 수 있으면 좋겠다! 없으면서도 있는 체하며 비었으면서도 가득 찬 체하며 가난하면서도 태연한 체하면 항심을 갖기가 어렵다."

■요지 : 오늘날에는 군자는 물론, 항심을 가진 자도 보기 어렵다고 말하고 있다.

어석 · 문법

聖人(성인) : 학덕을 갖추고 인도(仁道)를 구현하는 사람. 지덕이 뛰어나 세인의 모범으로서 숭앙을 받을 만한 사람. 유교에서 요 · 순 · 우 · 탕 · 문왕 · 무왕 · 주공 등을 가리킴. 〈특수 연구 32-중국의 고대 왕조사 개괄〉(p.635) 참조.

君子(군자) : 재덕이 뛰어나고 인의 도를 지키는 사람.

吾不得而見之(오불득이견지) : 내가 그를 볼 수 없다. 종래에는 '내가 그를 얻어 볼 수 없다'고 새겼다. '得而'는 ' ~을 할 수 있다'는 뜻을 지닌 조동사며 '得以'와 같다.

有恒者(유항자) : 항심이 있는 자. '항심(恒心)'을 가진 자. 마음이 한결같은 사람. 명리에 좌우되지 않는 사람. '항심'은 언제나 변하지 않는 도의심, 또는 양심을 좇는 일정한 마음을 말한다.

亡而爲有(무이위유) : 없어도 있다고 생각하다.

虛而爲盈(허이위영) : 비어도 가득 찼다고 생각하다.

約而爲泰(약이위태) : 가난해도 태연하게 생각하다.

7-26

子는 釣而不綱하시며 弋不射宿이러시다.
자　조 이 불 강　　익 불 석 숙

통해(通解)

　공자께서 낚시질은 하시었으나 주낙질은 하시지 않으셨으며, 주살질은
하시었으나 앉아 있는 새는 쏘지 않으셨다.

■ 요지 : 식(食)을 위해 낚시질과 주살질을 하였으나 마구 하지 않았다고 술회하
　고 있다.

어석 · 문법

綱(강) : 주낙. 얼레에 감은 낚싯줄에 여러 개의 낚시를 달아 물속에 넣어두고 물
　　　살에 따라 감았다 풀었다 하며 물고기를 낚는 것. 긴 줄에 많은 낚싯바늘
　　　을 달고 내를 횡단하며 고기를 적극적으로 잡는 것(『집주』). 큰 줄에 망을
　　　엮어 고기를 잡는 방법(『집주』). '綱'을 망(網)이라고 하는 설도 있다.

弋(익) : 주살. 화살에 실을 단 것.

射(석) : 쏘아 맞추다.

宿(숙) : 숙조(宿鳥)(잠자는 새). 앉아 있는 새.

7-27

子曰 蓋有不知而作之者아. 我無是也로라 多聞擇其善者
자왈 개유부지이작지자　아무시야　다문택기선자

而從之하며 多見而識之가 知之次也니라.
이종지　다견이지지　지지차야

통해(通解)

공자께서 말씀하셨다. "아마 잘 알지도 못하면서 신설을 지어내는 사람이 있느냐? 나는 이런 일이 없다. 우선 많이 듣고 그 가운데서 좋은 것을 가리어 따르며, 많이 보고 기록하는 것이 아는 것(이해하는 것)의 다음 단계이다."

■ 요지 : 공자는 고금의 견문을 넓혀서 좋은 것을 따르고 기록하는 것이 자신의 모습이라고 말하고 있다.

어석 · 문법

蓋(개) : 아마. 대개. 대략. 추측 · 상상하는 말.

我無是也(아무시야) : 나는 이것이 없다. '是'는 '不知而作之'를 가리킨다.

識(지) : 기록하다. 기억하다.

作(작) : 창작하다. 일을 꾸미다. 행동하다.

多見而識之(다견이지지) : 많이 보고 그것을 기록(기억)하다.

知之次也(지지차야) : 아는 것의 다음 단계이다. '次'를 전 단계로 보는 설도 있다.

7-28

互鄉은 難與言이러니 童子見커늘 門人惑한대 曰 與其進也요
호 향   난 여 언   동 자 현   문 인 혹   왈 여 기 진 야

不與其退也니 唯何甚이리오. 人潔己以進이어든 與其潔也요
불 여 기 퇴 야   유 하 심   인 결 기 이 진   여 기 결 야

不保其往也니라.
불 보 기 왕 야

꽃무늬

통해(通解)

　호향 사람은 평판이 나빠 더불어 도의를 말하기가 어려웠다. 동자가 찾
아와 선생님을 뵙고자 하자 문인이 만나주실까 의심하니, 공자께서 말씀하
셨다. "그 진보적인 태도를 인정, 평가해주는 것이고 그 퇴보적인 태도까지
인정, 평가해주는 것이 아닌데 어찌 그 아이에게 더 심하게 하겠느냐? 사람
이 몸을 깨끗이 하고 나오면 그의 깨끗함을 받아들이는 것이고, 그의 지난
일까지 다 사주는 것은 아니다."

■요지 : 나쁜 마을의 소년이 도를 구하러 왔을때 그에게 면회를 허락한 공자의
　교육 정신이 잘 드러나 있는 대목이다.

어석 · 문법

童子(동자) : 학습 경험이 적은 자, 곧 학문력이 옅은 초학자.

互鄉(호향) : 마을 이름. 이 마을 사람들은 인정도 없고 풍기도 문란하며 불통이
　　라 말하기가 어려웠다고 한다.

與其進也(여기진야) : 그가 나오는 것을 허락하다. '與'는 허여하다.

唯何甚(유하심) : 더 어찌 심하게 하겠는가? '唯'는 '더, 아, 그런데, 오로지' 등
　　여러 가지 의미를 가진 발어사다.

人潔己以進(인결기이진) : 사람이 자기 자신을 깨끗이 하고 나오다.

不保其往(불보기왕) : 그 장래(전날)의 일을 보증하지 않는다. 往을 '지난날', '전날'로 보기도 한다(皇侃).

7-29

子曰 仁遠乎哉아. 我欲仁이면 斯仁至矣니라.
자 왈 인 원 호 재   아 욕 인   사 인 지 의

통해(通解)

공자께서 말씀하셨다. "인이 멀리 있는가? 내가 인을 행하고자 하면 곧 인이 이르는 것이다."

■요지 : 인을 행함은 자신에 연유하는 것이니 멀리서 구할 것이 아니라는 것이다.

어석 · 문법

乎哉(호재) : 할 것인가? ~일까? 의문 · 감탄의 어기조사.

仁至(인지) : 인이 이르다. 인이 나에게 이르다.

7-30

陳司敗問昭公知禮乎이까. 孔子曰 知禮시니라. 孔子退커시
진사패문소공지례호   공자왈 지례   공자퇴

늘 揖巫馬期而進之 曰 吾聞君子不黨이라 하니 君子亦黨乎
읍 무 마 기 이 진 지 왈 오 문 군 자 부 당   군 자 역 당 호

아. 君取於吳하니 爲同姓이라. 謂之吳孟子라 하니 君而知禮면
군 취 어 오   위 동 성   위 지 오 맹 자   군 이 지 례

孰不知禮리오. 巫馬期以告한대 子曰 丘也幸이로다. 苟有過어
숙 부 지 례   무 마 기 이 고   자 왈 구 야 행   구 유 과

든 人必知之온여.
인 필 지 지

❧

통해(通解)

진나라 사패가 물었다. "소공은 예를 아셨습니까?" 그러자 공자께서 말씀
하셨다. "예를 아셨습니다." 공자께서 퇴출하시자 사패는 공자를 따라온 제
자 무마기에게 읍하고 그에게 다가가서 말했다. "내가 듣기로는 군자는 편
당하지 않는다고 하였는데, 군자도 속인과 마찬가지로 편당을 합니까? 노
나라익 임금이 오나라에서 처를 맞았는데 동성이므로 이를 감추기 위하여
그녀를 오맹자라 불렀습니다. 이러하니, 노나라 임금이 예를 안다면 누가
예를 알지 못하겠습니까?" 무마기가 그런 사실을 고하자 공자께서 말씀하
셨다. "나는 행복하구나! 만약 나에게 허물이 있으면 다른 사람들이 반드시
그것을 나에게 알려주는구나."

■요지 : 공자는 사패가 소공의 무례와 공자의 편당을 비판했다는 말을 무마기에
게서 듣고 기뻐하며 자신을 반성하는 태도를 보이고 있다.

어석 · 문법

陳(진) : 국명. 지금 하동성 동남 회양현에 있던 소국.

司敗(사패) : 관명. 사구(司寇). 사법장관.

昭公(소공) : 노나라 임금. 名은 稠(주). 예(禮)를 잘 아는 임금이었으나, 동성인
　　희씨(姬氏)를 아내로 맞이하고 이를 감추기 위해 오맹자(吳孟子)라 불렀다.

揖(읍) : 두 손을 가슴 앞에 모아 조금 위로 올리는 예.

巫馬期(무마기) : 공자의 문인. 姓은 巫馬. 名은 施, 字는 (子)期.

黨(당) : 서로 편들어 잘못을 감추어주는 것. 패거리를 감싸다. 편당하다.

取於吳(취어오) : 오나라에서 부인(제후의 아내)을 취했다. '取'는 '娶'와 같음.

爲同姓(위동성) : 동성이 되다. 노와 오는 주(周)를 시조로 하는 희성(姬姓)이다.

吳孟子(오맹자) : 소공의 부인 오희(吳姬)를 오맹희(吳孟姬)가 아닌 송나라 여인
　　'子氏' 성처럼 '吳孟子'로 바꾼 것이다. 주나라의 제도는 동성금혼이었으
　　므로 이를 속이기 위한 처사였다.

君而知禮(군이지례) : 임금이 예를 알다. 임금이라면 예를 알다. '而'는 가정의
　　접속사.

巫馬期以告(무마기이고) : 무마기가 이것(위의 사실)으로써 공자께 고했다. '以'는
　　'以此'.

丘也幸(구야행) : 구(공자)는 행복하다. '也'는 제시의 이기조사.

苟有過(구유과) : 진실로 잘못이 있으면. '苟'는 '진실로, 만약'.

7-31

子與人歌而善이어든 必使反之하시고 而後和之러시다.
자 여 인 가 이 선　　　필 사 반 지　　　이 후 화 지

통해(通解)

　공자께서 다른 사람과 함께 노래를 부르실 때에 그 상대가 노래를 잘 부르면 반드시 그로 하여금 다시 부르게 하시고 그런 뒤에 그를 따라 부르시었다.

■ 요지 : 음악을 애호한 공자의 모습을 기술했다.

어석 · 문법

與人歌(여인가) : 사람들과 함께 노래를 하다. '歌'는 『시경』의 '雅 · 頌'편.

必使反之(필사반지) : 반드시 그로 하여금 그것을 반복하게 하다. '使'는 '使(其人)'.

和之(화지) : 그를 따라 부르다. '之'는 '노래를 잘하는 사람'을 가리키는 대명사.

7-32

子曰 文莫吾猶人也아. 躬行君子는 則吾未之有得호라.
자 왈　문 막 오 유 인 야　　궁 행 군 자　　즉 오 미 지 유 득

통해(通解)

　공자께서 말씀하셨다. "학문은 내가 다른 사람만 같지 못하겠느냐? 그러나 군자의 도를 몸소 실천하는 경지에는 아직 이르지 못했다."

■ 요지 : 공자가 자신의 학문은 어느 정도 수준에 이르렀으나 아직 실천궁행의 경지에는 이르지 못했다고 자평하고 있다.

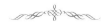

어석 · 문법

文莫吾猶人也(문막오유인야) : 학문에 있어서는 내가 남만 못하랴? '莫 ∼也'는
　　'∼을 하지 못하겠느냐?'는 반어형.

躬行(궁행) : 몸소 실천하다. 실천궁행(實踐躬行).

7-33

子曰 若聖與仁은 則吾豈敢이리오. 抑爲之不厭하며 誨人不倦은
자 왈　약 성 여 인　　즉 기 개 감　　　억 위 지 불 염　　　회 인 불 권

則可謂云爾已矣니라. 公西華曰 正唯弟子不能學也로소이다.
즉 가 위 운 이 이 의　　　공 서 화 왈　정 유 제 자 불 능 학 야

통해(通解)

　공자께서 말씀하셨다. "성과 인으로 말할 것 같으면 내가 어찌 감히 행할
수 있겠느냐? 그러나 그 도의 실행을 싫어하지 않으며, 다른 사람들에 대한
교육을 게을리하지 않고 있는 것은 곧 그렇다고 말할 수 있을 뿐이다." 그
러자 공서화가 말했다. "바로 이것이 제자들이 배울 수 없는 점입니다."

■ 요지 : 공자가 학문 수양에 힘쓰는 자신이 태도와 교육에 대한 열의만은 결코
　　남만 못지않다고 말하자 공서화가 바로 그 점을 배울 수 없다고 한탄하고 있
　　다.

어석 · 문법

若聖與仁(약성여인) : 성이나 인과 같은 것은. 성과 인으로 말할 것 같으면. 성과
　　인은. '若'은 ' ∼와 같다'라는 비교를 표시하는 말씨(조동사). '與'는 병렬을
　　표하는 접속사.

豈敢(기감) : 어찌 감히 하겠느냐? 어찌 감히 행할 수 있겠는가? 반어형. '敢'은
　　　'감히 하다'라는 동사.

抑 : 고작해야. 하나. 그러나. 역접접속사.

爲之不厭(위지불염) : 이를 실천하는데 싫증을 내지 않는다. '之'는 '성인이나 인
　　　자'의 도리를 가리킨다.

可謂云爾已矣(가위운이이의) : 그렇다고 이를 수 있을 뿐이다. '云爾'는 '위에서
　　　말한 바와 같다'는 뜻을 나타내는 관용어. '爾'는 '然也'. '已矣'는 '뿐이다,
　　　따름이다'라는 단정의 어기를 나타내는 어기조사.

公西華(공서화) : 공서적(公西赤). 字는 '子華'다.

正唯(정유) : 바로 이것이다. '唯'는 '시야(是也)'.

7-34

子疾病이어시늘　子路請禱한대　子曰　有諸아.　子路對曰　有之하
자 질 병　　　　　자 로 청 도　　　　자 왈 유 저　　　　자 로 대 왈 유 지

니　誄曰　禱爾于上　下神祇라　하더이다.　子曰　丘之禱久矣니라.
　뇌 왈　도 이 우 상　하 신 기　　　　　　　자 왈　구 지 도 구 의

통해(通解)

　공자께서 병이 중하셔서 자로가 기도를 청하자 공자께서 말씀하셨다.
"그런 특별한 선례가 있었느냐?" 자로가 대답하였다. "그런 일이 있었습니
다. 기도문에 '너의 병이 낫기 위하여 천지의 신들에게 비노라'라고 하였습
니다." 공자께서 말씀하셨다. "그런 나의 기도는 이미 오래전부터 계속되었
다."

■요지 : 공자의 병이 위중했을 때 신에게 기도하려고 한 자로에게 공자는 자신

은 평소 천지의 신에게 기도하고 있었으므로 그럴 필요가 없다고 말했다.

어석 · 문법

疾病(질병) : 심하게 병을 앓다. 병이 위중하다.

請禱(청도) : 청하여 빌다. 빌기를 청한다.

有諸(유저) : '有之乎'. 그런 일이 있었는가? 선례가 있었는가? '之'는 고례, 특별한 기원.

誄(뇌) : 신에게 행복을 비는 말. 죽은 이의 명복을 신에게 비는 글(사자에의 조사). 기도문.

禱爾于上下神祇(도이우상하신기) : 그대를 위해 천상과 지하의 신들에게 기도했다. '爾'는 이인칭대명사. '神'은 천신. '祇'는 지신.

丘之禱(구지도) : 나(공자)의 기도.

7-35

子曰 奢則不孫하고 儉則固니 與其不孫也론 寧固니라.
자 왈 사 즉 불 손　 검 즉 고　 여 기 불 손 야　 영 고

통해(通解)

　공자께서 말씀하셨다. "사치하면 다른 사람들에게 공손해 보이지 않고, 지나치게 검소하면 개인의 문제로 끝나 고루해진다. 그러니, 불손한 것보다는 차라리 고루한 것이 낫다."

■요지 : 사람은 불손한 것보다 완고한 편이 낫다고 말하고 있다.

어석 · 문법

奢(사) : 사치하다.

不孫(불손) : 공손하지 않다. 교만하다. '孫'은 遜과 같다.

儉(검) : 검소하다. 검약하다.

固(고) : 고루하다. 완고하다.

與其 ~寧(여기 ~영) : ' ~A하기보다는 차라리 B하는 것이 낫다'는 비교의 관용형. '與其'는 비교의 접속사. '寧'은 '차라리'라는 비교부사.

7-36

子曰 君子는 坦蕩蕩이요 小人은 長戚戚이니라.
자왈 군자 탄 탕 탕   소 인   장 척 척

통해(通解)

  공자께서 말씀하셨다. "군자의 마음은 항상 평온하고 너그러우며 소인의 마음은 항상 두려움과 근심으로 가득 차 있다."

■ 요지 : 군자와 소인의 마음가짐의 다른 점을 말한 것이다.

어석 · 문법

坦(탄) : 평탄하다. 평정하다. 평온하다.

蕩蕩(탕탕) : 넓고 너그럽다. 공평하고 누긋하다.

長(장) : 늘. 영구히.

戚戚(척척) : 두려워하고 근심하다.

7-37

子 溫而厲하시며 威而不猛하시며 恭而安이러시다.
자 온 이 려　　　　위 이 불 맹　　　　공 이 안

통해(通解)

　공자께서는 온화하시면서도 엄격하셨으며 위엄이 있으면서도 사납지 않으셨으며 조심성이 많으면서도 편안하시었다.

■ 요지 : 공자의 성품을 설명했다.

어석 · 문법

子(자) : 군자 또는 '子'(공자).

厲(려) : 엄숙하다. 엄격하다

恭而安(공이안) : 조심성이 많으면서도 편안하다. '恭'은 몸을 삼가는 것이고 '敬'
　　　은 마음을 삼가는 것.

제8편

태백 泰伯

태백편에는 고대 중국의 성군들에 대한
공자와 제자들의 평가,
그리고 교육에 대한 견해가 담겨 있다.
이에 덧붙여 증자의 사상도 소개되어 있다.

8-1

子曰 泰伯은 其可謂至德也已矣로다. 三以天下讓호대
자왈 태백　　기 가 위 지 덕 야 이 의　　　　삼 이 천 하 양 대

民無得而稱焉이온여.
민 무 득 이 칭 언

통해(通解)

　공자께서 말씀하셨다. "태백은 아마 지극한(최고의) 미덕을 지닌 인물이라고 말할 수 있을 만한 사람이다. 부의 뜻을 살펴 세 번이나 임금의 자리를 그 말제에게 양보했으나 백성들이 이 사실을 알지 못하여 그의 숨은 덕행에 대하여 칭송할 길조차 없었구나."

■ 요지 : 천하를 세 번 양보한 태백은 지극한 덕을 지닌 군자라는 것이다.

어석 · 문법

泰伯(태백) : 주나라 태왕의 장자. 주왕조가 세워지기 전에 주나라 군주에게는 세 명의 아들이 있었다. 아버지는 말제인 계력(季歷)을 후계자로 삼으려고 생각했으므로 장자인 태백은 아버지의 그런 뜻을 존중하여 차제인 중옹(仲雍)과 함께 남방으로 가서 오랑캐의 풍속인 단발문신(斷髮文身, 머리털을 짧게 자르고 몸에 입묵을 함)을 하고 몸을 숨겼다. 그래서 계력이 후계자가 되었다. 그 계력으로부터 2대째의 군주가 은왕조를 무너뜨리고 주왕조를 세운 무왕이다. 공자는 이 무왕의 아버지 문왕(뒤에 왕위를 추증)과 문왕의 아우인 주공을 성인으로 추앙했다.

也已矣(야이의) : 세 글자를 연용하여 단정적인 어기를 강하게 나타냈다. '~일 따름(뿐)이다'라는 단정의 어기조사.

三以天下讓(삼이천하양) : 세 번이나 천하를 양보하다. '三讓'은 '몇 번이나 고사

하다'의 뜻. '以'는 대상을 나타내는 전치사.

民無得而稱焉(민무득이칭언) : 백성들이 이(그의 숨은 덕)에 대하여 칭송할 길이
　없었구나! '得而'는 '할 수 있다'는 뜻을 표하는 조동사다. '焉'은 '於是'(이
　에 대하여)와 같다. 이때의 '是'는 대명사다. '焉'을 그냥 감탄조사로도 볼
　수도 있다. 이 구에서 공자는, 여러 번 천하를 양보하고 야만인이 된 태백
　의 지극한 덕을 알지 못하여 백성들이 그를 칭송조차 할 수 없었다고 그의
　한스러움을 토로한 것이다.

8-2

子曰 恭而無禮則勞하고 愼而無禮則葸하고 勇而無禮則亂
자 왈 공 이 무 례 즉 로　　　　신 이 무 례 즉 시　　　　용 이 무 례 즉 란

하고 直而無禮則絞니라. 君子篤於親則民興於仁하고 故舊를
　　　직 이 무 례 즉 교　　　　군 자 독 어 친 즉 민 흥 어 인　　　　고 구

不遺則民不偸니라.
불 유 즉 민 불 투

통해(通解)

　공자께서 말씀하셨다. "장상에 대하여 공손하되 그것을 표하는 예가 없
으면 수고롭고, 신중하되 그것을 표하는 예가 없으면 두렵고, 용맹하되 그
것을 표하는 예가 없으면 사회질서가 어지럽고, 정직하되 그것을 표하는
예가 없으면 너그럽지 못해진다. 군자가 친척에게 돈독하게 하면 백성들이
인의 덕을 일으키고, 옛 친구를 버리지 않으면 백성들이 각박해지지 않는
다."

■요지 : '恭·愼·勇·直'은 모두 미덕이나 예로써 제재를 하지 않으면 오히려 폐해가 된다는 것을 설명하였다.

어석 · 문법

恭而無禮則勞(공이무례즉로) : 공손하되 예가 없으면 수고로워진다. '而'는 역접 접속사. '禮'는 문화적 생활의 규범. '勞'는 힘이 들다. 고로(苦勞).

葸(시) : 겁내다. 두렵다.

絞(교) : 너그럽지 못하다. 졸라매다. 엄하다. 조금도 여유가 없다. 융통성이 없는 것.

篤(독) : 돈독하다. 후하다. 도탑다.

民興於仁(민흥어인) : 백성들이 인덕을 일으키다. '興'은 분발하여 일으킴. '於'는 전치사이나 여기서는 목적격 구조조사 구실을 하고 있다.

不遺(불유) : 버리지 아니하다.

不偸(불투) : 엷지 아니하다. 후하다. '偸'는 박(薄)과 같다.

8-3

曾子有疾하사 召門弟子曰 啓予足하며 啓予手하라. 詩云
증 자 유 질　　　소 문 제 자 왈　계 여 족　　　계 여 수　　　　시 운

戰戰兢兢하여 如臨深淵하며 如履薄氷이라 하니 而今而後에
전 전 긍 긍　　　여 림 심 연　　　여 리 박 빙　　　　　　이 금 이 후

야 吾知免夫와라. 小子아.
　오 지 면 부　　　소 자

통해(通解)

　증자께서 병이 중하시자 문하의 제자들을 불러놓고 말씀하셨다. "내 발

제8편 태백 泰伯
247

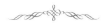

을 침구에서 꺼내보고 내 손을 꺼내봐라. 『시경』에 이르기를 '두려워하고 삼가서 깊은 연못에 임한 듯 하며 살얼음을 밟는 듯하다' 하였는데, 지금에 와서야 내가 신체발부(身體髮膚)를 훼상하지 않은 것을 알게 되었노라, 제자 들아."

■요지 : 증자가 위독했을 때, 부모로부터 받은 오체를 훼손한 적이 없었으므로 안심하고 죽는다고 기술했다.

어석 · 문법

曾子(증자) : 공자의 제자. 本名은 曾參. 字는 子輿. 공자보다 46세 연하. '子'라 는 존칭을 붙였다.

有疾(유질) : 병이 나다. 병이 깊다.

啓予足(계여족) : 나의 발을 열어보라. '啓'는 꺼내다, 펴다.

詩云(시운) : 『시경』에 이르기를. 『시경』의 소아(小雅) 소민(小旻) 제6장.

戰戰兢兢(전전긍긍) : 매우 두려워하고 조심하는 모양. 공구(恐懼). 계근(戒謹).

臨深淵(임심연) : 깊은 못에 임하다.

履薄氷(이박빙) : 살얼음을 밟다.

而今而後(이금이후) : 그러나 이제부터. 금후. 앞의 '而'는 역접이고 뒤의 '而'는 순접임.

知免夫(지면부) : 면한 것을 알았노라. 죽음으로써 신체발부의 훼상(『효경』에 나 옴)을 면하게 되었음을 알게 되었구나. '夫'는 감탄의 어기조사다.

8-4

曾子有疾이어시늘 孟敬子問之러니 言曰 鳥之將死에 其鳴也哀
증자유질　　　　　맹경자문지　　언왈 조지장사　기명야애

하고 人之將死에 其言也善이니라. 君子所貴乎道者三이니
　　인지장사　　기언야선　　　　　군자소귀호도자삼

動容貌에 斯遠暴慢矣며 正顏色에 斯近信矣며 出辭氣에
동용모　사원포만의　　정안색　사근신의　　출사기

斯遠鄙倍矣니 籩豆之事 則有司存이니라.
사원비패의　　변두지사 즉유사존

통해(通解)

　증자께서 병이 위중하시자 맹경자가 문병을 왔다. 증자께서 말씀하셨다. "새가 죽으려 할 때에는 그 울음소리가 구슬프고, 사람이 죽으려 할 때에는 그 말이 착한 것입니다. 군자가 도를 실천하는 데 있어서 소중하게 여기는 것이 세 가지가 있습니다. 몸을 움직일 때에는 사납거나 거만하지 않아야 하며, 안색을 바르게 할 때에는 신의 있게 해야 하며, 말할 때에는 비루하고 사리에 어긋나지 않아야 합니다. 그 밖에 제기를 다루는 것 같은 소소한 일은 유사가 처리하면 될 것입니다."

■ 요지 : 증자의 말─사람이 죽을 때는 선해진다고 하면서, 군자가 도에 있어서 소중히 여겨야 할 세 가지에 대하여 말하였다. 몸을 장중하게 움직이고, 안색을 신실하게 하며, 말을 조심하라는 것이다.

어석 · 문법

君子(군자) : 여기서는 위정자나 지배자.

孟敬子(맹경자) : 노나라 대부 중손씨. 字는 儀, 名은 捷(첩). 敬은 시호. 맹무백

의 아들.

鳥之將死(조지장사) : 새가 장차 죽으려 하다. '之'는 주격을 표시하는 구조조사.
　　'將'은 '장차 ~(하려고 하다)'라는 뜻을 지닌 부사.

其鳴也哀(기명야애) : 그 울음소리가 구슬프다. '也'는 어기를 고르고 뜻을 강조
　　하는 어기조사.

君子所貴乎道者(군자소귀호도자) : 군자가 도(예)에 대하여 귀하게 여기는 (바의)
　　것.

動容貌(동용모) : 몸을 움직이다. 용모는 몸가짐, 동작, 행동.

斯遠暴慢(사원포만) : 이에 사나움(난폭)과 거만(방종)함을 멀리하다.

正顔色(정안색) : 안색을 바르게 하다.

出辭氣(출사기) : 말을 하다. '辭'는 말. 언어. '氣'는 소리와 숨.

鄙倍(비패) : '鄙背'와 같다. '鄙'는 비루함이고, '倍'는 배반. 그러므로 비루하고
　　도리에 어긋남을 뜻한다.

籩豆(변두) : 죽제와 목제의 제기. 죽제에는 과일과 건육류를 담고, 목제에는 저
　　해류(菹醢類)를 담는다. 저해(菹醢)는 김치와 육장(肉醬). '籩豆'는 제기를
　　다루는 일, 구체적이고 전문적인 일을 가리킨다. 변두는 신분에 따라 사
　　용하는 수가 다르다. 천자는 26개, 군주급은 16개, 대부급은 8개다.

有司(유사) : '司'[임무 · 담당]가 있다. '司'는 전문적인 관리.

8-5

曾子曰 以能으로 問於不能하며 以多로 問於寡하며 有若無하
증자왈　이능　　　문어불능　　　이다　　문어과　　　유약무

며 實若虛하며 犯而不校를 昔者吾友嘗從事於斯矣러니라.
　실약허　　　범이불교　　석자오우상종사어사의

통해(通解)

증자께서 말씀하셨다. "유능한 사람이면서도 유능하지 않은 사람에게 물으며, 다식한 사람이면서도 과문한 사람에게 물으며, 가지고 있으면서도 없는 것같이 하며, 가득 찼으면서도 텅 빈 것같이 하며, 다른 사람이 마음을 거슬러도 따지지 않는 일을, 옛적에 내 벗(안연)이 일찍이 실천한 적이 있었다."

■ 요지 : 증자의 회고담-유능하고 다식하고 충실한 사람이었지만 나타내지 않고 항상 남을 존중한 친구(안회)가 있었다.

어석 · 문법

以能(이능) : 능력을 가지고. 능력이 있는데도 불구하고. '以'는 자격을 나타내는 전치사.

問於不能(문어불능) : 재능이 없는 이에게 묻다.

多(다) : 다문. 다식

寡(과) : 과문.

犯而不校(범이불교) : 침해를 당하여도 싸우거나 다투지 않는다. '校'는 따지다, 비교하다, 원은(怨恨)으로 보복하다, 계교(計校, 비교하여 서로 견주어보다) 하다.

友(우) : 벗. 안연을 가리킴(『집해』).

昔者(석자) : 옛적에. '者'는 시간을 나타내는 접미사.

吾友嘗從事於斯矣(오우상종사어사의) : 내 벗이 일찍이 이 일에 종사한 적이 있었다. '斯'가 가리키는 것은 '以能~不校'. '矣'는 단정의 어기조사.

8-6

曾子曰 可以託六尺之孤하며 可以寄百里之命이요 臨大
증 자 왈　가 이 탁 육 척 지 고　　　　가 이 기 백 리 지 명　　　임 대

節而不可奪也면 君子人與아. 君子人也니라.
절 이 불 가 탈 야　　군 자 인 여　　군 자 인 야

통해(通解)

증자께서 말씀하셨다. "육척의 고아인 어린 임금을 맡길 만하며, 사방 백
리나 되는 나라의 운명을 맡길 만하고, 중대한 일에 임하여 아무에게도 그
의 지조를 빼앗을 수 없는 사람이라면 군자다운 사람일까, 군자다운 사람
일 것이다."

■ 요지 : 증자의 말 – 유군(幼君)을 맡길 만하고 한 나라를 맡길 만하고 절조가 굳
은 사람은 군자다운 사람이다.

어석 · 문법

可以託(가이탁) : 의탁할 수 있다. 맡길 만하다. '可以'는 ' ~을 할 수 있다(가능),
　　할 만하다(가치), ~해도 좋다(허용)'는 뜻을 가진 조동사.

六尺之孤(육척지고) : 키가 여섯 자인 어린 고아. 어려서 부군(父君)을 잃은 군주.
　　15세 이하의 부모를 잃은 아이. 일척이 22.5cm이므로 육척은 1.35m 정도.

寄(기) : 맡기다. 기탁하다.

百里之命(백리지명) : 백 리 사방의 제후의 영지. 운명. 국운. '命'을 정령(政令)으
　　로 보기도 한다.

大節(대절) : 생사와 국가의 존망에 관한 큰 일. 대변. '危急存亡之際'.

不可奪(불가탈) : 지조나 절개를 빼앗을 수 없다.

與(여) : 한 번 의심하고 가볍게 단정하는 어기조사. 추측의 어기조사. 그럴까
　　(여). 그럴 것이다.

8-7

曾子曰 士不可以不弘毅니 任重而道遠이니라. 仁以爲己任이
증자왈 사 불가이불홍의　　임중이도원　　　인이위기임

니 不亦重乎아. 死而後已니 不亦遠乎아.
불역중호　　　사이후이　　불역원호

통해(通解)

　증자께서 말씀하셨다. "선비는 도량이 넓고 의지가 강하지 않으면 안 된
다. 그 책임이 막중하고 길이 멀기 때문이다. 인의 실행을 자기의 책임으로
여기니 어찌 무겁지 않겠느냐? 죽은 후에야 이 일이 끝나니 어찌 멀지 않겠
느냐?"

■요지 : 증자의 말 – 인도의 실현을 일생의 임무로 하는 선비는 도량이 넓고 의
　지가 강고하지 않으면 아니 된다.

어석 · 문법

士不可以不弘毅(사불가이불홍의) : 선비라고 하는 것은 반드시 도량이 넓고 의지
　　가 강하지 않을 수 없다. '사(士)'는 사대부의 계급. 학문을 하고 임금을 섬
　　기며 남을 다스리는 지위에 있는 사람. '弘'은 마음이 넓고 도량이 큰 것.
　　'毅'는 의지가 굳고 강한 것. '不~不'은 이중부정으로 긍정의 강조 구법.

특수 연구 19 – '이중 부정'의 용법

　이중부정은 강한 긍정의 표현이다.
　1. "無不~" "莫不~"
　　無不讀(읽지 않은 것은 없다.)
　　放辟邪侈 無不爲已(나쁜 것이 아니라면 하지 않을 것은 없다)

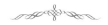

2. "無~ 不~"

無書不讀(읽지 않은 책이 없다.)

3. "莫~ 不~"

莫行不可(무엇을 행해도 할 수 없는 것은 없다. 잘 할 수 있다.)

4. "未不~"

未嘗不讀(지금까지 한 번도 읽지 않은 것은 없다.)

5. "不可不~"

不可不讀(읽지 않으면 아니 된다.)

任重而道遠(임중이도원) : 임무는 무겁고 길은 멀다. '任'은 임무, 책임. '道'는 도
정(道程).

仁以爲己任(인이위기임) : 인을 자기의 임무로 여기다. '仁以'는 以仁의 도치.

不亦重乎(불역중호) : 또한(어찌) 막중하지 아니한가? 반어형.

不亦遠乎(불역원호) : 또한(어찌) 멀지 아니한가? 반어형.

死而後已(사이후이) : 죽음에 이르고 난 후에야 끝나다. '而'는 순접. '已'는 끝나다.

8-8

子曰 興於詩하며 立於禮하며 成於樂이니라.
자왈 흥 어 시   입 어 례   성 어 악

통해(通解)

공자께서 말씀하셨다. "나는 시를 통하여 마음을 일으켰고, 예를 통하여
행동의 규준을 확립했고, 음악을 통하여 인격을 완성했다."

■요지 : 시와 예와 음악의 세 가지가 중요한 교양이다.(수양의 과정도 된다.)

어석 · 문법

興於詩(흥어시) : 시로써 마음을 흥기시키다. '詩'는 『시경』에 수록된 시. 그 시들
　　에는 자연의 풍물, 인생의 희비, 정치에 대한 찬미나 풍자 등이 노래되어
　　있고, 순진 소박한 인간의 감정이 그대로 나타나 있다. 『시경』의 시를 합
　　창함으로써 마음을 넓게 흥기시키는 것이 바로 '흥(興)'이다.

立於禮(입어례) : 예로써 행동의 규준을 확립하다. '於'는 '~로써', '~에 근거하
　　여'. 수단 · 방법을 표시하는 전치사. '以'와 같다.

成於樂(성어악) : 음악으로써 인격을 완성시키다.

8-9

子曰 民은 可使由之요 不可使知之니라.
자 왈 민　　가 사 유 지　　불 가 사 지 지

통해(通解)

　공자께서 말씀하셨다. "위정자는 백성들로 하여금 도나 이치를 따르게
할 수는 있고, 그들로 하여금 그 도나 이치를 완전히 이해하게 할 수는
없다."

■요지 : 백성에게는 도리(이치, 정책)의 당연함을 그저 따르게 할 수밖에 없다.

어석 · 문법

可使由之(가사유지) : 그들로 하여금 그것(도리 또는 정책)을 행하게 하다. '由'는
　　'따르다, 본받다, 쓰다, 행하다'라는 동사. '之'는 일반적인 것을 가리키는
　　대명사. 곧, 도 같은 것.

不可使知之(불가사지지) : 그들로 하여금 그것(정책의 의의나 목적 등)을 알게 할

수 없다.

8-10

子曰 好勇疾貧이 亂也요 人而不仁을 疾之已甚이 亂也니라.
자 왈 호 용 질 빈   난 야   인 이 불 인   질 지 이 심   난 야

통해(通解)

공자께서 말씀하셨다. "용기를 좋아하고 가난한 것을 싫어함이 난을 일으키고, 다른 사람이 어질지 않다고 하여 그것을 미워함이 너무 심한 것이 난을 일으키게 한다."

■ 요지 : 용맹(勇猛)을 좋아하고 가난을 싫어함이나 너무 불인(不仁)을 미워함에서 난이 일어난다는 것이다.

어석 · 문법

疾貧(질빈) : 가난을 싫어하다. '疾'은 미워하다. 증오하다.

亂(난) : 질서를 파괴하다. 난동을 부리다. 작난. 난을 일으키다.

疾之已甚(질지이심) : 그것을 미워하기를 너무 심하게 하다. '之'는 '人而不仁'을
　　　가리키는 대명사.

8-11

子曰 如有周公之才之美오도 使驕且吝이면 其餘不足觀也已
자왈 여유주공지재지미   사교차린   기여부족관야이

니라.

⚜

통해(通解)

　공자께서 말씀하셨다. "만약 주공의 재주와 솜씨와 같은 아름다움을 지
니고 있어도 가령(만일) 교만하고, 또 인색하다면 그 나머지는 더 볼 것이 없
을 것이다."

■요지 : 교만하고 인색한 사람은 군자가 아니다.

어석 · 문법

如(여) : 만일. 만약. 양보를 표시하는 접속사.

周公(주공) : 주 문왕의 아들. 주공단. 노나라의 시조.

才之美(재지미) : 재능의 훌륭함. '之'는 관형적 구조조사.

使(사) : '가사'. 만약. 가정이나 조건을 표시하는 접속사.

驕(교) : 교만. 자만. 오만.

吝(인) : 인색.

其餘不足觀也已(기여부족관야이) : 그 나머지는 볼 만한 것이 없다. '足'은
　　'~할 만하다'라는 뜻의 조동사. '也已'는 '~뿐이다'라는 강한 단정
　　의 어기조사.

8-12

子曰 三年學에 不至於穀을 不易得也니라.
자왈 삼 년 학 부 지 어 곡 불 이 득 야

통해(通解)

　공자께서 말씀하셨다. "삼 년이나 배우고도 녹봉(사관, 벼슬길에 나감)에 뜻을 두지 않는 사람을 얻기란 쉽지 않다."

■요지 : 너무 빨리 관도에 뜻을 두는 것을 경계한 것이다.

어석 · 문법

三年(삼년) : 3년을 1기로 하여 배움. 여러 해.

穀(곡) : 식록. 봉록. 『집해』에서는 '善'으로 보았다.

不至(志)於穀(부지(지)어곡) : 봉록에 이르지(뜻을 두지) 않다.

不易得也(불이득야) : 얻기가 쉽지 않다. '也'는 단정의 어기조사.

8-13

子曰 篤信好學하며 守死善道니라. 危邦不入하고 亂邦不居하
자왈 독 신 호 학 수 사 선 도 위 방 불 입 난 방 불 거

며 天下有道則見하고 無道則隱이니라. 邦有道에 貧且賤焉이
천 하 유 도 즉 현 무 도 즉 은 방 유 도 빈 차 천 언

恥也며 邦無道에 富且貴焉이 恥也니라.
치 야 방 무 도 부 차 귀 언 치 야

통해(通解)

공자께서 말씀하셨다. "정도를 독실하게 믿고 배우기를 좋아하며, 죽음으로써 절조를 지키고, 도를 힘써 구현하라. 위태로운 나라에는 들어가지 말고 어지러운 나라에서 살지 말며, 천하에 도가 있으면 나타나고 도가 없으면 숨어버린다. 나라에 도가 있는데 가난하고 또 천한 것은 수치이며, 나라에 도가 없는데 부하고 또 귀한 것은 수치이다."

■요지 : 군자는 학문을 좋아하고, 사람으로서의 바른 도리를 지키며 출처진퇴를 깨끗하고 분명히 해야 한다는 것을 강조하고 있다.

어석 · 문법

篤信(독신) : 사람으로서 실천해야 할 바른 도리를 돈독하게 믿다. 깊이 믿다. 학문의 효용을 확신하다.

守死(수사) : 죽음으로써 절조를 지키다. 목숨을 걸고 절개를 지키다. '死'는 '守'의 보어다.

善道(선도) : 도를 잘 실천하다. 도덕 향상에 노력하다. 도를 충분히 구현하다.

危邦(위방) : 위태로운 나라. 국운이 기울고 어지러운 나라. '危'는 장차 난이 일어날 징조(『집해』).

有道則見(유도즉현) : 도리가 행해지고 있으면 나타나 사회 참여를 하다. '見'은 세상에 나와 관리가 되는 것. '見'은 '現'과 같다.

焉(언) : 어조를 조절하는 무의미한 어기조사.

8-14

不在其位하얀 **不謀其政**이니라.
부 재 기 위　　불 모 기 정

통해(通解)

공자께서 말씀하셨다. "그 지위에 있지 아니하고서는 그 정사를 도모하지 않을 것이다."

■요지 : 무책임한 비평이나 말참견은 하지 말아야 한다는 경계의 말씀이다.

어석·문법

其位(기위) : 그의 지위. 자신의 위치. '其'는 일반적인 사람.

其政(기정) : 그 정무. 그 정치.

謀(모) : 일을 꾀하다. '圖也'.

8-15

師摯之始에 關雎之亂이 洋洋乎盈耳哉라.
사 지 지 시   관 저 지 란   양 양 호 영 이 재

통해(通解)

공자께서 말씀하셨다. "주왕조의 악관 지가 관직을 맡은 초기에 연주한 관저지란(〈관저〉의 종장)의 음률이 장대하고 화려하여 지금도 귀에 가득 남아 있구나!"

■요지 : 대악사 지가 초기에 연주한 「관저」 종장의 난조자(亂調子)는 참으로 성대하고 아름다워 지금도 귓가에 남아 있다는 것이다.

어석·문법

師(사) : 악사장.

摯(지) : 노나라의 악사장. 계환자(季桓子)가 제나라의 여악을 받아들이자 제나라로 떠남.

初(초) : 처음에. 전주(악곡의 도입 부분). 서주(序奏).

關雎之亂(관저지란) : 『시경』의 처음에 나오는 시 「관저」의 졸장(종장)인 '亂'의 조자(음률). 「관저편」은 문왕과 그 후비(后妃)의 성덕(盛德)을 읊은 시이다.(「위풍」이나 「정풍」은 속악이나 「관저」는 정악이었다.)

洋洋乎(양양호) : 성대하고 아름다운 모양. '乎'는 형용사화 접미어.

盈耳(영이) : 귀에 가득 남아 있다. 귀를 채우다.

8-16

狂而不直하며 侗而不愿하며 悾悾而不信을 吾不知之矣로라.
광 이 부 직　　　통 이 불 원　　　공 공 이 불 신　　오 부 지 지 의

통해(通解)

　공자께서 말씀하셨다. "뜻이 높으나 강직하지 않으며, 무지하나 성실하지 않으며 미련하나 신실하지 않은 사람을 나는 어떻게 평가해야 할지 모르겠다."

■ 요지 : 사람이 단점만 있고 장점이 없다면 좋게 평가할 수 없다는 것을 말하고 있다.

어석 · 문법

狂而不直(광이부직) : 뜻이 크나 강직하지 않다. '狂'은 '지대(志大)하다' 또는 '열광적이다'라는 뜻이다.

侗而不愿(통이불원) : 무지하나 성실하지 않다. '侗'은 어리석은 것, 무지한 것.

'愿'은 조심성이 많은 것, 신중한 것.

悾悾而不信(공공이불신) : 무능하나 신실하지 않다. '悾'은 '誠'과 같다.(『正義』)

不知之矣(부지지의) : 그것을 알지 못하겠다. 그에 대해서는 어떻게 해야(평가해야) 좋을지 모르겠다. '之'는 '狂而~不信'까지를 가리킨다. '矣'는 단정의 어기조사.

8-17

學如不及이요 猶恐失之니라.
학 여 불 급　　유 공 실 지

통해(通解)

공자께서 말씀하셨다. "배울 때는 따라가지 못할 것같이 열심히 하고, 그래도 역시 학문의 목표와 방법을 잊을까 두려워해야 한다."

■요지 : 공자의 권학의 말이다. 부지런히 노력하라는 것.

어석 · 문법

學如不及(학여불급) : 배움은 도망가는 것을 아무리 뒤따라가도 잡지 못하는 것 같은 마음으로 열심히 노력해야 한다. '如'는 '～와 같이 하다'라는 동사.

猶恐失之(유공실지) : 오히려 그것(학문의 목표와 방법)을 잃을까 염려하다. '猶'는 '그래도 역시'의 뜻.

8-18

巍巍乎라. 舜禹之有天下也 而不與焉이여.
외 외 호   순 우 지 유 천 하 야 이 불 여 언

통해(通解)

공자께서 말씀하셨다. "참으로 위대하시다! 순임금과 우임금께서는 천하를 차지하시고도 정사를 훌륭한 사람들에게 맡기고 이에 관여하지 않으셨음이여."

■ 요지 : 순과 우는 천하를 다스림에 직접 스스로 관여하지 않아 위대하다는 것이다.

어석 · 문법

巍巍(외외) : 높고 크도다. '乎'는 감탄의 어기조사.

舜禹之有天下也而不與焉(순우지유천하야이불여언) : 순임금과 우임금이 천하를 차지하고도 이것(정사)에 관여하지 않은 것. '之'는 주격을 나타내는 구조조사. '也'는 강조의 어기조사. '而'는 역접. '不與'는 관여하지 않다. '焉'은 於是(어시)와 같다.

8-19

子曰 大哉라. 堯之爲君也여. 巍巍乎唯天이 爲大어시늘
자 왈 대 재   요 지 위 군 야   외 외 호 유 천   위 대

唯堯則之하시니 蕩蕩乎民無能名焉이로다. 巍巍乎其有成功也
유 요 칙 지   탕 탕 호 민 무 능 명 언   외 외 호 기 유 성 공 야

여. 煥乎其有文章이여.
환 호 기 유 문 장

통해(通解)

공자께서 말씀하셨다. "위대하시도다, 요께서 임금 되심이여! 높고도 크
도다, 오직 하늘이 광대한 것인데 오직 요임금만이 그것을 본받으셨다. 넓
고 아득하도다, 그 큰 공덕을 백성들이 무어라 이름 붙일(칭송할) 수 없구나!
높고 크도다, 그 공을 이룸이 있음이여! 빛나도다, 그 문화가 있음이여!"

■요지 : 요의 천자로서의 위대성을 말한 것이다.

어석 · 문법

大哉(대재) : 대단히 크도다! '哉'는 감탄의 어기조사.

堯之爲君也(요지위군야) : 요가 임금 되심이여. '之'는 주격의 구조조사. '也'는
　　감탄의 어기조사.

唯堯則之(유요칙지) : 오직 요임금만이 그것을 본받다. '則'은 '본받다'는 동사.
　　'之'는 '하늘의 큼'을 가리킴.

蕩蕩乎(탕탕호) : 가없이 넓도다. 광원하다. 넓다. 광대하다.

名(명) : 이름 짓다. 칭송하다. 전성동사다. 말로 표현하다. 형언하다.

煥乎(환호) : 빛나도다. 찬란하도다. '乎'는 감탄의 어기조사.

文章(문장) : 문화. 문물제도. 문물과 전장(典章, 제도 · 규칙 · 법칙).

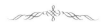

8-20

舜이 有臣五人而天下治하니라. 武王이 曰 予有亂臣十
순　유신오인이천하치　　　무왕　왈 여유난신십

人호라. 孔子曰 才難이 不其然乎아. 唐虞之際於斯爲盛
인　　공자왈 재난　불기연호　　당우지제어사위성

하나 有婦人焉이라 九人而已니라. 三分天下에 有其二하사
유부인언　　구인이이　　삼분천하　　유기이

以服事殷하시니 周之德은 其可謂至德也已矣로다.
이 복 사 은　　　주 지 덕　　기 가 위 지 덕 야 이 의

통해(通解)

　옛날 순임금께서는 어진 신하 다섯 사람을 두셔서 천하가 잘 다스려졌다. 무왕이 말씀하셨다. "나에게는 훌륭한 신하 열 명이 있다." 이에 대하여 공자께서 말씀하셨다. "옛말에 '인재 얻기가 어렵다'고 했는데 어찌 그렇지 않겠느냐? 당우(요순) 시대 이후로 이때(무왕대)에 인재가 성했지만 부인이 끼어 있으므로 남자는 아홉 사람뿐이었다. 천하를 셋으로 나누어 그 둘을 차지했으면서도 복종하여 은나라를 섬겼으니 주나라의 덕은 아마 (틀림없이) 지극한 덕이라고 말할 수 있을 뿐이다."

■요지 : 주초의 역사에 대한 논평이다.

어석 · 문법

舜有臣五人(순유신오인) : 순임금의 명신 5인. 우(禹, 치수) · 직(稷, 농경) · 설(契,
　　문교) · 고요(皐陶, 사법) · 백익(伯益, 수렵).
武王(무왕) : 주문왕의 아들. 은나라의 주왕(紂王)을 쳐서 주나라를 세웠다.
亂臣十人(난신십인) : 난신(治臣) 10인. 주공단(周公旦) · 소공석(召公奭) · 태공망

(太公望) · 필공(畢公) · 영공(榮公) · 태전(太顚) · 굉요(閎夭) · 산의생(散宜
生) · 남궁괄(南宮适) · 태사(太似, 문왕의 후). 상대 쪽에선 난신이나 내 쪽
에선 치신이다. 난(亂)을 治(치)로 보는 이런 상반 해석을 반훈(反訓)이라
한다.

才難(재난) : 인재는 구하기가 어렵다.

不其然乎(불기연호) : 어찌 그렇지 아니한가? '其'는 어찌. 반어형.

唐虞之際(당우지제) : 당요와 우순 이후. 곧 요임금과 순임금 이후. '際'는 이후
(『論語正義』). '사이'로 보는 설도 있다.

於斯爲盛(어사위성) : 이때(주대)에 가장 성하다. '盛'은 많다는 뜻. '於'를 '~보
다'로 해석하는 설도 있다.

三分天下有其二(삼분천하유기이) : 천하를 셋으로 나누어 그 둘(3분의 2)을 차지
하다. 은나라의 한 제후인 희창(姬昌, 문왕)은 지극한 도덕으로 9주 가운데
6주(형주 · 양주 · 옹주 · 예주 · 서주 · 양주)의 지지를 받았다. 아직 은나라의
주왕에게 귀속되어 있는 것은 겨우 청주 · 연주 · 기주의 세 주뿐이었다.

以服事殷(이복사은) : 그러면서도 은나라를 복종하여 섬기다. '以'는 역접의 '而'
와 같다.

其可謂至德也已矣(기가위지덕야이의) : 아마 지덕이라고 이를 수 있을 따름이
다. '其'는 아마. '可'는 가능의 조동사. '也已矣'는 也(단정)+已(한정)+矣(단
정)로 된 강한 단정의 어기조사.

8-21

子曰 禹는 吾無間然矣로다. 菲飮食而致孝乎鬼神하시며
자 왈 우   오 무 간 연 의   비 음 식 이 치 효 호 귀 신

惡衣服而致美乎黻冕하시며 卑宮室而盡力乎溝洫하시니 禹는
악 의 복 이 치 미 호 불 면   비 궁 실 이 진 력 호 구 혁   우

吾無間然矣로다.
오 무 간 연 의

통해(通解)

공자께서 말씀하셨다. "우는 내가 흠잡을 데가 없구나. 음식을 간략히 하
시고 조상 제사에 효성을 다하셨고, 의복은 허술하게 입으셨고 불면(앞치마
와 관)에는 아름다움을 다하셨으며, 궁실은 조졸하게 하시되 수로사업에 힘
을 다하셨으니 우임금은 내가 흠잡을 데가 없구나."

■요지 : 우(禹)의 덕성을 찬미하였다.

어석 · 문법

禹(우) : 하(夏)나라를 세운 왕. 순(舜)임금의 5현신 중 1인. 아버지 곤(鯀)에 이어
　　　치수로 공을 세웠다. 순의 선양으로 제위에 오름.

無間然(무간연) : 결점이 없다. 틈이 없다. 비난할 데가 없다. '間'은 다르게 여기
　　　다, 나무라다, 흠잡다 등의 뜻을 지닌 동사. '然'은 단정을 표시하는 어기
　　　조사.

菲(비) : 간략하게 하다. 박하게 하다. '간소하게 먹게 하다'라는 사역동사다.

致孝乎鬼神(치효호귀신) : 귀신 (선조에 대한 제사)에게 정성을 다하다. 효를 다
　　　하다.

黻冕(불면) : 제복. '黻'(불)은 제복의 앞치마로 적색이다. '冕'(면)은 관 위 전후에

붙인 긴 판(板)으로 앞이 낮고 뒤가 높다. 고로 '敝冕'은 칠갑(膝甲, 가죽으로 된 무릎 덮개)과 면류관(임금이 쓰는 관)을 이른다.

溝洫(구혁) : 전답 사이의 수로(水路). 백성의 생업을 비유한 것이다.

제9편

자한 子罕

자한편에서는 공자의 덕행을 주로 논했다.
이익보다는 운명과 인(仁)을
최고의 도덕으로 생각해야 한다는 첫 장을 비롯하여
'후생가외(厚生可畏)',
'자기만 못한 자를 벗하지 말고 허물이 있으면 고치라' 등
주옥같은 명언들이 많다.

9-1

子는 罕言利하시며 與命하시며 與仁이러시다.
자　　한언이　　　여명　　　　여인

통해(通解)

　공자께서 이따금 이를 말씀하셨는데 그때에는 명에 대해서 함께 말씀하셨고 인에 대해서도 함께 말씀하셨다.

■ 요지 : 공자께서는 이(利)를 말씀하시는 일이 드물었는데 그때는 명과 인도 함께 말씀하셨다.

어석 · 문법

罕(한) : 드물다. 거의 없다.

利(이) : 이익. 영리. 복록.

與命(여명) : 명과 함께하다. '與'는 '함께하다'라는 동사다. '命'은 운명, 천명, 사명의 뜻. '與'를 접속사 '와/과'로 해석할 수도 있다.

仁(인) : 인간애를 중심으로 하는 최고의 도덕.

9-2

達巷黨人이 曰 大哉라 孔子여. 博學而無所成名이로다.
달 항 당 인   왈 대 재   공 자   박 학 이 무 소 성 명

子聞之하시고 謂門弟子曰 吾何執고. 執御乎아. 執射乎아.
자 문 지   위 문 제 자 왈 오 하 집   집 어 호   집 사 호

吾執御矣로리다.
오 집 어 의

통해(通解)

달항이라고 하는 지역의 사람이 말했다. "위대하구나, 공자여! 박학하시
지만 명성을 이룬 바가 없구나." 공자께서 그 말을 들으시고 문하의 제자들
에게 말씀하셨다. "(명성을 얻기 위하여) 나는 무엇을 전문으로 할까? 마부 노
릇을 할까? 궁수 노릇을 할까? 나는 마부 노릇을 해야겠다."

■요지 : 공자는 당인의 찬미를 듣고 문인들에게 겸손하게 수레나 몰겠다고 말씀
하였다는 것이다.

어석 · 문법

達巷黨人(달항당인) : 달항당 사람. 달항이라는 마을 사람. '黨'은 오백 가호의
마을.

無所成名(무소성명) : 이름(명성)을 이룬 바가 없다. 예 · 악 · 사 · 어 같은 어떤
기예에도 두각을 나타내지 못했다.

吾何執(오하집) : 내가 무엇을 잡을까? 어떤 부분을 맡아 이름을 낼까? '執'은 '전
문으로 하다'의 뜻.

御(어) : 말고삐. 수레를 모는 기술. 예 · 악 · 사 · 어 중 최하위. 마부.

射(사) : 궁술. 활을 쏘는 기술. 궁수.

9-3

子曰 麻冕이 禮也어늘 今也純하니 儉이라 吾從衆호리라.
자왈 마 면　　예야　　금 야 순　　검　　오 종 중

拜下禮也어늘 今拜乎上하니 泰也라 雖違衆이나 吾從下호리라.
배 하 예 야　　금 배 호 상　　태 야　　수 위 중　　오 종 하

통해(通解)

공자께서 말씀하셨다. "검은 삼베로 만든 면류관이 예법에 맞는데 오늘날은 생사로 만든 갓을 쓰니 검소하다. 나는 대중이 하는 대로 (시속을) 따르겠다. 임금님에게는 대청 아래에서 절하는 것이 예(고례)인데 오늘날은 대청 위에서 절을 하니 교만하다. 비록 대중의 방식(시속)에 어긋나더라도 나는 정례대로 대청 아래에서 절하는 방식을 따르겠다."

■ 요지 : 예법이란 통례를 따를 수도 있지만, 원리나 원칙을 따르는 게 좋다는 것이다.

어석 · 문법

麻冕(마면) : 삼실로 만든 면관(冕冠). 제사 때 쓰는 관이다.

禮也(예야) : (옛날의) 예이다. '也'는 어기를 고르는 어기조사.

今也純(금야순) : 지금은 검은 명주로 만든 갓을 쓴다. '也'는 어세를 강하게 하는 어기조사. '純'은 견사(絹絲). 명주실.

儉(검) : 검약. 절약.

拜下(배하) : 대청 아래에서 절하다. '拜乎下'와 같다.

今拜乎上(금배호상) : 지금은 대청 위에서 절하다.

泰也(태야) : 오만하다. 교만하다. '乎'는 '於'와 같다.

吾從下(오종하) : 나는 대청 아래서 절하는 법을 따른다. '下'는 '拜下'를 말한다.

9-4

子絶四러시니 **毋意毋必毋固毋我**러시다.
자 절 사　　　 무 의 무 필 무 고 무 아

통해(通解)

　공자께서는 네 가지를 끊으시었다. 사의가 없으셨으며, 기어코 그렇다고 단언하지 않으셨으며, 고집하지 않으셨으며, 아집을 부리시지 않으시었다.

■요지 : 공자는 '意'(억측) · '必'(기필) · '固'(고집) · '我'(독존)의 네 가지를 끊었다.

어석 · 문법

絕(절) : 끊어버리다. 근절하다.

毋(무) : '無'. 없다.

意(의) : 사의. 자의. 억측.

必(필) : 기필코 (그렇다고 단언하다).

固(고) : 고집. 집착.

我(아) : 자기만을 내세우는 것. 아집. 유아독존. 이기적인 것.

9-5

子畏於匡이러시니 曰 文王이 旣沒하시니 文不在茲乎
자 외 어 광　　　　　　왈 문 왕　　기 몰　　　　　문 부 재 자 호

아. 天之將喪斯文也신댄 後死者 不得與於斯文也어니와
　　천 지 장 상 사 문 야　　　　사 후 자 부 득 여 어 사 문 야

天之未喪斯文也시니 匡人이 其如予에 何리오.
천 지 미 상 사 문 야　　　　광 인　　기 여 여　　하

통해(通解)

　공자께서 광(匡) 땅에서 두려운 일이 있었을 때 말씀하셨다. "문왕이 이미 돌아가셨지만 그가 남긴 문화(예악 문물)가 여기에(나에게) 전해져 있지 않으냐? 하늘이 이 전통문화를 없애려 하셨다면 뒤에 죽을 내가 이 문화에 참여할 수 없었을 것이며, 하늘이 아직 이 문화를 없애려 하지 않으셨으니 광인이 앞으로 나 같은 사람을 어찌하겠느냐?"

■요지 : 광(匡)에서 위난을 당했던 공자가 자신이 문왕의 도를 이어받고 있으므로, 천명을 받고 있는 한, 어떤 사람도 자기를 해칠 수 없다고 자신 있게 말하고 애제자들을 위로 격려한 것이다.

어석 · 문법

匡(광) : 위 나라의 지명.

文王(문왕) : 주왕조를 연 천자. 서백(西伯). 姓은 姬, 名은 昌, 文王은 시호다. 주의 정치, 문화의 기초를 구축한 천자라고 하는 것에서 이러한 시호가 붙여졌다. 공자가 태어난 노나라는 주공의 아들 백금(伯禽)이 봉해진 나라이다.

旣沒(기몰) : 이미 죽다.

文(문) : 문왕이 구축한 문화. 예악과 문물. 전통문화.

不在玆乎(부재자호) : 여기에 전해져 있지 않은가, 틀림없이 전해져 있을 것이
　　　다. '玆'는 여기. 내 몸. 공자 자신을 가리킨다. '乎'는 반어의 어기조사.

喪(상) : 없애다.

斯文(사문) : (문왕이 구축한) 이 문화.

後死者(후사자) : 문왕보다 뒤에 죽을 자. 공자 자신을 가리킴.

不得與於斯文也(부득여어사문야) : 이 문화에 참여할 수 없다. '得'은 가능의 조
　　　동사다. '於'는 전치사. '與'는 '참여하다, 전통을 같이 나누어 갖다'의 뜻.
　　　'也'는 단정의 어기조사.

匡人(광인) : 광 땅의 사람. 공자는 일찍이 광 땅에서 광인에게 포위된 일이 있었
　　　다. 그것은 양호(陽虎)라는 난폭지가 광을 어지럽게 한 적이 있었는데, 공자
　　　의 용모가 양호와 닮았기 때문에 뜻하지 않게 재액을 당했던 것이다. 위급한
　　　상황이었음에도 불구하고 공자는 의연히 자신의 신념을 천명했던 것이다.

其(기) : 장차 ～을 하려 하다.

如子何(여여하) : 나를 어찌하겠는가?

9-6

大宰問於子貢曰 夫子는 聖者與아. 何其多能也오. 子貢
태 재 문 어 자 공 왈　부 자　성 자 여　하 기 다 능 야　　자 공

이 曰 固天縱之將聖이시고 又多能也시니라. 子聞之하시고
　왈 고 천 종 지 장 성　　우 다 능 야　　　　자 문 지

曰 大宰知我乎인저. 吾少也에 賤故로 多能鄙事호니 君子는
왈 태 재 지 아 호　　오 소 야　천 고　다 능 비 사　군 자

多乎哉아. 不多也니라. 牢曰 子云 吾不試故로 藝라 하시니라.
다 호 재　부 다 야　　뇌 왈 자 운 오 불 시 고　예

논 어

276

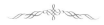

통해(通解)

태재가 자공에게 물었다. "선생님은 성자이신가? 어찌 그리도 재능이 많으신가요?" 자공이 말했다. "진실로 하늘이 그분을 인정(용허)하여 장차 성인이 되게 하시고 또 다재다능하게 하신 것입니다." 공자께서 이를 들으시고 말씀하셨다. "태재가 나를 아는구나. 내가 젊어서 미천했기 때문에 비천한 일에 능력이 많았으니, 군자는 일을 잘하는 능력이 많은가? 많지 않은 것이다." 뇌(琴牢)가 말했다. "선생님께서 '내가 세상에 등용되지 않았으므로 여러 가지 재주를 익혔다'.라고 말씀하셨었다."

- 요지 : 자공이 공자의 성인으로서의 가치는 그 덕에 있는 것이며 다능함에 있는 것이 아니라고 말하자, 공자는 미천한 일에 다능한 자신을 인정하고 동시에 그 원인을 설명하고 있다. 결국 자기는 군자가 못 된다는 것을 겸허하게 표현한 말이다.

어석 · 문법

大宰(태재) : 재상. 吳나라의 태재비(대재비)라고 함. '大'와 太는 같음.

何其多能也(하기다능야) : 어째서 그렇게 능력이 많은가? '其'는 어세를 강하게 하는 어기조사. '也'는 의문을 표시하는 어기조사.

固天縱之將聖(고천종지장성) : 진실로 하늘이 그를 인정(용허)하여 장차 성인이 되게 하였다. '固'는 '진실로, 참으로, 본디'라는 뜻의 부사. '縱'은 풀어놓다. 놓아두다. 용허하다. 마음껏 뻗어나가게 하다. 제 마음대로 하게 내버려두다. '將'은 '장차 ~이 되게 하다'의 뜻. '거의'(殆)라는 뜻도 있다.(『집주』). 또 '將聖'을 '大聖'으로 보기도 한다.(장기근(張基槿)의 『논어』)

吾少也賤(오소야천) : 나는 젊어서 비천했다. '也'는 강의(强意)의 어기조사.

故多能鄙事 : 그러므로 비천한 일을 하는 능력이 많았다. '故'는 인과를 표하는 접속사. '비사(鄙事)'는 미천한 일. 잡사.

君子多乎哉 : 군자는 일을 잘하는 능력이 많은가? '乎哉'는 의문 · 감탄의 어기조사.

牢(로)뢰〉뇌) : 공자의 제자. 姓은 琴, 名은 牢(뇌). 字는 子開 또는 子張. 위나라
　　사람.

試(시) : '用'과 동일함. 쓰이다. 등용되다.

9-7

子曰 吾有知乎哉아. 無知也로라. 有鄙夫問於我호대
자 왈　오 유 지 호 재　　　무 지 야　　　유 비 부 문 어 아

空空如也라도 我叩其兩 端而竭焉하노라.
공 공 여 야　　　아 고 기 양　단 이 갈 언

통해(通解)

　공자께서 말씀하셨다. "내가 아는 것이 있느냐? 나는 아는 것이 없다. 무
지한 사람이 나에게 물어왔을 때 그 말이 아무것도 아닌 것이라 하더라도
나는 그 질문의 두 끝(本末)을 두드려 성의껏 밝혀줄 것이다."

■요지 : 공자는 자기가 지혜 있는 사람은 아니지만, 무식한 사람이라도 도를 물
　어오면 정성을 다하여 말해주겠다고 말하고 있다.

어석 · 문법

有知乎哉(유지호재) : 아는 것이 있는가? '知'는 지식, 지혜. '乎哉'는 의문을 표
　　시하는 어기조사.

鄙夫(비부) : 비천한 사람. 무지한 사람.

空空如(공공여) : '悾悾如'와 같다. 아무것도 아니다. 머릿속이 텅 비다. 어리석
　　은 모양. '如'는 형용사화 접미사(형용사로 만드는 접미사). 고주(古註)에는
　　'조심스럽고 정성스럽다'는 해석도 보인다(集疏).

특수 연구 20 - 주석서(註釋書)

글의 내용을 알기 쉽게 풀이하는 것을 주석 또는 주해(註解)라 한다. 그러므로 이러한 작업을 통해서 나온 책을 주석서 또는 주해서라 한다. 『논어』에 대한 주석 또는 주해는 일찍부터 행해져왔지만 현전하는 가장 오래된 주석서는 위(魏)나라 하안(何晏)의 『論語集解』다. 이것이 고주(古註)를 대표하는 주석서다. 남송대에 주자가 낸 『論語集解』는 신주(新註)를 대표하는 주석서다. 이러한 주석서들을 간명하게 정리해보면 다음과 같다.

1. 위(魏) : 하안(何晏) 『論語集解』 10卷 – 古註
   ○ 전래의 주석을 모았으므로 『집해(集解)』라 불렀다. 사실의 해석을 중시한 주석서다. 노장적(老莊的) 색채가 얼마간 배어 있다는 평가다.

2. 양(梁) : 황간(黃侃) 『論語義疏』 10卷
   ○ 『집해』를 거취(去取)하여 '疏'를 만든 것이다. 본문의 해석을 '주(註)'라고 한다면 '疏'는 주를 더욱 상세하게 설명한 것이다.

3. 송(宋) : 형병(邢昺) 『論語正義』 20卷
   ○ 『집해』와 『義疏』를 개정(改訂)하여 학관(學官)에 반포한 것이다. 『論語註疏』(疏)라고도 한다.

4. 남송(南宋) : 주자(朱子) 『論語集註』 10卷 – 新註
   ○ 주자학적 입장에서 특정 해석에 치중했으나 해박한 훈고(訓詁)와 평이한 문체가 빛나는 주석서로 평가되고 있다.

5. 청대(淸代) : 유보남(劉寶楠) 『論語正義』 24卷
   ○ 주석서의 백미(白眉)로 평가되고 있다.

6. 일본 에도시대(江戶時代)
   ○ 伊藤仁齋(이토 진사이) 『論語古義』
      荻生徂徠(오규 소라이) 『論語徵』
   ○ 일본에서 높이 평가되는 주석서다.

7. 김혁제(金赫濟) 등 『論語集註』
   ○ 주자의 『論語集註』에 토를 달고 본문을 우리말로 풀이한 책이다. 우리나라

에선 조선 초기부터 신주인 『論語集註』를 주로 교학(敎學)해왔다. 지금 일본에서는 오히려 고주를 더 중시하는 경향이 있다.

주석서에 등장하는 주요한 학자들은 다음과 같다.

한(漢)나라의 학자 - 孔安國(공안국), 包咸(포함), 周氏(주씨), 馬融(마융), 鄭玄(정현) 등.

위(魏)나라의 학자 - 陳郡(진군), 王肅(왕숙), 周(주)

叩其兩端(고기양단) : 그 양끝을 두들기다. '兩端'은 시말 · 본말 · 시종 등. '叩'(고)
는 묻다, 두들기다. 모든 방면에서 문제의 해답을 찾아낸다는 뜻이다.

竭焉(갈언) : 있는 힘을 다하다. 충분히 답하다. '焉'은 단정을 표하는 어기조사.

9-8

子曰 鳳鳥不至하며 河不出圖하니 吾已矣夫인저.
자 왈 봉 조 부 지　　　하 불 출 도　　　　오 이 의 부

통해(通解)

공자께서 말씀하셨다. "봉황새도 날아오지 않고 황하에서 용마가 하도(河圖)를 지고 나오지도 않으니 나의 일은 끝났구나!"

■요지 : 서조(瑞兆)가 나타나지 않는 것을 보니 자신의 도도 끝났다고 생각하는
공자의 탄식의 말이다.

어석 · 문법

鳳鳥(봉조) : 태평성대에 나타난다고 하는 서조(瑞鳥), 영조. 수컷을 봉(鳳), 암컷
을 황(凰)이라 하여 '鳳凰'이라 통칭함. 순임금 시대에는 봉(鳳)이 와서 춤

을 추었고, 문왕 때는 황(鳳)이 기산(岐山)에 와서 울었다고 함.

河不出圖(하불출도) : 황하에서 팔괘(八卦)로 된 도판(圖版)이 나오지 않음. 복희
　　씨 때에는 황하에서 용마가 하도(河圖)를 등에 짊어지고 나왔다고 한다.

吾已矣夫(오이의부) : 나는 그만이구나! 나는 틀렸구나! '已'는 '끝나다'라는 동사
　　다. '矣夫'는 완료와 감탄의 어기를 나타내는 어기조사.

9-9

子見齊衰者와 冕衣裳者와 與瞽者하시고 見之에 雖少나 必作
자 견 자 최 자　　면 의 상 자　　여 고 자　　　견 지　　수 소　　필 작
하시며 過之必趨러시다.
　　　 과 지 필 추

통해(通解)

　공자께서 자최복(상복)을 입은 사람과 예모를 쓰고 예복을 입은 사람과 그
리고 소경을 만나보실 때에는 비록 그들이 젊더라도 반드시 일어나셨으며
그들을 지나실 때에는 반드시 빨리 걸으셨다.

■요지 : 공자는 상복자, 재위의 고관, 장님 등을 만나거나 지나칠 때, 항상 예를
　다했다는 것이다.

어석 · 문법

齊衰(자최) : 삼베로 지은 아랫단을 혼(겹쳐서 꿰맨) 상복. '齊'(자)와 '衰'(최)는 상복.

冕衣裳者(면의상자) : 대부의 관복을 입은 자. '冕'은 관(예모), '衣裳'은 대부의 상
　　하 예복.

與瞽者(고자) : 장님과 더불다. '瞽者'는 맹인인 음악관. '與'는 접속사. '및'(及)으

로 새길 수도 있다. '～ 및 고자'.

過之(과지) : 그들을 지나치다.

趨(추) : 빨리 걸어가다. 종종걸음으로 지나가다.

9-10

顏淵이 喟然歎曰 仰之彌高하며 鑽之彌堅하며 瞻之在前이
안 연   위연탄왈   앙지미고   찬지미견   첨지재전

러니 忽焉在後로다. 夫子循循然善誘人하사 博我以文하시고
     홀언재후   부자순순연선유인   박아이문

約我以禮하시니라. 欲罷不能하여 旣竭吾才호니 如有所立이
약아이례   욕파불능   기갈오재   여유소립

卓爾라 雖欲從之나 末由也已로다.
탁이   수욕종지   말유야이

통해(通解)

안연이 크게 감탄하여 말했다. "우러러보면 더욱 높고 깊이 연구하면 할수록 더욱 단단하며, 쳐다보면 앞에 계신 것 같더니 별안간 뒤에 서 계시는구나. 부자께서는 차근차근 사람을 잘 인도하시어 나의 학문을 넓혀주셨고 나를 예로써 제약해주셨다. 그만두고자 해도 그만둘 수가 없어서 이미 나의 재능을 다 써버렸지만, 마치 앞에 부자께서 우뚝 서 계신 것 같아서 비록 그분을 따라가고자 해도 따라갈 도리가 없을 뿐이구나."

■요지 : 안연의 말-선생의 학덕은 너무도 위대하여 아무리 노력해도 따라잡을 수 없다.

어석·문법

喟然(위연) : 탄식하는 모양. 태식(太息). '然'은 부사어를 만드는 접미사. 여기서 '喟然'은 '위연히', '서글프게'라는 뜻보다는 '크게' 정도의 뜻으로 푸는 게 좋겠다.

歎(탄) : (여기서는) '감탄하다'의 뜻.

仰之(앙지) : 그를 우러러보다. '之'는 '공자'를 가리킴.

彌高(미고) : 더욱 높다.

鑽(찬) : 송곳으로 구멍을 뚫다. 사물을 깊이 연구함. 인격과 절조의 단단함을 비유함.

彌堅(미견) : 점점 굳어지다.

瞻之在前(첨지재전) : 그를 쳐다보면 앞에 있다.

忽焉在後(홀언재후) : 홀연히 뒤에 있다. '忽焉'은 '어느 틈에, 홀연히'의 뜻이다.

循循然(순순연) : 순서가 있는 모양. 차근차근히. 순서 있게 따르는 모양. '然'은 형용사화 접미사로 부사어를 만든다.

善誘人(선유인) : 사람을 잘 인도하다.

博我以文(박아이문) : 나의 견식을 넓히는 데 글로써 하다. '博'은 '넓히다'라는 사역동사.

約我以禮(약아이례) : 나를 제약하는 데 예로써 하다. '約'은 귀납, 요약, 실천.

欲罷不能(욕파부능) : 그만두려 해도 그만둘 수 없다.

既竭吾才(기갈오재) : 이미 내 재주를 다하다(다 써버리다).

如有所立卓爾(여유소립탁이) : (마치) 우뚝 선 바(것)가 있는 것 같은지라. '如'는 '마치 ~하는 것 같다'로 새긴다. '卓爾'에서 '卓'은 '우뚝하다'는 뜻을 나타내는 형용사, '爾'는 부사어화 접미사다. 동사나 형용사가 마치 부사처럼 쓰이는 부사어가 된다. 그러므로 '卓爾'는 '우뚝하게' 또는 '우뚝'으로 새기게 된다.

末由也已(말유야이) : 따라갈 수가 없다. '末'은 '無'. '由'는 '따라가다'라는 동사. '也已'는 단정의 어기조사다.

9-11

子疾病이어시늘 子路使門人으로 爲臣이러니 病間曰 久矣哉
자 질 병　　　　　자 로 사 문 인　　　위 신　　　　병 간 왈 구 의 재

라. 由之行詐也여. 無臣而爲有臣하니 吾誰欺오. 欺天乎인
유 지 행 사 야　　무 신 이 위 유 신　　오 수 기　　기 천 호

저. 且予與其死於臣之手也론 無寧死於二三子之手乎아.
차 여 여 기 사 어 신 지 수 야　　무 녕 사 어 이 삼 자 지 수 호

且予縱不得大葬이나 予死於道路乎아.
차 여 종 부 득 대 장　　여 사 어 도 로 호

통해(通解)

　공자께서 병이 위중하셔서 자로가 문인으로 하여금 가신을 삼았는데 병이 좀 뜸해지시자 말씀하셨다. "오래되었구나, 유가 거짓을 행한 것이여. 가신이 없는데 가신이 있는 것처럼 했으니 내가 누구를 속이라는 것인가? 하늘을 속이라는 것이냐! 또 내가 가신의 손에서 죽기보다는 차라리 너희들의 손에서 죽는 것이 낫지 않겠느냐? 또 비록 성대한 장례를 치르지 못한다 해도 내가 길거리에서 죽어야 하겠느냐?'

■ 요지 : 공자가 중병에 걸렸을 때 제자인 자로가 장례식을 성대하게 할 공작을 했다. 그런데 병이 점점 좋아진 공자는 사람을 속이면서 성대하게 장례를 치르는 것보다는 문인들의 손에서 죽는 것이 본망이라고 하면서 자로를 책망한 것이다.

어석 · 문법

疾病(질병) : '疾'은 병. '病'은 중해진 것.

使門人爲臣(사문인위신) : 문인으로 하여금 가신이 되게 하다. 사역문. '使 A ～

B'는 'A로 하여금 B하게 하다'의 형. 가신은 제후나 대부들만이 둘 수 있는데, 공자는 현직 대부가 아니므로, 자로가 문인으로 하여금 가신을 삼은 것은 명분상 잘못이다.

間(간) : 병이 조금 나아지다. 조금 차도를 보이다. 느슨하다. 편안하다.

久矣哉(구의재) : 오래되었구나. '矣哉'는 영탄을 나타내는 말. 下文과 도치되었다.

無臣而爲有臣(무신이위유신) : 가신이 없으면서 가신이 있는 것처럼 하다. '爲'는 '僞'와 같다. '~체하다'의 뜻.

由(유) : 자로의 이름.

詐(사) : 교묘한 말로 사람을 속이는 것.

吾誰詐(오수사) : 내가 누구를 속이라는 것인가?

欺天乎(기천호) : 하늘을 속이라는 것인가? 결코 그런 일은 없다. 반어의 구법. '乎'는 반어를 나타내는 어기조사. '乎'를 감탄조사로 보면 '속였구나!'로 새길 수도 있다.

且(차) : 그 위에. 또.

且予與其死於臣之手也 無寧死於三子之手(차여여기사어신지수야 무녕사어삼자지수) : 또 나는 가신의 손에서 죽는 것보다는 차라리 너희들의 손에서 죽는 것이 낫다. '二三子'는 문인들.

與其~ 無寧(여기~ 무녕) : '그 ~하기보다는 차라리 ~하는 것이 낫다'. 비교의 구법. '無寧' 이하를 택하는 일방 선택의 구법이기도 하다.

二三者之手(이삼자지수) : 너희들의 손. 문인들의 손. '之'는 관형격 구조조사.

縱(종) : 비록 ~하더라도.

予(여) : 내가. 두 번 반복한 것은 강조하기 위해서다.

大葬(대장) : 군신의 예장.

9-12

子貢이 曰 有美玉於斯하니 韞匵而藏諸이까. 求善賈而沽諸이
자공 왈 유미옥어사   온독이장저   구선가이고저

까. 子曰 沽之哉沽 之哉나 我待賈者也로라.
자왈 고지재고 지재   아대고자야

🙢

통해(通解)

　자공이 말했다. "여기에 아름다운 옥이 있는데 그것을 궤에 넣어서 감춰
야 힙니까? 좋은 값을 구하여 그것을 팔아야 합니까?"라고 하자. 공자께서
말씀하셨다. "그것을 팔아야 한다. 그것을 팔아야 하지만 나는 좋은 값으로
살 사람(상인)을 기다리겠다."

■요지 : 자공의 물음에 대한 공자의 대답－예를 다하여 등용해주는 군주가 있다
면 출사하겠다는 것이다.

어석 · 문법

美玉(미옥) : 아름다운 玉. 여기서는 재덕을 겸비한 공자를 비유한 것.

韞匵而藏諸(온독이장저) : 궤짝에 넣어 그것을 감춰야 하는가? '韞'(온)은 '넣어두
　　다'라는 말. '匵'(독)은 궤, 상자. '諸'는 '之乎'의 합자다.

求善賈(구선가) : 좋은 값을 구하다. '賈'를 (가)로 읽으면 '값'이란 뜻이고, (고)
　　로 읽으면 파는 사람 곧 '상인'을 뜻한다. 후자의 의미로 쓰이는 선고(善賈)
　　는 명군현상(名君賢相)에 비유된다.

沽(고) : 팔다.

賈(고) : 사다.

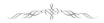

9-13

子欲居九夷러시니 或曰 陋커니 如之何이꼬. 子曰 君子居之면
자 욕 거 구 이   혹 왈 누   여 지 하   자 왈 군 자 거 지

何陋之有리오.
하 루 지 유

통해(通解)

공자께서 오랑캐 나라에 가서 사시고자 하셨다. 어떤 사람이 말했다. "거기는 누추할 텐데 그것을 어찌하시렵니까?" 그러자 공자께서 말씀하셨다. "군자가 거기에 사는데 무슨 누추함이 있겠는가?"

■ 요지 : 군자가 살면 구이(九夷)도 누추한 곳이 아니다.

어석 · 문법

九夷(구이) : 동방에 있던 아홉 개의 이족(오랑캐족)들. 현토(玄菟), 낙랑(樂浪), 고려(高麗), 만식(滿飾), 부경(鳧更), 색가(索家), 동도(東屠), 왜인(倭人), 천비(天鄙) 등이다. 후한 『동이전(東夷傳)』에서는 '夷'의 9종으로 견이(畎夷), 우이(于夷), 방이(方夷), 황이(黃夷), 백이(白夷), 적이(赤夷), 원이(元夷), 풍이(風夷), 양이(陽夷)를 들고 있다. 중국 이외의 종족이 사는 고장들을 일컬은 것.

陋(누) : 누추하다. 야비하다.

如之何(여지하) : 그것을 어찌하겠는가? '之'는 '陋'(누)를 가리키는 대명사.

君子居之何陋之有(군자거지하루지유) : 군자가 그곳에 사니 무슨 누추함을 가지고 있겠는가? '之'는 의문문에서 도치가 생겼을 때 목적어와 동사 사이에 들어가는 목적격 구조조사다. 有陋(유루, 누추함을 가지다) → 陋(之)有. 우리 표현으로 '누추함이 있다'.

9-14

子曰 吾自衛反魯然後에 樂正하여 雅頌이 各得其所하니라.
자 왈 오 자 위 반 노 연 후 악 정 아 송 각 득 기 소

통해(通解)

공자께서 말씀하셨다. "내가 위나라로부터 노나라로 돌아온 뒤에야 음악이 바로잡혀『시경』의 두 시체(詩體)인 아와 송이 각각 그 자리를 잡을 수 있게 되었다."

■요지 : 공자가 노나라로 돌아온 후 정악사업에 종사하여 '아'와 '송'도 교정되었다고 말한 것이다.

어석 · 문법

自衛反(자위반) : 위나라에서 노나라로 돌아오다. 공자는 애공 13년에 천하 주유를 그만두고 노나라로 돌아와 교육과 고전 정리 사업에 주력했고『시경』도 정리했다.

雅頌(아송) :『시경』의 육의(六義)인 풍(風) · 부(賦) · 비(比) · 흥(興) · 아(雅) · 송(頌) 중의 두 시체(詩體). '雅'는 조정에서 부르는 정악의 노래이고, '頌'은 조상의 공덕을 찬미하는 노래다.

得其所(득기소) : 그 자리를 얻다. 교정되다.

9-15

出則事公卿_{하고} 入則事父兄_{하며} 喪事_를 不敢不勉_{하며}
출 즉 사 공 경   입 즉 사 부 형   상 사   불 감 불 면

不爲酒困_이 何有於我哉_{오.}
불 위 주 곤   하 유 어 아 재

통해(通解)

공자께서 말씀하셨다. "밖에 나가서는 공경을 섬기고, 집에 들어와서는 부형을 섬기며, 상사를 당하여 힘쓰지 않음이 없으며, 술로 인하여 고생하지 않는 것, 이 가운데 무엇이 나에게 큰 문제가 있겠는가?"

■요지 : 공자는 자기의 일상적인 일은 남과 다를 바 없고 아무런 문제가 없다고 말하고 있다.

어석 · 문법

公卿(공경) : 삼공구경. 여기서는 고관.

不敢不勉(불감불면) : 감히 힘쓰지 않을 수 없다. 이중부정은 긍정의 강조. '勉'은 힘과 정성을 다하다.

困(곤) : 문란하다. 난잡하다. 흐트러지다.

何有於我哉(하유어아재) : 무엇이 나에게 있겠는가? 내게는 아무 문제가 되지 않는다. 그 밖에 나에게 무엇이 있겠는가? 반어형.(여러 가지 설이 있다).

9-16

子在川上曰 逝者如斯夫인저. 不舍晝夜로다.
자 재 천 상 왈 서 자 여 사 부   불 사 주 야

통해(通解)

　공자께서 개울가에 계실 때 말씀하셨다. "지나가 버리는 것은 이 물과 같구나. 밤낮으로 흘러 그치지 않는구나."

■요지 : 일각도 멈추지 않고 흐르는 냇물을 보고, 공자가 시간의 경과가 빠름을 한탄한 것.

어석 · 문법

川上(천상) : 냇가.

逝者(서자) : 지나가 버리는 것. '者'는 사물, 일, 장소, 때에 통용된다.

如斯夫(여사부) : 이와 같구나! '斯'는 물을 가리킨다. '如斯'는 '如此'와 같다. '夫'는 영탄을 나타내는 어기조사.

不舍晝夜(불사주야) : 밤낮으로 쉬지 않다. '舍'는 '捨'와 같다. 여기서는 쉬다, 그치다. 휴지(休止)하다. '息也'.

9-17

子曰 吾未見好德이 如好色者也케라.
자 왈 오 미 견 호 덕   여 호 색 자 야

통해(通解)

공자께서 말씀하셨다. "나는 아직 덕을 좋아하기를 여색(아름다운 여자)을 좋아하는 것과 같이 하는 사람을 보지 못하였구나."

■ 요지 : 덕을 좋아하는 사람의 출현을 바라는 뜻을 나타낸 말이다. 또는 덕의 함양에 힘쓰라는 것이다.

어석 · 문법

德(덕) : 학문 수양 등에 의하여 얻은 인격, 또는 그 결과에서 생긴 덕망. 고대에
　　　 는 신을 아는 능력을 뜻했다. 유덕자로 내면이 아름다운 사람.

色(색) : 여색. 외형이 아름다운 사람.

9-18

子曰 譬如爲山에 未成一簣하여 止도 吾止也며 譬如平地에
자 왈 비 여 위 산　　미 성 일 궤　　지　오 지 야　　비 여 평 지

雖覆一簣나 進도 吾往也니라.
수 복 일 궤　　진　오 왕 야

통해(通解)

공자께서 말씀하셨다. "학문을 하는 것은 비유컨대, 산을 만드는 것과 같아서 아직 한 삼태기를 붓지 않아 완성하지 못한 채 그만둔 것도 내가 그만둔 것이며, 비유컨대 땅을 고르는 것과 같아서 비록 한 삼태기를 덮었어도 나아간 것은 내가 스스로 나아간 것이다."

■ 요지 : 학문 · 수양을 함에 있어서 뒤로 일보 물러나는 것도, 새롭게 일보를 밟아 나가는 것도 모두 자기의 의지에 달려 있다.

어석 · 문법

譬如(비여) : '예컨대 ~와 같다'로 새긴다. 비유법이다. 비유하건대.

爲山(위산) : 산을 만들다. '爲'는 타동사다. 산을 쌓다.

簣(궤) : 삼태기. 흙을 운반하는 도구.

平地(평지) : 울퉁불퉁한 땅을 골라서 평평하게 하다.

覆(복) : 흙을 부어 덮다. 높은 곳의 흙을 파다가 낮은 곳을 메워 땅을 고르는 것.

往也(왕야) : 스스로 나아가다. '也'는 단정을 표하는 어기조사.

<h2 style="text-align:center">9-19</h2>

子曰 語之而不惰者는 其回也與인저.
자 왈 어 지 이 불 타 자   기 회 야 여

통해(通解)

　공자께서 말씀하셨다. "도를 말해주어 게을리하지 않는 사람은 아마도 안회뿐일 것이다."

■요지 : 안회가 덕을 닦는 데 열심이었음을 칭찬한 것이다.

어석 · 문법

語之(어지) : 그것(도)을 말하다. '그에게 일러주다'라는 설도 있다.

不惰(불타) : 태만하다. 게을리하다.

其回也與(기회야여) : 아마 안회일 것이다. '其'는 아마. 추측을 표시하는 부사.
　　'回'는 안회. '也與'는 추측의 어기를 나타내는 어기조사. 也(단정) + 與(의
　　문, 감탄) → 추측(약한 단정)

9-20

子謂顔淵曰 惜乎라 吾見其進也요 未見其止也호라.
자 위 안 연 왈 석 호   오 견 기 진 야   미 견 기 지 야

통해(通解)

공자께서 안연을 평하여 말씀하셨다. "아깝구나, 그가 죽다니! 나는 그가 앞으로 나아가는 것만 보았고 아직 그가 도중에 그만두는 것을 보지 못했다."

■요지 : 항상 전진적이었던 안회의 죽음을 애석해하며 한 말이다.

어석 · 문법

謂(위) : 평하다. 비평하다. 평가하다.

惜乎(석호) : 아깝도다. '乎'는 감탄의 어기조사.

進(진) : 전진하다. 진보하다.

9-21

子曰 苗而不秀者 有矣夫며 秀而不實者 有矣夫인저.
자 왈 묘 이 불 수 자 유 의 부   수 이 부 실 자 유 의 부

통해(通解)

공자께서 말씀하셨다. "싹은 트지만 꽃을 피우지 못하는 것도 있으며 꽃은 피지만 열매를 맺지 못하는 것도 있다."

■ 요지 : 청년으로서 인물, 재능이 대성에 이르지 못하고 중도에서 못쓰게 되는
사람이 있는 것은 애석하다.

어석 · 문법

苗(묘) : 곡물의 싹. 모.

秀(수) : 꽃을 피우다.

有矣夫(유의부) : 있도다. '矣夫'는 감탄의 어기를 표하는 어기조사.

實(실) : 열매를 맺는 것. 학문의 완성.

9-22

子曰 後生이 可畏니 焉知來者之不如今也리오 四十五十
자왈 후생   가외   언지래자지불여금야   사십오십

而無聞焉이면 斯亦不足畏也已니라.
이 무 문 언   사 역 부 족 외 야 이

통해(通解)

　공자께서 말씀하셨다. "후생을 두려워해야 할 것이다. 어찌 오는 사람이
지금 사람보다 못하다는 것을 알 수 있겠느냐? 사십이나 오십이 되어도 아
직 명성이 없으면 이것 또한 두려워할 만한 존재가 못 된다."

■ 요지 : 청년은 큰 가능성을 가진 두려워할 만한 존재이지만, 젊을 때 열심히 공
부하지 않았다면 두려워할 게 못 된다.

어석 · 문법

可畏(가외) : 두려워할 만하다. '可'는 '~할 가치가 있다', '~에 족하다'의 뜻.

焉~也(언~야) : 어찌 ~일 것인가? (결코 ~일 수는 없다). 반어형. '어찌'를 『논
　어』에서는 '焉'으로 쓴 경우가 많다.

後生(후생) : 뒤에 태어나는 사람. 후배. 청년.

來者(내자) : 앞으로의 사람. 미래의 후생.

不如(불여) : ~에 미치지 못하다. ~보다 못하다. 비교의 형. '不若'과 같다.

今(금) : 현재의 나.

無聞焉(무문언) : 세상에 들림(명성)이 없다. 세간에 알려지지 않다. 훌륭한 평판
　이 없다. '焉'은 단정의 어기조사.

斯亦(사역) : 이 또한. '斯'를 '則'으로 볼 수도 있다. 그런 일은 또한.

也已(야이) : '也'는 단정, '已'는 한정. 전체적으로 강한 단정이다.

9-23

子曰 法語之言은 能無從乎아. 改之爲貴니라. 巽與之言
자 왈 법 어 지 언　　능 무 종 호　　개 지 위 귀　　손 여 지 언

은 能無說乎아. 繹之爲貴니라 說而不繹하며 從而不改면
　능 무 열 호　　역 지 위 귀　　열 이 불 역　　종 이 불 개

吾末如之何也已矣니라.
오 말 여 지 하 야 이 의

통해(通解)

　공자께서 말씀하셨다. "정언(正言)을 따르지 않을 수 있겠느냐? 잘못을 고
치는 것이 중요한 것이다. 공손하고 온화한 말을 기뻐하지 않을 수 있겠느
냐? 그 속에 담긴 뜻을 찾아내는 것이 중요한 것이다. 기뻐하면서 속에 담
긴 뜻을 찾아내지 않고, 따르면서 잘못을 고치지 않으면 나도 그것을 어찌

할 수 없다."

■ 요지 : 정언을 따르며 그 잘못을 고치고 완곡어(婉曲語)를 즐기며 그 뜻을 찾아
내는 것이 중요하다.

어석 · 문법

法語之言(법어지언) : 바르게 깨우쳐주는 말. 정론(正論)에 기초를 둔 말. 정언(正
言). 진리의 말(불교). 권위 있고 교훈적인 말. 본받을 만한 말.

能無從乎(능무종호) : 따르지 않을 수가 있는가? '能'은 '할 수 있다'는 조동사.
'乎'는 반어를 표시하는 어기조사.

改之爲貴(개지위귀) : 그것을 고치는 것이 소중하다. '之'는 잘못한 것을 가리키
는 대명사. '爲'는 동사 '하다'.

巽與之言(손여지언) : 공손하고 거역함이 없는 말. 유순하고 온화한 말. '巽'은
겸허, 겸손의 뜻. '與'는 상대를 거스르지 않는다는 뜻. '恭遜謹敬'[마융(馬
融)의 설.]

能無說乎(능무열호) : 기뻐하지 않을 수 있는가? 반어형. 說(열)은 '좋아하다, 기
뻐하다'의 뜻.

吾末如之何也已矣(오말여지하야이의) : 내가 그것을 어찌할 수 없느니라. '末'은
'할 수 없다'는 뜻. '無'와 같다. '也已矣'는 也(斷定) + 已(限定) + 矣(斷定)
으로 강한 단정을 나타내는 어기조사. 그러나, '～뿐이다'로 새기는 이들
도 있다.

繹(역) : 속뜻을 찾아내다. 연역(演繹)하다. 실마리를 찾는 것.

末(말) : '無'.

9-24

子曰 主忠信하며 毋友不如己者오 過則勿憚改니라.
짜 왈 주 충 신   무 우 불 여 기 자   과 즉 물 탄 개

통해(通解)

　공자께서 말씀하셨다. "성실과 신의를 주로 하며 자기보다 못한 사람과
는 벗하지 말고 허물이 있으면 고치는 것을 꺼리지 말라."

■요지 : 충신하고 유덕자를 사귀며 잘못을 고칠 줄 알아야 군자라는 것이다.

어석·문법

主(주) : 주로 하다. 위주로 하다. 가까이하다. 친근히 하다.

忠信(충신) : '忠'은 성실과 성심이고, '信'은 신실함(정직함)이다.

毋友不如己者(무우불여기자) : 자기만 같지 못한 사람과 벗하지 말라. 학덕이 높
　　은 사람과 가까이하여 정진해 나가라는 뜻이다. 毋는 금지사.

過(과) : 허물. 과실.

勿憚改(물탄개) : 고치기를 꺼리지 말라. '勿'은 금지를 나타내는 조동사.

9-25

子曰 三軍은 可奪帥也어니와 匹夫는 不可奪志也니라.
자 왈 삼 군   가 탈 수 야   필 부   불 가 탈 지 야

통해(通解)

　공자께서 말씀하셨다. "대군이라도 마음이 단결되어 있지 않으면 그 장
수를 빼앗아 올 수 있지만, 한 사람의 남자라도 마음이 굳으면 그의 뜻을
빼앗아 올 수는 없다."

■요지 : 사람의 뜻이 확고하면 어떤 압력에도 지는 일이 없다.

어석 · 문법

三軍(삼군) : 대국의 제후의 군대. 一軍의 병사가 12,500인이다. 여기서는 단결
　　　하지 않은 대군. 천자는 6군, 제후는 나라의 크기에 따라 삼군, 이군, 일군
　　　을 보유할 수 있었다.

帥(수) : 지휘자. 총대장.

匹夫(필부) : 지위나 신분이 낮은 것. 여기서는 다만 한 사람을 뜻한다.

也(야) : 단정의 어기조사.

9-26

子曰 衣敝縕袍하여 與衣狐貉者로 立而不恥者는 其由也與
자왈 의폐온포　　여의호학자　　입이불치자　　기유야여

인저. 不忮不求면 何用不臧이리오. 子路終身誦之한대 子曰
불기불구　하용부장　　　자로종신송지　　지왈

是道也 何足以臧이리오.
시도야 하족이장

통해(通解)

　공자께서 말씀하셨다. "해진 솜옷을 입고 여우나 오소리의 모피 옷을 입

은 사람과 함께 서 있어도 부끄러워하지 않을 사람은 아마 자로일 것이다.
『시경』에 '남을 해하지 아니하고 탐하지 않는다면 어찌 착하다고 하지 않겠
는가?'라는 말이 있다." 자로가 항상 이 시구를 암송하자, 공자께서 말씀하
셨다. "이 도리가 어찌 훌륭하다고 할 만하겠느냐?"

■ 요지 : 애제자 자로에 대하여 어느 때는 칭찬의 말을 하고 또 어느 때는 더 적
　극적으로 나가라고 격려하였다.

어석 · 문법

蔽(폐) : 해진 옷. 떨어진 솜옷.

衣(의) : 입다. 동사로 쓰임.

縕袍(온포) : 헌 솜을 둔 두루마기 같은 덧옷. '縕'은 헌솜. '袍'는 외의(外衣).

狐貉(호학) : 여우와 오소리의 모피로 지은 훌륭한 덧옷.

立(입) : 나란히 서다.

而(이) : 역접.

其 ～也與(기 ～야여) : '아마 ～일 것이다'. '其'는 '아마'라는 부사. '與'는 의문의
　　　뜻을 완곡하게 나타내며, 단정의 뜻을 피한 것이다. 추측의 어기조사.

不忮不求何用不臧(불기불구하용부장) : 시기하지 않고 탐내지 않으면 어찌 착하
　　　다(훌륭하다)고 하지 않겠는가? 『시경』 패풍(邶風) 웅치(雄雉)편 4장 3, 4구
　　　다. '忮'(기)는 해치다. 시기하다. '求'는 탐내다.

何用不臧(하용부장) : '어찌 착하지 않겠는가?'의 반어 구법. '用'은 '以'와 같다.
　　　'臧'은 좋다, 훌륭하다. 착하다.

誦之(송지) : 그것을 암송하다. 자로가 늘 『시경』의 그 부분(不忮不求何用不臧)을
　　　암송했다.

是道也(시도야) : 이 도리. '也'는 강조의 어기조사다.

何足以臧(하족이장) : 어찌 착하다(훌륭하다)고 하기에 족하리오? (족하지 않다는
　　　뜻). 어찌 착하다(훌륭하다)고 할 만한 하겠는가? 반어의 구법. '足以'는 ' ～
　　　을 할 만하다, ～하기에 족하다'는 뜻의 조동사다.

9-27

子曰 歲寒然後에 知松栢之後彫也니라.
자 왈 세 한 연 후　　지 송 백 지 후 조 야

통해(通解)

　공자께서 말씀하셨다. "날씨가 추워진 뒤에야 소나무와 잣나무가 다른 나무보다 뒤에 시드는 것을 알게 된다."

■요지 : 위난의 때에 가서야 비로소 사람의 진가를 알 수 있는 것이다.

어석 · 문법

歲寒(세한) : 날씨가 추운 때. 겨울. 세상의 어지러움을 비유하고 있다.

松栢(柏)(송백) : 소나무와 잣나무. 군자에 비유하고 있다.

彫(조) : 시들다. '彫'는 '凋'(조)와 같다.

後彫(후조) : 다른 초목보다 더디 시든다. 겨울이 되어 다른 나무들이 잎을 떨어
　　　　　뜨리는 동안에도 변하지 않는 푸름을 보인다는 뜻.

9-28

子曰 知者는 不惑하고 仁者는 不憂하고 勇者는 不懼니라.
자 왈 지 자　 불 혹　　 인 자　 불 우　　 용 자　 불 구

통해(通解)

　공자께서 말씀하셨다. "지혜로운 사람은 미혹되지 않고 어진 사람은 근

심하지 않고 (마음이 조용하고) 용감한 사람은 두려워하지 않는다."

■요지 : 지자, 인자, 용자의 특징을 대조적으로 언술하고 있다.

어석 · 문법

知者(지자) : 지혜로운 자. 올바른 판단을 하므로 미혹되지 않는다.

不惑(불혹) : 도리를 잃는 일이 없는 것. 미혹되지 않는다.

仁者(인자) : 인덕을 갖춘 사람. 동정심이 깊은 사람. 사랑이 깊은 사람. 넓은 포
용력이 있으므로 근심하지 않는다.

勇者(용자) : 용감한 사람. 강한 실천력이 있으므로 두려워하지 않는다.

9-29

可與共學이오도 未可與適道며 可與適道오도 未可與立이며
가 여 공 학　　　미 가 여 적 도　　가 여 적 도　　　미 가 여 립

可與立이오도 未可與權이니라.
가 여 립　　　미 가 여 권

통해(通解)

공자께서 말씀하셨다. "여러 사람이 함께 배울 수는 있어도 아직 함께 바
른 도를 향하여 나아갈 수 없으며, 함께 도를 향하여 나아갈 수는 있어도
아직 함께 바로 설 수 없으며, 함께 바로 설 수 있어도 아직 함께 균형 있
게 판단하고 처리할 수 있는 것이 아니다."

■요지 : 학문의 단계를 말한 것이다.

어석 · 문법

與適道(여적도) : 함께 도를 향하여 나아가다.

立(입) : 수립하다. 신념이 확실히 서서 흔들리지 않는다.

未可與權(미가여권) : 아직 함께 사리에 맞게 처리할 수 없다. '權'은 저울. 사리
　에 맞게 처리하다. 균형 있게 판단하고 처리하다. 같은 판단을 내리다. 이
　해득실을 생각하다. 원래 '權'이란 '經'(항상 지켜야 할 도리)에 반하여 비상
　한 조치를 취하는 것, 곧 반경합권(反經合權; 상도에서 벗어나나 권도에 맞음)
　을 말하는 것이다.

9-30

唐棣之華여 偏其反而로다. 豈不爾思리오마는 室是遠而니라.
당 체 지 화　　편 기 번 이　　기 불 이 사　　　　실 시 원 이

子曰 未之思也언정 夫何遠之有리오.
자 왈 미 지 사 야　　　부 하 원 지 유

통해(通解)

　"산앵도나무 꽃이여, 나부끼며 꽃잎이 서로 등을 돌리고 있구나. 어찌 너
를 생각하지 않으랴만 집이 정말 멀구나"라는 시에 대하여 공자께서 말씀
하셨다. "아직 그것을 진정으로 생각하지 않는 것이지 어찌 멀다 하겠는
가?"

■요지 : 『시경』(알려지지 않은 시의 하나)의 아름다운 시 한 수를 통하여 인간의
　생각과 실행의 일관성을 가르치고 있다.

어석 · 문법

唐棣(당체) : 산앵도나무. 아가위나무. 산이스랏나무. 오얏의 일종.

偏(편) : 나부끼다. 펄럭이다. 翩(편). 가볍게 나는 모양.

其(기) : 그(그것). 그 꽃잎이.

反(번) : '翻과 같다. 서로 등을 돌리고 있다. 번득이어 뒤집다. 꽃잎이 바람에 뒤
　　집히다.

而(이) : 말구의 무의미한 어기조사. 감탄의 어기를 표시하는 어기조사로 보기도
　　한다.

豈不爾思(기불이사) : 어찌 너(당체)를 생각하지 않겠느냐? 반어형. 부정문에서
　　'思爾'가 도치되었다.

室是遠而(실시원이) : 집이 정말 멀고나! '是'는 '정말'이란 부사다. '而'는 감탄의
　　어기를 표시하는 조사.

未之思也(미지사야) : 그를 (진정으로) 생각하지 않은 것이다.

夫何遠之有(부하원지유) : 어찌 멂(먼 짓)이 있겠는가? '夫'는 허두에 쓰는 말. 대
　　저. 무릇. 그. '何遠之有'의 '之'는 '何有遠'이 도치되면서 들어간 주격의
　　구조조사. (어찌 멀고 말고가 있겠느냐?)

제10편

향당 鄕黨

향당편에는 공자의 일상생활을 비롯하여
예악에 대한 해석과 실천,
그리고 그의 평소 동정에 대한 제자들의 관찰 등이
상세히 기록되어 있다.

10-1

孔子於鄕黨에 恂恂如也하사 似不能言者러시다. 其在宗廟朝廷
공자어향당　순순여야　사불능언자　기재종묘조정

하사는 便便言하사대 唯謹爾러시다.
변변언　유근이

통해(通解)

　공자께서 향당(鄕里)에 계실 때에는 공손하시어 마치 말할 줄 모르는 사람 같으셨다. 그가 종묘와 조정에 계실 때에는 명쾌하게 말씀을 하셨으나 다만 신중한 태도를 보이셨다.

■요지 : 공자는 향리에선 공경스런 태도를 보였고, 조정에서는 신중한 태도를 보였다.

어석·문법

鄕黨(향당) : 향리. 공자가 태어난 산동성 추읍(陬邑)이나 선조의 고향인 송나라를 가리킨다고 볼 수 있다. 공자의 향리.

恂恂如(순순여) : 온순하고 공손한 모양. 신실(信實)한 모양. '恂'은 미쁘다. '如'는 '～라고 하는 모양'의 뜻을 지닌 형용사화 접미사.

宗廟(종묘) : 선조의 영혼을 모시고 제사 지내는 곳.

朝廷(조정) : 국사를 다스리는 곳. '廷'은 정치를 하는 곳.

便便(변변) : 거침없이 분명하게 말한다. 명쾌하게 사리가 통하다. '便'은 '말을 잘하다'의 뜻. '辯'과 통함.

唯謹爾(유근이) : 오직 신중했다. (또는) 오직 신중했을 뿐이다. '爾'는 '而已'와 같은 단정의 어기조사.

朝에 與下大夫言에 侃侃如也하시며 與上大夫言에 誾誾如也
조　　여하대부언　　간간여야　　　　여상대부언　　은은여야

러시다. 君在어시든 踧踖如也하시며 與與如也러시다.
　군 재　　　　축 적 여 야　　　　여 여 여 야

통해(通解)

　조정에서 하대부들과 말씀하실 때에는 화락하셨으며 상대부들과 말씀하실 때에는 곧고 바르셨으며 임금이 계실 때에는 신중히고 경건하며 위의 있는 몸가짐을 가지셨다.

■요지 : 공자가 관청에 있었을 때의 언어와 동작을 말했다.

어석 · 문법

朝與下大夫言(조여하대부언) : 조회에서 하대부들과 정사를 논의하다.

侃侃如(간간여) : 강직한 모양. 화락한 모양. '如'는 형용사화 접미사.

誾誾如(은은여) : 중정을 얻은 모양. 온화하고 기뻐하는 모양. 온순하고 정직한
　　모양. '誾'은 치우침이 없는 것.

踧踖如(축적여) : 경건하고 공손한 모양. 조심하여 걷는 모양. 신중하고 경건한
　　모양. '踧'은 받들고 삼갈 (축). '踖'은 삼갈 (적).

與與如(여여여) : 위엄과 몸가짐이 알맞은 모양. 여유가 있는 모양. 유유자적한
　　기분. 위의 있는 모양. '與'는 위의가 있는 것.

특수 연구 21 - '如'의 용법

1. '~와 같다'로 비교의 뜻을 표시한다. 우리는 형용사로 보나 한문에선 동사로 취급한다.

   堅强如鋼(굳기가 강철과 같다.)

2. '미치다', '필적하다'라는 동사로 쓰이며 부정사를 수반할 때는 '~에 미치지 않는다'나 '~하는 쪽이 좋다'라는 비교의 뜻을 나타낸다.

   天時不如地利(하늘이 주는 기회는 지형의 유리함에 미치지 못한다.)

3. 가정을 나타내는 접속사로 쓰인다. '만일 ~한다면'

   如恥之莫若師文王(만약 그것을 부끄럽게 생각하면 문왕을 스승으로 삼는 것이 좋다.)

4. 형용사화 접미사로 쓰인다.

   天下晏如也(천하가 태평하다.)

   申申如也(언행이 조용한 모양. 한가하다.)

10-3

君이 召使擯이어시든 色勃如也하시며 足躩如也러시다. 揖所與立
군   소사빈   색발여야   족확여야   읍소여립

하사대 左右手러시니 衣前後 襜如也러시다. 趨進에 翼如也러시
      좌우수   의전후 첨여야   추진   익여야

다. 賓退어든 必復命曰 賓不顧矣라 하더시다.
  빈퇴   필복명왈 빈불고의

통해(通解)

임금이 불러서 손님을 맞게 하시면 얼굴빛을 바로 하시고 발걸음을 조심

하셨다. 함께 서 있는 사람에게 읍을 하실 때는 손을 좌우로 옮기어 예를 표하셨는데 옷자락의 앞뒤가 가지런하셨다. 빨리 앞으로 나아가실 때에는 마치 새가 날개를 편 듯이 단정하셨다. 손님이 물러가면 반드시 "손님이 돌아보지 않고 잘 가셨습니다."라고 복명을 하셨다.

■요지 : 공자가 임금의 명을 받아 빈객을 접대했을 때의 모습을 말한 것이다.

어석 · 문법

君召使擯(군소사빈) : 임금이 불러서 그로 하여금 손님을 접대하게 하다. '擯'(빈) 은 군주를 대신하여 접대하는 역. 주객 사이에서 주선하는 사람. 시중드 는 사람.

勃如(발여) : 안색이 변하는 모양. 안색을 바꾸는 것. '勃'은 변색할 (발).

躩如(각여) : 발을 약간 굽히고 총총히 걷다. 조심스러운 걸음. 옆으로 피하여 천 천히 걷는 모양. 조심스러운 걸음. '躩'은 발을 굽히다, 피하다의 뜻.

揖(읍) : 두 손을 마주 잡고 절하다. 공수(拱手, 두 손을 마주 잡음)하다. '揖'은 두 손을 맞잡아 얼굴 앞으로 들고 허리를 공손히 구부렸다가 펴면서 두 손을 내리는 인사의 한 가지다. 왼쪽 사람을 대할 때는 공수를 가슴 좌방향으 로 향하고 오른쪽 사람을 대할 때는 공수를 가슴 우방향으로 향하여 절을 한다.

所與立(소여립) : 같이 서 있는 손님. 동료인 접대역. 개첨역(介添役, 시중 드는 역).

左右手(좌우수) : 손을 좌우로 움직이다. 곧 (하위빈에게는) 손을 좌로, (상위빈에게 는) 손을 우로 움직여 읍을 하셨다는 것이다.

襜如(첨여) : 입은 옷이 가지런한 모양. 옷차림이 단정한 모양. '襜'은 가지런할 (첨)

趨進(추진) : 빨리 나아가다.

翼如(익여) : 양쪽 소매가 새의 날개처럼 가지런하고 아름다운 것. 단정한 모양.

賓不顧(빈불고) : 손님이 뒤돌아보지 않고 갔다. 잘 갔다는 뜻.

入公門하실새 鞠躬如也하사 如不容이러시다. 立不中門하시며
입공문　　　　국궁여야　　　여불용　　　　　입부중문

行不履閾이러시다. 過位하실새 色勃如也하시며 足躩如也하시며
행불리역　　　　과위　　　색발여야　　　　족확여야

其言이 似不足者러시다. 攝齊升堂하실새 鞠躬如也하시며 屛氣
기언　사부족자　　　섭자승당　　　국궁여야　　　병기

하사 似不息者러시다. 出降一等하사는 逞顔色하사 怡怡如也하
사불식자　　　출강일등　　　영안색　　　이이여야

시며 沒階하사는 趨進翼如也하시며 復其位하사는 踧踖如也러시
몰계　　　추진익여야　　　복기위　　　축적여야

다.

통해(通解)

　대궐 문에 들어가실 때에는 신중하게 몸을 굽히시어 마치 문이 낮아서
잘 들어가지 못하시는 것 같았다. 멈추어 서실 때에는 문 가운데 계시지 않
으셨으며 들어가실 때에는 문지방을 밟지 않으시었다. (임금이 앉으신) 자리
를 지나가실 때에는 얼굴빛을 바로하셨으며 발걸음을 조심하셨으며 그 말
씀이 족하지 않은 것같이 과묵하셨다. 옷자락을 잡고 당에 오르실 때에는
몸을 굽히시며 숨을 죽이어 마치 숨을 쉬지 않는 것 같으셨다. 나오셔서 한
층을 내려오셔서는 안색을 펴시어 화기가 도셨으며, 계단을 다 내려오셔서
는 빠르게 새가 나래를 편 것처럼 단정(端正)하셨으며, 그의 자리로 돌아오
셔서는 경건하고 공손하시었다.

■요지 : 공자가 조정에 출입하는 모습을 기술한 것이다.

어석 · 문법

公門(공문) : 대궐의 문.

鞠躬如(국궁여) : 몸을 굽혀 움츠리는 모양. '鞠'은 구부릴 (국). '如'는 형용사화
　　　접미어.

如不容(여부용) : 용납하지 못하는 듯하다.

立不中門(입부중문) : 섬에 문 가운데 위치하지 않다. 문지방인 얼(闑)과 문설주
　　　인 정(棖) 사이에 서 있지 않는다. 멈추어 설 때에 문에 맞추지 않는다. '中'
　　　은 가운데 위치하다(동사).

行不履閾(행불이역) : 행함에 문지방을 밟지 아니하다. '閾'은 높이가 있어 넘어
　　　건넌다.

過位(과위) : 임금의 자리를 지나다.

其言似不足者(기언사부족자) : 그 말이 족하지 않은 것 같다. '者'는 사람이나 사
　　　물을 가리키는 접미어. 우리 어법으로 불완전명사.

色勃如(색발여) : 얼굴빛을 바꾸다. 정색을 하는 모양. 긴장하는 모양. '如'는 형
　　　용사화 접미어.

足躩如(족각여) : 발을 조심하는 모양. 발을 약간 굽히고 천천히 걷는 모양. '躩'
　　　은 발 굽힐 (각), 피할 (각).

攝齊升堂(섭자승당) : 옷자락을 잡고 堂에 오르다. '攝'은 잡을 (섭). '齊'(자)는 상
　　　의 옷자락, '裳'은 치맛자락이다.

屛氣(병기) : 숨을 죽이다. '屛'은 '除'와 같다.

出降一等(출강일등) : 나와서 한 층을 내려오다.

逞顏色(영안색) : 안색을 펴다. '逞'은 '快也'.

怡怡如(이이여) : 和하고 기쁜 모양. 기뻐하는 모양. '怡'는 기뻐할 (이).

沒階(몰계) : 계단을 다 내려오다. '沒'은 다할 (몰).

復其位(복기위) : 그 자리에 돌아오다.

踧踖如(축적여) : 조심하는 모양. '踧'(축)은 받들고 삼가는 모양. '踖'(적)은 삼가
　　　다, 밟다.

10-5

執圭하사대 鞠躬如也하사대 如不勝하시며 上如揖하시고 下如授
집 규   국궁여야   여불승   상여읍   하여수

하시며 勃如戰色하시며 足蹜蹜如有循이러시다. 享禮에 有容色
      발여전색   족 축 축 여 유 순   향 례   유 용 색

하시며 私覿에 愉愉如也러시다.
      사 적   유 유 여 야

❦

통해(通解)

옥으로 만든 홀(圭)을 받드실 때에는 몸을 굽히시어 그 무게를 이기지 못하시는 것 같았으며, (홀을) 위로 올리실 때에는 마치 읍을 하시는 것 같았고, 아래로 내리실 때에는 물건을 다른 사람에게 건네주시는 것 같았으며, 안색을 바로 하여 두려워하시는 것 같았으며, 종종걸음을 치시는 것이 마치 무엇을 따라가시는 것 같았다. 예물을 바치는 의식(향례)에는 부드러운 표정을 지으셨으며, 사적인 접견에서는 즐거운 기색을 보이셨다.

■ 요지 : 공자가 군주의 사신으로 외국에 갔을 때의 예인 빙례(聘禮)의 태도를 기술한 것이다.

어석 · 문법

執圭(집규) : 홀인 명규를 잡다. 명규(命圭)는 왕이 명해준 규(圭). '규'는 외국에 사신으로 가서 군주를 만날 때(빙례) 자국 군주한테서 받은 옥패 같은 것 [圭]을 상대방에게 증수하기 위하여 손에 받드는 것을 말하는 것이다.

上如揖下如綏(상여읍하여수) : 규(圭)를 치켜들 때는 읍하듯이 하고 내릴 때는 물건을 주듯 하다.

勃如戰色(발여전색) : 갑자기 안색이 바뀌어 두려워하는 것 같다. '勃'은 갑작스러울 (발).

蹜蹜如(축축여) : 앞발과 뒷발의 간격이 좁은 모양. 종종걸음으로 걷는 모양. '蹜'
은 종종걸음칠 (축). 이곳의 '如'는 형용사화 접미어.

如有循(여유순) : 발꿈치로 걷는 듯하다. 마치 무엇을 좇아가는 것 같다. 발뒤꿈
치를 들지 않고 땅을 끄는 느낌으로 나아가는 듯하다. 이곳의 '如'는 ' ∼
와 같다'. '循'은 좇을 (순).

享禮(향례) : 헌례(獻禮). 예물을 바치는 의식. 사적으로 예물을 가지고 가서 만
남.

容色(용색) : 부드러운 표정. 활발한 안색.

私覿(사적) : 사적으로 예물을 바치는 예. '覿'은 보다, 알현하다.

愉愉如(유유여) : 유쾌한 모양. 기뻐하는 모양. '如'는 형용사화 접미어.

10-6

君子는 不以紺緅로 飾하시며 紅紫로 不以爲褻服이러시다. 當署
군 자　 불 이 감 추　 식　　홍 자　 불 이 위 설 복　　　　　　당 서

하사 袗絺綌을 必表而出之러시다. 緇衣엔 羔裘요 素衣엔 麑裘
　　진 치 격　 필 표 이 출 지　　　치 의　 고 구　 소 의　 예 구

요 黃衣엔 狐裘러시다. 褻裘는 長호대 短右袂러시다. 必有寢衣
　 황 의　 호 구　　　설 구　 장　 단 우 메　　　　필 유 침 의

하시니 長一身有半이러라. 狐貉之厚로 以居러시다. 去喪하사
　　　장 일 신 유 반　　　　호 학 지 후　 이 거　　　거 상

는 無所不佩러시다. 非帷裳이어든 必殺之러시다. 羔裘玄冠으로
　 무 소 불 패　　　비 유 상　　　필 쇄 지　　　고 구 현 관

不以弔러시다. 吉月에 必朝服而朝러시다.
불 이 조　　　길 월　 필 조 복 이 조

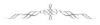

통해(通解)

　군자(공자)께서는 감색과 추색(보랏빛)으로써 선두름을 하지 않으셨으며 다홍색과 자주색으로는 평상복을 만들어 입지 않으셨다. 여름에 더위를 당해서는 가는 갈포나 굵은 갈포로 만든 홑옷을 반드시 겉에 입으셨다. 검은 옷에는 검정 염소 갖옷을 입으시고, 흰 옷에는 새끼 사슴 갖옷을 입으셨고, 누런 옷에는 여우 갖옷을 입으셨다. 평복 갖옷은 길게 만들었지만 오른쪽 소매를 일하기 좋게 짧게 하셨다. 반드시 잠옷을 갖추고 계셨으니 길이가 한 길하고 반이었다. 여우와 담비의 두터운 털가죽옷을 입고 거처하셨다. 상을 벗으신 뒤에는 차지 않은 패물이 없으셨다. 유상(帷裳)이 아니면 반드시 주름을 잡지 않고 그것(천)을 잘라내어 꿰매셨다. 검은 염소 갖옷과 검은 관을 착용하고는 조문을 하지 않으셨다. 초하루에는 반드시 조복을 입고 조정에 나가셨다.

■요지 : 공자의 의복에 관한 여러 가지 일을 기술하였다.

어석 · 문법

紺(감) : 감색(검은빛을 띤 푸른색). 재계(齋戒) 때 입는다. 또는 상복이나 제복의 색.

緅(추) : 보랏빛(적색과 청색의 간색). 상복의 옷깃에 쓰는 색. 삼년상에 연복(練服; 상복)을 장식했다.

飾(식) : 선을 두르다. 선두름(소매나 옷자락의 가장자리에 선을 두르는 것)을 하다. 선두름은 탈상 전에 입는 연복에나 하는 것이다.

紫(자) : 자줏빛.

褻服(설복) : 평복. 평상복. '褻'은 더러울 (설).

袗(진) : 홑옷. 홑으로 입다(동사).

絺(치) : 올이 가는 칡베. 칡 섬유로 짠 올이 가는 것.

綌(격) : 올이 거친 칡베. 갈포.

表而出之(표이출지) : 겉에 입고 그것을 밖으로 드러내다. 외출 시 홑옷 위에 덧
    옷을 입어 살이 비치지 않게 하다.(황간(皇侃)의 설)

緇衣(치의) : 검은빛의 옷. 등청 시 입는 정장(正裝)의 조복(朝服). '緇'는 검을
    (치).

羔裘(고구) : 검은 양가죽으로 만든 갓옷. '羔'는 양 새끼 (고). '裘'는 갓옷 (구).

素衣(소의) : 흰 옷. 백색의 조복.

麑裘(예구) : 새끼 사슴 가죽으로 만든 갓옷. '麑'는 고라니 (예).

狐裘(호구) : 여우 가죽으로 만든 갓옷.

褻裘長(설구장) : 평소에 입는 갓옷은 길다.

短右袂(단우몌) : 오른쪽 소매는 짧게 한다. '短'은 '짧게 하다'라는 사역동사.

必有寢衣(필유침의) : 반드시 잠옷이 있다.

長一身有半(장일신유반) : 길이는 키의 한 배 반이다. '有'는 '又'와 같다.

狐貉之厚以居(호락지후이거) : 여우와 오소리의 두꺼운 털가죽을 깐다. '居'는
    '坐'와 같다.

去喪(거상) : 상을 벗다.

無所不佩(무소불패) : 차지 않는 바(것)가 없다. 복상 때에는 금해야 함.

帷裳(유상) : 조회와 제례의 옷. 온 폭의 천을 주름잡아 만든 치마. '帷'는 휘장
    (유). 등청이나 제사 때 착용하는 치마.

殺之(쇄지) : 그것을 주름 잡지 않고 토막내어 꿰맨다. 천을 잘라내어 꿰맨다.
    '殺'(쇄)는 잘라서 꿰매다. '裁'와 같음.

玄冠(현관) : 검은색의 비단 관.

不以弔(불이조) : 조문을 가지 않다.

吉月(길월) : '月吉'의 도치. 매월 초하루. '吉'은 초하루(朔日).

朝服而朝(조복이조) : 조복을 입고 조정에 나간다.

齊必有明衣러시니 布러라. 齊必變食하시며 居必遷坐러시다.
재 필 유 명 의   포   재 필 변 식   거 필 천 좌

통해(通解)

재계를 하실 때는 반드시 명의를 마련해두셨는데 칡베로 만든 것이었다. 재계하실 때는 반드시 음식을 바꾸셨으며 거처하실 때는 반드시 평상시의 거처로부터 자리를 옮기시었다.

■요지 : 재계하는 방법과 모습을 설명한 것이다.

어석 · 문법

齊(재) : 齋戒. 부정을 꺼리고 몸과 마음을 깨끗이 하는 것. 참사(參祀)의 준비 과정.

明衣(명의) : 깨끗한 옷. 신명한 것과 어울릴 때의 옷.

布(포) : 베옷.

居必遷坐(거필천좌) : 거처할 땐 반드시 자리를 옮기다. 별실, 사랑방 등으로 옮기다.

10-8

食不厭精하시며 膾不厭細러시다. 食饐而餲와 魚餒而肉敗
사 불 염 정　　　　회 불 염 세　　　　　　사 의 이 애　　　　어 뇌 이 육 패

를 不食하시며 色惡不食하시며 臭惡不食하시며 失飪不食하
　　불 식　　　색 악 불 식　　　　취 악 불 식　　　　　실 임 불 식

시며 不時不食이러시다. 割不正이어든 不食하시며 不得其醬이
　　불 시 불 식　　　　　　할 부 정　　　　　불 식　　　　부 득 기 장

어든 不食이러시다. 肉雖多나 不使勝食氣하시며 唯酒無量하
　　불 식　　　　　육 수 다　　불 사 승 사 기　　　　유 주 무 량

사대 不及亂이러시다. 沽酒市脯를 不食하시며 不撤薑食하시며
　　불 급 린　　　　　고 주 시 포　　　불 식　　　　불 철 강 식

不多食이러시다. 祭於公에 不宿肉하시며 祭肉은 不出三日하더
불 다 식　　　　제 어 공　　　불 숙 육　　　　제 육　　불 출 삼 일

시니 出三日이면 不食之矣니라. 食不語하시며 寢不言이러시다.
　　출 삼 일　　　불 식 지 의　　　　식 불 어　　　　침 불 언

雖疏食菜羹이라도 瓜祭하사대 必齊如也러시다.
수 소 사 채 갱　　　　과 제　　　　필 제 여 야

통해(通解)

　밥은 정미(精米)로 지은 흰 쌀밥을 싫어하지 않으셨으며, 회는 가늘게 썬
것을 싫어하지 않으셨다. 밥이 쉬어 맛이 변한 것과, 생선이 상하고 고기가
부패한 것은 잡수시지 않으셨다. 빛깔이 나쁜 것을 잡수시지 않으셨으며,
냄새가 나쁜 것도 잡수시지 않으셨으며, 익히기를 잘못하였으면 잡수시지
않으셨다. 때가 아니면 잡수시지 않으셨으며, 자른 것이 반듯하지 아니하
면 잡수시지 않으셨으며, 적당한 장이 갖추어지지 않으면 잡수시지 않으셨
다. 고기는 비록 많으나 주식인 밥 기운을 이기지(넘지) 않으셨다. 오직 술

은 정량이 없으셨으나 어지러운 지경에까지 이르지 않으셨다. 시장에서 사온 술과 포는 잡수시지 않으셨으며, 생강을 먹는 것을 거두지 않으셨으며, 많이 잡수시지 않으셨다. 공실에서 제사를 지내고 가져온 고기는 하룻밤을 재우지 않고 바로 나누어주셨으며, 집에서 제사를 지낸 고기는 사흘을 넘기지 않도록 하셨는데 사흘이 지나면 그것을 잡수시지 않으셨다. 잡수실 때에는 말씀을 하지 않으셨으며 잠자리에 드실 때에도 말씀을 하지 않으셨다. 비록 거친 밥과 나물국일지라도 반드시 감사의 제(祭)를 올리시되 그때에는 반드시 엄숙하고 경건하셨다.

■ 요지 : 여러 가지 식생활의 태도를 말하고 있다. 식, 불식, 적식의 조건들이 제시되었다.

어석 · 문법

食(사) : 밥. 반(飯).

精(정) : 깨끗이 대끼다. 곱게 찧다. 정미하다. 도정(搗精)하다.

膾(회) : 고기나 생선 등의 회. 잘게 자른 생육(소 · 양 · 물고기).

饐(의, 애) : 맛이 변한 것. 밥이 쉬어 냄새가 나다. 애의(餲饐).

餲(애, 알) : 밥이 쉬어 맛이 이상하다. 맛이 떨어진 것.

餒(뇌) : 썩어서 냄새가 나고 살이 문드러진 것. '餒'는 물고기의 부패, '敗'는 육(肉)의 부패.

飪(임) : 알맞게 익혀진 것. 익히다. 煮(자).

不時(불시) : 때가 아닌 것. 제철이 아닌 것. 식사 시간이 아닌 것.

割不正(할불정) : 썰기를 바르게 하지 않다.

不得其醬(부득기장) : 그(에 어울리는) 장을 얻지 못하다. 장맛이 맞지 않다. '其'는 '마땅하다'는 뜻.

不使(肉)勝食氣(불사(육)승식기) : (고기 기운으로) 하여금 밥 기운을 이기지 못하게 하다.

沽酒(고주) : 사온 술. 시장에서 파는 술.

市脯(시포) : 시장에서 파는 육포.

不撤薑食(불철강식) : 생강을 먹는 것을 거두지(물리지) 않는다. '撤'은 거두다, 물리다.

祭於公(제어공) : 나라(공실)에서 제사를 지내다.

不宿肉(불숙육) : 고기를 하룻밤 재우지 않는다. '不宿'은 하룻밤을 넘기지 않는다. 그날 밤 안으로 먹는다.

疏食(소사) : 거친 밥.

菜羹(채갱) : 나물과 국.

食不語(식불어) : 먹을 때에 말하지 않는다. '語'는 약간 문답이 따르는 이야기.

寢不言(침불언) : 누워 잘 때에 말하지 않는다. '言'은 자기가 오직 말하는 경우.

瓜祭(과제) : '瓜'는 오이이나 '必'자의 오식으로 보기도 한다. 그렇다면, '반드시 고수레를 하다'의 뜻이 된다. 오이를 먹을 수 있게 해준 조상에 대한 감사의 제사라고도 한다.

齊如(제어) : 엄숙하고 근신하는 모양. '齊'는 엄숙할 (제). '如'는 형용사 접미어.

10-9

席不正이어든 不坐러시다.
석 부 정　　　　불 좌

통해(通解)

자리가 예법에 어긋나서 바르지 아니하면 앉지 않으셨다.

■요지 : 공자는 자리가 예에 맞지 않으면 바로하고서 앉았다는 것이다.

어석 · 문법

席(석) : 까는 자리. 서거나 앉는 자리. 이와 비슷한 '座'는 자리, 앉는 자리.

坐(좌) : 앉다.

10-10

鄕人飮酒에 杖者出이어든 斯出矣러시다. 鄕人儺에 朝服而立
향 인 음 주   장 자 출   사 출 의   향 인 나   조 복 이 립

於阼階러시다.
어 조 계

❧

통해(通解)

　향인과 술을 마실 때에는 동석했던 노인이 나가신 뒤에야 비로소 나가시었다. 향인이 나례(儺禮)를 할 때에는 조복을 입으시고 동쪽 층계에 서 계셨다.

■ 요지 : 이웃 사람과의 교제에도 성경(誠敬)을 다하는 것이 필요하다고 기술한 것이다.

어석 · 문법

鄕人飮酒(향인음주) : 향당 사람들이 경로와 친목을 목적으로 모여 주연을 베풀다. 향당주례(鄕黨酒醴). 섣달 납일(臘日)에 신에게 제사 지내는 납제(臘祭) 때의 주례(술과 단술).

杖者(장자) : 지팡이를 짚은 사람. 향(鄕)에서 지팡이를 짚을 수 있는 60세 전후의 사람들.

斯出矣(사출의) : 이에 나가다. 곧 나가자. '斯'는 '이렇게 되면'이란 접속사 '則'과 같이 보기도 한다.

儺(나) : 12월 말에 행하는 악귀를 쫓는 행사. 나례.

朝服(조복) : 등청 시 입는 정장의 예복.

阼階(조계) : 당에 올라가는 동쪽 계단. 주인 측이 사용하는 계단. '阼'(조)는 동편 섬돌.

10-11

問人於他邦하실새 再拜而送之러시다. 康子饋藥이어늘 拜而受之
문 인 어 타 방　　　　재 배 이 송 지　　　　강 자 궤 약　　　　배 이 수 지

曰 丘未達이라 不敢嘗이라 하시다.
왈 구 미 달　　　불 감 상

통해(通解)

사람을 다른 나라에 보내어 안부를 물을 적에는 두 번 절하고 그 사람을 보내셨다. 계강자가 약을 보내오자 절을 하고 그것을 받으시며 말씀하셨다. "내가 약의 성분을 알지 못하니 감히 복용할 수가 없구나."

■요지 : 예는 성의와 정성을 다해서 표해야 한다는 것을 말해주고 있다.

어석 · 문법

問人於他邦(문인어타방) : 사람을 다른 나라에 보내어 안부를 묻다.

再拜(재배) : 무릎을 꿇고 두 번 절하다.

康子(강자) : 계강자(季康子). 노나라의 대부.

饋(궤) : 물건을 보내오다. '饋'는 보낼 (궤).

未達(미달) : (약의 성분이나 효능을) 알지 못하다. '達'은 깨달을 (달).

嘗(상) : 맛을 보다.

10-12

廐焚이어늘 子退朝 曰 傷人乎아 하시고 不問馬하시다.
구 분　　　　　자 퇴 조　왈　상 인 호　　　　불 문 마

통해(通解)

　마구간에 불이 난 일이 있었다. 그 때문에 공자께서 퇴조하신 뒤 말씀하
셨다. "사람이 다쳤느냐?"라고 물으시고 말에 대해서는 묻지 않으셨다.

■요지 : 공자는 말보다 인명을 중시했다.

어석 · 문법

廐(구) : 마구간. 마사.

焚(분) : 불이 나다.

退朝(퇴조) : 조정에서 퇴근하다.

傷人乎(상인호) : 사람을 다치게 했는가? '乎'는 의문을 표하는 어기조사.

10-13

君賜食이어시든 必正席先嘗之하시고 君賜腥이어시든 必熟而薦
군 사 식　　　　　필 정 석 선 상 지　　　　　군 사 성　　　　　필 숙 이 천

之하시고 君賜生이어시든 必畜之러시다. 侍食於君에 君祭어시든
지　　　　군 사 생　　　　　필 축 지　　　　시 식 어 군　　군 제

先飯이러시다. 疾에 君이 視之어시든 東首하시고 加朝服拖紳이러
선 반　　　　　질　　군　　시 지　　　　　동 수　　　　　가 조 복 타 신

시다. 君이 命召어시든 不俟駕行矣러시다.
　　　군　　명 소　　　　　불 사 가 행 의

통해(通解)

　임금이 음식을 하사하시면 반드시 자리를 바로하여 먼저 그것을 맛보셨
다. 임금이 생고기를 하사하시면 반드시 익혀서 그것을 천신(薦新)하셨다.
임금이 산 것을 하사하시면 반드시 그것을 기르셨다. 임금을 모시고 식사
를 할 때에는 임금이 제(고수레)를 지내시면 먼저 밥을 잡수셨다.(독견을 하셨
다.) 질병에 임금이 문병을 하시면 머리를 동쪽으로 두시고 조복을 덮은 뒤
띠를 늘어뜨리셨다. 임금이 명령을 하여 부르시면 수레에 말을 매는 순간
을 기다리지 않고 지체 없이 떠나셨다.

■ 요지 : 공자는 모시는 군주에 대하여 예를 극진히 하였다. 그것이 성의 있는 보
답이라고 생각한 것이다.

어석 · 문법

嘗(상) : 일부분을 먹다.

腥(성) : 생고기. 생육.

薦(천) : 조상의 영전에 바치다. 천신하다.

侍食(시식) : 모시고 식사를 하다.

生(생) : 소나 양 같은 산 짐승. 활물.

祭 : 제식(祭食).

疾(질) : 병이 나다.

東首(동수) : 머리를 동쪽으로 하고 눕다.(임금이 남면할 수 있도록 하기 위하여)

加朝(가조) : 조복을 위에 덮다.(입지 못하므로)

拖紳(타신) : 띠를 늘어뜨리다. 띠를 허리에 매고 남은 부분은 늘어뜨린다. '拖'
　　　는 늘어놓다. '紳'은 큰 띠, 큰 띠(大帶).

命김(명소) : 임금이 명하여 부르다.

俟(사) : 기다리다.

駕(가) : 말에 멍에를 매다. 수레에 말을 매다. (동사). '駕'는 탈것 (가).

不俟駕行(불사가행) : 멍에 매는 것을 기다리지 않다. 지체 없이 떠나다.

10-14

入太廟하사 每事問이러시다.
입 태 묘　　　매 사 문

통해(通解)

　태묘의 제식에 참석하셔서는 일일이 장상의 경험자에게 물어 예식을 행
하셨다.

■ 요지 : 태묘에 들어가서 선배들에게 일일이 물어 예를 행하였다.

어석 · 문법

太廟(태묘) : 노나라의 주공단(周公旦)을 모신 묘당.

10-15

朋友死하여 無所歸어든 曰 於我殯이라 하더시다. 朋友之饋는
붕 우 사   무 소 귀   왈 어 아 빈   붕 우 지 궤

雖車馬라도 非祭肉이어든 不拜러시다.
수 거 마   비 제 육   불 배

통해(通解)

　벗이 죽어서 유해를 의탁할 곳이 없자 공자께서 말씀하셨다. "내 집에서
초빈(阜殯, 임시로 관을 놓고 덮은 뒤 일정한 의식을 행하는 것)하라." 붕우 사이의
선물은 비록 수레와 말과 같은 큰 것이라도 사의를 표하고 받지 않는 것이
예이므로 공자께서는 제사 지낸 고기가 아니면 사의를 표하고(절을 하고) 받
지 않으셨다.

■요지 : 붕우를 대하는 경우의 여러 예를 말한 것이다.

어석 · 문법

無所歸(무소귀) : 돌아갈 곳이 없다. 의탁할 곳이 없다.

殯(빈) : 죽은 사람을 입관한 채 일정 기간 집에 모셔두는 곳.

饋(궤) : 선물을 보내다.

10-16

寢不尸하시며 居不容이러시다. 見齊衰者하시고 雖狎이나 必變
침 불 시　　　거 불 용　　　　　　견 자 최 자　　　수 압　　　필 변

하시며 見冕者與瞽者하시고 雖褻이나 必以貌러시다. 凶服者를
견 면 자 여 고 자　　　수 설　　　필 이 모　　　흉 복 자

式之하시고 式負版者러시다. 有盛饌이어든 必變色而作이러시다.
식 지　　　식 부 판 자　　　유 성 찬　　　필 변 색 이 작

迅雷風烈에 必變이러시다.
신 뢰 풍 렬　　필 변

통해(通解)

　주무실 때에는 시체처럼 수족을 뻗으시지 않으셨으며 (집에) 계실 때에는
모양을 내지 않으셨다. 공자께서 자최복을 입은 사람을 보시고는 비록 친
한 사이일지라도 반드시 낯빛을 바꾸셨으며, 예모를 쓴 사람과 소경을 보
시고는 비록 허물없는 사이일지라도 반드시 예모(禮貌)를 갖추고 대하셨다.
상복을 입은 사람을 만나시면 (수레의 손잡이를 잡은 채, 몸을 굽혀 그에게 절을 하
시며) 그 사람을 공경하셨고, 나라의 공적 문서를 짊어진 사람을 공경하셨
다. 성찬을 받으시면 반드시 낯빛을 바꾸시며 일어서셨다. 빠른 우레가 치
거나 바람이 거세면 반드시 낯빛을 고치시었다.

■요지 : 공자는 상사와 관련된 모든 사람에게 예모를 갖추고 대했다.

어석·문법

尸(시) : 주검. '시체처럼 수족을 뻗다(펴다)'라는 동사.

居(거) : 집에 있다.

容(용) : 용의(容儀)를 가지런히 하다. '容'은 '꾸미다, 모양내다'라는 동사.

齊衰(자최, 재최) : 상복의 아랫단을 좁게 접어 꿰맨 것. 모친상의 상복이다. 부친
　　상 상복은 참최(斬衰)라 했다.

狎(압) : 친밀한 사이.

冕(면) : 면관(冕冠). 제복의 일종이다.

瞽者(고자) : 장님. 소경.

褻(설) : 평소 자주 만나는 사이. 허물 없는 사이.

以貌(이모) : 예모로써. 예에 맞는 용모를 차려서. '以'는 전치사.

凶服者(흉복자) : 齊衰(자최)보다 가벼운 복상자.

式之(식지) : 그를 공경하다. '式'은 공경할 (식). 이설은 식(栻) 또는 식(軾)으로,
　　'수레 앞에 가로 댄 나무' 곧 횡목을 뜻한다고 한다. 그 나무에 손을 얹고
　　예를 표한다.

式負版者(식부판자) : 부판자(負版者)를 공경하다. '부판자'는 상복을 입은 자를
　　뜻하기도 하고 지도와 호적을 가진 자(국가의 공적 문서를 짊어진 자)를 뜻하
　　기도 한다.

盛饌(성찬) : 잘 차린 음식.

迅雷風烈(신뢰풍렬) : 빠른 천둥과 거센 바람. '風烈'은 '烈風'의 도치.

10-17

升車하사 必正立執綏러시다. 車中에 不內顧하시며 不疾言하시
승 거　　　필 정 립 집 수　　　거 중　　불 내 고　　　불 질 언

며 不親指러시다.
　　불 친 지

통해(通解)

　　수레에 오르실 때에는 반드시 몸을 똑바로 하고 서서 끈을 잡으셨다. 수

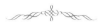

레 안에서는 뒤를 돌아보지 않으셨으며, 빠르게 말하지 않으셨으며, 몸소 사람이나 물건을 손가락질하지 않으셨다.

■요지 : 수레를 탈 때의 예에 대하여 말했다.

어석 · 문법

升車(승차) : 수레에 오르다.

執綏(집수) : '綏'는 끈 (수). 수레 위에 설 때 쥐는 끈(수레를 모는 사람이 내려주는 끈을 잡고 수레에 오른다). 손잡이를 잡다.

疾言(질언) : 빨리 말하다. 함부로 말하다. 큰소리로 말하다.

親脂(친지) : 직접 손가락질을 하다.

10-18

色斯擧矣하여 翔而後集이니라. 曰 山梁雌雉 時哉時哉인저.
색 사 거 의   상 이 후 집   왈 산 량 자 치 시 재 시 재

子路共之호대 三嗅而作하시다.
자 로 공 지   삼 후 이 작

통해(通解)

　암꿩은 사람의 안색을 보고 (놀라) 곧 날아올라 하늘을 빙빙 돌며 정찰을 한 뒤에 다시 (조용히) 내려앉는다. 그것을 보고 계시던 선생님께서 말씀하셨다. "산골짜기 사이에 걸친 외나무다리에 앉아 있던 저 암꿩이 때를 만났구나, 때를 만났구나!" 자로(子路)가 그것을 잡아 (요리를 하여) 선생께 바쳤더니 선생님은 몇 번이나 냄새를 맡으신 뒤에 그냥 일어나셨다.

■요지 : 새는 때를 알아 날고 내려앉지만 사람은 때를 잘 알지 못하여 제대로 활용하지 못한다는 것을 안타까워한 장면이 아닌가 한다. 스승과 제자 사이에도 소통이 되지 않고 있다.

어석 · 문법

色斯擧矣(색사거의) : (암꿩이) 사람의 안색을 보고 (위해를 가할 듯하면) 곧 날아오른다. '色'은 안색, 기색. '斯'는 '곧, 이에'라는 접속사. '擧'는 날다.

翔而後集(상이후집) : 하늘을 빙빙 돌며 정찰을 한 뒤에 다시 나무에 (조용히) 내려앉는다. '而後'는 '以後'와 같다.

山梁(산량) : 산골짜기 사이에 걸친 외나무다리.

雌雉(자치) : 암꿩.

共之(공지) : 供之로 보고 '그것을 잡아 바치다'로 풀기도 하고 '그것을 같이 보다'로 풀기도 한다.

* 이 장은 여러 가지 해석이 가능할 정도로 표현이 애매하여 의미를 올바르게 파악하기가 어렵다.

제11편

선진 先進

선진편에는 제자들에 대한
공자의 직간접적인 평가가 기록되어 있다.
어질고 어질지 못함을 논하는 것이
그 주된 초점이다.

11-1

子曰 先進이 於禮樂에 野人也요 後進이 於禮樂에 君子也라
자왈 선진　　어예악　　야인야　　후진　　어예악　　군자야

하나니 如用之인댄 則吾從先進호리라.
　　　　여용지　　　즉오종선진

통해(通解)

　공자께서 말씀하셨다. "옛 선배들의 예와 악에 대한 태도는 지극히 소박하고 야인다웠고, 후배들의 예와 악에 대한 태도는 화려하고 군자다웠다. 만일 예와 악을 쓴다면 나는 옛 선배들의 소박한 태도를 따르겠다."

■ 요지 : 예악에 대해서는 소박했던 선진들의 뜻을 따르겠다는 것이다. 초심의 질박함을 잊지 않겠다는 뜻이 담겨 있다.

어석 · 문법

先進(선진) : 선배들. 주나라 초기의 사람들. 공자 이전의 고인들.

野人(야인) : 소박하여 야인답다. 미완성의 모습. 주자는 '교외에 있는 사람'이라고 했다.

後進(후진) : 후배들. 현재의 사람들. 자하(子夏)나 증자(曾子) 등으로 보는 이도 있다.

君子(군자) : 화려하여 군자답다. 완성된 모습. 주자는 '현사대부'(賢士大夫)라고 했다.

如用之(여용지) : 만일 그것을 쓴다면.

11-2

子曰 從我於陳蔡者 皆不及門也로다. 德行엔 顔淵閔子
자왈 종아어진채자 개불급문야   덕행   안연민자

騫冉伯牛仲弓이요 言語엔 宰我子貢이요 政事엔 冉有季路요
건염백우중궁   언어   재아자공   정사   염유계로

文學엔 子游子夏니라.
문학   자유자하

통해(通解)

공자께서 말씀하셨다. "나를 따라 진나라 · 채나라에 갔던 사람들이 지금
은 죽었거나 사관하거나 하여 다 내 문하에 이르지 아니했구나. 덕행에는
안연 · 민자건 · 염백우 · 중궁 등이 뛰어났고, 언어에는 재아 · 자공이 뛰
어났으며, 정사에는 염유 · 계로 등이 뛰어났고, 문학에는 자유 · 자하 등이
뛰어났었다."

■요지 : 진 · 채에서 고난을 겪었던 제자들이 지금 문하에 없다고 말하고, 뛰어
난 문인 열 명을 네 과로 나누어 열거했다. 이들을 공문 십철(孔門十哲)이라
한다.

어석 · 문법

陳蔡(진채) : 공자 일행이 진 · 채를 유랑 중, 그 남쪽에 있는 초나라가 공자를 초
빙하고자 하였다. 진 · 채 양국은 그것을 방해하기 위하여 그들을 포위했
다. 이로 인해 공자 일행은 양식마저 떨어지는 위기에 빠졌지만, 자공이
급히 초나라에 보고하자 초나라 군사가 와서 구출했다. 공자가 61세 되던
때의 일로 추정된다. 결국에 공자는 초나라에서도 임용되지 못했다. 이
일을 '진채절량(陳蔡絶糧), 액어진채(厄於陳蔡)'라 한다.

皆不及門也(개불급문야) : 다 문하에 이르지(미치지) 않게 되었다. '아무도 벼슬
　　을 얻지 못하였다'로 보기도 한다. '也'는 '~을 하게 되다'라는 뜻의 어기
　　조사.

言語(언어) : 말솜씨. 구재(口才).

文學(문학) : 광의의 학문. 시 · 서 · 예 · 악 등.

11-3

子曰 回也는 非助我者也로다. 於吾言에 無所不說이온여.
　자 왈　회 야　　비 조 아 자 야　　　　어 오 언　　무 소 불 열

통해(通解)

　공자께서 말씀하셨다. "안회는 나를 계발시키는 데 적극적으로 협력한
사람은 아니었다. 내 말에 대하여 전부 이해하고 질문조차 하지 않았구나."
(기뻐하지 않은 바가 없었구나).

■ 요지 : 안회는 나를 계발시켜준 사람은 아니었지만 잘 이해해준 사람이다. ─ 공
　자의 평.

어석 · 문법

助(조) : 돕다. 조장하다.

無所不說(무소불열) : 기뻐하지 않은 것이 없다. '所'는 ' ~하는 바(것)'. 동사 앞
　　에 붙어서 그 동사와 함께 명사적 성분이 되게 하는 구조조사.

說(열) : 이해하다(『집해』). 기뻐하다. '悅'과 동일(『집주』).

11-4

子曰 孝哉라 閔子騫이여. 人不間於其父母昆弟之言이로다.
자 왈 효 재　　 민 자 건　　　인 불 간 어 기 부 모 곤 제 지 언

통해(通解)

　공자께서 말씀하셨다. "효성스럽도다, 민자건이여! 사람들이 그의 부모 형제가 그의 효행을 칭찬하는 말에 대하여 이의를 제기하지 않는구나."

■요지 : 민자건의 효성을 칭찬한 말이다.

어석 · 문법

閔子騫(민자건) : 공자의 제자. 名은 損(손). 子騫(자건)은 그의 字. 덕행이 뛰어
　　난 인물. 냉대를 받았는데도 계모를 감싸주었다고 함. 계모가 솜 대신 갈
　　꽃을 넣은 옷을 입혀 그의 온몸이 얼었는데도 그런 계모를 감싸며 함께 살
　　았다고 함.

間(간) : 틈새. '이의를 제기하다. 트집을 잡다. 흠잡다'는 뜻의 동사.

11-5

南容이 三復白圭이어늘 孔子以其兄之子로 妻之하시다.
남 용　　 삼 복 백 규　　　 공 자 이 기 형 지 자　　 처 지

통해(通解)

　남용이 여러 번 '백규'의 시구를 반복하여 외웠다. 그 가르침을 잘 이해하

고 말을 신중히 했으므로, 공자께서는 그의 형님의 딸을 그에게 시집 보내시었다.

■ 요지 : 공자는 말을 조심하려고 하는 남용이 마음에 들어 형님 딸을 그에게 시집보냈다.

어석 · 문법

南容(남용) : 공자의 제자. 姓은 南宮, 名은 适(괄), 字는 子容.

三復(삼복) : 여러 번 반복하여 외우다.

白圭(백규) : 『시경』 대아(大雅) 억편(抑篇)의 시구. "白圭之玷可磨也 斯言之玷
不可爲也(백규의 흠은 오히려 갈아 없앨 수 있으나, 이 말의 흠은 고칠 수가 없구
나!)" '白圭'는 백옥으로 된 홀이다. '圭'는 사신으로 간 나라의 군주에게 바
치는 옥패로 신임장의 상징이다.

兄(형) : 공자에게는 다리가 부자유한 이모형(異母兄)이 있었다.

妻(처) : 딸을 시집보내다. 사위로 삼다. 결혼시키다.

11-6

季康子問 弟子孰爲好學이니이고. 孔子對曰 有顔回者好學하
계 강 자 문 제 자 숙 위 호 학　　　　　공 자 대 왈　유 안 회 자 호 학

더니 不幸短命死矣라 今也則亡하니라.
　　불 행 단 명 사 의　금 야 즉 무

통해(通解)

계강자가 물었다. "제자들 중에서 누가 가장 학문을 좋아합니까?" 공자께
서 말씀하셨다. "안회라는 사람이 있었습니다. 학문을 좋아했는데 불행히

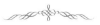

도 명이 짧아 죽었습니다. 그래서 지금은 이 세상에 없습니다."

■요지 : 안회가 호학했으나 단명하여 죽었다고 애석해하며 한 말이다.

어석 · 문법

季康子(계강자) : 노나라 대부. 姓은 季孫, 名은 肥. 康은 시호.

弟子(제자) : 가르침을 받는 자.

矣(의) : 단정의 어기조사. 영탄의 어기도 나타냄.

亡(무) : 없다. '無'. '无'.

11-7

顔淵이 死커늘 顔路請子之車하여 以爲之槨한대 子曰 才不才
안 연　 사　 안 로 청 자 지 거　 이 위 지 곽　 자 왈 재 부 재

에 亦各言其子也니 鯉也死커늘 有棺而無槨호니 吾不徒行하여
역 각 언 기 자 야　 이 야 사　 유 관 이 무 곽　 오 불 도 행

以爲之槨은 以吾從大夫之後라 不可徒行也니라.
이 위 지 곽　 이 오 종 대 부 지 후　 불 가 도 행 야

통해(通解)

　안연이 죽었을 때 그의 아버지인 안로가 선생의 수레를 팔아 그에게 외관(덧널)을 만들어주기를 청했다. 공자께서 말씀하셨다. "재주가 있거나 재주가 없거나 간에 또한 각각 그 자식에 대하여 말할 수 있다. 그런데 나의 아들 이(鯉)가 죽었을 때 관은 있어도 외관은 없었다. 그때 내가 걸어 다닐 작정을 하고 수레를 팔아 그에게 곽을 만들어주지 않은 것은 내가 대부의 말직 대우를 받고 있으므로 수레를 타지 않고 걸어 다닐 수가 없었기 때문

이다."

■ 요지 : 공자는 안회가 죽었을 때 그의 부 안로가 수레를 팔아 곽(槨)을 만들어
달라고 청하자 거절하면서 그 이유를 대부의 예 때문이었다고 말하고 있다.

어석 · 문법

顏路(안로) : 안회의 아버지. 名은 無繇(무요), 字는 路다. 공자보다 6세 연하.

子之車以(자지거이) : '以子之車'의 도치형. 선생님의 수레로써.

才不才(재부재) : 재주가 있건 재주가 없건.

亦各言其子也(역각언기자야) : 또한 각기 자기의 자식에 대하여 말하다. '也'는
단정의 어기조사다.

鯉也死(이야사) : 이(鯉)가 죽었다. 鯉는 공자의 아들이다. 字는 伯魚, 名은 鯉
다. 소공(昭公)이 잉어를 하사하여 '鯉'라고 이름을 지었다고 한다. 이(鯉)
는 재주가 없었으나 그의 손(孫) 子思는 준재로 증자에게 배워『중용』을
지었다. '也'는 제시의 어기조사다.

槨(곽) : 외관. 덧관.

以吾從大夫之後(이오종대부지후) : 내가 대부의 뒤를 따랐기 때문에. '以'는 원인
을 표시하는 전치사.

徒行(도행) : 걸어 다니다.

11-8

顏淵이 死커늘 子曰 噫라. 天喪予샷다. 天喪予샷다.
안 연   사   자 왈 희   천 상 여   천 상 여

통해(通解)

안연이 죽었을 때 공자께서 탄식하셨다. "아, 하늘이 나를 망치시는구나,

하늘이 나를 망치시는구나!"

■요지 : 공자가 안회의 죽음을 깊이 탄식한 말이다.

어석 · 문법

噫(희) : 아아! [감탄사].

喪子(상여) : 나를 망쳤다. 나를 파멸시켰다. 두 번의 반복은 통석의 심함을 강조
한 것.

11-9

顏淵이 死커늘 子哭之慟하신대 從者曰 子慟矣샤소이다. 曰有慟
안 연　사　자 곡 지 통　　종 자 왈　자 통 의　　　왈 유 통

乎아. 非夫人之爲慟而誰爲리오.
호　　비 부 인 지 위 통 이 수 위

통해(通解)

안연이 죽었을 때, 공자께서 그의 죽음을 곡하시다가 끝내 통곡하셨다.
종자들이 말했다. "공자께서 애통해하셨습니다." 그러자 공자께서 말씀하
셨다. "내가 통곡을 했는가? 그 사람을 위하여 애통해하지 않고 누구를 위
하여 애통해한단 말이냐?"

■요지 : 공자가 안연의 죽음을 당하여 자신을 잊고 매우 슬퍼하며 대성통곡하였
다는 것이다.

어석 · 문법

子哭之慟(자곡지통) : 선생이 그를 곡하다가 통곡하다. '곡'은 크게 소리 내어 우

는 것이고, '통'은 슬픔이 복받쳐 우는 것, 곧 몸을 떨며 슬프게 탄식하는 것이다.

從者(종자) : 공자를 모시고 안연의 집으로 간 문인들.

夫人之爲(부인지위) : 그(저) 사람을 위하다. '爲夫人'의 도치. 그 도치 과정에서 목적격 구조조사 '之'가 들어갔다. '夫人'은 그(저) 사람, 곧 안연.

11-10

顔淵이 死커늘 門人이 欲厚葬之한대 子曰 不可하니라. 門人이
안 연 사 문 인 욕 후 장 지 자 왈 불 가 문 인

厚葬之한대 子曰 回也는 視予猶父也이어늘 予不得視猶子也
후 장 지 자 왈 회 야 시 여 유 부 야 여 부 득 시 유 자 야

호니 非我也라 夫二三子也니라.
비 아 야 부 이 삼 자 야

통해(通解)

안연이 죽었을 때, 문인이 후하게 그를 장사지내고자 하였다. 공자께서 말씀하셨다. "옳지 않다." 그런데도 문인이 후하게 그를 장사지내자 공자께서 말씀하셨다. "안회는 나를 보기를 자기 아버지를 대하는 것같이 했는데 나는 아들을 보는 것같이 대하지 못했으니, 이는 나의 뜻이 아니라 저 몇 사람의 제자들 때문이다."

■요지 : 장례를 지나치게 성대하게 치른 데 대하여 추고(追考)한 것이다. 장례는 처지에 맞게 치러야 한다는 것.

어석 · 문법

門人(문인) : 공자의 제자.

厚(후) : 두터이. 후하게

視子猶父也(시여유부야) : 나 보기를 아버지같이 하다. '視'는 '대하다. 대우하
　　다'의 뜻이다. '猶'는 '若'과 같다. '也'는 단정의 어기조사다.

子不得視猶子也(여부득시유자야) : 나는 아들과 같이 볼 수 없었다. '不得'은 '얻
　　지 못하다. ~할 수 없다'라는 뜻이다. 우리 선인들은 '능히'의 뜻을 가진
　　'得'을 '시러곰'으로 읽었다.

二三子(이삼자) : 스승이 두 세 명의 제자를 부르는 말. 너희들.

11-11

季路問事鬼神한대 子曰 未能事人이면 焉能事鬼리오. 敢問死
계 로 문 사 귀 신　　　자 왈　미 능 사 인　　　언 능 사 귀　　　감 문 사

하노이다. 曰 未知生이면 焉知死리오.
　　　　　왈　미 지 생　　　언 지 사

통해(通解)

　계로가 귀신 섬기는 일에 관하여 여쭈어보자, 공자께서 말씀하셨다. "아
직 사람 섬기는 것도 잘 할 줄 모르면서 어찌 귀신을 잘 섬길 수 있겠느냐?"
자로가 말했다. "감히 죽음에 대하여 묻겠습니다." 공자께서 말씀하셨다.
"아직 삶에 대해서도 잘 알지 못하면서 어찌 죽음을 알 수 있겠느냐?"

■요지 : 죽음에 처하는 도리를 물은 자로에게 공자는 우선 삶에 처하는 도리에
　힘쓰라고 답했다.

어석 · 문법

季路(계로) : 자로.

鬼神(귀신) : 종교적인 주재자. 천신, 地祇(지기), 人鬼. 하늘에는 신, 땅에는 祇
    [지신], 사람에겐 鬼[사람이 죽은 후의 영혼, 조상의 영]라고 한다. 신과 귀는
    불가지적인 것이지만 공자는 성심을 가지고 섬기고 제사를 지내며, 멀리
    하되 모독하지는 않아야 한다고 말하고 있다.

未能事人(미능사인) : 아직 사람을 섬길 수 없다. '事'는 '仕'와 같다. '人'은 부모,
    장상, 어질고 귀한 시람을 가리킨다.

焉能事鬼(언능사귀) : 어찌 귀신을 섬길 수 있겠는가, 섬길 수 없다. 반어형. '焉'
    은 구 앞에 두고 반어문을 만드는 부사.

특수 연구 22 – '焉'의 용법

'焉'은 주로 어기조사로 쓰이나 대명사나 부사로도 쓰인다.

1. 문말에서 단정, 의문, 반어, 강조 등의 어기를 나타내는 어기조사로 쓰인다.
    三人行必有我師焉(세 사람이 가면 반드시 나의 스승이 있다.)
    君何患焉(그대는 무엇을 걱정하는가?)
    人焉廋哉(어찌 숨길 수 있으리오.)
    君子病無能焉(군자는 무능을 걱정한다.)

2. "~然"과 같이 형용사를 만든다." 그러나 마치 부사처럼 부사어로 쓰인다
    瞻之在前忽焉在後(그것을 바라봄에 앞에 있더니 홀연히 뒤에 있더라)

3. '이것, 여기, 어디'와 같은 대명사로 쓰인다.
    必有甚焉者矣(반드시 이것보다 심한 자가 있다.)
    仲尼焉學(중니는 어디에서 배웠는가?)
    心不在焉視不見(마음이 여기에 있지 않으면 보아도 보이지 않는다)

4. '어찌'와 같은 의문부사로 쓰인다.
    人焉瘦哉(사람이 어찌 숨길 수 있겠는가?)

不如(불여) : '~에 미치지 못하다'의 뜻.

好學(호학) : 학문을 좋아하다. '好'는 적극적인 뜻을 포함하고 있다.

也 : 단정의 어기조사.

敢問死(감문사) : 감히(분수도 모르고) 죽음에 처하는 도리를 묻다. 사람은 왜 죽
　　는가, 죽음이란 무엇인가 등.

未知生(미지생) : 아직 삶에 처하는 도리를 알지 못한다.

焉知死(언지사) : 어찌 죽음에 처하는 도리를 알 수 있겠는가, 알 수 없다. 반어
　　형. '知'는 그 도리를 명확히 밝히는 것.

11-12

閔子는 侍側에 誾誾如也하고 子路는 行行如也하고 冉有 子貢
민 자　　시 측　　은 은 여 야　　　자 로　　　항 항 여 야　　　염 유 자 공

은 侃侃如也어늘 子樂하시다. 若由也는 不得其死然이로다.
간 간 여 야　　　자 낙　　　　약 유 야　　　부 득 기 사 연

통해(通解)

　민자는 공자를 곁에서 모실 때 곧고 바른 모습을 하고, 자로는 굳센 모습
을 하고, 염유와 자공은 화락한 모습을 하여 공자께서 즐거워하셨다. "자로
같은 사람은 정당한 죽음을 얻지 못하겠구나."

■요지 : 민자건, 자로, 염유, 자공 등, 다 유위한 인재들인데 그중 자로의 강한
　성격을 걱정한 것이다.

어석 · 문법

侍側(시측) : 옆에서 모시다.

誾誾如(은은여) : 온화한 모양. 중정(中正)한 모양. 공손하면서도 정직한 모양.

'如'는 형용사화 접미어.

行行如(항항여) : 굳센 모양. 굳세고 강한 모양. 용장한 모양.

侃侃如(간간여) : 화락한 모양. 부드러운 모양.

若由也(약유야) : '由'[자로]와 같은 사람. '也'은 제시의 어기조사.

不得其死然(불득기사연) : 그 (보통의) 죽음을 얻지 못할 것이다. 자연스레 죽지
    못할 것이다. '死然'은 천수를 온전히 하는 것. '然'을 '焉'과 같은 단정조자
    로 보기도 한다.

11-13

魯人이 爲長府러니 閔子騫이 曰 仍舊貫如之何오. 何必改作이
노 인   위 장 부   민 자 건   왈 잉 구 관 여 지 하   하 필 개 작

리오. 子曰 夫人이 不言이언정 言必有中이니라.
    자 왈 부 인   불 언   언 필 유 중

통해(通解)

노나라 사람이 장부라는 정부의 창고를 다시 지었다. 민자건이 말했다.
"옛날의 관례대로 그냥 수리를 하는 것이 어떠합니까? 어찌 반드시 다시 지
어야 합니까?" 그러자 공자께서 말씀하셨다. "그 사람(민자건)은 평소에 말
을 잘 하지 않지만, 일단 말을 하면 반드시 사리에 맞는 말을 한다."

■ 요지 : 공자는 삼환 사람들이 새로 창고를 짓는 일은 불필요하다는 민자건의
    말이 옳다는 것이다.

어석 · 문법

魯人(노인) : 노나라의 군주. 곧 소공(昭公). 삼환 사람들. 중신 계씨(季氏)를 가리

킨다는 설도 있음. 나라의 당국자.

爲長府(위장부) : 장부를 짓다. '長府'는 창고명. 소공의 별관이란 설도 있음. 소공은 이 장부를 근거지로 계씨들의 토멸을 꾀했으나 패하여 제나라로 망명했다.

仍(잉) : 인하다. 따르다. 인습하다.

舊貫(구관) : 구례(舊例). 옛날 그대로. '貫'은 '事' 또는 '慣'(관). 옛날부터 존속해 온 것. 예전부터 내려오는 관례.

如之何(여지하) : 그것을 어떻게 하리오? '如何'는 의문을 표하는 말로 수단, 방법, 또는 이유를 물을 때 사용한다. 그 사이에 목적어['之']가 들어가는 일이 많다.

言必有中(언필유중) : 말에는 반드시 사리에 맞는 것이 있다. '中'은 '적합하다, 합당하다'라는 뜻.

11-14

子曰 由之鼓瑟을 奚爲於丘之門고. 門人이 不敬子路한대
자 왈 유 지 고 슬   해 위 어 구 지 문   문 인   불 경 자 로

子曰 由也는 升堂矣오 未入於室也니라.
자 왈 유 야   승 당 의   미 입 어 실 야

통해(通解)

　공자께서 말씀하셨다. "자로가 저런 고르지 못한 솜씨의 거문고 타기를 어찌 내 집에서 하는가?" 문인이 자로를 공경하지 않게 되자 공자께서 말씀하셨다. "자로의 학문은 대청에 오를 만하나 아직 방에 들어올 만하지는 못하다."

■요지 : 자로의 고금[음악] 수준을 승당에 비유했다.

어석 · 문법

由(유) : 자로의 名. 본명은 仲由다. 공자보다 9세 연하. 정사에 밝았다.

鼓瑟(고슬) : 거문고를 타다. '瑟'은 25현금, 27현금이 있다.

奚爲(해위) : 어찌하여 … 하느냐?

丘之門(구지문) : 공자(나)의 집.

升堂(승당) : 당에 오르다. '堂'은 남향의 방으로 대청 앞의 객실. '堂'은 상당한
    경지를 비유한 말이다.

室(실) : 당 북측에 있는 방. 깊은 방. 음악의 묘처. '室'은 심오한 경지의 비유.

11-15

子貢이 問師與商也孰賢이니이꼬. 子曰 師也는 過하고 商也는
자 공　　문 사 여 상 야 숙 현　　　　자 왈 사 야　　과　　상 야

不及이니라. 曰 然則師愈與이까. 子曰 過猶不及이니라.
불 급　　　왈 연 즉 사 유 여　　　자 왈 과 유 불 급

통해(通解)

　자공이 "자장과 자하는 누가 더 현명합니까?" 하고 여쭈어보았다. 공자께
서 말씀하셨다. "자장은 지나치고 자하는 조금 미치지 못한다." 자공이 말
했다. "그러면, 자장이 낫습니까?" 그러자 공자께서 말씀하셨다. "지나친 것
은 미치지 못하는 것과 같다."

■요지 : 자장과 자하와의 인물 평론에서 공자는 지나친 것은 미치지 못한 것과
　같아 좋지 않다고 말한 것이다. 중용이야말로 귀중한 것이라고 설명했다.

어석 · 문법

師也(사야) : '師'는 전손사(顓孫師)의 이름. 字는 子張. '也'는 제시의 뜻을 나타
　　내는 어기조사.

商(상) : 복상(卜商)의 이름. 字는 子夏. 문학에 뛰어났다.

孰賢(숙현) : 누가 더 현명한가?

過(과) : 지나치다.

然則(연즉) : 그렇다면. 그러면. 접속사.

愈與(유여) : 나은가? 뛰어난가? 승한가? '與'는 의문의 어기조사.

過猶不及(과유불급) : 지나침은 결국 모자람과 같다. '猶'는 '마치 ～과 같다'라는
　　뜻의 비교를 나타내는 동사.

11-16

季氏富於周公이어늘 而求也爲之聚斂而附益之한대 子曰
계 씨 부 어 주 공　　　　이 구 야 위 지 취 렴 이 부 익 지　　　자 왈

非吾徒也로소니 小子아 鳴鼓而攻之可也니라.
비 오 도 야　　　소 자　명 고 이 개 지 가 야

통해(通解)

　계씨는 주공보다 부유했다. 그런데도 구는 그를 위해 세금을 많이 부과
하고 혹독하게 거둬들여 그에게 많은 이익을 부가시켜주었다. 공자께서 말
씀하셨다. "그는 내 제자가 아니니 너희들은 북을 울려서 그를 성토해도 좋
을 것이다."

■요지 : 공자는 계씨의 자산을 불려준 염유를 비판했다.

어석 · 문법

季氏(계씨) : 노나라 대부 계손씨로 삼환 중에서 가장 세도가 컸고 그의 재산은
　　　　노나라 속령의 반을 차지했다.

於(어) : 비교 대상을 표시하는 전치사.

周公(주공) : 노공(魯公)

求(구) : 염구(冉求). 字는 '子有'. 계손씨의 가재(家宰)를 지냄.

爲之(위지) : 그(계씨)를 위하여

聚斂(취렴) : 중세를 부과하고 혹독하게 거두어들임. 세금을 가혹하게 징수함.

附益之(부익지) : 그에게 이익을 부가시켜주다. '之'는 '계씨'를 가리킨다.

吾徒(오도) : 내 제자.

鳴鼓而攻之(명고이공지) : 북을 울려 그를 공격하다. '之'는 '求'를 가리킨다.

11-17

柴也는 愚하고 參也는 魯하고 師也는 辟하고 由也는 喭이니라.
　시 야　우　　삼 야　노　　사 야　벽　　유 야　언

통해(通解)

　공자께서 "고시는 우직하고, 증삼은 노둔하고,　자장은 편벽되고, 자로는
거칠다."고 말씀하셨다.

■요지 : 네　문인의 성격에 대한 공자의 비평이다.

어석 · 문법

柴(시) : 공자의 제자. 姓은 高, 名은 柴. 字는 子羔(자고) 또는 子皋(자고). 공자
　　　보다 30세 연하. 자로가 비읍의 읍재를 시킴.

愚(우) : 우직하다. 인정미가 넘치다.

參(삼 또는 참) : 증자의 이름. 『효경』의 편술자.

魯(노) : 노둔하다.

師(사) : 자장의 이름. 전손사(顓孫師).

辟(벽) : 편벽하다. 외양만 가꾸다. 공정하지 못하고 한쪽으로 치우치다.

由(유) : 자로의 이름.

喭(언) : 거칠다. 조잡하다.

11-18

子曰 回也는 其庶乎요 屢空이니라. 賜는 不受命이요 而貨殖焉
자왈 회야   기서호   누공   사   불수명   이화식언

이나 億則屢中이니라.
　　 억 즉 누 중

통해(通解)

　공자께서 말씀하셨다. "안회는 아마 도의 경지에 가까웠을 것이지만 자주 쌀독이 비었을 정도로 가난했다. 자공은 천명을 그대로 받아들이지 않고 자력으로 재산을 늘렸다. 그러나 생각하여 말을 했는데 항상 적중했다."

■요지 : 안연과 자공을 경제적인 생활의 면에서 비교하여 말했다.

어석 · 문법

其庶乎(기서호) : 아마 도에 가까웠을 것이다. '其'는 아마. '乎'는 추측의 어기를
　　　나타내는 어기조사다.

屢空(누공) : 뒤주가 자주 비다.

賜(사) : 자공의 이름. 단목사(端木賜).

不受命(불수명) : 천명을 받아들이지 않는다.

貨殖焉(화식언) : 재화를 늘리다. '焉'은 단정 조자.

億(억) : 억측하다[動詞]. 추측하다. 판단하다. '億中'은 추측한 것이 잘 맞음. '中'
은 동사로 쓰였다.

11-19

子張이 問善人之道한대 子曰 不踐迹이나 亦不入於室이니라.
자 장　　문 선 인 지 도　　자 왈 불 천 적　　역 불 입 어 공

통해(通解)

자장이 선인의 도를 여쭙자 공자께서 말씀하셨다. "선인은 선현의 발자
취를 밟지도 않지만 또한 심오한 경지에도 들어가지 않는다."

■ 요지 : 선인은 도의 실천이나, 오의(奧義)의 구극(究極)보다는 선의에 산다.

어석 · 문법

善人(선인) : 마음이 선량한 사람. 자질은 아름다우나 배우지 못한 자.

踐(천) : 밟다. 실천하다. 배워서 따르다.

跡(적) : 자취. 실천해야 할 도리. 행적.

室(실) : 집의 속 방. 가장 심오한 경지.

11-20

子曰 論篤을 是與면 君子者乎아. 色莊者乎아.
자 왈 논 독　　시 여　　군 자 자 호　　색 장 자 호

통해(通解)

공자께서 말씀하셨다. "다만 언론이 독실한 사람이라고 하여 이런 사람에게 편을 든다면 군자다운 사람인가. 외면만 장대한 사람인가?"

■요지 : 언론의 독실만으로 인물을 판단할 수 없다는 것이다.

어석 · 문법

論篤是與(논독시여) : 언론이 독실함을 편들다. '與'는 '허여하다, 찬성하다, 인정하다, 편들다'라는 뜻을 가진 동사다. '是'는 '之'와 같은 목적격을 나타내는 구조조사다. 與[동사]+논독[목적어] 구조에서 '論篤'을 강조하기 위하여 앞으로 도치시키는 과정에서, 그것이 목적어임을 표시하는 '之'[을/를]라는 말을 끼워 넣은 것이다.

色莊者乎(색장자호) : 외모만 건장한 사람인가? '色莊'은 외모만 장중한 것이다. '乎'는 의문의 어기조사다.

子路問聞斯行諸이까. 子曰 有父兄이 在하니 如之何其
자 로 문 문 사 행 저　　　자 왈 유 부 형　　재　　　여 지 하 기

聞斯行之리오. 冉有問聞斯行諸이까. 子曰 聞斯行之니
문 사 행 지　　　염 유 문 문 사 행 저　　　자 왈 문 사 행 지

라. 公西華曰 由也問聞斯行諸어늘 子曰 有父兄在라 하시
공 서 화 왈 유 야 문 문 사 행 저　　　자 왈 유 부 형 재

고 求也問聞斯行諸어늘 子曰 聞斯行之라 하시니 赤也惑하여
구 야 문 문 사 행 저　　　자 왈 문 사 행 지　　　적 야 감

敢問하노이다. 子曰 求也는 退故로 進之하고 由也는 兼人故로
감 문　　　자 왈 구 야 퇴 고 진 지　　　유 야 겸 인 고

退之호라.
퇴 지

통해(通解)

　자로가 여쭈어보았다. "선한 말을 들으면 곧 그것을 행해야 합니까?" 공
자께서 말씀하셨다. "부형이 건재해 계시는데 여쭤보지 않고 어찌 듣고 바
로 그것을 행하겠느냐?" 염유가 여쭈어보았다. "들으면 그것을 곧 행해야
합니까?" 공자께서 말씀하셨다. "들으면 곧 그것을 행하라." 공서화가 여쭈
어보았다. "자로가 '들으면 곧 그것을 행할까요?' 하고 여쭈었을 때 선생님
께서는 '부형이 건재해 계시다'고 말씀하셨고, 염유가 '들으면 곧 그것을 행
할까요?' 하고 여쭈었을 때는 선생님께서 '들으면 곧 그것을 행하라'고 말
씀하셨으므로, 저[적]는 의혹스러워 감히 그 이유를 여쭈어보는 것입니다."
공자께서 말씀하셨다. "염유는 뒤로 물러나기 때문에 그를 앞으로 나아가
게 한 것이고, 자로는 남의 몫까지를 겸하기 때문에 그를 뒤로 물러나게 한

것이다."

■요지 : 호용(好勇)한 자로와 겸손한 염유에게 각각 그들에게 맞는 교육을 했다.

어석 · 문법

聞斯行諸(문사행저) : 들으면 곧 그것을 행하리까? '斯'는 조건을 표시하는 접속
　　사. '諸'(저)는 '之乎'의 합자.

如之何(여지하) : 어찌하여. '如何'는 수단, 방법, 이유를 묻는 말. '之'는 목적어
　　[代名詞]. 어세를 강하게 하는 어기조사로 보고 새기지 않기도 한다.

其聞斯行之(기문사행지) : 들으면 곧 그것을 행하리까? '其'는 어세를 강하게 하
　　는 어기조사.

公西華(공서화) : 공자의 제자. '赤'은 그의 이름.

退(퇴) : 겸손하게 물러서다.

兼人(겸인) : 남의 몫까지 겸하다. 지나치게 행동적이다. 혼자서 두 사람 몫을 겸
　　하다.

11-22

子畏於匡하실새 顔淵이 後러니 子曰 吾以女爲死矣라호라. 曰
자 외 어 광　　　안 연　　후　　　자 왈 오 이 여 위 사 의　　　　　　왈

子在어시니 回何敢死리이까.
자 재　　　회 하 감 사

통해(通解)

　공자께서 광읍에서 위난을 당하셨을 때 안연이 뒤에 처졌다가 오는 것을
보고 공자께서 말씀하셨다. "나는 네가 죽은 줄 알았구나." 안연이 말했다.

"선생님께서 살아 계신데 제가 어찌 감히 죽을 수 있겠습니까?"

■요지 : 공자는 광에서 난을 만났을 때, 뒤에 온 안연을 보고 매우 기뻐했다.

어석 · 문법

子畏於匡(자외어광) : 공자 일행이 광 땅에서 위난을 당하다.

顏淵後(안연후) : 안연이 뒤에 늦게 도착했다. '後'는 일행과 떨어져 늦은 것.

吾以女爲死(오이여위사) : 나는 네가 죽어버린 것이라고 생각하고 있었다. '女'
는 汝(너). '以~爲'는 '~라고 생각하다'라는 관용형. '矣'는 단정의 어기조
사.

子在回何敢死矣(자재회하감사의) : 선생님이 살아 계신데 제가 어찌 감히 죽겠
습니까? '在'는 '살아 있다'의 뜻. '何敢'은 반어형. '何敢死'는 '不敢致死'
와 같다.

11-23

季子然이 問仲由冉求는 可謂大臣與이까. 子曰 吾以子
계 자 연 문 중 유 염 구 가 위 대 신 여 자 왈 오 이 자

爲異之問이라니 曾由與求之問이로다. 所謂大臣者는
위 이 지 문 증 유 여 구 지 문 소 위 대 신 자

以道事君하다가 不可則止하나니 今由與求也는 可謂具臣矣니
이 도 사 군 불 가 즉 지 금 유 여 구 야 가 위 구 신 의

라. 曰 然則從之者與이까. 子曰 弑父與君은 亦不從也리라.
왈 연 즉 종 지 자 여 자 왈 시 부 여 군 역 부 종 야

통해(通解)

계자연이 "중유와 염구는 대신이라 이를 수 있습니까?" 하고 여쭙자 공자께서 말씀하셨다. "나는 그대가 특별한 질문을 하리라고 생각했는데 바로 유와 구에 관한 질문이군요. 이른바 대신이라는 자는 도로써 임금을 섬기다가 불가능하면 그만둡니다. 지금 유와 구는 자리나 채우는 구신이라 이를 수 있습니다." 계자연이 말했다. "그러면 우리 계씨가의 명을 따르기만 할 사람입니까?" 공자께서 말씀하셨다. "아버지나 군을 함께 죽이는 일은 또한 따르지 않을 것입니다."

■요지 : 두 제자를 비평함으로써 계자연의 비망(非望)을 저지한 말이다.

어석 · 문법

季子然(계자연) : 노나라 삼환의 한 사람인 계손씨의 일족. 季平子의 아들.

仲由(중유) : 자로.

冉求(염구) : 字는 子有다.

以子爲異之問(이자위이지문) : 그대가 비상한 질문을 할 줄 알았다. '以~爲'는 '~이 ~하다고 여기다'라는 뜻을 나타낸다. '異之問'은 '問異'(특이한 것을 묻다)가 도치된 것. '之'는 강조의 효과를 거두기 위하여 목적격을 표시하는 구조조사가 개입된 것.

曾(증) : 바로. 마침내. 이에. 고작. 결국.

具臣(구신) : 신하의 자격은 갖추었으나 대신은 못 됨. 자리나 채우는 신하. '具'는 갖추고 있다는 뜻.

從之(종지) : 그것[군주의 명]을 따르다.

與(여) : '~인가?'. 의문의 어기조사.

弑(시) : '殺'과 같다. 윗사람을 죽이다.

子路使子羔로 爲費宰한대 子曰 賊夫人之子로다. 子路曰
자로사자고 　위비재 　　자왈 적부인지자 　　　자로왈

有民人焉하며 有社稷焉하니 何必讀書 然後에 爲學이리이꼬.
유민인언 　　유사직언 　　하필독서 연후 　위학

子曰 是故로 惡夫佞者하노라.
자왈 시고 　오부녕자

통해(通解)

　자로가 자고를 비읍의 재(가신)를 시키려 하자 공자께서 말씀하셨다. "저 남의 집 자식을 해치려는구나." 자로가 말했다. "그곳에 백성이 있고 사직이 있는데, 어찌 반드시 책만을 읽어야 배우는 것이라고 하겠습니까?" 공자께서 말씀하셨다. "이런 이유로 나는 저 말재주 있는 사람을 싫어하는 것이다."

■ 요지 : 자로가 젊고 미숙한 자고를 비의 읍장으로 삼으려 함에 공자가 만류하니 실지의 학문이 있다고 답하므로 공자는 구달자(口達者)가 마음에 들지 않는다고 말하였다.

어석 · 문법

A 使 B C(A 사 B C) : A가 B로 하여금 C하게 하다. 사역형.

子羔(자고) : 공자의 제자. 姓은 高, 名은 柴(시). 子羔(子皐)는 그의 字. 공자보다 30세 연하. 우직하고 정직했다고 함.

費(비) : 계씨 영지 내의 읍.

宰(재) : 장관. 여기서는 읍장 정도. 당시 자로는 계씨의 재[가로(家老)격].

賊(적) : 해를 끼치다. 그르치다.

夫(부) : 저. 원칭 지시대명사.

人之子(인지자) : 남의 아들. 연소자. 여기서는 '자고'.

民人(민인) : 인민. '民'은 서인으로 역인(役人)이 된 사람. '人'은 세습적인 관료.

社稷(사직) : '社'는 토지신, '稷'은 곡물신. 합하여 국가의 의미.

焉(언) : 단정을 표하는 어기조사.

何必(하필) : 어찌 반드시 ~하랴? 반어형.

然後(연후) : 그 후에.

爲學(위학) : 학문이라고 하다.

佞者(영자) : 변재 · 구재가 있는 사람.

11-25

子路 曾晳 冉有 公西華 侍坐러니 子曰 以吾一日長乎爾
자로 증석 염유 공서화 시좌   자왈 이오일일장호이

나 毋吾以也하라. 居則曰 不吾知也라 하나니 如或知爾면
무오이야   거즉왈 불오지야   여혹지이

則何以哉오. 子路率爾而對曰 千乘之國이 攝乎大國之間하
즉하이재   자로솔이이대왈 천승지국   섭호대국지간

여 加之以師旅요 因之以饑饉이어든 由也爲之면 比及三年
가지이사려   인지이기근   유야위지   비급삼년

하여 可使有勇이요. 且知方也케호리이다. 夫子哂之하시다. 求
가사유용   차지방야   부자신지   구

아 爾何如오. 對曰 方六七十과 如五六十에 求也爲之
이하여   대왈 방육칠십   여오륙십   구야위지

면 比及三年하여 可使足民이어니와 如其禮樂엔 以俟君子
비급삼년   가사족민   여기예악   이사군자

호리이다. 赤아 爾는 何如오. 對曰 非曰能之라 願學焉하노
적   이   하여   대왈 비왈능지   원학언

이다. 宗廟之事종묘지사와 如會同여회동에 端章甫단장보로 願爲小相焉원위소상언하노이

다. 點점아 爾이는 何如하여오. 鼓瑟希고슬희러니 鏗爾舍瑟而作갱이사슬이작하여 對曰대왈

異乎三子者之撰이호삼자자지선호이다. 子曰자왈 何傷乎하상호리오. 亦各言其志也역각언기지야니라.

曰왈 莫春者모춘자에 春服춘복이 旣成기성이어든 冠者五六人관자오륙인과 童子六七人동자육칠인으

로 浴乎沂욕호기하여 風乎舞雩풍호무우하여 詠而歸영이귀호리이다. 夫子喟然嘆曰부자위연탄왈

吾與點也오여점야하라.

三子者出삼자자출커늘 曾晳증석이 後후러니 曾晳증석이 曰왈 夫三子者之言부삼자자지언이 何如하여

하니이꼬. 子曰자왈 亦各言其志也已矣역각언기지야이의니라. 曰왈 夫子何哂由也부자하신유야시

니이꼬. 曰왈 爲國以禮위국이례어늘 其言不讓기언불양이라 是故시고로 哂之신지라. 唯求유구

則非邦也與즉비방야여이까. 安見方六七十안견방육칠십과 如五六十而非邦也者여오륙십이비방야자

리오. 唯赤則非邦也與유적즉비방야여이까. 宗廟會同종묘회동이 非諸侯而何비제후이하오.

赤也爲之小적야위지소면 孰能爲之大숙능위지대리오.

통해(通解)

　자로 · 증석 · 염유 · 공서화가 함께 모시고 앉은 자리에서 공자께서 말

씀하셨다. "너희들보다 내가 조금 나이가 많다고 해서 나를 어려워하지 말라. 너희들은 평소에 '나를 알아주지 않는다'고 했는데 만일 혹자가 너희들을 알아준다면 어찌하겠느냐?" 자로가 불쑥 나서서 대답했다. "제후의 나라가 대국 사이에 끼어 군사적 압박을 받을 뿐만 아니라 이로 인하여 백성들이 기근에 시달릴 때, 제가 그 나라를 다스리게 된다면 삼 년이 이를 때에는 백성들로 하여금 용기를 갖게 할 수 있고 또 바른 삶의 바른 방향을 알 수 있게 하겠습니다." 선생께서는 이 말을 들으시고 빙그레 웃으셨다. "염유야, 너는 어찌하겠느냐?" 염유가 대답하여 말했다. "사방 육칠십 리나 혹은 오륙십 리 되는 작은 나라를 제가 다스리게 된다면 삼 년이 이를 때는 백성들이 풍족하게 살 수 있도록 하겠습니다. 다만 예와 악 같은 것은 제 힘으로 감당할 수 없으니 다른 군자를 기다리겠습니다." 공자께서 "공서화야, 너의 뜻은 어떠하냐?" 하고 물으시자 공서화가 대답했다. "저는 이런 일을 할 수 있다고 하는 것이 아니라, 그저 배우고 싶습니다. 종묘의 제사나 제후들이 회합할 때 현단과 장보관을 착용하고 작은 보좌역이나 하고 싶습니다." 공자께서 "증석아, 너는 어떠하냐?" 하고 물으셨다. 증석은 거문고를 조용히 타다가 '쿵' 하고 거문고를 내려놓고 일어나서 대답했다. "저는 세 사람이 갖추어 말한 것과 다릅니다." 공자께서 말씀하셨다. "무슨 상관이 있느냐? 각자가 자기의 뜻을 말한 것뿐이다." 점이 말했다. "저는 늦은 봄에 봄옷을 차려입는 일이 이미 끝났으므로 오륙인의 젊은 사람과 육칠인의 동자들과 함께 기수에서 세수하고 무우에서 바람을 쐬고 시를 읊다가 돌아오겠습니다." 공자께서 소리를 내어 감탄하시며 말씀하셨다. "나도 증석과 같이 하고 싶다." 세 사람이 나가고 증석만이 뒤에 처졌다. 증석이 말했다. "저 세 사람의 말을 어떻게 생각하십니까?" 공사께서 밀씀하셨다. "이 또한 각각 자기의 뜻을 말했을 뿐이다." 증석이 말했다. "선생님께서는 어찌하여 자로의 말을 듣고 웃으셨습니까?" 공자께서 말씀하셨다. "나라를 다스릴 때는 예를 근본으로 해야 하는데 그의 말에는 겸손한 빛이 없으므로 웃었다."

증석이 말했다. "오직 염유가 이야기한 것도 나라를 다스리겠다는 뜻이 아닙니까?" 공자께서 말씀하셨다. "어찌 사방육칠십 리이거나 오륙십 리를 나라가 아닌 것으로 볼 수 있느냐?" 증석이 말했다. "오직 공서화가 이야기한 것도 나라를 다스리는 일이 아닙니까?" 공자께서 말씀하셨다. "종묘 제사와 회동이 제후의 일이 아니겠느냐? 공서화가 소상이 된다고 하면 누가 대상이 될 수 있겠느냐?"

■ 요지 : 공자가 네 명의 제자들에게 만일 그대들의 재능을 인정하여 등용해주는 위정자가 있다고 하면 우선 어떤 일을 하겠는가 하고 물었을 때, 자로는 강병책에 관한 자신을 말했고, 염유는 민생의 안정에 대한 신념을 말했다. 공서화는 예식의 실행에 대한 희망을 말했고, 증석은 청소년들과 함께 청유(淸遊)하는 즐거움을 말했다. 그러나 이것을 듣고 있던 공자는 증석의 희망에 동의했다. 그리고 증석의 물음에 응하여 다른 세 제자의 발언 내용을 비평했다.

어석 · 문법

曾晳(증석) : 증삼의 부친. 名은 點이고 字는 晳이다.

公西華(공서화) : 공서적. 華는 그의 字. 공자보다 42세 연하.

侍坐(시좌) : 모시고 앉다.

以吾一日長乎爾(이오일일장호이) : 너희들보다 내가 조금 연상이라는 이유로. '以'는 '~의 이유로'라는 전치사. '一日'은 '조금'이라는 뜻. '長'은 연상 또는 연장이라는 뜻. '乎'는 비교의 대상을 표하는 전치사. '爾'는 이인칭 대명사인 '너'.

毋吾以也(무오이야) : 내가 연상이라는 이유로 대답하기를 어려워하지 말라. '女無以我長故難對'(공안국의『집해』). 포부를 말하는 것을 꺼리지 말라. '毋'는 금지사. '也'는 명령을 표시하는 어기조사.

居(거) : 평생. 평소.

不吾知(불오지) : 남이 자기를 인정해주지 않는다. 부정문인 '不知吾'가 도치된 것.

如或知爾則何以哉(여혹지이즉하이재) : 만일 혹시 너희들을 알고 써주는 자가
　　있다면, 무엇을 하겠는가? '乎'는 의문의 어기를 나타내는 어기조사.

率爾(솔이) : 당돌하게. 불쑥. 경솔한 모양. '爾'는 부사화 접미사.

千乘之國(천승지국) : 전시에 병거 천승을 낼 정도의 대국. 노 · 위 · 정 등.

攝(섭) : 틈에 끼이다. 접하다.

大國(대국) : 千乘보다 더욱 큰 나라. 제 · 초 · 진(晉) · 진(秦) 등.

師旅(사려) : 軍隊. '師'는 2500인, '旅'는 500인. 전(轉)하여 전쟁, 전난을 뜻함.

因之(인지) : 이에 겹치다. '因'은 '重'과 같음.

饑饉(기근) : 작물의 수확이 없는 것. '饑'는 곡물이 열매를 맺지 않는 것. '饉'은
　　야채가 자라지 않는 것.

爲之(위지) : 그것(그 나라)을 다스리다. '爲'는 '治'와 같다.

比及三年(비급삼년) : 삼 년이 이를 때에. '比'는 '경에'의 뜻.

方(방) : 올바른 곳으로 향하다. 뜻이 향하는 방향.

方六七十(방육칠십) : 사방 육칠십 리의 소국.

哂(신) : 미소하다. 빙그레 웃다.

如五六十(여오육십) : 혹은 사방 오륙십 리의 소국. '如'는 선택 관계를 나타내는
　　접속사다.

足(족) : 만족하다. 생활에 부자유가 없는 것.

如(여) : ~같은 것은. 접속사 '若'과 같다. 지시의 말을 나타내는 접속사다.

俟君子(사군자) : 훌륭한 군자에게 맡기다. 군자를 기다리다. '俟'(사)는 '任'.

點(점) : 曾晳(증석). 증삼의 부.

非曰能之(비왈능지) : 그런 일이 가능하다고 하는 것은 아니다. 겸손한 말이다.
　　'之'는 후문의 '宗廟~ 小相焉'을 가리킨다.

願學焉(원학언) : 원하건대, 그것을 배우고 싶습니다.

宗廟之事(종묘지사) : 조상의 제사. '宗廟'는 제후의 조상의 영을 제사하는 곳.

會同(회동) : 제후의 회합. 일정한 때에 하는 것이 '會'이고 임시로 하는 것이 '同'
　　이다.

端章甫(단장보) : 예장으로 '端'은 현단(玄端)의 의복, '章甫'(장보)는 예관의 이름.

小相(소상) : 보좌역. 의식 주도자를 보좌하는 역. 겸손의 말이다.

瑟(슬) : 금(琴)의 일종. 25현이다.

希(희) : 거문고를 조용히 타다.

鏗爾(갱이) : 거문고를 놓았을 때의 소리. 센소리. 댕! 또는 쿵! '爾'는 형용사화
　　접미사.

舍瑟而作(사슬이작) : 거문고를 놓고 일어서다.

異乎三子者之撰(이호삼자자지선) : 세 사람이 진술한 것과 다르다. '乎'는 비교
　　대상을 표하는 전치사다. '撰'은 '陳'과 같다. 진술하다. '之'는 주격을 표시
　　하는 구조조사.

何傷乎(하상호) : 무엇을 걱정하겠는가? 걱정할 것이 없다는 뜻. '何~乎'는 반
　　어형.

莫春者(모춘자) : 만춘. '莫'은 '暮'와 동일. 음력 3월, 양력 4월. '者'는 시간을 표
　　시하는 말 뒤에 붙는 접미사.

春服旣成(춘복기성) : 봄옷을 차려입는 일이 이미 끝나다. 봄옷이 이미 이루어지
　　다.

冠者(관자) : 약자(若者). 20세에 관을 쓰면 성인이 된다.

童子(동자) : 아이들. 14, 5세. 성관(成冠) 전의 소년.

浴乎沂(욕호기) : 기수(沂水)에서 목욕하다. '沂水'는 천(川) 이름으로 노나라 남
　　쪽에 있다. '乎'는 장소를 표시하는 전치사.

風乎舞雩(풍호무우) : 무우(舞雩)의 제단에서 서늘한 바람을 쐬다. '무우'는 기우
　　제를 지내는 높은 자리. '風'은 '바람을 쐬다'라는 동사. '乎'는 장소를 표시
　　하는 전치사.

詠而歸(영이귀) : 시를 읊고 즐겁게 돌아오다. '而'는 순접.

夫子喟然歎曰(부자위연탄왈) : 공자가 소리를 내어 감탄하여 가라사대. '위연(喟
　　然)'은 소리내어 감탄하는 모양.

曾晳後(증석후) : 증석만이 뒤에 남았다. 공자의 비평을 듣고 싶어 남은 것이다.

各言其志也已矣(각언기지야이의) : 각자 자기의 뜻한 바를 말했을 뿐이다. '其'는
　　'各'을 가리킨다. '也已矣'는 단정의 '也'에 限定의 '已', 다시 단정의 '矣'를

가하여 어의를 강화한 것이다.

何哂由也(하신유야) : 어찌하여 유의 말을 듣고 웃었습니까? '哂'(신)은 빙그레
웃는 것. '也'는 의문을 나타내는 어기조사.

唯求則非邦也與(유구즉비방야여) : 오직 구가 이야기한 것은 나라를 다스리는
것이 아닙니까? '唯'는 '오직, 그렇다면, 도대체' 등의 뜻이 있다. '則'은 대
비의 뜻을 나타내는 접속사다. '與'는 의문의 어기조사.

安見方六七十如五六十而非邦也者(안견방육칠십여오육십이비방야자) : 어찌 사
방 육칠십 리나 혹은 오륙십 리가 되면서 나라가 아닌 것으로 볼 수 있
는가? '安見'은 '어찌 볼 수 있으리오? 볼 수 없다'는 반어형이다. '如'는
'혹은'이라는 접속사다. '而'는 역접 접속사다. '也'는 단정사. '者'는 '것'이
란 뜻이다.

赤也爲之小(적야위지소) : 적이 그 소상이 되다. '也'는 제시를 표하는 어기조사.
'之'는 '그'라는 대명사다.

孰能爲之大(숙능위지대) : 누가 그 대상(보좌장)이 될 수 있겠는가? 아무도 될 수
없다. '孰 …爲'는 반어형. '之'는 '其'와 같다. '大'는 대상.

제12편

안연 顔淵

안연편에는 인(仁)과 정(政)에 대한 문답이 많다.
안연, 중궁, 사마우, 자공 등이 인과 정치에 대하여 묻고
공자가 이에 답한다.
묻는 사람에 따라 가르침을 달리한 점이 특이하다.

12-1

顔淵問仁한대 子曰 克己復禮爲仁이니 一日克己復禮
안 연 문 인　　　 자 왈 극 기 복 례 위 인　　　 일 일 극 기 복 례

면 天下歸仁焉하나니 爲仁이 由己니 而由人乎哉아. 顔淵
　　 천 하 귀 인 언　　　 위 인　　 유 기　 이 유 인 호 재　　　 안 연

이 曰 請問其目하노이다. 子曰 非禮勿視하며 非禮勿聽하
　 왈 청 문 기 목　　　　　　 자 왈 비 례 물 시　　　 비 례 물 청

며 非禮勿言하며 非禮勿動이니라. 顔淵이 曰 回雖不敏이나
　 비 례 물 언　　　 비 례 물 동　　　　　 안 연　 왈 회 수 불 민

請事斯語矣로리이다.
청 사 사 어 의

통해(通解)

　안연이 인(仁)에 대하여 여쭙자 공자께서 말씀하셨다. "자기 자신을 누르
고 예로 돌아가는 것이 인이다. 하루라도 자기 자신을 누르고 예로 돌아가
면 온 천하가 인으로 돌아갈 것이다. 인을 이루는 것은 자기 자신에게 달려
있는 것이지, 어찌 다른 사람에게 달려 있는 것이겠느냐?" 안연이 말했다.
"그 세목을 가르쳐주십시오." 공자께서 말씀하셨다. "예가 아닌 것은 보지
말며 예가 아닌 것은 듣지 말며, 예가 아닌 것은 말하지 말며, 예가 아닌 것
은 행하지 말라." 안연이 말했다. "제가 비록 불민하지만 이 말씀을 힘써 행
하겠습니다."

■ 요지 : 안연의 물음에 답하여 공자가 인을 설명한 것이다. 인이란 극기복례이
　고 그 효과는 빠르고 큰 것, 그 위에 인을 실행하는 세목에 대하여 말했다.

어석 · 문법

問仁(문인) : 인을 행하는 방법을 물었다.

克己復禮爲仁(극기복례위인) : 자기의 사욕을 이겨내고 예를 실천하는 것이 인
　　이다. '克'은 '극복한다'는 말. '己'는 자기의 사욕, 사심. '復'은 '실천하다'
　　라는 뜻으로 '履'와 같다. '예'는 선왕의 예제. 인간 생활의 질서, 자연의 도
　　리. '爲'는 문언(文言)에서 '이다'라는 뜻으로 쓰이는 동사다. 우리 어법에
　　서는 '이다'를 서술격 조사, 또는 선어말어미라고 한다.

一日(일일) : (겨우) 하루라도.

天下歸仁焉(천하귀인언) : 천하의 사람들이 그 사람의 인덕에 귀복한다. '焉'은
　　단정의 어기조사다.

由己(유기) : 자기 자신에게 달려 있다. '己'는 '人'과 대(對)이다. '由'는 '말미암
　　다, 좇다, 달려 있다'는 뜻을 가지고 있다.

由人乎哉(유인호재) : 다른 사람에게 달려 있는가? 남의 힘으로 할 수 있는가?
　　'乎哉'는 어조가 강한 반어형 어기조사.

특수 연구 23 – '由'의 용법

　'由'는 동사나 개사로 주로 사용된다.

1. 동사로 쓰일 때는 다음 네 가지 의미로 쓰인다.

　　1) '～로 말미암다.' '～에 달려 있다.'

　　　爲仁由己而由人乎哉(인을 행하는 것이 자기에게 달려 있지 남에게 달려 있
　　　겠는가.)

　　2) '따르다. 의거하다.'

　　　可使由之(그들로 하여금 그것을 따르게 할 수 있다.)

　　　雖欲從之末由也已(비록 그를 따르고자 해도 따를 수가 없다.)

　　3) '지나다, 경과하다.'

　　　觀其所由(그가 지나온 바를 본다.)

　　4) '～과 비슷하다.'

　　　由水之就下(물이 아래로 흐르는 듯하다.)

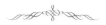

2. 개사로 쓰일 때는 '~으로부터, ~에서, ~에 의해서'

　由此可知(이것에 의해서 알 수 있다.)

　由上到下(위에서 아래까지)

請問其目(청문기목) : 인을 실천할 그 세목을 가르쳐주십시오. '請問'은 정중한
　　　물음. 공손하게 가르침을 달라는 것. '其'라고 하는 대명사는 앞 문의 '爲
　　　仁'을 가리킨다. '目'은 구체적인 내용・조목・세목・개조・요점.

非禮勿視(비례물시) : 예에서 벗어난 것은 보지도 말라. '勿'은 금지사.

回雖不敏(회수부민) : 나는 비록 불민한 자이나. '回'는 안연의 명. '雖'는 조건을
　　　표시하는 접속사, '그렇지만'의 뜻. '不敏'은 자기를 비하하는 공손어. 미
　　　거한 자, 졸렬한 자.

請事斯語矣(청사사어의) : 아무쪼록 이 말씀을 (일심으로) 실천하도록 힘쓰겠습
　　　니다. '請'은 '제발, 아무쪼록' 정도의 뜻. '事'는 종사하다, 힘쓰다, 일삼다.
　　　'斯'는 '非禮勿視~非禮勿動'을 가리키는 대명사. '矣'는 단정(斷定) 조자.
　　　문의를 강조함.

12-2

仲弓이 問仁한대 子曰 出門如見大賓하며 使民如承大祭하
중궁　 문인　　　자왈 출문여견대빈　　　사민여승대제

고 己所不欲을 勿施於人이니 在邦無怨하며 在家無怨이니라.
　 기소불욕　 물시어인　　　재방무원　　　재가무원

仲弓이 曰 雍雖不敏이니 請事斯語矣로리이다.
중궁　 왈 옹수불민　　　청사사어의

통해(通解)

중궁이 인에 대하여 여쭙자 공자께서 말씀하셨다. "문을 나설 때는 항상 큰 손님을 만나듯이 공손하며, 백성을 부릴 때는 큰 제사를 받들듯이 공경하고, 자기가 하고자 하지 않는 일을 남에게 베풀지 말아야 한다. 그렇게 하면 나라에 처해서 원망이 없으며 집에 있어서도 원망이 없다." 중궁이 말했다. "옹이 비록 민첩하지는 못하나 청컨대(모쪼록) 이 말씀을 힘써 행하겠습니다."

■요지 : 인의 실현에는 경(敬)과 서(恕)의 정신이 가장 중요하다고 술하고 있다.

어석 · 문법

出門如見大賓(출문여견대빈) : 대문을 나서면 큰 손님을 만난 것같이 한다. '大賓'은 국빈을 말한다.

己所不欲勿施於人(기소불욕물시어인) : 자기가 원하지 않는 바를 남에게 시키지 말라.

在邦(재방) : 조정에 나가서 정사를 볼 때. '邦'이 '제후' 또는 '제후의 나라'라는 설도 있다. (『집해』)

在家(재가) : 집에 은퇴해 있을 때. '家'가 '제후의 중신인 경대부', 또는 '가로(家老)들'이라는 설도 있다.

請事斯語矣(청사사어의) : 아무쪼록 이 말씀을 힘써 행하겠습니다. '請'은 '청하건대, 아무쪼록'이란 응대어.

12-3

司馬牛問仁한대 子曰 仁者는 其言也訒이니라. 曰 其言也訒이
사 마 우 문 인　　자 왈 인 자　 기 언 야 인　　　왈　기 언 야 인

면 斯謂之仁矣乎이까. 子曰 爲之難하니 言之得無訒乎아.
　 사 위 지 인 의 호　　자 왈 위 지 난　　 언 지 득 무 인 호

통해(通解)

　사마우가 인에 대하여 여쭙자 공자께서 말씀하셨다. "인자는 신중하기 때문에 말이 무겁다." 사마우가 말했다. "그 말이 무거우면 그것을 인이라고 말할 수 있습니까?" 공자께서 말씀하셨다. "그것을 행하기 어려우니 그것을 말하는데 어찌 무겁지 않을 수 있겠느냐?"

■ 요지 : 인은 실행하기가 어려워 말을 꺼내기가 힘들다고 말하고 있다.

어석 · 문법

司馬牛(사마우) : 공자의 문인. 姓은 司馬, 名은 耕(경) 또는 犁(이). 字는 子牛. 말이 많고 조급한 사람이었다고 한다. 형은 송나라의 司馬桓魋(사마환퇴)라고 하며 공자를 습격하여 죽이려고 한 적이 있었고 송나라에서 반란을 일으키기도 하였다.

其言也訒(기언야인) : 그 말이 무겁다. '訒'(인)은 '말을 더듬거리다, 얼른 말을 꺼내지 못하고 머뭇거리다'의 뜻.

斯謂之仁矣乎(사위지인의호) : 이것을 인이라고 이르는가? '斯'는 '이것'이란 대명사. '之'는 '其言也訒'을 가리킨다. '矣'는 단정, '乎'는 의문의 어기를 나타내는 어기조사다.

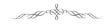

12-4

司馬牛問君子한대 子曰 君子는 不憂不懼니라. 曰 不憂不懼면
사 마 우 문 군 자　　　　자 왈 군 자　　불 우 불 구　　　　왈 불 우 불 구

斯謂之君子矣호이까. 子曰 內省不疚어니 夫何憂何懼리오.
사 위 지 군 자 의　　　　자 왈 내 성 불 구　　　　부 하 우 하 구

통해(通解)

　　사마우가 군자에 관하여 여쭙자 공자께서 말씀하셨다. "군자는 근심하지
아니하고 두려워하지 않는다." 사마우가 다시 말했다. "걱정하지 않고 두려
워하지 않으면 그를 곧 군자라 할 수 있습니까?" 그러자 공자께서 말씀하셨
다. "마음으로 자신을 돌아보아 흠이 없다면 대체 무엇을 걱정하고 무엇을
두려워하겠느냐?"

■요지 : 군자는 마음에 거짓이 없으므로 근심과 두려움이 없다.

어석 · 문법

不憂(불우) : 근심할 일이 없다.

不懼(불구) : 두려워할 일이 없다. '懼'는 '恐'과 같다.

斯(사) : '則'과 동일함.

何謂之君子矣乎(하위지군자의호) : 어찌 그를 군자라고 이를 수 있는가? '矣'는
　　　　단정, '乎'는 의문의 어기조사.

內省(내성) : 평소의 행실을 마음속으로 반성해보다.

疚(구) : 하자(瑕疵). 마음에 부끄러운 것이 있다. 양심에 가책을 느끼다.

夫(부) : 대저. 도대체. 발어사다.

何憂何懼(하우하구) : 무엇을 근심하고 무엇을 두려워하랴? 그럴 필요가 없다.
　　　　반어형.

12-5

司馬牛憂曰 人皆有兄弟어늘 我獨亡이로다. 子夏曰 商은
사 마 우 우 왈 인 개 유 형 제　　　　아 독 무　　　　　자 하 왈　상

聞之矣로니 死生이 有命이요 富貴在天이라호라. 君子敬而無失
문 지 의　　　사 생　유 명　부 귀 재 천　　　　　군 자 경 이 무 실

하며 與人恭而有禮면 四海之内 皆爲兄弟也이니 君子
　　　여 인 공 이 유 례　사 해 지 내　개 위 형 제 야　　　군 자

何患乎無兄弟也리오.
하 환 호 무 형 제 야

통해(通解)

　사마우가 근심스럽게 말했다. "남들은 다 형제가 있는데 나만 홀로 없구
나." 자하가 말했다. "상이(내가) 들은 바에 의하면 '죽고 사는 것은 천명에
달려 있고, 부와 귀는 하늘에 달려 있다'고 하오. 군자가 신중하여 실수가
없으며 남에게 공손하여 예의를 지키면 온 세상 사람이 다 형제가 되는데
군자가 어찌 형제 없는 것을 근심하겠는가?"

■ 요지 : 사람은 각자의 생활태도, 마음가짐에 따라 세상 사람들과 형제가 된다
　고 하는 것을 설명했다.

어석 · 문법

有(유) : 가지다. 있다. 여기서는 동사다.

獨(독) : 혼자. 한정을 나타내는 말.

亡(무) : 없다. '有'의 반대어.

聞之矣(문지의) : 이것(이런 말)을 들은 적이 있다. '之'는 아래 두 구(句)를 가리킨
　　다. '矣'는 단정의 어기조사다.

死生有命富貴在天(사생유명부귀재천) : 사람의 죽음과 삶이라고 하는 것은 이
　　　세상에 태어난 때부터 천명으로 정해져 있는 것이고, 부귀라고 하는 것도
　　　운명에 의한 것이다.

敬(경) : 삼가다. 조심하다.

無失(무실) : 과실이 없다.

與人恭而有禮(여인공이유례) : 다른 사람을 대하는 것이 공손하고 예의가 있다.
　　　'與'는 '교제하다, 대하다'의 뜻.

有禮(유례) : 의례를 잃지 않다.

四海之內(사해지내) : 사방의 바다 가운데. 세계. 천하.

何患乎無兄弟也(하환호무형제야) : 어찌 형제가 없는 것을 걱정하겠는가? '也'는
　　　반어의 어기소사.

12-6

子張이 問明한대 子曰 浸潤之譖과 膚受之愬不行焉이
자 장　　　문 명　　　자 왈 침 윤 지 참　　　부 수 지 소 불 행 언

면 可謂明也已矣니라. 浸潤之譖과 膚受之愬不行焉이면
　가 위 명 야 이 의　　　침 윤 지 참　　　부 수 지 소 불 행 언

可謂遠也已矣니라.
가 위 원 야 이 의

통해(通解)

　　자장이 총명함에 대하여 여쭈어보자 공자께서 말씀하셨다. "은근한 참소
와 절박한 하소연을 그대로 받아들여 시행하는 일을 하지 않는다면 총명하
다고 할 수 있다. 은근한 참소와 절실한 하소연을 그대로 받아들여 시행하
는 일을 하지 않는다면 사려 깊다고 할 수 있다."

■요지 : 자장이 총명에 대하여 물었다. 은근한 참언과 절박한 하소연이 통하지
않으면 명지(明智)가 깊다고 말할 수 있다고 답했다.

어석 · 문법

子張(자장) : 공자의 문인. 姓은 전손(顓孫), 名은 사(師).

明(명) : 명지(明智). 총명. 사리에 밝은 것.

浸潤之譖(침윤지참) : 물이 스며들어 적시듯 은근히 하는 참언(讒言). '譖'은 비난
하다, 비방하다.

膚受之愬(부수지소) : 피부로 느껴질 듯 절박한 하소연. '愬'는 하소연을 하다.

不行焉(불행언) : 행하지 않도록 하게 하다. 받아들여지지 않게 하다. '焉'은 상
태의 지속을 나타내는 어기조사.

可謂遠也已矣(가위원야이의) : 사려 깊다고 말할 수 있다. '也'는 단정조사. '矣'
도 같다. 일층 강세한 것.

12-7

子貢이 問政한대 子曰 足食足兵이면 民信之矣니라. 子貢이
자공　문정　　자왈 족식족병　　　민신지의　　　자공

曰 必不得已而去인댄 於斯三者에 何先이리이꼬. 曰 去兵이니
왈　필불득이이거　　　어사삼자　하선　　　　왈　거병

라. 子貢이 曰 必不得已而去인댄 於斯二者에 何先이리이꼬. 曰
　　자공　왈 필부득이이거　　　어사이자　하선　　　　왈

去食이니 自古皆有死이어니와 民無信不立이니라.
거식　　　자고개유사　　　　　민무신불립

통해(通解)

자공이 정치에 관하여 여쭈어보자 공자께서 말씀하셨다. "식량을 풍족하게 하고 군비를 풍족하게 하면 백성들이 신뢰할 것이다." 자공이 물었다. "반드시 마지못하여 하나를 버려야 한다면 이 세 가지 중에 어느 것을 먼저 버려야 합니까?" 공자께서 말씀하셨다. "군비를 버려라." 자공이 말했다. "반드시 마지못하여 하나를 버려야 한다면 이 두 가지 중에서 어느 것을 먼저 버려야 합니까?" 공자께서 말씀하셨다. "식량을 버려라. 예로부터 누구에게나 다 죽음이 있지만 백성에게 신뢰를 받지 못하면 정치가 존립할 수 없다."

■요지 : 자공이 정치의 요체를 물은 데 대하여 공자는 식과 병과 신의 삼지를 들고 그중에서 신이 가장 중요하다고 말했다.

어석·문법

子貢(자공) : 공자의 문인. 姓은 端木(단목), 名은 賜(사), 자공은 그의 字.

問政(문정) : 정치의 요점을 묻다.

足食(족식) : 식량을 충분히 마련하다. '食'은 식량.

足兵(족병) : 무기를 충분히 마련하다.

民信之(민신지) : 백성들이 그것을 믿게 하다. '信'은 '믿게 하다'라는 사역동사. '之'를 '그들'로 보기도 한다.

必不得已而去(필부득이이거) : 반드시 마지못하여 버려야 한다면. '去'는 사거(捨去). '而'는 순접.

於斯三者何先(어사삼자하선) : 이 삼자(식, 병, 신) 중에서 어느 것을 먼저 버릴까? '何先'은 '何先去'. '何'는 의문조자.

於斯二者(어사이자) : 이 둘(식과 신) 중에서.

自古皆有死(자고개유사) : 옛날부터 인간은 다 죽음을 피할 수 없다.

民無信不立(민무신불립) : 백성에게 신의를 지키는 마음이 없다면 정치도 무엇도 성립되지 않는다(주자의 설). '無'는 가정, 조건을 나타내는 접속 조자.

12-8

棘子成이 曰 君子는 質而已矣니 何以文爲리오. 子貢이 曰
극자성　왈 군자　　질 이 이 의　　하 이 문 위　　　자 공　　왈

惜乎라. 夫子之說이 君子也나 駟不及舌이로다. 文猶質也며
석 호　　부 자 지 설　　군 자 야　　사 불 급 설　　　　문 유 질 야

質猶文也니 虎豹之鞹이 猶犬羊之鞹이니라.
질 유 문 야　　호 표 지 곽　　유 견 양 지 곽

통해(通解)

극자성이 말했다. "군자는 실질적인 바탕일 뿐입니다. 어찌 문식이 필요
합니까?" 자공이 말했다. "애석하군요. 그대(대부)의 설명이 군자답지만 사
두마차도 한 치의 혀를 따라가지 못합니다. 문식도 거의 실질과 같으며 실
질도 거의 문식과 같습니다. 털을 뽑은 범이나 표범의 가죽은 개나 양의 가
죽과 같습니다."

■요지 : 군자는 실질과 외형이 상반(相伴)해야 가치가 있는 것이라고 말하고 있
다.

어석 · 문법

棘子成(극자성) : 춘추 시대 위나라의 대부라고 알려져 있으나 확실치 않다. 공
자와 동시대인이거나 후배일 것이다.

質(질) : 타고난 바탕, 실질, 본질. 질박, 꾸밈이 없고 순수한 것. 인격, 교양, 곧
도. 효제충신. '문'보다 승하면 조야해짐.

文(문) : 나중에 덧붙인 것, 곧 겉치레. 겉을 그럴듯하게 꾸민 것, 곧 문식(文飾).
화사하고 아름다운 것. 詩 · 書 · 禮 · 樂. 문화적 세례. '질'보다 승하면 공
소(空疏)해짐.

而已矣(이이의) : 뿐이다. 한정을 나타내는 조자.

何以文爲(하이문위) : (도대체) 어찌하여 문식을 하는 것인가? 필요하지 않다. '어 찌 ～하랴'의 형으로 반어를 나타낸다. '以'는 '用'과 같다. '爲'는 의문· 반어를 표시하는 어기조사. '文'은 '질'의 대어(對語)로 '꾸민다, 장식하다' 는 뜻의 동사. 학문이나 예에서 실질을 장식하는 것.

夫子之說君子也(부자지설군자야) : 그대의 설명이 군자답다. 또는 '그대의 군자 설명이'로 새길 수도 있다. 이때의 '也'는 제시를 나타내는 어기조사다. '夫子'는 여기서는 대부인 극자성을 가리킴.

駟不及舌(사불급설) : 사두마의 수레도 혀를 따라가지 못한다. 실언이나 과언이 라는 것은 되돌릴 수 없으니 신중을 기해야 한다는 것.

猶(유) : '거의 ～와 같다'. '마치 ～와 같다'. 재역 문자.

鞟(곽) : 털을 뽑아버린 가죽. 무두질한 가죽. 이것을 '질'에 비유함.

12-9

哀公이 問於有若曰 年饑用不足하니 如之何오. 有若이 對曰
애공　문어유약왈　연기용부족　　여지하　유약　대왈

盍徹乎시니이꼬. 曰二도 吾猶不足이어니 如之何其徹也리오.
합철호　　　왈이　오유부족　　여지하기철야

對曰 百姓이 足이면 君孰與不足이며 百姓不足이면 君孰與足
대왈　백성　족　군숙여부족　백성부족　군숙여족

이리이꼬.

통해(通解)

　애공이 유약에게 물으셨다. "금년의 기근으로 세수가 적어 국용이 부족

하니 이를 어쩌면 좋겠소?" 유약이 대답했다. "어찌하여 소득의 십분의 일을 걷는 철법을 쓰시지 않으십니까?" 애공이 말씀하셨다. "십분의 이의 세법을 쓰는 것도 나는 오히려 부족한데 어떻게 십분의 일의 철법을 쓴단 말입니까? 유약이 대답했다. "백성이 풍족하면 임금이 누구와 더불어 부족하며 백성이 부족하면 임금이 누구와 더불어 풍족하시겠습니까?"

- 요지 : 애공이 유약에게 흉작으로 국비가 부족하니 어찌하면 좋겠느냐고 물었다. 유약은 세율을 가볍게 하는 방법을 설명하고 백성이 넉넉해지면 임금도 넉넉해진다고 하는 정치의 근본을 말한 것이다.

어석 · 문법

哀公(애공) : 당시의 노나라 국왕. 名은 蔣. 哀는 시호.

有若(유약) : 姓은 有, 名은 若, 字는 自有. 공자의 문인.

年饑用不足(연기용부족) : 금년의 흉작으로 국용이 부족하다.

如之何(여지하) : 그것을 어찌하면 좋겠는가? '如何'는 '何如', '奈何'와 같은 의문사. 목적어 '之'를 취할 때는 두 글자 중간으로 들어간다. 이 '之'는 위의 '用不足'을 가리킨다.

盍徹乎(합철호) : 어찌하여 철법을 사용하지 않는가? '盍'(합)은 '何不'과 같고 '철'은 소득의 십분지 일을 바치는 주대(周代)의 세법. 국용을 줄여 민생을 후하게 하려는 생각이었음. 반어형.

二吾猶不足(이오유부족) : 십분지이도 나는 오히려 부족하다.

如之何其徹乎(여지하기철호) : 어찌 그 철법을 시행하리오? 시행하면 좋지 않다는 뜻. 반어형. '之'는 '猶不足'을 가리킨다. '其'를 발어사로 보면 '도대체' 정도의 뜻.

百姓足(백성족) : 인민이 풍족하게 되면.

君孰與足(군숙여족) : 임금은 어떤 사람과 더불어 풍요를 누리시겠습니까? 풍요를 누릴 수 없다는 뜻. 반어형.

12-10

子張이 問崇德辨惑한대 子曰 主忠信하며 徙義崇德也니
자장　　문숭덕변혹　　자왈 주충신　　　사의숭덕야

라. 愛之란 欲其生하고 惡之란 欲其死하나니 旣欲其生이요
애지　욕기생　　오지　욕기사　　　기욕기생

又欲其死 是惑也니라. 誠不以富요 亦祇以異로다.
우욕기사 시혹야　　성불이부　　역지이이

통해(通解)

　자장이 덕을 숭상하며 의혹을 분별하는 일에 대하여 여쭙자, 공자께서 말씀하셨다. "충(忠)과 신(信)을 주로 하며 의를 향하여 나아가는 것이 덕을 숭상하는 것이다. 그를 사랑하는 사람은 그가 살기를 바라고 그를 싫어하는 사람은 그가 죽기를 바란다. 처음에는 그가 살기를 바랐다가 이제 와서는 또 그가 죽기를 바라는 것, 이것이 미혹이다. 진실로 그 사람이 부유하기 때문에 좋아하는 것이 아니고 다만 색다르기 때문에 좋아하는 것이다."

■요지 : 자장이 숭덕과 미혹에 대하여 묻자 공자는 '주충신(主忠信)'과 '사의(徙義)'가 숭덕이고, 욕생하고자 하다가 욕사하고자 하는 것이 미혹이라고 답했다.

어석 · 문법

崇德(숭덕) : 도덕을 숭상하다. 자기의 인격을 높이다.

辨惑(변혹) : 미혹됨을 분별하다.

主忠信(주충신) : 성심과 신의를 주로 하다. '主'는 오로지 힘을 다하다, 주력하다.

徙義(사의) : 의로운 데로 옮겨가다. 정의를 따르다.

愛之欲其生(애지욕기생) : 그를 사랑하는 사람은 그가 살기를 바란다.

既~又(기~우) : 이미(처음엔) ~하기도 하고 또(나중에) ~을 하기도 하다.

誠不以富(성불이부) : 진실로 부유하기 때문이 아니다.『시경』소아(小雅) '아행기
　　야(我行其野)' 끝부분의 시구이다

亦祇以異(역지이이) : 또한 다만(마치) 색다르다는 것 때문이니라.『시경』소아의
　　시구. 위의 '誠不以富'와 함께 이 부분은 착간(錯簡)으로「계씨편」1장에
　　들어가는 것이 옳다고 한다.

12-11

齊景公이 問政於孔子한대 孔子對曰 君君臣臣父父子子이니
제 경 공　　문 정 어 공 자　　　공 자 대 왈　군 군 신 신 부 부 자 자

이다. 公이 曰 善哉라. 信如君不君하며 臣不臣하며 父不父하며
공　　왈 선 재　신 여 군 불 군　　신 불 신　　부 불 부

子不子면 雖有粟이나 吾得而食諸아.
자 부 자　수 유 속　　오 득 이 식 저

통해(通解)

　　제나라 경공이 정치에 관한 것을 공자께 물었다. 공자께서 대답하여 말
씀하셨다. "임금은 임금답게, 신하는 신하답게, 아버지는 아버지답게, 자식
은 자식답게 모두가 본분을 다하는 것입니다." 공이 말했다. "좋은 말씀입
니다. 진실로 만일 임금이 임금답지 못하며 신하가 신하답지 못하며 아버
지가 아버지답지 못하며 자식이 자식답지 못하면, 비록 곡식이 있다 한들
내가 그것을 잘 먹을 수 있겠습니까?'

■ 요지 : 제경공이 정치의 요도(要道)를 묻자 공자는 군신과 부자가 각각 본분을
　　행하는 것이라고 말하였다.

어석 · 문법

齊景公(제경공) : 제나라의 군주. 姓은 姜, 名은 杵臼(저구). 영공의 아들로 제나
　　라 대부 최서(崔杼)가 장공(莊公)을 시역(弑逆)하고 옹립한 군주다.

信如(신여) : 진실로 만약. '信'은 '진실로, 정말로'라는 부사. '如'는 가정이나 조
　　건을 나타내는 접속사다.

君君臣臣父父子子(군군신신부부자자) : 임금을 임금답고, 신하는 신하답고, 아
　　버지는 아버지답고, 자식은 자식답고, 저마다 본분을 지켜 질서를 문란하
　　게 하지 않는 것. 첩어(疊語)의 뒤 글자 네 개는 모두 형용사다.

吾得而食諸(오득이식저) : 내가 그것을 먹을 수 있겠는가? '得而'는 가능의 조동
　　사. '諸'(저)는 '之乎'의 합자.

12-12

子曰 片言에 可以折獄者는 其由也與인저. 子路는 無宿諾이
자왈 편언　　가이절옥자　　기유야여　　　자로　　무숙낙
러라.

통해(通解)

　공자께서 말씀하셨다. "한 마디 말로써 소송을 판결할 수 있는 능력을 가
진 사람은 아마도 유뿐일 것이다. 자로는 승낙한 것을 하루도 묵히지 않았
다."

■요지 : 자로는 소송 사건을 묵히지 않고 바로 처리하는 사람이라는 것이다.

어석 · 문법

片言(편언) : 한 마디 말.

可以折獄(가이절옥) : 소송 사건을 판결할 수 있다. '可以'는 가능의 조동사다.
　　절옥(折獄)은 '옥사를 처결하다'라는 뜻이다.

也與(야여) : '其'와 함께 사용되었으므로 추측을 표시하는 어기조사다. '～일 것
　　이다'라는 뜻이다.

無宿諾(무숙낙) : 승낙을 (하루도) 묵히지 않는다. 즉시 실천한다. '宿'은 '留'와
　　같다.

12-13

子曰 聽訟이 吾猶人也나 必也使無訟乎인저.
자 왈 청 송　　오 유 인 야　　필 야 사 무 송 호

통해(通解)

　공자께서 말씀하셨다. "송사를 판결하는 것은 나도 다른 사람과 같지만
그것보다 우리는 반드시 송사를 없게 할 것이다."

■ 요지 : 공자는 송사를 판결하면서 송사가 없는 세상을 만들겠다는 뜻을 밝히고
　있다.

어석 · 문법

聽訟(청송) : 송사를 듣고 처리하다.

吾猶人也(오유인야) : 나도 남만큼 한다.

必也使無訟乎(필야사무송호) : 기필코 (우리로) 하여금 송사가 없게 해야 한다.
　　'必也'는 '반드시'라는 말이다. '也'는 어기를 강하게 하는 어기조사다. '乎'

는 단정을 표시하는 어기조사다.

12-14

子張이 問政한대 子曰 居之無倦하며 行之以忠이니라.
자 장   문 정   자 왈   거 지 무 권   행 지 이 충

통해(通解)

   자장이 정사에 관하여 여쭙자 공자께서 말씀하셨다. "그 자리에 있을 때는 게을리하지 말며, 맡은 일을 행할 때는 성심을 다하라."

■요지 : 자장이 정치의 요도를 묻자 공자는 무권하고 성실하라고 하였다.

어석 · 문법

居之(거지) : 그 자리에 있다. '之'는 정치를 하는 자리, 곧 관직 또는 정치가.

無倦(무권) : 게을리하지 않다. 열심히 하다.

行之以忠(행지이충) : 그것을 실행함에 성실성으로써(성실성을 가지고) 한다.

12-15

子曰 博學於文이요 約之以禮면 亦可以弗畔矣夫인저.
자 왈   박 학 어 문   약 지 이 례   역 가 이 불 반 의 부

통해(通解)

공자께서 말씀하셨다. "널리 학문을 배우고 그것을 예로 다잡으면[절제하면] 또한 도에 어긋나지 않을 것이다."

■ 요지 : 군자는 배우고 그것을 예로써 절제해 나가면 어긋나지 않는 사람이 될 수 있다.

어석·문법

文(문) : 학문. 육경. 문물제도와 역사. 선왕의 도.

約之以禮(약지이례) : 그것을 예로써 집약하다. '約'은 다잡다, 절제하다. 단속하다.

不畔(불반) : 어긋나지 않다.

矣夫(의부) : 감탄의 어기조사.

12-16

子曰 君子는 成人之美하고 不成人之惡하나니 小人은 反是니라.
자 왈 군 자　　성 인 지 미　　불 성 인 지 악　　　소 인　　반 시

통해(通解)

공자께서 말씀하셨다. "군자는 남의 좋은 점을 도와 이루게 하고 나쁜 점을 이루게 하지 않는다. 그러나 소인은 이와 반대이다."

■ 요지 : 군자는 남의 미점을 신장시키고 단점은 들추어내지 않는다는 것이다.

어석 · 문법

成(성) : 이루게 하다. 완성시키다. 신장시키다. 들추어내다. 성취시키다.

美(미) : 선미(善美)한 것. 좋은 점.

惡(악) : 사악한 일. 나쁜 점.

反是(반시) : 이에 반하다.

12-17

季康子問政於孔子한대 孔子對曰 政者는 正也니 子帥以正이
계 강 자 문 정 어 공 자   공 자 대 왈 정 자   정 야   자 솔 이 정

면 孰敢不正이리오.
　숙 감 부 정

통해(通解)

　계강자가 공자께 정사에 관하여 물었다. 공자께서 말씀하셨다. "정치라
는 것은 바로잡는 것이니 선생이 바른 도를 가지고 통솔하신다면 누가 감
히 바로잡혀지지 않겠습니까?"

■요지 : 계강자가 정치의 요도를 묻자 공자는 정치의 본의가 정(正)이라고 말하
였다.

어석 · 문법

子帥以正(자솔이정) : 그대가 바름을 가지고 이끌다. '帥'(솔)은 '통솔하다. 거느
리다'라는 동사다. '率'(솔)과 같다.

孰(숙) : 어떤 사람.

12-18

季康子患盜_{하여} 問於孔子_{한대} 孔子對曰 苟子之不欲_{이면}
계 강 자 환 도　　　문 어 공 자　　　공 자 대 왈 구 자 지 불 욕

雖賞之_{라도} 不竊_{하리라.}
수 상 지　　　부 절

통해(通解)

　계강자가 도둑이 많은 것을 걱정하여 공자께 묻자 공자께서 대답하여 말씀하셨다. "진실로 선생이 물건에 탐을 내지 않으신다면, 비록 그들에게 상을 준다 하더라도 그들은 남의 것을 훔치지 않을 것입니다."

■요지 : 계강자가 도둑이 많은 것을 걱정하자 공자는 우선 당신부터 욕심을 버리라고 말하고 있다.

어석 · 문법

患盜(환도) : 도둑이 많음을 걱정하다. '盜'는 반란자나 망명자. 공동체로부터의
　　이탈자.
苟苟(구구) : 진실로. 우선. 적어도. 문어(文語)에 많이 쓰이는 부사다.
子之不欲(자지부욕) : 그대가 욕심을 내지 않다. '之'는 주격을 나타내는 구조조
　　사다.
賞之(상지) : 그들에게 상을 주다.

12-19

季康子問政於孔子曰 如殺無道하여 以就有道인댄 何如하니이
계 강 자 문 정 어 공 자 왈 여 살 무 도   이 취 유 도   하 여

꼬. 孔子對曰 爲政에 焉用殺이리오. 子欲善이면 而民이 善矣리
  공 자 대 왈 위 정   언 용 살   자 욕 선   이 민   선 의

니 君子之德은 風이요 小人之德은 草라. 草尙之風이면 必偃하
  군 자 지 덕   풍   소 인 지 덕   초   초 상 지 풍   필 언

나니라.

통해(通解)

　계강자가 공자께 정치에 관하여 물었다. "만일 도가 없는 자를 죽여서 도
가 있는 데로 나가면 어떻겠습니까?" 공자께서 대답하여 말씀하셨다. "선생
이 정치를 하는데 어찌 사람을 죽이는 극악한 방법을 사용하십니까? 선생
이 스스로 선을 하고자 하면 백성이 선해질 것입니다. 군자의 덕은 바람이
요, 소인의 덕은 풀입니다. 풀은 바람을 만나면 반드시 쓰러지는 법입니다."

■요지 : 정치를 하는 데 형벌을 사용하는 것은 이의적인 것이다. 일의적으로는
　위정자가 선을 하여 적덕을 하는 것이다. 그리 되면 인민은 위정자의 인격에
　감화되어 선해지는 것이다 그것을 바람과 풀의 관계로 예를 들어 설명했다.

어석 · 문법

如殺無道(여살무도) : 만일 부도덕한 자를 죽여. '如'는 가정이나 조건을 표시하
　는 접속사로 '若'과 같다. '無道'는 무도한 자. 무법자.
就有道(취유도) : 도를 지키는 선인을 가까이하다. '就'는 '이루다, 가까이하고 편
　을 들다'라는 뜻. '有道'는 도덕이 있는 사람.

焉用殺(언용살) : 어떻게 사람을 죽이는 형벌이라고 하는 것을 사용할 필요가 있겠는가? 그럴 필요는 없다는 뜻. '焉'은 '어떻게 ~(을 하랴?)'라는 반어문을 만드는 부사.

子欲善而民善矣(자욕선이민선의) : 선생이 선을 하고자 하면 백성이 선하게 된다. '子'는 계강자를 가리킴. '而'는 '則'과 같은 접속사다. '矣'는 '~하게 되다.'

君子 · 小人(군자 · 소인) : '군자'는 위정자, 교양인. '小人'은 인민, 하민. 덕이 없는 자.

德風(덕풍) · 德草(덕초) : 군자의 인격은 예컨대 바람이고, 소인의 인격은 예컨대 풀이다.

草上之風必偃(초상지풍필언) : 풀은 바람을 가하면 반드시 쓰러진다. '上'은 '加'의 뜻. '之'는 풀을 가리킴. 偃(언)은 '엎드려 따른다, 눕다, 바람에 나부껴 쓰러지다'라는 뜻이다.

12-20

子張이 問士何如라야 斯可謂之達矣니이꼬. 子曰 何哉오.
자장　　문사하여　　사가위지달의　　　자왈 하재

爾所謂達者여. 子張이 對曰 在邦必聞하며 在家必聞이니이다.
이 소 위 달 자　자장　대왈 재방필문　　재 가 필 문

子曰 是는 聞也라 非達也니라. 夫達也者는 質直而好義하며
자왈 시　문야　비달야니라　부달야자　질직이호의

察言而觀色하여 慮以下人하나니 在邦必達하며 在家必達이니
찰언이관색　　여이하인　　재방필달　　재 가 필 달

라. 夫聞也者는 色取仁而行違요 居之不疑하나니 在邦必聞하
부문야자　색취인이행위　거지불의　　재방필문

며 在家必聞이니라.
재 가 필 문

통해(通解)

자장이 물었다. "선비는 어떻게 해야 달(통달)했다고 할 수 있습니까?" 공자께서 역으로 물으셨다. "무엇인가? 네가 말하는 달이라는 것이." 자장이 대답하였다. "한 나라에서도 반드시 평판이 좋고 한 집안에서도 반드시 평판이 좋은 것입니다." 공자께서 말씀하셨다. "이것은 평판이지 통달이 아니다. 참으로 통달한 사람은 질박하도 정직하여 의를 좋아하며, 남의 말을 깊이 살펴 이해하고, 얼굴빛을 통하여 진의를 알아내며, 사려 깊게 생각하여 다른 사람에게 몸을 낮추는 것이다. 그래야 나라에 있어도 반드시 통달하며 집에 있어서도 반드시 통달하게 되는 것이다. 대저 평판이라는 것은 안색(겉)으로는 어진 것처럼 보이나 행동은 어긋나며, 거기(불인, 위선)에 사는 것을 의심치 않는 것이다. 이러한 사람은 나라에 있어서도 반드시 겉으로만 평판이 있는 사람이며, 집에 있어서도 반드시 겉으로만 평판이 있는 사람인 것이다."

■ 요지 : 자장이 '달'(통달)을 '문'(명성, 평판)으로 오인하고 있어서 공자는 '달'의 의미를 바르게 깨우쳐주었다. 문사(聞士)는 명리를 좋아하지만, 달사(達士)는 정직하고 원통(圓通)의 도가 있으며, 총명하고 겸허한 태도를 지닌다는 것이다.

어석 · 문법

士何如斯可謂之達矣(사하여사가위지달의) : 선비는 어떻게 하면 그를 통달했다고 할 수 있겠는가? '斯'는 '則'과 같은 접속사. '達'은 통달 또는 통달한 선비(達士)다. '矣'는 의문을 표시하는 어기조사다.

何哉爾所謂達者(하재이소위달자) : 무엇인가, 네가 이른바 통달이라고 하는 것은. '爾所謂達者何哉'의 도치형. '爾'는 '너'라는 이인칭 대명사다.

在邦必聞(재방필문) : 나라에 있을 때에 평판이 좋다. '在邦'은 제후국에 출사하여 나랏일을 보는 것을 말한다. '聞'은 '명성, 평판, 또는 명성을 날린 선비 곧 문사(聞士)를 뜻한다.

在家(재가) : 집에 있다. 경대부의 가신이 되어 일을 보는 것.

夫達也者(부달야자) : 저 달이라고 하는 것. '夫'는 원칭(遠稱) 대명사. '也者'는 '
～라고 하는 것'이라는 제시의 어기조사다.

質直(질직) : 질박하고 정직함.

好義(호의) : 정의를 좋아함.

察言(찰언) : 남의 말을 살피어 잘 이해하는 것.

觀色(관색) : 상대방의 감정을 살펴 알아냄.

慮以下人(여이하인) : 깊이 생각함으로써 다른 사람에게 겸손함. 생각하고 조심
하여 남에게 몸을 낮춘다. '以'는 '而'와 같은 순접접속사다. 그러나, '다른
사람에게 자신을 낮출 것을 생각하다'로 풀면 동작의 대상을 표시하는 전
치사가 된다고 한다(류종목의『논어의 문법적 이해』).

色取仁(색취인) : 겉으로 인을 취하다.

行違(행위) : 행동이 어긋나다.

居之不疑(거지불의) : 거기에 머물면서 의심하지 않음. '之'는 (겉으로는 인을 취하
고 어긋난 행동을 하는 그런) 위선, 곧 거짓 인을 가리킨다.

12-21

樊遲從遊於舞雩之下러니 日 敢問崇德脩慝辨惑하노이
번 지 종 유 어 무 우 지 하   왈 감 문 숭 덕 수 특 변 혹

다. 子曰 善哉라 問이여. 先事後得이 非崇德與아. 攻其惡
자 왈 선 재   문   선 사 후 득   비 숭 덕 여   공 기 악

이요 無攻人之惡이 非脩慝與아. 一朝之忿으로 忘其身하여
무 공 인 지 악   비 수 특 여   일 조 지 분   망 기 신

以及其親이 非惑與아.
이 급 기 친   비 혹 여

통해(通解)

　번지가 공자를 따라 무우의 아래에서 놀다가 말했다. "감히 덕을 높이며 간특함을 바로잡으며 미혹함을 분별하는 것에 대하여 여쭙니다." 공자께서 말씀하셨다. "착하구나, 그 물음이여. 일을 먼저하고 이득을 뒤로 돌리는 것이 덕을 높이는 것이 아니겠느냐? 그(자기 자신의) 악을 공격하고 다른 사람의 악을 공격하지 않는 것이 간특함을 바로잡는 것이 아니겠느냐? 하루 아침의 분노로 자기 자신의 몸을 잊고 행동하여 그 화가 자기 어버이에게까지 미치게 하는 것이 미혹된 것이 아니겠느냐?"

■요지 : 번지가 숭덕(崇德), 수특(脩慝), 변혹(辨惑)의 방법을 묻자 공자는 일을 먼저 하는 것, 남을 공격하지 않는 깃, 분을 참는 것이라고 대답했다.

어석 · 문법

舞雩(무우) : 기우제를 지내는 높은 대. 곡부 교외에 있었다고 함.

崇德(숭덕) : 덕을 높이다. 자기의 인격을 높이다.

脩慝(수특) : 사악함을 바로잡다. '脩'는 '治'다. '慝'은 마음속에 있는 사악함.

辨惑(변혹) : 미혹된 것을 분별하다.

先事後得(선사후득) : 일을 먼저 하고 이득을 뒤로 돌린다. '先'과 '後'는 명사에서 동사로 전성되었다.

攻其惡無攻人之惡(공기악무공인지악) : 그(자신의) 악을 공격하고 남의 악(단점)은 공격하지 않는다.

一朝之忿(일조지분) : 하루아침의 분노.

忘其身以及其親(망기신이급기친) : 자기 자신을 잊음으로써 (화가) 자기 부모에게까지 미치다.

樊遲問仁한대 子曰 愛人이니라. 問知한대 子曰 知人이니
번지문인　　자왈 애인　　　문지　　　자왈 지인

라. 樊遲未達이어늘 子曰 擧直錯諸枉이면 能使枉者直이니라.
번지미달　　　자왈 거직조저왕　　능사왕자직

樊遲退하여 見子夏曰 鄕也에 吾見於夫子而問知하니 子曰
번지퇴　　견자하왈 향야　오현어부자이문지　　자왈

擧直錯諸枉이면 能使枉者直이라 하시니 何謂也오. 子夏曰 富哉
거직조저왕　　능사왕자직　　　하위야　자하왈 부재

라 言乎여. 舜有天下에 選於衆하사 擧皐陶하시니 不仁者遠矣요
언호　순유천하　선어중　거고요　　불인자원의

湯有天下에 選於衆하사 擧伊尹하시니 不仁者遠矣니라.
탕유천하　선어중　거이윤　　불인자원의

❧

통해(通解)

　번지가 인에 관하여 여쭙자 공자께서 말씀하셨다. "사람을 사랑하는 것
이다." 지(지혜)에 관하여 여쭙자 공자께서 말씀하셨다. "사람을 알아보는
것이다." 번지가 잘 깨닫지 못하자 공자께서 말씀하셨다. "곧은 것을 들어
굽은 것 위에 올려놓으면 굽은 것을 곧게 할(만들) 수 있다." 번지가 물러나
와 자하를 보고 말했다. "아까 내가 선생님을 뵙고 지혜로움에 관하여 여쭈
어보았더니 선생님께서 말씀하시기를 '곧은 것을 들어서 굽은 것 위에 올
려 놓으면 굽은 것을 곧게 할 수 있다'고 하셨는데 무슨 말씀이십니까?" 자
하가 말했다. "의미심장하도다, 그 말씀이여! 순임금이 천하를 차지하셨을
때에 여러 사람 중에서 뽑아 고요를 들어 쓰시자 인하지 않은 자들이 멀어
졌고, 탕임금이 천하를 차지하셨을 때에 여러 사람 중에서 뽑아 이윤을 들

어 쓰시자 인하지 않은 자들이 멀어졌다."

■요지 : 공자가 번지의 질문에 인(仁)이란 사람을 사랑하는 것이고, 지(知)란 사
람을 아는 것이라고 구체적으로 말한 것에 대하여 자하가 다시 그 의미를 넓
혀 설명한 것이다.

어석 · 문법

愛人(애인) : 사람을 사랑하다.

未達(미달) : 알지 못하다. 의미를 충분히 이해하지 못하다.

擧直錯諸枉(거직조저왕) : 곧은 것을 들어 굽은 것 위에 두다. '擧'는 '들어 쓰다,
발탁하여 등용하다'라는 뜻이다. '直'은 '곧은 것, 정직한 군자, 곧고 바른
인물' 등을 뜻한다. '錯'(조)는 '두다(措), 놓다(置)'라는 뜻을 가졌다. 諸는
'之於'의 합자. '枉'은 '굽은 것', 정직하지 못한 사람, 사악한 인물 등을 뜻
한다.

使枉者直(사왕자직) : 사악한 자로 하여금 곧게 만들다. 사역형.

鄕也(향야) : 아까. 앞서. 접때. '鄕'은 '嚮(향)과 같다. '也'는 시간을 나타내는 어
기조사(강조의 어기도 있다).

見於夫子(현어부자) : 선생님을 뵙다. '見'(현)은 '윗사람을 뵙다'의 뜻.

何謂也(하위야) : 무엇을 의미하는가? '何~也'는 의문의 구법.

富哉言乎(부재언호) : '言乎富哉'의 도치. '乎'와 '哉'는 감탄 조자로 강한 감탄의
어기를 표시한다.

有天下(유천하) : 중국 전토를 영유하고 다스리다.

擧皐陶(거고요) : 고요를 등용하다. 고요는 유우씨(有虞氏). 字는 堅庭(견정). 순
제 때 사사(士師). 형법을 밝혀 재판을 바르게 했다 함.

伊尹(이윤) : 중국 고대의 현인. 은 탕왕(湯王) 때 아형(阿衡), 곧 총리대신이 되었
고 탕왕을 보좌하여 선정을 베풀었다.

12-23

子貢이 問友한대 子曰 忠告而善道之호대 不可則止하여
지공   문우   자왈 충곡이선도지   불가즉지

母自辱焉이니라.
무자욕언

통해(通解)

　자공이 벗에 관하여 여쭙자 공자께서 말씀하셨다. "성실하게 일러주어 그를 잘 인도하되 잘되지 않으면 그만두어 스스로 그 때문에 욕을 당하지 말라."

■ 요지 : 자공이 붕우의 도를 묻자 공자는 충곡(忠告)하여 잘 인도하라고 말했다.

어석 · 문법

問友(문우) : 붕우의 도를 묻다.

忠告(충곡) : 충심을 다하여 곡(告)하다. 성실하게 권고하다. '告'(곡)은 청알(請謁)하다.

善道(선도) : 선도. '道'는 인도하다.

母自辱(무자욕) : 자신에게 욕이 돌아오지 말게 하라. '母'는 '無'와 같다.

焉(언) : 어시(於是). 이에. '是'는 '충곡이선도지(忠告而善道之)'를 가리킨다.

曾子曰 君子는 以文會友하고 以友輔仁이니라.
증자왈 군자 이문회우   이우보인

통해(通解)

증자께서 말씀하셨다. "군자는 글(학문)로써 벗을 모으고 벗으로써 인덕을 행하도록 돕는다."

■요지 : 증자의 말 – 학문과 인도의 실천은 밀접한 관계를 가지고 있다.

어석 · 문법

以文會友(이문회우) : 학문을 가지고 벗을 모으다(사귀다). '文'은 시 · 서 · 예 · 악 등을 배우는 것. '以'는 수단, 방법을 표시하는 전치사다.

以友輔仁(이우보인) : 벗으로써 인도를 행하게 돕는다.

제13편

자로 子路

자로편에는 정치에 대한 문답이 많다.
군자가 나라를 다스리고
백성을 교화하는 방법에 대하여 논했다.

13-1

子路問政한대 子曰 先之勞之니라. 請益한대 曰 無倦이니라.
자 로 문 정　　　자 왈　선 지 노 지　　　청 익　　　왈　무 권

통해(通解)

자로가 정치에 관해서 여쭙자 공자께서 말씀하셨다. "백성에 앞장서서 일하고 백성들의 수고를 위로하라." 자로가 더 말씀해주시기를 청하자 공자께서 말씀하셨다. "게으름을 피워서는 안 된다."

■요지 : 자로가 정사에 관하여 묻자 공자는 백성에 앞서서 일하고 수고하며 부지런히 하는 것이라고 설명했다.

어석 · 문법

先之(선지) : 그들에 앞서 하다. '之'는 일반적인 백성들을 가리킴.

勞之(노지) : 그들을 수고롭게 하다. '勞'는 사역동사로 '수고롭게 하다'. 또는 '위로하다'의 뜻.

請益(청익) : 더 청하다. 더 설명을 가하다.

無倦(무권) : 게을리하지 말다.

13-2

仲弓이 爲季氏宰라 問政한대 子曰 先有司요 赦小過하
중궁   위계씨재   문정   자왈 선유사   사소과

며 擧賢才니라. 曰 焉知賢才而擧之리이까. 曰 擧爾所知면
거현재   왈 언지현재이거지   왈 거이소지

爾所不知를 人其舍諸아.
이소부지   인기사저

통해(通解)

　중궁이 계씨의 재가 되어 정치에 관하여 여쭙자 공자께서 말씀하셨다. "실무자에게 맡겨 먼저 처리하게 하고 작은 허물은 너그럽게 용서하며 현명한 인재를 등용하는 것이다." 중궁이 말했다. "어떻게 현명한 인재를 알고 등용합니까?" 공자께서 말씀하셨다. "네가 아는 사람을 등용하라. 그러면 네가 알지 못하는 사람들은 다른 사람들이 어찌 그대로 버려두겠느냐?"

■요지 : 중궁이 정사에 관하여 묻자 공자가 유사에게 먼저 하게 하고, (작은) 허물을 용서해주고 현재를 네가 아는 사람 중에서 골라 쓰라고 가르쳐 준 것.

어석 · 문법

宰(재) : 가신의 장. 가재.

先(선) : 먼저 하게 하다. 부하를 적재적소에 배치하는 것이 선무라는 설이 있다.

有司(유사) : 읍의 관리. 일을 주관하는 실무 담당자. 역인(役人).

赦小過(사소과) : 작은 허물을 용서하다.

焉知(언지) : 어찌 알겠는가?

人其舍諸(인기사저) : 다른 사람들이 어찌 그를 버리겠는가? '其'는 어찌. '豈'와 같다. '舍'는 버리다. '捨'와 같다. 또는 '두다'(置). '諸'(저)는 '之乎'의 합자. 여기서 '之'는 '알지 못하는 사람'을 가리킴.

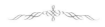

13-3

子路曰 衛君이 待子而爲政하시나니 子將奚先이시리이꼬. 子曰
자로왈 위군 대자이위정 자장해선 자왈

必也正名乎인저. 子路曰 有是哉라 子之迂也여. 奚其正이시
필야정명호 자로왈 유시재 자지우야 해기정

리이까. 子曰 野哉라 由也여. 君子於其所不知에 蓋闕如也니
자왈 야재 유야 군자어기소부지 개궐여야

라. 名不正 則言不順하고 言不順則事不成하고 事不成則禮樂
명부정 즉언불순 언불순즉사불성 사불성즉예악

이 不興하고 禮樂이 不興則刑罰이 不中하고 刑罰이
불흥 예악 불흥즉형벌 부중 형벌

不中則民無所措手足이니라. 故로 君子名之인댄 必可言也이며
부중즉민무소조수족 고 군자명지 필가언야

言之인댄 必可行也니 君子於其言에 無所苟而已矣니라.
언지 필가행야 군자어기언 무소구이이의

통해(通解)

자로가 말했다. "위나라의 임금이 선생님을 모셔다가 정치를 하려고 하시는데 선생님께서는 장차 무엇을 먼저 하시겠습니까?" 하니, 공자께서 말씀하셨다. "반드시 명분을 바로잡겠다." 자로가 말했다. "이런 면이 있으십니다, 선생님의 우원하심이여! 어떻게 명분을 바로잡으시려 하십니까?" 공자께서 말씀하셨다. "무례하구나, 유는. 군자는 자기가 알지 못하는 일에 대해서는 대개 말을 하지 않고 가만히 있는 법이다. 명분이 바로 서지 않으면 말이 순조롭게 전달되지 않고, 말이 순조롭지 않으면 일이 이루어지지 않고, 일이 이루어지지 않으면 예악이 흥하지 않고, 예악이 흥하지 않으면

형벌이 합당하지 않고, 형벌이 합당하지 않으면 백성이 수족을 둘 데가 없게 된다. 그러므로 군자가 사물에 이름을 붙일 때는 반드시 말할 수 있어야 하며 말할 수 있으면 반드시 행할 수 있어야 한다. 군자는 자기의 말에 구차함이 없을 따름이다."

■요지 : 자로와의 대화에서 공자는 정치를 함에 있어서는 무엇보다 명분을 바로잡는 것이 중요하다고 말하고 말을 조심해야 한다고 가르쳤다.

어석 · 문법

衛君(위군) : 출공(出公). 名은 輒(첩)이다. 당시 위나라 임금인 첩은 망명 중이었던 친부 괴외(蒯聵)가 귀국하려는 것을 거부하는 상극의 쟁란을 벌이고 있었다.

待子(대자) : 선생님을 모시다. 예우하다. '대(待)'는 '기다리다'는 뜻이나 여기서는 '모시다'란 뜻으로 보아야 한다. 즉 '시(侍)'와 같은 뜻이다.

奚(해) : 어찌(의문대명사).

正名(정명) : 명분을 바로잡다. '名'은 명분이나 명칭. 문자라는 설도 있다.

有是哉(유시재) : 이와 같은 것이 있구나. 이런 면이 있구나.

迂(우) : 일에 뜨다. 우원. 소원. 현실과 떨어져 있다. 세사에 어둡다.

奚其正(해기정) : 어떻게 그 (명분을) 바로잡습니까? '奚其正(名)'에서 '名'이 생략되었다.

野(야) : 경솔. 야비. 무례.

蓋闕如(개궐여) : 대개 (모르는 것은) 빠뜨린다. 무릇 말하지 않고 보류해둔다. 잠자코 있다. 闕은 缺과 같음. 如는 그런 상태에 있는 것을 표시하는 조자.

刑罰不中(형벌부중) : 형벌이 합당하지 않다. 형벌이 바르게 시행되지 않는다. '中'은 '합당하다'의 뜻.

措(조) : 놓다. 두다.

無所苟(무소구) : 구차한 바가 없다. 섣불리 하지 않는다. 어물거리는 것이 없다.

而已矣(이이의) : 단정을 표하는 어기조사.

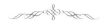
樊遲請學稼한대 子曰 吾不如老農호라. 請學爲圃한대
번지청학가   자왈 오불여노농   청학위포

曰 吾不如老圃호라. 樊遲出커늘 子曰 小人哉아. 樊須也
왈 오불여노포   번지출   자왈 소인재   번지야

여. 上이 好禮則民莫敢不敬하고 上이 好義則民莫敢不敢
상   호례즉민막감불경   상   호의즉민막감불감

하고 上이 好信則民莫敢不用情이니 夫如是則四方之民이
상   호신즉민막감불용정   부여시즉사방지민

襁負其子而至矣 焉用稼리오.
강부기자이지의 언용가

❧

통해(通解)

 번지가 곡물 작법을 배우고 싶다고 청하자 공자께서 말씀하셨다. "나는 그에 관해서 노련한 농부(田作家)만 못하다." 번지가 다시 채소 작법을 배우고 싶다고 청하자 공자께서 말씀하셨다. "나는 그에 관해서 노련한 채소 재배자(전작가)만 못하다." 번지가 나가자 공자께서 말씀하셨다. "소인이구나, 번수는. 윗사람이 예를 좋아하면 백성들이 감히 공경하지 않은 사람이 없을 것이고, 윗사람이 의를 좋아하면 백성들이 아무도 복종하지 않을 사람이 없을 것이고, 윗사람이 신의를 좋아하면 백성들이 아무도 진실을 행하지 않을 사람이 없을 것이다. 대저 이렇게 되면 사방의 백성들이 자기 자식을 포대기에 업고 이를 것이니 어찌 오곡 작법을 배우리오?"

■ 요지 : 문인 번지가 정치는 우선 농업이 제일이라고 생각하고 농업의 일에 관하여 공자에게 물었다. 공자는 농업보다도 일층 근본적인 것으로서 예와 의와 신을 힘쓰면 다 귀복한다고 설명하고 일부러 번지의 물음에 답하지 않았다.

어석 · 문법

稼 · 圃(가 · 포) : 농업. '稼'(가)는 오곡을 심는 것, '圃'(포)는 야채를 심는 것.

吾不如老農(오불여노농) : 나는 경험이 많은 '田作家'(농부)만 못하다. '不如'는
　　미치지 못한다는 뜻. '老農'은 경험이 많은 전작인. 독농가.

吾不如老圃(오불여노포) : 나는 경험이 많은 전작가(채소 재배자)만 못하다. '老圃'
　　는 야채작의 명인.

小人哉樊須也(소인재번수야) : '매우 양견(量見)이 적은 사람이구나, 번지는'. 도
　　치형.

民莫敢不敬(민막감불경) : 백성이 감히 공경하지 않는 사람이 없다. '莫敢'은 '必
　　定'(꼭 그리 될 것으로 정해져 있음)의 뜻을 나타내며 '억지로 ～하지 않고 자
　　진하여 반드시 ～하다'의 뜻. '莫～不'은 이중부징.

夫如是(부여시) : 대체로 이와 같다. '夫'는 대체로, 원래.

莫敢不用情(막감불용정) : 감히 진실을 행하지 않을 수 없다. 이중부정은 긍정의
　　강조. '情'은 진실, 성실, 상태, 실정 등을 뜻한다.

襁負其子而至矣(강부기자이지의) : 확실히 자기의 아이를 등에 업어서 띠를 두
　　르고 몰려옴에 틀림없다. '襁'(강)은 '어린애를 업는 띠'(명사)라는 뜻과, '띠
　　를 두르다'(동사)라는 뜻이 있다. 여기서는 후자의 뜻이다. '其'는 '四方之
　　民'을 가리킨다. '至'는 '몰려오다'의 뜻. '矣'는 단정조자.

焉用稼(哉)(언용가(재)) : 어디다 농업을 쓸 필요가 있겠는가? 필요가 없다. '焉'은
　　'어찌 ～하리오?'로 반어문을 만든다. '稼'는 '圃'와 함께 농업을 뜻한다.

13-5

子曰 誦詩三百호대 授之以政에 不達하며 使於四方에
자왈 송시삼백   수지이정   부달   시 어 사 방

不能專對하면 雖多나 亦奚以爲리오.
불능전대   수다   역해이위

통해(通解)

공자께서 말씀하셨다. "시 삼백 편을 외우더라도 그에게 정사를 맡겼을
때에 통달하지 못하며, 사방에 사절을 갔을 때에 잘 대처하지 못하면, 비록
외운 것이 많으나 또한 무슨 소용이 있겠느냐?"

■ 요지 : 시를 많이 알아도 정사나 외교에 활용을 못하면 소용이 없다.(학문은 실
제생활에 활용되어야 한다.)

어석 · 문법

誦(송) : 외우다. 암송하다.

詩三百(시삼백) :『시경』에 있는 삼백여 편의 시. 현재 305편이 남아 있음.

授之以政(수지이정) : 그에게 맡기기를 정사로써 하다. 그에게 정무를 주다. '以'
　　　는 대상을 표하는 전치사.

達(달) : 통달하다. 정사를 잘 완수하다.

使於四方(시어사방) : 인접 국가에 사신으로 가다.

專對(전대) : 독자적으로 대처하다.

奚以爲(해이위) : 무슨 소용이 있겠는가? 무엇에 쓰리오? '以'는 '用'이며 '爲'는
　　　반어조사. '奚以'는 '以奚'가 도치된 것이다.

13-6

子曰 其身이 正이면 不令而行하고 其身이 不正이면 雖令不從
자 왈 기 신   정   불 령 이 행   기 신   부 정   수 령 부 종

이니라.

통해(通解)

공자께서 말씀하셨다. "그 위정자 자신의 몸가짐이 바르면 명령을 내리
지 않아도 시행되고 그 위정자의 몸가짐이 바르지 않으면 비록 명령을 해
도 백성들이 따르지 않는다."

■ 요지 : 정치는 위정자의 인격을 중심으로 행해진다. 위정자가 그 몸을 바르게
하면 그 명령이 행해진다.

어석 · 문법

其身正(기신정) : 위정자 자신이 바르면. '其'는 위정자를 가리킨다.

不令而行(불령이행) : 정령을 발하지 않아도 그 일은 자연히 행해진다. 令하지
않아도 令을 행한다. '而'는 역접.

雖令不從(수령부종) : 비록 정령을 발해도 따르지 않는다.

13-7

子曰 魯衛之政이 兄弟也로다.
자 왈 노 위 지 정   형 제 야

통해(通解)

  공자께서 말씀하셨다. "노나라와 위나라는 형제가 세운 나라이면서도 정치의 성쇠가 비슷하다."

■요지 : 노와 위의 정치적 성쇠는 비슷하다.

어석 · 문법

魯衛之政(노위지정) : 노나라와 위나라의 정치적 성쇠. 무왕의 아우인 주공단은
    노나라의 시조이고, 주공단의 아우인 강숙봉(康叔封)은 위나라의 시조다.
    그러므로 형제의 나라다. 둘 다 초기엔 정치를 잘 했으나 나중엔 쇠하고
    어지러웠다.

13-8

子謂衛公子荊하사대 善居室이로다. 始有에 曰 苟合矣라 하고
자 위 위 공 자 형   선 거 실   시 유   왈 구 합 의

少有에 曰 苟完矣라 하고 富有에 曰苟美矣라 하니라.
소 유   왈 구 완 의   부 유   왈 구 미 의

통해(通解)

  공자께서 위나라의 공자 형을 평하여 말씀하셨다. "'그는 가재를 잘 다스렸다'. 처음에 가재가 생겼을 때에는 '그럭저럭 소용에 맞는다'라고 말하고, 그 후 좀더 늘어나자 '그럭저럭 갖추었다' 고 말하고, 그 후 넉넉하게 갖게 되자 '그럭저럭 아름답게 되었다'고 말하였다."

■요지 : 위공자 형(荊)은 공자이면서 절검하고 지족할 줄 아는 사람이었다고 공

자가 칭찬한 말이다.

어석 · 문법

公子荊(공자형) : 위나라 大夫. 국군의 서자. 공자이면서 교만하지 않고 절검하
　　며 지족한 인물.

善居室(선거실) : 잘 집에 거처했다. 잘 가정이나 가재를 다스렸다. '居'는 '治'의 뜻.

苟合(구합) : 그럭저럭(겨우) 소용에 맞다. 겨우 모였다. '苟'는 겨우, 간신히, 그
　　럭저럭. '合'은 모이다, 소용(쓰새)에 맞다.

苟完(구완) : 그럭저럭(겨우) 갖추다.

苟美(구완) : 그럭저럭(겨우) 아름답게 되다.

13-9

子適衛하실새 冉有僕이러니 子曰 庶矣哉라. 冉有曰 旣庶矣어
자 적 위　　　　염 유 복　　　　자 왈 서 의 재　　　염 유 왈 기 서 의

든 又何加焉이리이꼬. 曰 富之니라. 曰 旣富矣어든 又何加焉이
　우 하 가 언　　　　왈 부 지　　　왈 기 부 의　　　　우 하 가 언

리이꼬. 曰 敎之니라.
　　　왈 교 지

통해(通解)

　공자께서 위나라에 가셨을 때 염유가 수레를 몰았다. 공자께서 말씀하
셨다. "위나라의 백성이 참 많구나!" 염유가 말했다. "이미 이렇게 많은데
또 무엇을 더해야 합니까?" 공자께서 말씀하셨다. "그들을 부하게 해주어야
한다." 염유가 또 물었다. "이미 부해지면 또 무엇을 더해야 합니까?" 공자

께서 말씀하셨다. "그들을 가르쳐야 한다."

■요지 : 공자는 위나라 백성들이 많은 것을 보고, 위정자는 이들을 부하게 하고 교육을 시켜야 한다고 염유에게 말해주었다.

어석 · 문법

適(적) : 가다.

僕(복) : 마부. 여기서는 '御'와 같다(동사). 수레를 몰다(御車).

庶矣(서의) : 많다. 많아지다.

又何加焉(우하가언) : 또 무엇을 여기에 더해야 하는가? '焉'은 어시(於是;여기에) 와 같다.

富之(부지) : 그들을 부유하게 하다. '之'가 가리키는 것은 '庶'(人)이다.

13-10

子曰 苟有用我者면 朞月而已라도 可也니 三年이면 有成이리
자 왈 구 유 용 아 자 기 월 이 이   가 야   삼 년   유 성
라.

통해(通解)

공자께서 말씀하셨다. "만일 나를 등용하여 정치를 담당하게 해줄 사람이 있다면, 만 일 년만이라도 좋을 것이다. 삼 년이면 성과를 낼 수 있을 것이다."

■요지 : 공자는 자기를 써주는 사람이 있다면 단지 1년이라도 좋고 3년이면 성과를 가져올 수 있을 것이라고 말하고 있다.

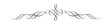

어석 · 문법

苟(구) : 진실로. 참으로.

有用我者(유용아자) : 나를 등용해주는 사람이 있다면.

朞月而已可也(기월이이가야) : 일 년만 하더라도 괜찮다. 기월(朞月)은 '만 1년, 같은 달이 두 번 돌아오는 그 사이, 돌, 일주년, 일년간'이란 뜻이다. '而已'는 '뿐임, 따름임'의 뜻. '而'를 접속사 '則'과 같은 것으로 보고 '일 년이면 이미 괜찮다'라고 해석할 수도 있다.

有成(유성) : 성과가 있다. 성공하다.

13-11

子曰 善人이 爲邦百年이면 亦可以勝殘去殺矣라 하니 誠哉라
자 왈 선 인   위 방 백 년   역 가 이 승 잔 거 살 의   성 재

是言也여.
시 언 야

통해(通解)

공자께서 말씀하셨다. "옛말에 '선량한 사람이 백 년 동안 나라를 다스린다면 또한 잔인한 것을 이기고 살벌한 것(사형 등)을 없앨 수 있다'고 했다. 참으로 옳도다, 이 말은!"

■요지 : 공자는 '선인이 나라를 다스려야 잔인한 것과 살벌한 것을 없앨 수 있다'는 고어에 찬성의 뜻을 밝히고 그런 세상이 아닌 당시의 현실을 개탄하고 있다.

어석 · 문법

爲邦(위방) : 나라를 다스리다.

勝殘(승잔) : 잔인한 사람을 눌러 이기다.

去殺(거살) : 살벌한 것을 없애다. 사형을 없애다.

13-12

子曰 如有王者라도 必世而後仁이니라.
자 왈　여 유 왕 자　　　필 세 이 후 인

통해(通解)

　공자께서 말씀하셨다. "만약에 천명을 받은 성왕이 나타난다 하더라도 반드시 한 30년 이후에야 인도가 이루어지는 세상이 될 것이다."

■요지 : 성왕이 나타나면 반드시 일 세대 후에 인도가 이루어질 것이고 말하고 있다.

어석 · 문법

如(여) : 만일 ~이라면. 가정 관계를 나타내는 접속사.

王者(왕자) : 성왕. 군왕. 군주.

世(세) : 한 세대. 30년. 속체(俗體) '卋'은 '十'을 세 번 합한 글자로 30년을 의미
　　　한다.

後仁(후인) : 뒤에 인도가 이루어진다. 뒤에야 인덕에 감화된다.

13-13

子曰 苟正其身矣면 於從政乎에 何有며 不能正其身이면
자왈 구정기신의   어종정호   하유   불능정기신

如正人에 何오.
여정인   하

통해(通解)

공자께서 말씀하셨다. "만약 위정자가 자기 몸을 바로잡으면 정치에 종
사하는 데 무슨 어려움이 있겠는가? 그가 몸을 바로잡을 수 없다면 다른 사
람을 바로잡는 일을 어떻게 할 수 있겠는가?"

■요지 : 정치를 바르게 하는 방법에 대하여 말했다. 위정자가 그 몸을 바르게 하
면 정치를 하는 데는 아무런 어려움이 없다.

어석 · 문법

苟(구) : 적어도, 진실로, 만일(부사).

於從政乎何有(어종정호하유) : 정치에 종사함에 있어서 무슨 어려움이 있겠는
가? 아무 어려움이 없다. 반어문. '何有於從政乎'가 도치된 것. '하유(何
有)'는 하난지유(何難之有)의 생략형. '乎'는 반어를 표시하는 어기조사.

如正人何(여정인하) : 다른 사람을 바로잡는 일을 어떻게 하리오? 반어를 나타
내기 위하여 '正人'을 '如何' 사이에 넣었다. '如 ~何'는 ' ~을 어떻게 하
는가?'라는 관용형.

13-14

冉子退朝어늘 子曰 何晏也오. 對曰 有政이리이다. 子曰
염 자 퇴 조　　　자 왈 하 안 야　　대 왈 유 정　　　　　자 왈

其事也로다. 如有政인댄 雖不吾以이나 吾其與聞之니라.
기 사 야　　여 유 정　　수 불 오 이　　　오 기 여 문 지

통해(通解)

　염자가 조정에서 물러나오자 공자께서 말씀하셨다. "왜 늦었느냐?" 염자
가 대답하여 말했다. "정사가 있었습니다." 공자께서 말씀하셨다. "그것은
그의 가사다. 만일 정사가 있었다면 비록 내가 등용되지는 않았으나(과거에
대부였으므로) 나도 아마 함께 그것을 들었을 것이다."

■요지 : 늦게 퇴조한 염유에게 계씨와 사사를 논의했느냐고 묻고 정치적인 문제
　를 다루는 회의였다면 자신도 참여했을 것이라고 말하고 있다. 계씨의 참람함
　을 은근히 비판하고 있다.

어석 · 문법

政事(정사) : '政'은 전쟁이나 외교 등의 대사건, '事'는 정기적인 일 따위의 소사
　　　건. '政'이 국정, '事'는 가사라는 설도 있다.
冉子(염자) : 염유(冉有). 염구(冉求). 정사에 밝았다. 노나라 정권을 전횡했던 계
　　　씨의 가신.
朝(조) : 계씨의 조정.
晏(안) : 늦다. '晩也'.
其事(기사) : 그 일. 계씨의 집안 일. '事'는 '政'이 아닌 평상의 일.
雖不吾以(수불오이) : 비록 나를 쓰지 않았으나. '以'는 '用'과 같음. 부정문에서
　　　목적어를 강조하기 위하여 '以(동사) 吾(목적어)'를 '吾以'로 도치시켰다.

吾其與聞之(오기여문지) : 나도 아마 그것을 듣고자 참여했을 것이다. '其'는 실로, 아마도.

13-15

定公이 問一言而可以興邦이라 하나니 有諸이까. 孔子對
정공　문일언이가이흥방　　　　유저　　　공자대

曰 言不可以若是其幾也어니와 人之言曰 爲君難하며
왈　언불가이약시기기야　　　　인지언왈　위군난

爲臣不易라 하나니 如知爲君之難也인댄 不幾乎 一言而
위신불이　　　　여지위군지난야　　　불기호　일언이

興邦乎이까. 曰 一言而喪邦이라 하나니 有諸이까. 孔子對
흥방호　　왈　일언이상방　　　　유저　　　공자대

曰 言不可以若是其幾也어니와 人之言曰 予無樂乎爲君
왈　언불가이약시기기야　　　　인지언왈　여무락호위군

이요 唯其言而樂莫予違也라 하나니 如其善而莫之違也인댄
　　유기언이락막여위야　　　　여기선이막지위야

不亦善乎이까. 如不善而莫之違也인댄 不幾乎一言而喪邦乎
불역선호　　여불선이막지위야　　　불기호일언이상방호

이까.

❧

통해(通解)

정공이 물었다. "한 마디 말로 나라를 흥하게 할 수 있다 하는데 그런 말이 있습니까?" 공자께서 대답하여 말씀하셨다. "말로는 이와 같이 그(일언으로 나라를 흥하게 하는 것)에 가깝게 할 수 없지만 사람들의 말에 '임금이 되기

가 어렵고 신하 되기도 쉽지 않다'고 했는데 만일 임금이 되기가 어렵다는 것을 안다면 이것이 한 마디로 나라를 흥하게 한다는 말에 가깝지 않습니까?' 정공이 말씀하셨다. "한 마디 말로 나라를 잃을 수 있다 하는데 그런 말이 있습니까?" 공자께서 대답하여 말씀하셨다. "말로는 이와 같이 그에 가깝게 할 수 없지만 사람들의 말에 '나는 임금이 된 것을 즐거워하지 않고 다만, 내가 말하고 그것을 아무도 반대하지 않는 것을 즐거워할 뿐이다.' 하였으니 만일 임금의 말이 선하고 그것을 반대하지 않는다면 또한 좋은 일이 아니겠습니까? 만일 선하지 않은데도 그것을 반대하지 않는다면 이 것이 한 마디 말로 나라를 잃는다는 말에 가깝지 않겠습니까? 만일 그 말이 선하고 그것을 반대하지 않는다면 또한 즐겁지 않겠습니까? 만일 선하지 않은데도 그것을 반대하지 않는다면 (그것이야말로) 한 마디 말로 나라를 잃는다는 말에 가깝지 않겠습니까?"

■요지 : 나라를 다스리는 근본은 왕 노릇하기가 어렵다는 것을 깨닫는 것이고, 언로를 막는 것이 나라를 멸망시키는 원인이라고 말하고 있다.

어석 · 문법

定公(정공) : 노나라 임금. 재위 15년(기원전 509~494).

興邦(흥방) : 나라를 흥성하게 하다.

有諸(유저) : 有之乎. 그런 것이 있는가? 그런 말이 있는가? '之'는 지시대명사 다.

幾(기) : 가깝다, '近也'(왕숙(王肅)의『集解』). 期約하다('期也')(주자의『집주』). 기대 하다. 예기하다. 바라다. 희망하다.

人之言曰(인지언왈) : 사람들의 말. 속담, 격언.

唯其言(유기언) : 오로지 내가 말하다. '其'는 자기 자신을 가리키는 일인칭 대명사.

莫予違(막여위) : 아무도 나의 말에(을) 반대하지 않는다. '違'는 어기다. 반대하 다. '莫'은 '아무도 ~하지 않다'. '子違'는 '違子'의 도치.

莫之違(막지위) : 아무도 그것(불선한 말)을 반대하지 않는다. 부정문에서 '之違'
　　도 목적어(之)를 동사(違) 앞으로 도치시킨 것이다.

13-16

葉公이 問政한대 子曰 近者說遠者來니라.
섭 공　　문 정　　　자 왈 근 자 열 원 자 래

통해(通解)

　섭공이 정치에 관하여 여쭙자 공자께서 말씀하셨다. "가까이 있는 사람
을 기쁘게 하며, 멀리 있는 사람이 그것을 듣고 사모하여 몰려오게 하는 것
이다."

■요지 : 엽공의 물음에 대하여 공자가 정치의 요령을 설명한 것. 우선 가까운 자
　를 기쁘게 하여 먼 자도 듣고 자연히 몰려오게 하는 것이라 하였다.

어석 · 문법

葉公問政(섭공문정) : 섭공이 정치에 관하여 물었다. 섭공은 초나라 섭현(葉縣)
　　의 장관이었던 심제량(沈諸梁)으로 참칭하여 '공'이라고 했다.

近者說(근자열) : 가까운 사람들을 우선 기뻐하게 한다. '說'은 '悅'과 같다. 사역
　　동사다.

遠者來(원자래) : 먼 사람들이 듣고 자연히 몰려오게 하다. '來'는 사역동사.

13-17

子夏爲莒父宰라 問政한대 子曰 無欲速하며 無見小利니
자 하 위 거 보 재　　문 정　　　자 왈 무 욕 속　　　무 견 소 리

欲速則不達하고 見小利則大事不成이니라.
욕 속 즉 부 달　　　견 소 리 즉 대 사 불 성

통해(通解)

자하가 거보의 읍재가 되고 나서 정사에 관하여 여쭙자 공자께서 말씀하
셨다. "속히 성과를 거두려고 하지 말며 적은 이익에 마음을 빼앗기지 말
라. 속히 성과를 내려고 하면 성공하지 못하고 적은 이익에 사로잡히면 대
사를 이루지 못한다."

■ 요지 : 공자는 정치의 요도에 대한 자하의 물음에 서두르지 말고 소리(小利)에
　집착하지 말라고 가르침.

어석 · 문법

莒父(거보) : 노나라의 읍명. 현 산동성 거현(莒縣). 노나라 임금의 직할령.

無欲速(무욕속) : 빠른 것을 바라지 말라. '無'는 '毋'와 같다.

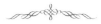

13-18

葉公이 語孔子曰 吾黨에 有直躬者하니 其父攘羊이어늘
섭공　　어공자왈　오당　　유직궁자　　　　기부양양

而子證之하나이다. 孔子曰 吾黨之直者는 異於是하니 父爲
이자증지　　　　공자왈　오당지직자　　이어시　　　부위

子隱하며 子爲父隱하나니 直在其中矣니라.
자은　　　자위부은　　　직재기중의

통해(通解)

　섭공이 공자께 말씀드렸다. "우리 마을에 정직한 사람인 궁(躬)이라는 사람이 있는데 그 아비가 양을 훔쳤을 때 자식이 그것을 증언했습니다." 공자께서 말씀하셨다. "우리 마을의 정직한 사람은 이와 다릅니다. 아비는 자식을 위하여 숨겨주며 자식은 아비를 위하여 숨겨줍니다. 정직이란 그 숨겨주는 가운데서 저절로 갖춰지는 것입니다."

■요지 : 정직이라고 하는 것은 인정의 자연에서 나오지 않으면 안 된다. 섭공이 말하는 정직한 사람은 그렇지 않고 공자가 말하는 정직한 사람은 그렇다.

어석 · 문법

吾黨(오당) : 우리 마을. '黨'은 주나라의 행정구역으로 500가.

直躬(직궁) : 곧은 몸을 가진 사람. 곧은 '躬'이라는 사람.

其父攘羊(기부양양) : 궁의 아비가 양을 훔쳤다. '其'는 '躬'을 가리킴. '攘'은 자연적으로 온 것을 돌려주지 않는 것. 개나 닭이 길을 잃고 온 것을 돌려주지 않는 것. '盜'는 몰래 훔치는 것. '竊'은 사람 눈을 속이는 것.

子證之(자증지) : 자식이 아비가 양을 훔쳤다고 하는 증인이 되는 것. '子'는 위의 '躬'. '之'는 '其父攘羊'을 가리킴.

異於是(이어시) : 이와 다르다, '궁'과는 차이가 있다. '是'는 '躬'을 가리킴. '궁'의
　　　　바보 같은 정직함을 말한다. '於'는 비교의 대상을 표시하는 전치사.

특수 연구 24 - '是'의 용법

1. 이, 이것(대명사) : 사물을 가리킨다. 夫子至於是邦也(선생님께서 이 나라에
　　이르셨다.)
2. '~이다' (동사) : 故鄉是何處(고향은 어느 곳인가?)
3. 강의(強意)나 어조를 고른다 : 漫遊是好(한가히 마음 내키는 대로 떠돌아다니
　　는 것[이것]이 좋다.)
4. '여기에'. 장소를 나타낸다 : 其人在是(그 사람이 여기에 있다.)
5　다른 말과 결합하는 경우
　　是以(그러므로, 그래서), 以是(이것으로써, 이것을 가지고), 是故(그러므로), 由
　　是(이로 말미암아).

父爲子隱(부위자은) : 아버지는 그 자식을 위하여 숨겨준다.

直在其中矣(직재기중의) : 진정한 정직은 그(서로 숨겨주려고 하는 것) 속에 있다.
　　　'其'는 '隱'을 가리킨다. '直'은 인정의 자연에서 나온다. '矣'는 단정조자.

13-19

樊遲問仁한대 子曰 居處恭하며 執事敬하며 與人忠을 雖之夷
번 지 문 인　　자 왈　거 처 공　　집 사 경　　여 인 충　수 지 이

狄이라도 不可棄也라.
적　　　　불 가 기 야

통해(通解)

   번지가 인에 관하여 여쭙게 되자 공자께서 말씀하셨다. "일상생활을 할 때는 공손하게 하며, 일을 처리할 때는 신중하게 하며, 다른 사람과 사귈 때는 성실하게 해야 한다. 이는 비록 오랑캐 땅에 가더라도 버려서는 안 되는 것이다."

■요지 : 번지가 인에 대하여 묻자 공자는 평소에 공손하고 일을 신중히 처리하고 남을 성실하게 대하는 것이 인이라고 말했다.

어석 · 문법

居處(거처) : 집에 거할 때. 평상시.

恭(공) : 공손하다.

執事(집사) : 일을 맡아 처리하다.

敬(경) : 신중하게 하다.

與(여) : 남과 사귀다. 다른 사람에게.

忠(충) : 성실하다.

雖之夷狄(수지이적) : 비록 오랑캐 땅에 간다 하더라도. '之'는 '가다'.

子貢이 問曰 何如라야 斯可謂之士矣이꼬. 子曰 行己有恥하
자공　문왈　하여　　사가위지사의　　　　자왈　행기유치

며 使於四方하여 不辱君命이면 可謂士矣니라. 曰 敢問其次
시어사방　　불욕군명　　가위사의　　　왈　감문기차

하노이다. 曰 宗族이 稱孝焉하며 鄕黨이 稱弟焉이니라. 曰
왈　종족　칭효언　　향당　칭제언　　　왈

敢問其次하노이다. 曰 言必信하며 行必果硜硜然小人哉나
감문기차　　　왈　언필신　　행필과경경연소인재

抑亦可以爲次矣니라. 曰 今之從政者는 何如하니이꼬. 子曰 噫
억역가이위차의　　왈　금지종정자　하여　　자왈　희

라. 斗筲之人을 何足算也리오.
두소지인　하족산야

통해(通解)

　자공이 여쭈었다. "어떠해야 선비라고 할 수 있겠습니까?" 공자께서 말씀
하셨다. "자기가 행한 일에 대하여 부끄러움을 알며 사방 이웃나라에 사절
로 가서 군명을 욕되게 하지 않으면 선비라고 할 수 있다." 자공이 다시 물
었다. "감히 그 다음을 여쭙겠습니다." 그러자 공자께서 말씀하셨다. "일가
친척으로부터는 효성스럽다고 칭송받고 향당으로부터는 공손하다고 칭송
받는 것이다." 자공이 또 물었다. "감히 그 다음을 여쭙겠습니다." 공자께서
말씀하셨다. "말을 반드시 믿음성 있게 하며, 행동을 반드시 과단성 있게
하는 것이 딱딱하고 강직한(주변 없는) 소인들이지만, 그래도 또한 그 다음이
될 수 있을 것이다." 자공이 또 말했다. "지금의 위정자는 어떠합니까?" 공
자께서 말씀하셨다. "아아, 기량이 적은 사람이야 어찌 논할 가치가 있겠느
냐?"

■요지 : 어떠한 인물을 선비라고 할 수 있는가라는 자공의 질문에 공자는 자기
  의 행실이 깨끗하며 외교에 능한 인물이 첫째이고, 소인이지만 말에 신용이 있
  고 일에 성과를 내는 인물이 다음이며, 기량이 좁은 정치인은 아예 따질 가치
  조차 없다고 말하였다.

어석 · 문법

何如斯謂之士矣(하여사위지사의) : 어떠해야 그를 선비라 이를 수 있습니까? '何
    如'는 상태나 · 성질 · 정도 · 진위 등을 묻는 의문사다. 중국 문법에서는
    대사(代詞)라 하나 우리 문법에서는 '어떠하다'라는 형용사다. '斯'는 '~하
    면 즉, 이에, 곧' 등의 뜻으로 쓰이는 접속사다. '謂之'는 '그것을 ~라 이
    르다'는 뜻. '矣'는 의문의 어기를 표시하는 어기조사.
行己(행기) : 몸을 행하다. 자기의 언행을 한다. 자기 생각을 행하다.
有恥(유치) : 부끄러움을 느끼다.
使(시) : 사신이 되어 가다.
四方(사방) : 여기저기 있는 다른 나라.
宗族(종족) : 일문일족. 모든 친족.
鄕黨(향당) : 마을. 고을. 마을 사람들.
稱孝焉(칭효언) : 효성스럽다고 칭찬하다.
弟(제) : 윗사람을 섬기는 것. '悌'와 같다.
信(신) : 언행이 일치하는 것.
果(과) : 과단성 있게 하다. 일을 완수하는 것. 성과를 거두다.
硜硜然(갱갱연) : 딱딱하고 강직하다. 옹색한 모양. 주변 없는 모양. '硜'(갱)은 딱
    딱한 소석(小石). '然'은 형용사화접미어.
抑亦可以爲次矣(억역가이위차의) : 그래도 다음이 될 수 있다. '抑'(억)은 그러나,
    그래도. 역접 접속사.
噫(희) : 아아. 감탄사.
斗筲(두소) : '斗'는 한 말들이 죽기이고, '筲'는 한 말 두 되들이 죽기. 국량이 협
    소한 인물이나 쓸모 없는 인물을 비유함.

何足算也(하족산야) : 어찌 값을 셈할 수 있으랴? '足'을 '값'으로 본다. 따질 가
   치조차 없다. '어찌 헤아리기(논하기)에 족하리오?'. 곧 셈에 넣을 수 없다
   는 해석도 가하다. '足'은 '족히 ～하다'라는 재역한자. 반어형.

13-21

子曰 不得中行而與之면 必也狂狷乎인저. 狂者는 進取요
자 왈 부 득 중 행 이 여 지   필 야 광 견 호   광 자   진 취

狷者는 有所不爲也니라.
견 자   유 소 불 위 야

통해(通解)

   공자께서 말씀하셨다. "중행(중용의 도)을 실천하는 사람을 얻어 그와 함께
하지 못하면 반드시 대지를 품은 광자나 절의를 지키는 견자와 함께할 것
이다. 광자는 진취적이고 견자는 절대로 하지 않는 것이 있다."

■ 요지 : 중정한 사람을 얻어 사귀고, 불연이면 광자와 견자라도 얻어 사귀라는
   말.

어석 · 문법

中行(중행) : 중용의 도를 실행하는 사람.

狂者(광자) : 지나치게 뜻만 높고 실행이 따르지 않는 과격한 사람. 열광적인 사
   람.

狷者(견자) : 학식은 부족하나 절조 있는 고집쟁이. 고지식한 사람.

有所不爲也(유소불위야) : 하지 않는 바가 있다. 절조가 있다.

13-22

子曰 南人이 有言曰 人而無恒이면 不可以作巫醫라 하니
자왈 남인   유언왈 인이무항   불가이작무의

善夫라. 不恒其德이면 或承之羞라 하니 子曰 不占而已矣니라.
선부   불항기덕   혹승지수   자왈 부점이이의

통해(通解)

　공자께서 말씀하셨다. "남인의 말에 이르기를 '사람이 항심이 없으면 무
당이나 의사도 될 수 없다'고 했는데 좋은 말이다." 『역경』에 '자신의 덕행
을 항구하게 지키지 못하면 혹시 수치를 당할지도 모른다'고 했는데 이에
대하여 공자께서 말씀하셨다. "이것은 점을 치지 않아도 알 수 있는 자명한
일일 따름이다."

■요지 : 사람은 항덕을 지켜야 한다는 것을 강조한 말이다

어석 · 문법

南人有言(남인유언) : 남방 사람의 말이 있다.

無恒(무항) : 항심이 없다. 마음이 일정하지 않고 이리저리 흔들리다. '항'은 한
　　　결같고 변화가 없는 것. 항심은 언제나 변하지 않는 도의심 곧 양심을 따
　　　르는 일정한 마음이다.

巫醫(무의) : 의원. 옛날에는 무당이 사람의 병을 치료했다.

不可以作巫醫(불가이작무의) : 무당이나 의원의 일을 할 수 없다. '作'은 일을 한
　　　다, 사람을 치료한다는 뜻. '巫'는 귀신에게 빌어 병을 낫게 한다는 뜻. '醫'
　　　는 약초 술을 준다든지 침을 놓는다든지 하는 동작에 의하여 신체에 침범
　　　한 악령을 추출하여 치료한다는 뜻. 따라서, '巫'도 '醫'도 원류는 동일한
　　　샤먼(shaman, 주술사)이다.

不恒其德或承之羞(불항기덕혹승지수) : 이 구는 『역경』의 항괘(恒卦)의 구삼(九三)
　　효사(爻辭)다. 덕을 항구하게 하지 않으면(항상 닦지 못하면) 혹 그것이 수치
　　를 당하게 할 것이다. '承'은 받다, 당하다, 초래하다, 나아가다, 올리다, 인
　　도하다 등 여러 가지로 해석된다. '혹(或)'을 상(常)으로 보기도 한다.

不占而已矣(부점이이의) : 점을 치지 않을 따름이다. 점을 치지 않아도 알 수 있
　　는 일일 뿐이다.

13-23

子曰 君子는 和而不同하고 小人은 同而不和니라.
자 왈 군 자　　화 이 부 동　　소 인　　동 이 불 화

통해(通解)

　공자께서 말씀하셨다. "군자는 화합하되 뇌동하지 않고 소인은 뇌동할
뿐 화합하지 않는다."

■ 요지 : 군자와 소인과의 다름은 사람과 사귀는 데 화합하느냐 뇌동하느냐에 있
　　다.

어석 · 문법

和而不同(화이부동) : 사람과 사귐에 있어서 화합은 해도 뇌동(雷同)하지 않는
　　다. '和'는 조화, 친화. '而'는 역접 접속사. '同'은 '아첨하다'의 뜻. 부화뇌
　　동(附和雷同). 군자는 의(義)에 의하여 조화하고 소인(小人)은 이(利)에 의하
　　여 뇌동한다.

同而不和(동이불화) : 뇌동은 해도 화합하지 않는다.

子貢이 問曰 鄕人이 皆好之면 何如니이꼬. 子曰 未可也
자공 문왈 향인 개호지 하여   자왈 미가야

니라. 鄕人이 皆惡之면 何如니이꼬. 子曰 未可也니라.
    향인 개오지 하여   자왈 미가야

不如鄕人之善者好之요 其不善者惡之니라.
불여향인지선자호지   기불선자오지

통해(通解)

　자공이 여쭈었다. "마을 사람들이 모두 그를 좋아하면 어떠합니까?" 공자
께서 말씀하셨다. "아직 좋지 않다." 자공이 다시 "마을 사람들이 모두 그를
싫어하면 어떠합니까?" 하고 여쭈어보았다. 공자께서 말씀하셨다. "아직
좋지 않다. 마을 사람 가운데 착한 사람들이 좋아하고 착하지 못한 사람들
이 미워하는 사람만 같지 못하다."

■요지 : 인물의 좋고 나쁨을 결정하는 데 한 고장 사람 전부의 평판에 의존하는
　것은 아직 충분하지 않다. 그 안의 선인이 좋다고 하고 악인이 비방하는 사람,
　곧 중인(中人)이라면 틀림이 없다.

어석 · 문법

鄕人(향인) : 한 고장의 사람들.

好之(호지) : 어떤 사람을 좋다고 하다. '之'는 어떤 사람을 가리킨다.

何如(하여) : 어떠하냐?

未可也(미가야) : 아직 충분하지는 않다. 아직 좋다고는 말할 수 없다. '未'는 '아
　직 ~하지 않다'는 재역한자. 한 마을 사람 전부가 좋다고 하는 사람은 선
　인이라고 생각되지만 공자는 아직 충분치 않다고 말하고 있다. 그것은 향

원(시골에서 인정에 영합하여 군자 소리를 듣는 위선자)을 미워하기 때문이다.

惡之(악지) : 어떤 사람을 미워하다. '之'는 '어떤 사람'을 가리킴.

不如(불여) : '~만 같지 못하다'. '不如'는 '같지 못하다'는 동사, 비교의 구법.

13-25

子曰 君子는 易事而難說也니 說之不以道면 不說也
자왈 군자   이사이난열야   열지불이도   불열야

요 及其使人也하얀 器之니라. 小人은 難事而易說也니
   급기사인야   기지   소인   난사이이열야

說之雖不以道라도 說也요 及其使人也하얀 求備焉이니라.
열지수불이도   열야   급기사인야   구비언

통해(通解)

공자께서 말씀하셨다. "군자는 섬기기는 쉬우나 기쁘게 하기는 어렵다. 그를 기뻐하게 하기를 바른 도로써 하지 않으면 기뻐하지 아니하고, 군자가 사람을 부려 쓸 때에는 그 기량에 따라 쓰기 때문이다. 이와 반대로 소인은 섬기기는 어려우나 기뻐하게 하기는 쉽다. 비록 바른 도가 아닌 방법으로 그를 기뻐하게 해도 그는 기뻐하고, 그가 다른 사람을 부려 쓸 때에는 한 사람이 온갖 재능을 다 갖추기를 요구한다."

■ 요지 : 군자는 도를 중시하며 사람을 재능에 따라 쓰나, 소인은 도를 중시하지 않으며 사람을 쓰되 만능을 요구한다는 것. 군자와 소인의 도덕관과 사람을 쓰는 태도의 다름을 말했다.

어석 · 문법

易事而難說(이사이난설) : 섬기기는 쉬우나 기쁘게 하기는 어렵다.

及其使人也(급기사인야) : 그가 사람을 부림에 이르러서는. 그가 사람을 부릴 때
　　　에는. '及'은 '미치다, 이르다'는 뜻의 동사. '也'는 시간을 나타내는 어기조사.

器之(기지) : 그를 그릇으로 쓰다. '器'는 '그릇으로 쓰다'라는 동사. 기량과 기능
　　　에 맞게 사람을 쓰다.

求備(구비) : 모든 재능을 구비하기를 요구하다.

13-26

子曰 君子는 泰而不驕하고 小人은 驕而不泰니라.
자 왈 군 자　　태 이 불 교　　　소 인　　교 이 불 태

통해(通解)

　공자께서 말씀하셨다. "군자는 태연하나 교만하지 않고 소인은 교만하기
만 하고 태연하지 못하다."

■요지 : 소인과 군자의 성격과 태도의 차이를 말했다.

어석 · 문법

泰而不驕(태이부교) : 태연하나 교만하지 않다.

13-27

子曰 剛毅木訥이 近仁이니라.
자 왈 강 의 목 눌　　근 인

통해(通解)

　공자께서 말씀하셨다. "강직하고 용감하고 질박하고 과묵한 것은 인에 가깝다."

■ 요지 : 강의목눌의 인물은 조금 인자에 가깝다.['강의목눌'의 반대는 '교언영색' 이다.]

어석 · 문법

剛毅(강의) : 유혹에 말려들지 않고 의지가 강하다. '剛'은 유혹에 빠지지 않고, 물욕에 지지 않는다. '毅'는 마음이 꽉 차 있고 의지가 강고하다.

木訥(목눌) : 꾸민 기색이 없고 말주변이 없다. '木'은 꾸민 기색이 없고 질박하다. '訥'은 능숙하게 말하지 않고 말솜씨가 없다. 눌변(訥辯).

近仁(근인) : 인에 좀 가깝다. 인자(仁者)에 가깝다.

子路問曰 何如라아 斯可謂之士矣니이꼬. 子曰 切切偲偲하며
자 로 문 왈 하 여   사 가 위 지 사 의   자 왈 절 절 시 시

怡怡如也면 可謂士矣니 朋友엔 切切偲偲요 兄弟엔 怡怡니라.
이 이 여 야   가 위 사 의   붕 우   절 절 시 시   형 제 엔   이 이

통해(通解)

　자로가 여쭈었다. "어떠해야 곧 선비라 할 수 있습니까?" 공자께서 말씀
하셨다. "간곡하게 서로 선을 권하며 화락하고 기뻐하면 선비라 할 수 있
다. 벗에겐 간곡하게 선을 권하고 형제에겐 사이좋게 할 것이다."

■요지 : 자로의 선비에 대한 물음에 대하여 공자가 자로의 결점이라고 하는 것
　　으로써 답하였다. 붕우에게는 친절하고 공손하며 선을 서로 권하며 자제에게
　　는 생긋생긋 사이좋게 하는 것이 선비라고 말할 수 있다.

어석 · 문법

何如斯可謂之士矣(하여사가위지사의) : 어떠해야 그를 훌륭한 선비라고 말할 수
　　있습니까? '何如'는 '어떠함'이라는 의문을 나타내는 의문사(대사 또는 형용
　　사). '斯'는 '～하면 곧'의 뜻을 가진 접속사. '之'는 '그 사람' '矣'는 단정 조자.
切切偲偲(절절시시) : 간곡하게 서로 선을 권하다. '切切'은 매우 간절한 모양이
　　다. '偲偲'는 선을 권하고 서로 힘쓰는 것. 같은 글자의 중복을 중언(重言)
　　이라 함.
怡怡如(이이여) : 기뻐하는 모양. '怡'는 '기뻐하다, 온화하다, 즐겁다'의 뜻.

13-29

子曰 善人이 敎民七年이면 亦可以卽戎矣니라.
자 왈 선 인　교 민 칠 년　　역 가 이 즉 융 의

❦

통해(通解)

　공자께서 말씀하셨다. "선인이 백성을 가르친 지 칠 년이면 그 백성들 또한 병역에 종사하게 할 수 있다."

■ 요지 : 7년을 교화하면 백성도 병역에 종사할 수 있다는 뜻.

어석 · 문법

善人(선인) : 성품이 선량한 사람. 군자에 버금가는 인재. 지식은 아류이나 도덕적인 사람.

敎民(교민) : 백성을 가르치다. 주자는 '효제충신(孝弟忠信)'과 '농무(農武)'로써 가르친다고 하였다.

卽(즉) : 나아가다. 당하다. 취야(就也).

戎(융) : 전쟁. 군사. 병역.

13-30

子曰 以不敎民戰이면 是謂棄之니라.
자 왈 이 불 교 민 전　　시 위 기 지

❦

통해(通解)

　공자께서 말씀하셨다. "가르치지 않은 백성들을 동원하여 전쟁을 하게 하면 이것은 백성을 버리는 것이다."

■ 요지 : 백성들을 전쟁에 나가게 하려면 충분한 군사교육이 필요하며 그냥 나가게 하는 것은 그들을 버리는 것이다.

어석 · 문법

以不敎民(이불교민) : 가르치지 않은 백성들을 써서. '以'는 '用'으로 수단과 방법을 나타내는 전치사.

是(시) : 이것. '이불교민전(以不敎民戰)'을 가리키는 지시대명사.

謂(위) : '爲'와 같다. 곧, '~이다'.

棄之(기지) : 그것을 버리다. '之'는 '民'(백성)을 가리킴.

제14편

헌문 憲問

헌문편에서 공자는 군자에게 필요한 품성을 이야기하고,
당시 사회현상에 관해 평론한다.
각국의 군주들이나 그 신하들과의 문답이 많고,
역사적 인물을 둘러싼 평가도 있다.

憲이 問恥한대 子曰 邦有道에 穀하며 邦無道에 穀이 恥也니라.
헌   문치   자왈 방유도   곡   방무도   곡   치야

통해(通解)

원헌이 부끄러움에 관하여 여쭈었다. 공자께서 말씀하셨다. "나라에 도가 있을 때 벼슬길에 나아가 봉록을 받으며, 나라에 도가 없을 때에 벼슬길에 나아가 봉록을 받는 것은 수치이니라."

■ 요지 : 무도한 나라에서 봉록을 받는 것은 수치다.

어석 · 문법

憲(헌) : 공자의 제자. 姓은 原, 名은 憲, 字는 子思(자은). 노나라 사람. 공자보다 36세 연하임.

穀(곡) : 벼슬하여 봉록을 받는 것. 곡식으로 주었으므로 곡, '속(粟)'으로도 씀. 여기서는 '녹을 받다'는 동사.

14-2

克伐怨欲을 不行焉이면 可以爲仁矣이까. 子曰 可以爲難矣어
극 벌 원 욕   불행언   가 이 위 인 의   자왈 가 이 위 난 의

니와 仁則吾不知也케라.
     인 즉 오 부 지 야

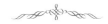

통해(通解)

원헌이 물었다. "이기기를 좋아하고, 공을 자랑하고, 남을 원망하고, 욕심을 부리는 일을 하지 않으면 어질다고 할 수 있습니까?" 공자께서 말씀하셨다. "어렵다고 할 수 있으나, 과연 인한지 나는 알지 못하겠다."

■ 요지 : 극벌원욕을 하는 자는 인자라 하기 어렵다.

어석 · 문법

克(극) : 남에게 이기기를 좋아함. 승벽.

伐(벌) : 자기의 공을 내세우고 자랑함. 자만.

怨(원) : 분하게 여기고 원망하는 것. 원망.

欲(욕) : 탐욕.

可以爲仁矣(가이위인의) : 어질다고 할 수 있는가. '可以'는 가능의 뜻을 나타내는 조동사. '矣'는 의문을 표하는 어기조사.

爲難(위난) : 어렵다고 하다.

不知(부지) : 알지 못하다. 불허하다.

14-3

子曰 士而懷居면 不足以爲士矣니라.
자 왈　사 이 회 거　　부 족 이 위 사 의

통해(通解)

공자께서 말씀하셨다. "선비가 편안하게 지내겠다는 마음을 품으면 선비라고 하기에 족하지 않다."

■요지 : 안거만 생각하면 선비가 될 수 없다는 것이다.

어석 · 문법

懷居(회거) : 안거를 품다. 편안하게 지내겠다는 마음을 품다. 안거에 연연하다.

爲士(위사) : 선비가 되다. 선비라 하다.

14-4

子曰 邦有道엔 危言危行하고 邦無道엔 危行言孫이니라.
자 왈 방 유 도 　 위 언 위 행 　 방 무 도 　 위 행 언 손

통해(通解)

　공자께서 말씀하셨다. "나라에 도가 있을 때에는 대담하게 말하고 대담하게 행동해야 하지만, 나라에 도가 없을 때에는 행동은 대담해도 말은 겸손해야 한다."

■요지 : 도가 없는 나라에선 행실은 높고 준엄하게, 말은 겸손히 해야 한다는 것.

어석 · 문법

危言危行(위언위행) : 말과 행실이 과감하다. '危'는 높고 준엄하다. 대담하다. 여(厲)와 같음.

危行言孫(위행언손) : 행실은 높고 준엄하나 말은 겸손하게 한다. '孫'은 '遜'.

14-5

子曰 有德者는 **必有言**이어니와 **有言者**는 **不必有德**이니라.
자왈　유덕자　　필유언　　　　　유언자　　불필유덕

仁者는 **必有勇**이어니와 **勇者**는 **不必有仁**이니라.
인자　　필유용　　　　용자　　불필유인

통해(通解)

　공자께서 말씀하셨다. "덕이 있는 사람은 반드시 착한 말을 하지만 착한 말을 하는 사람이 반드시 넉이 있는 것은 아니다. 어진 사람은 반드시 용기를 가지고 있지만 용기가 있는 사람이 반드시 어진 마음을 가지고 있는 것은 아니다."

■요지 : 유덕자는 반드시 선언(善言)이 있고 인자는 반드시 용기가 있으나, 그 역(逆)이 반드시 참인 것은 아니다.

어석 · 문법

有德者必有言(유덕자필유언) : 덕이 있는 자는 반드시 착한(올바른) 말이 있다.

不必有德(불필유덕) : 반드시 덕이 있는 것은 아니다. '必不'은 '반드시 ~하지 않는다'로 전체를 부정하나, '不必'은 '반드시 ~하는 것은 아니다'로 부분부정이다.

특수 연구 25 – 부분부정과 전체부정

1. 부분부정 → 부정사 + 부사

　師不必賢於弟子(스승이 반드시 제자보다 어질다고 할 수는 없다.)

　家貧不常得油(집이 가난하다고 하여 항상 기름을 살 수 없는 것은 아니다.)

2. 전체부정 → 부사 + 부정사

言必不信 行必不果(말이 언제나 진실하지 않고 행실이 언제나 과감하지 못하다.)

俱不生(양쪽이 함께 살아남을 수 없다.)

仁者必有勇(인자필유용) : 어진 사람은 반드시 용기가 있다.

勇者不必有仁(용자불필유인) : 용기가 있는 사람이라고 반드시 어짊이 있는 것은 아니다.

14-6

南宮适이 問於孔子曰 羿는 善射하고 奡는 盪舟호대 俱不得
남 궁 괄   문 어 공 자 왈 예   선 사   오   탕 주   구 부 득

其死然이어늘 禹稷은 躬稼而有天下하시니이다. 夫子不答이러시니
기 사 연   우 직   궁 가 이 유 천 하   부 자 부 답

南宮适이 出커늘 子曰 君子哉라 若人이여. 尚德哉라 若人이여.
남 궁 괄   출   자 왈 군 자 재   약 인   상 덕 재   약 인

통해(通解)

남궁괄이 공자께 여쭈었다. "예는 활쏘기를 잘하고 오는 배를 움직일 정도의 힘을 가졌으니 다 제 명에 죽지 못했습니다. 그러나 우와 직은 몸소 농사를 지었으나 후에 천하를 차지하였습니다." 이에 선생께서는 답하지 않으셨다. 남궁괄이 나가자 공자께서 말씀하셨다. "군자로다. 이 사람은! 덕을 숭상하는구나, 이 사람은!"

■요지 : 공자가 덕의 근본이 자기를 희생하고 남을 위하여 일하는 데 있음을 깨닫고 있는 남궁괄을 칭찬한 대목이다.

어석 · 문법

南宮适(남궁괄) : 姓은 南宮, 名은 适(괄), 字는 子容, 南容이다. 맹희자(孟僖子)의 아들, 노나라 대부 남궁경숙이다. 공자의 제자.

羿(예) : 요나라 때의 활의 명수. 열 개의 태양 중 아홉 개를 쏘아 떨어뜨렸다고 한다. 하나라 말기 유궁국(有窮國)의 임금으로 후상(后相)을 멸하고 그 자리를 찬탈했으나, 정사를 돌보지 않고 사냥만 즐기다가 그의 신하 한착(寒浞)에게 살해당했다.

奡(오) : 예를 죽이고 그 자리를 찬탈한 자가 그 신하인 한착이며 그 아들이 오다. 오(奡)는 육상에서 배를 끌고 걸어갈 정도의 괴력의 소유자. 뒤에 하군(夏君) 소강(小康)에게 주살되었다고 한다.

盪舟(탕주) : 배를 젓다. 손으로 배를 움직이다. '盪'(탕)은 '움직이다'의 뜻.

俱不得其死然(구부득기사연) : 모두 제 명에 죽음을 얻지 못하다. '其死'는 자기의 명, 곧 제 명. '然'은 단정을 표하는 어기조사.

禹(우) : 순왕(舜王)으로부터 위를 선양받은 성왕(聖王)으로 치수의 공이 컸다.

稷(직) : 후직(后稷)으로, 곡식을 심어 농사짓는 데 성공했고 그 자손들은 후에 주나라를 세워 천하의 종주가 되었다. 주나라 선조. 농업을 일으킨 공적자.

躬稼(궁가) : 몸소 농사를 짓다.

君子哉若人(군자재약인) : 군자답도다, 이 사람은. 도치형. '哉'는 감탄의 어기조사. '若人'은 이 같은 사람.

尙德哉若人(상덕재약인) : 덕을 숭상하는구나, 이 사람은. 도치형.

14-7

子曰 君子而不仁者는 有矣夫어니와 未有小人而仁者也니라.
자 왈 군 자 이 불 인 자　　유 의 부　　　　미 유 소 인 이 인 자 야

통해(通解)

　공자께서 말씀하셨다. "군자이면서도 어질지 못한 사람은 있겠지만, 아직 소인이면서 인한 사람은 있지 않았다."

■ 요지 : 사람을 등용할 때는 인자를 택해야 한다.

어석 · 문법

君子而不仁者(군자이불인자) : 군자이면서 어질지 못한 사람. '而'는 역접.
有矣夫(유의부) : 있을 것이다. '矣'는 단정, '夫'는 추측과 감탄의 어기를 가진 어기조사.

14-8

子曰 愛之란 能勿勞乎아. 忠焉이란 能勿誨乎아.
자 왈 애 지　　능 물 로 호　　충 언　　능 물 회 호

통해(通解)

　공자께서 말씀하셨다. "사람을 사랑하면서 수고롭게 하지 않을 수가 있겠는가? (어떤 사람에게) 진심(정성)을 다하면서 (올바른 도리를) 깨우쳐주지 않을 수 있겠는가?"

■ 요지 : 사랑하는 사람에겐 고로를 시키고, 진심을 다하는 사람에게는 충고를
해주어야 발전한다.

어석 · 문법

愛之(애지) : 그를 사랑한다. '之'는 아마도 '자식'이 아닌가 한다.

能勿勞乎(능물로호) : 수고롭게 하지 않을 수가 있겠는가? '勞'는 '수고롭게 하
다, 고로시키다, 단련시키다'의 뜻. '乎'는 반어를 표하는 어기조사.

誨(회) : 깨우쳐주다. 가르쳐주다.

149

子曰 爲命에 裨諶이 草創之하고 世叔이 討論之하고 行人子羽
자 왈 위 명   비 심   초 창 지   세 숙   토 론 지   행 인 자 우

修飾之하고 東里子産이 潤色之하니라.
수 식 지   동 리 자 산   윤 색 지

통해(通解)

공자께서 말씀하셨다. "(정나라에서는) 외교적인 문서(사령)를 작성할 때에
비심이 먼저 초고를 작성하고, 세숙이 그것을 검토 심의하고, 외교관인 자
우가 그것을 첨삭하고, 동리의 자산이 그것을 매만져 곱게 하였다."

■ 요지 : 정나라에는 많은 현신이 있어 국명을 작성하는 데 만전을 기했다는 것.
공자가 이를 칭찬한 것이다.

어석 · 문법

爲名(위명) : 사령(辭令)을 작성하다. '名'은 사령, 곧 다른 나라에 보내는 외교문서.

裨諶(비심) : 정나라 대부. 名은 竈(조), 字는 諶(심)이다.

草創(초창) : 대략 짓는다. 그것이 초고(草稿)다. 초고를 작성하다.

世叔(세숙) : 정나라 대부. 유길(游吉).

討論(토론) : 검토하고 심의한다.

行人(행인) : 외교 업무를 관장하는 관직 이름.

子羽(자우) : 공손휘(公孫揮)의 字. 정나라의 대부.

修飾之(수식지) : 그것을 꾸미다. '飾'은 증손. 더하고 덜다, 곧 수정하다.

東里(동리) : 지명.

子産(자산) : 정나라의 대부. 공손교(公孫僑)의 字.

潤色(윤색) : 문장을 아름답게 다듬는 것. 색칠하고 윤내다. 매만져 곱게 하는 것.

14·10

或이 問子産한대 子曰 惠人也니라. 問子西한대 曰 彼哉彼哉여. 問管仲한대 曰 人也奪伯氏駢邑三百하여늘 飯疏食沒齒호대 無怨言하니라.

통해(通解)

어떤 사람이 자산에 관하여 묻자 공자께서 말씀하셨다. "남을 아끼는 사람이다." 또 자서에 관하여 묻자 공자께서 말씀하셨다. "그 사람 그 사람이여!" 관중에 관하여 묻자 이렇게 말씀하셨다. "인물이다. 백씨가 자기의 땅 병읍 삼백 호를 빼앗기고 거친 음식을 먹으면서도 죽을 때까지 관중의 공을 인정

하면서 자기의 죄를 시인하고 원망하는 말이 없었다."

■ 요지 : 자산, 자서, 관중에 대한 인물평 질문을 받고, 공자는 자산은 혜인(惠人)
이며, 관중은 인인(仁人)이라 평하고 자서(子西)에 대해선 평하지 않았다.

어석 · 문법

子産(자산) : 鄭나라의 대부. 정치가로서 공이 컸으며 공자도 그를 '고지유애야
(古之遺愛也)'라고 칭찬했다. '유애(遺愛)'는 인애의 유풍이 있는 것.

子西(자서) : 정나라의 대부. 자산과 동족. 또는 초나라 공자 신(申)의 字로, 그는
공자의 등용을 저지했다고 한다.

惠人(혜인) : 남을 사랑하고 아끼는 것. 자애가 깊은 사람. 애인.

彼哉彼哉(피재피재) : 그 사람, 그 사람이여! 족히 말할 것이 없음을 뜻한다.

管仲(관중) : 제나라의 대부. 제나라 환공을 도와 춘추 시대 첫 번째 패자가 되게
함.

人也(인야) : 인물이다. 인인(仁人)이다.

伯氏(백씨) : 제나라의 대부로 名은 偃(언).

騈邑(병읍) : 지명. 산동성 임구현(臨朐縣)에 있었다.

三百(삼백) : 서사(書社) 삼백. 주례에 25가를 사(社)라 하고 각 사에는 인명을 적
었으므로 서사라 했다. 삼백은 7,500가(家)다. 일설은 300호(戶).

奪伯氏騈邑三百(탈백씨병읍삼백) : 백씨가 병읍 삼백가(三百家)를 빼앗기다. 대
부 백씨(伯氏)가 죄과를 저질러 관중이 환공에게 청해 병읍(騈邑)을 빼앗았
다. 그러나, 백씨는 관중을 원망하지 않았다 한다.

沒齒(몰치) : 죽을 때까지. 이빨이 빠질 때까지. 평생. '齒'는 수명, 나이.

14-11

子曰 貧而無怨은 難하고 富而無驕는 易하니라.
자 왈 빈 이 무 원   난   부 이 무 교   이

통해(通解)

　공자께서 말씀하셨다. "가난하면서 남을 원망하지 않기는 어렵지만, 부유하면서 남에게 교만하지 않기는 쉽다."

■요지 : 빈천(貧賤)에 처한 사람의 마음가짐에 대하여 말한 것이다.

어석 · 문법

怨(원) : 원망하다.
驕(교) : 교만하다.

14-12

子曰 孟公綽이 爲趙魏老則優이어니와 不可以爲滕薛大夫니라.
자 왈 맹 공 작   위 조 위 로 즉 우   불 가 이 위 등 설 대 부

통해(通解)

　공자께서 말씀하셨다. "대부 맹공작은(욕심이 적은 사람이므로) 대국인 진(晉)나라의 실력자 조가와 위가의 가로가 되기에는 넉넉하지만 소국인 등나라와 설나라와 같은 외압이 많은 나라의 대부는 될 수 없다."

■요지 : 맹공작은 훌륭한 사람이나 국정을 맡길 만한 인물은 못 된다. 기량에 맞

는 자리에 사람을 써야 한다는 것을 말한 것이다.

어석 · 문법

孟公綽(맹공작) : 노나라 대부. 맹손씨 일족의 일인. 과욕(寡慾)하고 염결한 사람
　　이었으나 국정을 맡아볼 만한 재능은 없었다고 한다.

趙 · 衛(조 · 위) : 당시에는 진(晉)나라 경(卿)의 가(家)들이었다. 귀족 대가들.

老(로) : 가신의 우두머리.

則(즉) : ～에 이르러서는. ～로 말하자면. ～는. 두 가지 일을 대비할 때 사용하
　　는 접속사.

優(우) : 여유가 있다. 넉넉하다.

滕(등) : 소국. 작은 제후국. 시금 산동싱 승현(滕縣)에 있었다.

薛(설) : 소국. 등(滕)나라 남쪽 40리에 있었다.

大夫(대부) : 국정을 맡아보는 고급 관리.

14-13

子路問成人한대 子曰 若臧武仲之知와 公綽之不欲과 下莊
자 로 문 성 인 　　 자 왈 　약 장 무 중 지 지 　　 공 작 지 불 욕 　　 변 장

子之勇과 冉求之藝에 文之以禮樂이면 亦可以爲成人矣니라.
자 지 용 　　 염 구 지 예 　　 문 지 이 예 악 　　 역 가 이 위 성 인 야

曰 今之成人者는 何必然이리오. 見利思義하며 見危授命하며
왈 금 지 성 인 자 　　 하 필 연 　　 견 리 사 의 　　 견 위 수 명

久要에 不忘平生之言이면 亦可以爲成人矣니라.
구 요 　　 불 망 평 생 지 언 　　 역 가 이 위 성 안 의

통해(通解)

자로가 성인(인격의 완성자)에 대하여 여쭙자 공자께서 말씀하셨다. "만일 장무중의 지혜와 공작의 무욕과 변장자의 용기와 염구의 재예를 예악으로써 장식한다면 또한 성인이 될 수 있을 것이다." 그리고 또 말씀하셨다. "지금의 성인은 어찌 반드시 그래야만 하겠느냐? 이익을 앞에 두고 의를 생각하며 위태로움을 앞에 두고 생명을 내놓으며 오랜 약속에 대해서도 평생의 말을 잊지 않으면 또한 성인이 될 수 있다."

■요지 : 이상적인 성인의 자세를 말했다.

어석 · 문법

成人(성인) : 완전한 인물. 인격자. 덕을 완성한 인물. 전인(全人).

臧武仲(장무중) : 노나라 대부. 名은 紇(흘), 시호는 武. 선숙(宣叔)의 아들. 지혜로운 사람이었다고 한다.

卞莊子(변장자) : 노나라 변읍의 대부. 용맹하여 두 마리의 범을 찔러 죽였다고 한다.

冉求之藝(염구지예) : 염구의 재예. 염구는 다예다능하였다 한다.

文之以禮樂(문지이예악) : 예악으로써 그것을 꾸미다. '文'은 '꾸미다, 다듬다'라는 동사로 쓰였다.

何必然(하필연) : 어찌 반드시 그래야만 하는가?

久要(구요) : 오래된 약속.

平生(평생) : 소시(공안국 설). 지난날.

14·14

子問公叔文子於公明賈曰 信乎아. 夫子不言不笑不取乎아.
자 문 공 숙 문 자 어 공 명 가 왈 신 호　　부 자 불 언 불 소 불 취 호

公明賈對曰 以告者過也로소이다. 夫子時然後言이라 人不厭
공 명 가 대 왈 이 고 자 과 야　　　　부 자 시 연 후 언　　인 불 염

其言하며 樂然後笑라 人不厭其笑하며 義然後取라 人不厭
기 언　　낙 연 후 소　　인 불 염 기 소　　　의 연 후 취　　인 불 염

其取하나니이다. 子曰 其然가 豈其然乎리오.
기 취　　　　　자 왈 기 연　　기 기 연 호

통해(通解)

　　공자께서 공숙문자에 관하여 공명가에게 물으셨다. "정말입니까? 대부
(공숙문자)는 말을 하지도 않고 웃지도 않고 받지도 않으십니까?" 그러자 공
명가가 대답하여 말했다. "이것을 고한 사람이 지나쳤습니다. 선생은 말할
때가 된 다음에야 말씀하시므로 다른 사람들이 그가 말씀하시는 것을 싫어
하지 않으며, 즐거워진 다음에야 웃으시므로 다른 사람들이 그가 웃으시는
것을 싫어하지 않으며, 의롭다고 판단된 후에야 받으시므로 다른 사람들이
그가 받는 것을 싫어하지 않습니다." 그러자 공자께서 말씀하셨다. "어찌
그럴까요? 어떻게 그럴 수가 있겠습니까?"

■ 요지 : 공숙문자의 언행은 군자답게 보이지만 왠지 의문시된다는 것이다.

어석 · 문법

公叔文子(공숙문자) : 위나라의 대부 공손발(公孫拔). 文은 시호.

公明賈(공명가) : 위나라 사람. 姓은 公明, 名은 賈(가).

信乎(신호) : 정말인가. 진실인가.

以告者過也(이고자과야) : 이것은 이야기한 사람이 지나친 것이다. '以'는 '此'와
　　같은 지시대명사.

夫子(부자) : 大夫 지위에 있는 사람. 여기서는 공숙문자.

其然(기연) : 어찌 그러한가? '其'는 '豈'와 같다.

豈其然乎(기기연호) : 어떻게 그러할까? 그럴 리가 없다는 반어형. 이곳의 '其'는
　　어세를 강하게 하는 어기조사. '乎'는 반어를 나타내는 어기조사.

14-15

子曰 臧武仲이 以防으로 求爲後於魯하니 雖曰不要君이나
자왈　장무중　　　이방　　　구위후어로　　　　　수왈불요군

吾不信也하노라.
오불신야

통해(通解)

　공자께서 말씀하셨다. "장무중이 방읍을 노나라의 후계자로 삼아줄 것을
요구하는데, 비록 임금을 위협하지 않았다고 말하지만 나는 그가 진정으로
강요하지 않았다고는 믿지 않는다."

■ 요지 : 공자는 장무중이 죄를 짓고 주(邾)로 출분했다가 돌아와 자기 영지에 이
　　복형 장위(臧爲)를 후계자로 세워달라고 요구한 것은 신용할 수 없는 일이라고
　　비평한 말이다. 구밀복검(口蜜腹劍)이 아니냐는 것이다.

어석 · 문법

防(방) : 방읍. 장무중의 봉지.

求爲後於魯(구위후어로) : 노나라에 후계자를 세워달라고 요구했다. 임금의 뜻

을 거스르는 요구다.

要(요) : 요구하다. '위협하다'라는 '협박'의 뜻이 있다.

14-16

子曰 晉文公은 譎而不正하고 齊桓公은 正而不譎하니라.
자 왈 진 문 공   휼 이 부 정   제 환 공   정 이 불 휼

통해(通解)

　공자께서 말씀하셨다. "진문공은 사람을 속이고 정정당당하지 않았으나 제환공은 정정당당하고 사람을 속이지 않았다."

■ 요지 : 문공과 환공에 대한 인물 비평이다. 문공에겐 권모술수가 많았고 환공에겐 존왕의 정도가 있었다는 것.

어석 · 문법

晉文公(진문공) : 진의 문공. 춘추 오패 중 한 사람. 名은 重耳.

譎(휼, 속음은 흌) : 속이다. 권모술수가 많다. 임기응변에 능하다. '궤(詭)也'.

齊桓公(제환공) : 제의 환공. 춘추 오패 중 한 사람. 名은 小白.

子路曰 桓公이 殺公子糾하여늘 召忽은 死之하고 管仲은 不死
자로왈 환공　　살공자규　　　소홀　사지　　관중　불사

하니 曰未仁乎인저. 子曰 桓公 九合諸侯 不以兵車는 管仲
왈미인호　　자왈 환공 구합제후 불이병거　　관중

之力也니 如其仁如其仁이리오.
지력야　　여기인여기인

통해(通解)

　자로가 여쭈었다. "환공이 공자 규를 죽였으므로 소홀은 그를 위해 죽었고 관중은 죽지 않았습니다. 그러므로 관중은 어질지 않은 것입니까?" 공자께서 말씀하셨다. "환공이 제후를 규합할 때 병거를 쓰지 않은 것은 관중의 힘이니 (누가) 그의 어짊만 하겠느냐? (누가) 그의 어짊만 하겠느냐?"

■ 요지 : 관중이 어질지 못하지 않느냐는 자로의 질문에 대하여 공자는 제후를 규합하는 데 무력을 쓰지 않았으니 어질다고 대답했다.

어석 · 문법

桓公殺公子糾(환공살공자규) : 제나라의 양공(襄公)이 공손무지에 의하여 죽자 후사를 둘러싸고 소백(小白)과 규(糾)가 항쟁했다. 관중과 소홀은 규의 보좌역이었으나 규가 패하자 소홀은 순사하고 관중은 소백(桓公)에게 항복했다. 관중은 후에 친구 포숙아의 도움으로 환공의 대신이 되어 패업을 도왔다.

九合(구합) : 규합(糾合).

不以兵車(불이병거) : 병거를 쓰지 않다. '以'는 '用也'. '兵車'는 전차 또는 무력.

如其仁(여기인) : 그가 어진 것과 같다. '如'는 같다.

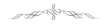

14-18

子貢이 曰管仲은 非仁者與인저. 桓公이 殺公子糾어늘 不能死
자공   왈관중   비인자여   환공   살공자규   불능사

요 又相之온여. 子曰 管仲이 相桓公霸諸侯하여 一匡天下하니
우상지   자왈 관중   상환공패제후   일광천하

民到于今히 受其賜하나니 微管仲이면 吾其被髮左衽矣러니라.
민도우금   수기사   미관중   오기피발좌임의

豈若匹夫匹婦之爲諒也라 自經於溝瀆 而莫之知也리오.
기약필부필부지위량야   자경어구독 이막지지야

통해(通解)

　자공이 말했다. "관중은 어진 사람이 아닐 것입니다. 환공이 공자 규를 죽였을 때 따라 죽지 못하고 또 그를 도왔습니다." 공자께서 말씀하셨다. "관중이 환공을 도와 제후를 제패하여 한 번 천하를 바르게 했으므로 백성이 지금에 이르기까지 그 혜택을 입고 있다. 관중이 없었다면 내가 아마 머리를 풀고 옷섶을 왼쪽으로 여미었을 것이다(오랑캐가 되었을 것이다). 어찌 평범한 사람이 작은 신의를 위하여 스스로 도랑에서 목을 맬 때 아무도 그것을 알아주는 이가 없는 것과 같겠느냐?"

■ 요지 : 관중이 죽지 않고 환공을 도와 천하를 바로잡아 백성을 구하고 이적을 물리친 것은 인한 공업이었다는 것이다.

어석 · 문법

霸(패) : 장. 으뜸. 제패하다.

一匡(일광) : 통일하여 바로잡다.

受其賜(수기사) : 그가 주는 것을 받다. '其'는 관중. '賜'는 주는 것. 혜택. 은혜.

微(미) : 없다. '無'와 같음.

吾其被髮左衽矣(오기피발좌임의) : 내가 아마 머리를 풀고 옷섶을 왼쪽으로 여몄을 것이다. 이적(夷狄)의 풍습 중에 머리를 풀어헤치고 왼쪽으로 옷섶을 여미는 것이 있다. 중국인은 일정한 나이가 되면 머리를 땋고 관을 쓰며 옷섶을 오른쪽으로 여민다. 따라서 이 말은 오랑캐의 통치하에서 살게 되었을 것이라는 뜻이다. '衽'은 의복의 깃. '左衽'은 옷을 입을 때 오른쪽 섶을 왼쪽 섶의 위로 여미는 것으로 오랑캐의 옷 입는 방식이다. '矣'는 추측의 어기조사.

豈若(기약) : '어찌 ~과 같으리오?'. 반어형이다.

匹夫匹婦之爲諒也(필부필부지위량야) : 평범한 남녀가 작은 신의를 위하여. '필부필부'는 '한 사람의 남자와 한 사람의 여자, 대수롭지 않은 평범한 남녀, 서민'의 뜻. '之'는 주격을 표시하는 구조조사. '爲諒也'는 '소의를 위하다'의 뜻. 양(諒)은 '소신, 작은 의리'를 의미한다. '也'는 어조를 고르는 어기조사.

自經於溝瀆而莫之知也(자경어구독이막지지야) : 스스로 도랑에서 목을 매어도 아무도 그를 알아주지 않는다. '自經'은 스스로 목을 매어 죽는 것이다. '溝瀆'(구독)은 '개천, 도랑, 농업용수를 끌어들이는 수로'를 뜻한다. '莫之知也'는 '아무도 그것을 알아주지 않는다, 보람이 없다'는 뜻이다. '之知'는 '知之'의 도치형. '也'는 반어를 표시하는 어기조사다.

14-19

公叔文子之臣大夫僎이 與文子로 同升諸公이러니 子聞之하시
공 숙 문 자 지 신 대 부 선　　여 문 자　　동 승 저 공　　　자 문 지

고 曰 可以爲文矣로다.
　왈　가 이 위 문 의

통해(通解)

　공숙문자의 가신이었던 대부 선은 문자의 추천으로 함께 위나라의 조신에 올랐다. 공자께서 그것을 들으시고 말씀하셨다. "(시호를) 문이라 할 만하다."

■요지 : 공숙문자가 가신을 동렬에 끌어 올린 것을 공자가 칭찬한 말이다.

어석 · 문법

公叔文子(공숙문자) : 위나라 대부 공손발(公孫拔). 文은 시호.

臣大夫(신대부) : 가대부. 가신의 간부.

同升諸公(동승지공) : 같이 공조에 신하로 올랐다. '諸'는 '之於'의 합자. '之'는 신(臣). 이는 공숙문자의 천거였다. '公'은 국군의 정청(공조).

可以爲文(가이위문) : '文'이라고 시호를 내릴 만하다. 사후의 시(諡)는 생전의 모습을 표현하여 준다. '文'에는 도덕이 넓고 후하다는 의미가 담겨 있다.

14-20

子言衛靈公之無道也러시니 康子曰 夫如是로대 奚而不喪이니
자 언 위 영 공 지 무 도 야　　　강 자 왈　부 여 시　　　해 이 불 상

이꼬. 孔子曰 仲叔圉는 治賓客하고 祝鮀는 治宗廟하고 王孫賈
　　　공 자 왈　중 숙 어　　치 빈 객　　　축 타　　치 종 묘　　　왕 손 가

는 治軍旅하니 夫如是니 奚其喪이리오.
　치 군 려　　　부 여 시　해 기 상

통해(通解)

　공자께서 위나라 영공의 무도함을 비평하시자 강자가 말했다. "대저 이

와 같은데 어찌하여 군주의 자리를 잃지 않습니까?" 공자께서 말씀하셨다. "중숙어가 빈객을 다스리고 축타가 종묘를 다스리고 왕손가가 군사를 다스립니다. 대저 이와 같이 인재들이 적소를 맡고 있는데 어찌하여 그 자리를 잃겠습니까?"

■ 요지 : 영공이 무도한데도 망하지 않은 것은 훌륭한 가신을 기용했기 때문이라고 설명하고 있다.

어석 · 문법

衛靈公(위령공) : 위나라 왕. 황음무도했으나 인재 기용을 잘 했다.

康子(강자) : 계강자. 노나라의 대부 계손비(季孫肥). 공자에게 배운 바 있었다.

仲叔圉(중숙어) : 공문자. 위령공의 가신.

奚而不喪(해이불상) : 어찌하여 자리를 잃지 않느냐. '奚而'는 '奚以' 또는 '奚爲'와 같음.

治賓客(치빈객) : 빈객을 다스리다. 외교를 맡다.

祝駝(축사) : 위의 가신. 대부로 말솜씨가 뛰어났다.

王孫賈(왕손가) : 영공 때의 실권자.

奚其喪(해기상) : 어찌 망하는가? '其'는 어세를 강하게 하는 어기조사.

14-21

子曰 其言之不怍이면 則爲之也難하니라.
자 왈 기 언 지 부 작   즉 위 지 야 난

⁂

통해(通解)

공자께서 말씀하셨다. "자기가 한 말에 부끄러움을 깨닫지 못하면 그것

을 실행하기가 어렵다."

■요지 : 자기가 (그것을) 말하고 부끄러워하지 않는 것은 터무니없는 말을 했기
때문이며 그것은 실행하기가 어렵다는 것이다.

어석 · 문법

不怍(부작) : 부끄러워하지 않는다.

爲之也(위지야) : 그것을 행하는 것이. '之'는 어떤 사실을 말한다. '也'는 제시를
나타내는 어기조사.

14-22

陳成子弑簡公이어늘 孔子沐浴而朝하사 告於哀公曰 陳恒
진 성 자 시 간 공　　　　공 자 목 욕 이 조　　　　고 어 애 공 왈　진 항

이 弑其君하니 請討之하소서. 公曰 告夫三子하라. 孔子曰
시 기 군　　　청 토 지　　　공 왈 고 부 삼 자　　　공 자 왈

以吾從大夫之後라 不敢不告也호니 君曰 告夫三子者온여.
이 오 종 대 부 지 후　불 감 불 고 야　　군 왈 고 부 삼 자 자

之三子하여 告하신대 不可라 하여늘 孔子曰 以吾從大夫之後
지 삼 자　　　고　　　불 가　　　　공 자 왈 이 오 종 대 부 지 후

라 不敢不告也니라.
　불 감 불 고 야

통해(通解)

　진성자가 간공을 죽이자 공자께서 재계하시고 입조하시어 애공에게 고
하여 말씀하셨다. "진항이 그 임금을 죽였으니 청컨대 그를 토벌하십시오."

공이 말씀하셨다. "저 세 사람에게 말하시오." 공자께서 말씀하셨다. "제가 대부의 말석에 있기 때문에 감히 말씀드리지 않을 수가 없었던 것인데 임금께서는 '저 세 사람에게 말하라'고 하시는군요." 공자께서 세 사람에게 가셔서 말씀하시자 "옳지 않다."고 그들은 대답했다. 공자께서 말씀하셨다. "내가 대부의 말석에 있기 때문에 말씀드리지 않을 수가 없었습니다."

■ 요지 : 제의 대부가 임금을 시해했는데도 노의 애공이나 삼대부들은 이를 토벌할 생각이 없다는 것을 확인하고 공자는 실망스런 현실을 비판한 것이다.

어석 · 문법

陳成子(진성자) : 제나라의 대부. 名은 恒(항), 成은 시호.

簡公(간공) : 제의 임금. 名은 壬. 춘추 애공 14년에 진성자가 간공을 죽였다. 당시 공자는 71세.

以吾從大夫之後(이오종대주지후) : 내가 대부의 뒤를 따라가기 때문에. '以'는 원인이나 이유를 나타내는 전치사.

夫三子者(부삼자자) : 저 세 사람. '三子'는 노의 삼대부. 계손 · 맹손 · 숙손 왕가. 이들이 노나라의 국정을 농단했다. '者'는 수사 뒤에 쓰여 복수의 사람이나 사물을 가리키는 구조조사.

14-23

子路問事君한대 子曰 勿欺也요 而犯之니라.
자 로 문 사 군   자 왈 물 기 야   이 범 지

통해(通解)

자로가 임금 섬기는 일에 관하여 여쭙자 공자께서 말씀하셨다. "속이지

말고 그것을 면전에서도 간곡히 간쟁(諫爭)할 것이다.”

■요지 : 자로의 질문에 대하여 공자는 임금을 섬길 때 속이지 말고 굳세게 간(諫)하라고 가르쳤다.

어석 · 문법

勿欺(물기) : 속이지 말라.

犯之(범지) : 그것을 간쟁(諫爭)하다. 그것을 굳세게 간(諫)하다. 범안(犯顏)하다. 곧 임금이 싫어하는 안색을 보이는데도 불구하고 간하다.

14-24

子曰 君子는 上達하고 小人은 下達이니라.
자 왈 군 자　　상 달　　　소 인　　하 달

통해(通解)

공자께서 말씀하셨다. “군자는 위로 고상한 덕의(德義)에 통달하고 소인은 아래로 천한 재리에 통달한다.”

■요지 : 군자는 덕의에, 소인은 재리에 통달해 있다.

어석 · 문법

上下(상하) : 본말. ‘上’은 도덕, 근본, 전체이고, ‘下’는 재산이나 이익, 말단, 부분이다.

達(달) : 도달하다. 통달하다.

14-25

子曰 古之學者는 爲己러니 今之學者는 爲人이로다.
_{자 왈 고 지 학 자　위 기　금 지 학 자　위 인}

통해(通解)

　공자께서 말씀하셨다. "옛날의 배우는 사람은 자기의 수양을 위하여 공부했는데 지금의 배우는 사람은 남을 위하여 공부를 한다."

■요지 : 옛 학자와 지금의 학자와의 상위함을 밝히고, 학문은 자기의 수양을 위하여 하는 것이라고 말했다.

어석 · 문법

爲己(위기) : 자신의 몸을 닦고 덕을 쌓기 위하여 학문을 하다. 그리하여 남을 이루어줌.

爲人(위인) : 남에게 알려지기 위하여 학문을 하다. 그리하여 자신을 상실함.

14-26

蘧伯玉이 使人於孔子어늘 孔子與之坐而問焉 曰 夫子
_{거 백 옥　시 인 어 공 자　공 자 여 지 좌 이 문 언 왈 부 자}

는 何爲오. 對曰 夫子 欲寡其過而未能也니이다. 使者出커늘
_{하 위　대 왈 부 자 욕 과 기 과 이 미 능 야　시 자 출}

子曰 使乎使乎여.
_{자 왈 시 호 시 호}

통해(通解)

  거백옥이 공자께 사람을 보냈다. 공자께서 그와 더불어 앉아서 물으셨
다. "선생께서는 무엇을 하십니까?" 시자가 대답하여 말했다. "우리 선생님
께서는 자신의 잘못을 적게 하고자 하시나 잘 하시지 못합니다." 시자가 나
가자 공자께서 말씀하셨다. "훌륭한 시자로다, 훌륭한 시자로다."

■요지 : 위나라의 거백옥이 보낸 시자(使者)의 예양(禮讓)과 현명함을 칭찬했다.

어석 · 문법

蘧伯玉(거백옥) : 姓은 蘧(거), 名은 瑗(원), 伯玉은 그의 字. 위나라의 대부. 현인
      으로 공자기 위나라에 갔을 때 그익 집에 유숙했다고 한다. 공자가 노나라
      로 돌아왔을 때 거백옥이 사람을 보내 공자의 안부를 물은 것이다.

與之坐(여지좌) : 그와 같이 앉다.

欲寡其過(욕과기과) : 자기의 허물을 적게 하려고 하였다.

使乎使乎(시호, 시호) : 참으로 훌륭한 심부름꾼이로다. '乎'는 감탄의 어기조사.

14-27

子曰 不在其位하야 不謀其政이니라.
자 왈 부 재 기 위   불 모 기 정

통해(通解)

  공자께서 말씀하셨다. "그 지위에 있지 않고서는 그 정치를 도모하지 말
아야 한다."

■요지 : 관도에 나가 있는 사람의 마음가짐에 대하여 말했다. 「태백편」 14장과

중복됨.

어석 · 문법

不在其位(부재기위) : 그 자리에 있지 않다. '其位'는 그 자리, 그 직위, 제자리.
不謀(불모) : 도모하지 말라.

14-28

曾子曰 君子는 思不出其位니라.
증 자 왈 군 자   사 불 출 기 위

통해(通解)

　증자께서 말씀하셨다. "군자는 생각이 그 지위나 신분 밖으로 벗어나지
않아야 한다."

■ 요지 : 군자는 그 사려가 도에서 어긋나지 않는다는 것이다.

어석 · 문법

思不出其位(사불출기위) : 생각이 그 지위나 신분 밖으로 벗어나지 않는다. 『역
　　경』'간괘상사(艮卦象辭)'에서 인용한 말.

14-29

子曰 君子는 恥其言而過其行이니라.
자 왈 군 자　치 기 언 이 과 기 행

통해(通解)

　공자께서 말씀하셨다. "군자는 자신의 말이 자신의 행실을 뛰어넘는 것
을 부끄럽게 여긴다."

■요지 : 군자는 말보다 행실을 앞세운다는 것이다.

어석 · 문법

恥其言而過其行(치기언이과기행) : 자신의 말이 자신의 행실을 능가하는 것을
　　　　부끄러워하다. 자신의 말이 자신의 행동을 지나치는 것을 부끄러워하다.
　　　　'恥'는 '부끄러워하다'라는 동사이다.

14-30

子曰 君子道者三에 我無能焉호니 仁者는 不憂하고 知者는
자 왈 군 자 도 자 삼　아 무 능 언　인 자　불 우　지 자

不惑하고 勇者는 不懼니라. 子貢이 曰夫子는 自道也샷다.
불 혹　용 자　불 구　자 공　왈 부 자　자 도 야

통해(通解)

　공자께서 말씀하셨다. "군자의 도가 세 가지인데 내가 할 수 있는 것이 없

다. 어진 사람은 근심하지 않고 지혜로운 사람은 미혹되지 않고 용감한 사람은 두려워하지 않는다." 자공이 말했다. "선생님께서 자신을 두고 하신 말씀이었다."

■ 요지 : 군자가 되는 도는 중용에 삼달덕(三達德)이 있는데 공자는 스스로 도를 실행하고 있다고 말하고 있다.

어석 · 문법

君子道者三(군자도자삼) : 군자의 도가 세 가지다. '君子道'는 군자로서 행하지 않으면 아니 되는 도. '者'는 어세를 강하게 하는 어기.

無能焉(무능언) : 행할 수가 없다. 잘하는 것이 없다. '焉'은 어조를 고르는 어기 조사.

仁者(인자) : 인덕을 갖춘 사람. 인은 제덕의 근원. 공자는 그 인을 자신의 마음에 확실히 자각하여 그 능력을 잃지 않는 것을 학문 수양의 목표로 삼았다.

自道(자도) : 스스로 그 실행하고 있는 것을 말한 것이다. '道自'(자신을 말하다)의 도치로 볼 수 있다. '道'는 말하다.

夫子(부자) : 선생. 대부의 지위에 있는 자, 또는 관위에 있는 자의 존칭. 지식이나 덕행이 있는 연장자. 공자에 대한 제자들의 존칭. 광의의 '선생'.

14-31

子貢이 方人하더니 子曰 賜也는 賢乎哉아. 夫我則不暇로라.
자 공　방 인　　자 왈 사 야　현 호 재　부 아 즉 불 가

통해(通解)

　자공이 다른 사람을 비평하자 공자께서 말씀하셨다. "사(자공)는 현명하구

나! 도대체 나는 그럴 겨를이 없었다."

■요지 : 공자는 자공에게 지나치게 남을 비교하거나 비평할 필요가 없다고 가르쳤다.

어석 · 문법

方(방) : 비교하다. 비평하다(동사). 갑을 을에 비하여 논하다. '比方'(서로 견주어 봄).

不暇(불가) : 겨를이 없다. 틈이 없다.

乎哉(호재) : 반문(反問)의 어기조사. 乎(의문) + 哉(감탄)

夫我則不暇(부아즉불가) : 도대체 나는 겨를이 없다. '夫'는 발어사로 '도대체, 대저, 무릇'의 뜻. '則'은 대비를 표하는 접속사.

14-32

子曰 不患人之不己知요 患其不能也니라.
자 왈 불 환 인 지 불 기 지   환 기 불 능 야

통해(通解)

공자께서 말씀하셨다. "남이 나를 알아주지 않음을 근심하지 말고 그 자기의 능하지 못함(무능)을 근심할 것이다."

■요지 : 자기가 남을 알아주지 못함을 걱정하라는 것. 「학이편」 16장, 「이인편」 14장, 「위령공편」 18장에도 같은 뜻의 말이 있다.

어석 · 문법

其不能(기불능) : 자기가 능하지 못함. 자기의 무능함. '其'는 '己'. '不'은 '無'.

也(야) : 명령의 어기조사.

14-33

子曰 不逆詐하며 不億不信이나 抑亦先覺者 是賢乎인저.
자 왈 불 역 사   불 억 불 신   억 역 선 각 자 시 현 호

통해(通解)

공자께서 말씀하셨다. "상대방이 속이지 않을까 하고 미리 헤아리지 않으며, 미덥지 않을 것이라고 미리 헤아리지 않을 것이다. 그러나 또한 먼저 깨닫는 사람이 현자일 것이다."

■ 요지 : 억측과 불신은 군자의 태도가 아니라는 것을 말하고 있다.

어석 · 문법

逆詐(역사) : 속일 것이라고 미리 짐작함. '逆'은 미리 맞는다, 미리 헤아린다는 뜻.

億(억) : 미리 억측하다. 미리 추측하다. '億'은 '미리 짐작하다, 미리 예측하다'란 뜻을 가진다.

不信(불신) : 믿지 않고 의심하다.

抑(억) : 도리어. 오히려. 그러나. 뜻을 반전시키는 접속사.

先覺者(선각자) : 상대방의 진위를 직감적으로 알아차리는 사람.

是賢乎(시현호) : 이런 사람이 현명하도다. '是'는 앞의 말을 가리키는 지시대명사. '乎'는 감탄과 단정의 어기조사.

14-34

微生畝謂孔子曰 丘는 何爲是栖栖者與요 無乃爲佞乎아.
미 생 무 위 공 자 왈 구   하 위 시 서 서 자 여   무 내 위 녕 호

孔子曰 非敢爲佞也라 疾固也니라.
공 자 왈 비 감 위 녕 야   질 고 야

통해(通解)

미생무가 공자께 일러 말했다. "그대(丘)는 어찌하여 이렇듯 바쁘게 뛰어
다니는 것인가? 바로 말재주를 피우고 있는 깃이 아닌가?" 공자께서 말씀
하셨다. "감히 말재간을 피우려고 하는 것이 아니고 세인의 고루함을 아파
하는 것입니다."

■요지 : 미생무의 힐책에 대하여 공자는 독선에 빠져 고루한 태도를 보이는 자
들이 미워 이렇듯이 방황한다고 말한 것이다.

어석 · 문법

微生畝(미생무) : 姓은 微生, 名은 畝(무, 속음은 묘). 은자일 것이라 한다.

栖栖(서서) : 새가 나무에 깃들이고 날지 못하는 것같이 현실에 매여 있다는 뜻.
어정버정 돌아다님.

者與(자여) : '~인가?'. 의문을 나타내는 어기조사.

無乃(무내) ~乎 : '바로 ~이 아닌가?'. 반어형.

爲佞(위녕) : 비굴한 변설을 하다. 말재간을 피우다. 말을 팔아먹다. '佞'(녕)영은
말재주.

疾固(질고) : 세사의 고루함을 가슴 아파한다. 고집불통을 미워하다. '固'는 완미
고루(頑迷固陋). '疾'은 '憎'과 같음.

14-35

子曰 驥는 不稱其力이라 稱其德也니라.
자 왈 기 불 칭 기 력   칭 기 덕 야

통해(通解)

　공자께서 말씀하셨다. "천리마는 그의 속력이나 체력을 칭찬받는 것이 아니라 그의 절도 있는 덕을 칭찬받는 것이다."

■요지 : 달사의 달사다운 소이는 재능보다는 덕에 있는 것임을 비유적으로 말하였다.

어석 · 문법

驥(기) : 양마(良馬). 하루에 천 리를 가는 말. 기주(驥州)는 양마의 산지였다.

14-36

或이 曰 以德報怨이 何如하니이꼬. 子曰 何以報德고. 以直報怨
혹   왈 이 덕 보 원   하 여   자 왈 하 이 보 덕   이 직 보 원

이요 以德報德이니라.
이 덕 보 덕

통해(通解)

　혹자가 물었다. "은덕으로 원수를 갚는 것이 어떠합니까?" 공자께서 말씀하셨다. "무엇으로써 덕을 갚겠는가? 정직함으로 원망에 보답하고 덕으로

덕을 갚는 것이다."

■요지 : 인자는 공평무사한 태도로 사람을 대한다는 뜻이다.

어석 · 문법

以德報怨(이덕보원) : 덕을 가지고 원한을 갚는다. 여기서 '德'은 '은혜, 선의, 호
　　의'의 뜻.

直(직) : 정직. 곧음. 공평무사함.

14-37

子曰 莫我知也夫인저. 子貢이 曰 何爲其莫知子也이니꼬.
자 왈　막 아 지 야 부　　　자 공　　왈　하 위 기 막 지 자 야

子曰 不怨天하며 不尤人이요 下學而上達하노니 知我者는
자 왈　불 원 천　　　불 우 인　　　하 학 이 상 달　　　　지 아 자

其天乎인저.
기 천 호

통해(通解)

　공자께서 말씀하셨다. "아무도 나의 가치를 알아주는 사람이 없구나." 자
공이 "어찌하여 도대체 아무도 선생님의 가치를 알아주지 않는 것이지요?"
라고 묻자 공자께서 말씀하셨다. "하늘을 원망하지 않으며 사람을 허물하
지도 않겠다. 아래로 배워서 위로 통달하니 나를 알아주는 것은 아마 하늘
일 것이다."

■요지 : 공자가 만년에 도가 행해지지 않는 것을 탄식한 말이다. 자기를 알아주
　지 않는 것을 탄식하지도, 하늘을 원망하지도, 남을 허물하지도 말고 천명을

다하는 일밖에 없다는 것이며, 결국 자기를 알아주는 것은 하늘뿐이라고 말했다.

어석 · 문법

莫我知也夫(막아지야부) : 나를 알고 써주는 사람은 없는 것인가. '莫'은 '無'와 같음 . '我'는 공자 자신. '我'를 '莫'과 '知'의 아래에 두지 않은 것은 '我'를 강조한 것이다. '也'는 단정, '夫'는 영탄을 나타내는 어기조사. '也夫'는 한 글자보다 어세가 강하다.

何爲其莫知子也(하위기막지자야) : 어찌하여 도대체 선생과 같은 분을 알아주지 않는 것이지요? 이 자공의 말에는 하늘을 원망하는 사람을 비난하는 느낌이 있다. '子'는 공자를 가리킴. '也'는 '何爲'를 받아서 의문의 뜻을 나타내는 어기조사.

不怨天(불원천) : 알아주지 않는 것을 천명이라고 하여 원망하지 않는다.

不尤人(불우인) : 써주지 않는다고 해서 남을 비난하지 않는다. '尤'는 비난하다, 책망하다, 허물하다.

下學而上達(하학이상달) : 아래로부터 배워 위로 통하다. 꾸준히 인사(人事)를 배워 천도에 달하다. '下'는 인도, '上'은 천도. 자기의 사명을 자각하다. '而'는 순접 접속사.

知我者其天乎(지아자기천호) : 나를 알아주는 것은 아마 하늘일 것이다. '我'는 공자. '其'는 아마[부사]. 추측의 어기를 나타낸다. '乎'는 의문 조자이나 여기선 '다짐, 확인'의 뜻을 나타낸다.

14-38

公伯寮愬子路於季孫이어늘 子服景伯이 以告曰夫子固有
공 백 료 소 자 로 어 계 손   자 복 경 백   이 고 왈 부 자 고 유

惑志於公伯寮하나니 吾力이 猶能肆諸市朝니이다. 子曰
혹 지 어 공 백 료   오 력   유 능 사 저 시 조   자 왈

道之將行也與도 命也며 道之將廢也與도 命也니 公伯寮其
도 지 장 행 야 여   명 야   도 지 장 폐 야 여   명 야   공 백 료 기

如命何리오.
여 명 하

통해(通解)

　공백료가 계손씨에게 자로를 참소하자 자복경백이 그것을 공자께 고하
여 말했다. "부자(계손씨)가 진실로 공백료에게 마음이 흔들리고 있습니다.
제 힘은 아직도 시조에 그를 버릴 수 있습니다." 공자께서 말씀하셨다. "도
가 행해지려고 하는 것도 천명이며 도가 폐해지려고 하는 것도 천명이니
공백료가 장차 천명을 어떻게 하겠느냐?"

■요지 : 자로를 참소한 공백료를 규탄하는 자복경백에게 공자는 천명을 따르라
　고 가르쳤다.

어석 · 문법

公伯寮(공백료) : 字는 子周. 노나라 사람. 자로가 계씨를 섬겼을 때 그의 동료
　　였던 것 같다.

愬(소) : 참소하다. 참언하다.

子服景伯(자복경백) : 姓은 子服, 시호가 景. 字는 伯. 노나라 대부. 삼환의 일족
　　으로 세도가.

以告(이고) : 이것을 알리다. '以'는 '此'와 같다.

肆諸市朝(사저시조) : 시장과 조정에 시체를 (사흘간) 내걸다. 시체를 공중 앞에
　　내걺. '肆'(사)는 시체를 거리에 내놓는 형벌. '諸'는 '之於'의 합자.

道之將行也與(도지장행야여) : 도가 장차 행해지려고 하다. '也與'는 추측을 나
　　타내는 어기조사.

公伯寮其如命何(공백료기여명하) : 공백료가 장차 운명을 어떻게 하겠는가? '其'
　　는 장차. '命'은 운명. 천명.

14-39

子曰 賢者는 辟世하고 其次는 辟地하고 其次는 辟色하고 其次
자 왈 현 자　　피 세　　　기 차　　피 지　　　기 차　　피 색　　　기 차

는 辟言이니라.
　　피 언

통해(通解)

　공자께서 말씀하셨다. "현명한 사람은 세상을 피하고, 그 다음 가는 사람
은 토지를 피하고, 그 다음 가는 사람은 주군(主君)의 안색을 피하고, 그 다
음 가는 사람은 말을 피한다."

■요지 : 난세에 처하는 현자의 네 가지 출처 진퇴의 방법을 가르친 것이다.

어석 · 문법

辟世(피세) : 세상을 피하다. '辟'는 '避'와 같다. '世'는 세상, 사회. 피세자는 백
　　이, 숙제, 우중(虞仲) 등.

其次(기차) : 그 다음의 현인.

辟地(피지) : 토지[亂國]를 피하다. 피지자는 하조(荷篠)·장저(長沮)·걸닉(桀溺) 등.

辟色(피색) : 주군의 안색을 피하다. 피색자는 유하혜(柳下惠)·소련(小連) 등.

辟言(피언) : 임금의 말을 피하다. 피언자는 하궤(荷簣), 접여(接輿) 등.

14-40

子曰 作者七人矣로다.
자 왈 작 자 칠 인 의

통해(通解)

공자께서 말씀하셨다. "이상의 것을 실행한 사람은 일곱 사람이다."

■요지 : 세상을 버린 은자에 7인이 있다는 것.

어석 · 문법

作者(작자) : 행한 사람. 해낸 사람. '作'은 해내다, 실행하다. '爲'와 같음.

七人(칠인) : 長沮(장저)·桀溺(걸닉)·丈人(장인)·石門(석문)·荷簣(하궤)·의봉
인(儀封人)·초광접여(超狂接輿) 또는 백이·숙제·우중·이일(夷逸)·주
장(朱張)·유하혜·소련(왕필의 주장) 등 여러 설이 있다.

14-41

子路宿於石門이러니 晨門이 曰奚自오. 子路曰自孔氏로라.
자 로 숙 어 석 문　　　　 신 문　 왈 해 자　　 자 로 왈 자 공 씨

曰是知其不可而爲之者與아.
왈 시 지 기 불 가 이 위 지 자 여

통해(通解)

　자로가 석문에서 유숙했는데 새벽 문지기가 물었다. "어디로부터 오셨소?" 자로가 말했다. "공씨 문중으로부터입니다." 문지기가 말했다. "이는 할 수 없는 것임을 알면서도 그것을 하는 사람들입니까?"

■요지 : 주유천하를 마치고 귀국할 때 문지기로부터 공자 일행은 세상을 구하는 일이 불가한 자들이란 부당한 평가를 받는다.

어석 · 문법

石門(석문) : 지명. 노나라의 성문이 있다.

晨門(신문) : 새벽 문지기. 문지기에는 은자가 많았다. '晨'은 이른 아침.

奚自(해자) : 어디로부터 (왔소?). '自奚'가 도치된 것. '自'는 '~로부터 오다'는 뜻의 동사.(전치사가 동사로 전성됨)

自孔氏(자공씨) : 공씨 문중으로부터 (왔소).

是知其不可而爲之者與(시지기불가이위지자여) : 이것이(바로) 그 불가능함을 알고서 그것을 행하려는 사람인가? '是'는 '이것'(대명사) 또는 '바로'(부사), '~이다'(동사) 등 여러 가지 설이 있다〈특수연구 24 - '是'의 용법〉 참고). '其'는 일반적인 사실을 가리키는 대명사. '爲'는 행하다. '之'는 어떤 일을 가리키는 지시대명사. '與'는 반문의 어기를 표하는 어기조사.

14-42

子擊磬於衛러시니 有荷蕢而過孔氏之門者曰 有心哉라
자 격 경 어 위　　　유 하 궤 이 과 공 자 지 문 자 왈 유 심 재

擊磬乎여. 旣而曰 鄙哉라 硜硜乎여. 莫己知也어든 斯己而
격 경 호　　기 이 왈 비 재　　경 경 호　　막 기 지 야　　사 이 이

已矣니 深則厲요 淺則揭니라. 子曰 果哉라. 末之難矣니라.
이 의　　심 즉 려　　천 즉 게　　자 왈 과 재　　말 지 난 의

통해(通解)

　공자께서 위나라에서 경을 치시자 둥구미(삼태기)를 지고 공씨의 문을 지나가던 사람이 말했다. "마음이 천하에 있구나, 경쇠를 침이여." 조금 있다가 말했다. "비속하구나, 땡땡거리는 그 소리여! 아무도 자기를 알아주지 않으면 그만두어야 할 따름이다. 물이 깊으면 옷을 벗어 들고 건너고 물이 얕으면 옷자락을 걷어 올리고 건널 것이다." 공자께서 말씀하셨다. "과감히 세상을 버렸구나! 그러니 그를 나무랄 수 없다."

■요지 : 경을 치는 소리에 의탁하여 공자를 비판한 은자에 대하여 공자는 바른 도를 실현하여 세상을 구하고자 하는 마음에 흔들림이 없었다.

어석 · 문법

磬(경) : 경쇠. 돌이나 구리, 또는 옥으로 만든 타악기의 일종.

荷蕢(하궤) : 둥구미를 메다. '荷'는 짊어지다. 메다. 둥구미[蕢(분)]는 곡식, 채소, 흙을 나르는 도구로 짚 같은 것으로 엮어 만든다. 원칙적으로 '蕢'는 초기(草器)요, '簣'는 성토기(盛土器)다.

孔氏之門(공씨지문) : 공자가 위나라에서 체재하고 있던 집의 문.

有心哉擊磬乎(유심재격경호) : 어지러운 세상을 근심하는 마음이 가득 차 있구

나, 저 경을 침에는. '擊磬乎有心哉'가 도치되어 강한 감탄을 나타낸다. 마음이 있구나, 경을 침이여. '哉'와 '乎'는 감탄을 표하는 어기조사.

既而(기이) : 잠깐 지나서. 이윽고. 잇따라.

磬磬乎(경경호) : 경을 치는 소리. 굳고 융통성이 없는 모양. 경의 음색, 나아가서 그것을 치는 사람을 형용한 것. '乎'는 형용어에 붙여 어세를 강하게 하는 접미어.

莫己知也(막기지야) : 세상에 아무도 자기를 알아주는 사람이 없다. '己知'는 知己(자기를 알아주다)가 도치된 것. '也'는 어세를 강하게 하는 어기조사.

斯己而己矣(사이이이의) : 그러면 그만둘 뿐인 것이다. '斯'는 '則' 곧 상문을 받아 '~하면'으로 새긴다. 또는 '이에'로 새길 수 있다. '己'는 그만두다. 멈추다. '而己矣'는 而(접속)+己(한정)+矣(단정)로 '뿐이다', '따름이다'라는 뜻을 가진 강한 단정의 어기조사다.

深則厲, 淺則揭(심즉려, 천즉게) : 『시경』'邶風'(패풍)의 '匏有苦葉'(포유고엽)이라는 시에 나오는 구. '厲'(려)는 옷을 벗는 것. '揭'는 옷자락을 걷어 올리는 것. 시세에 따라 융통성 있게 변화하라는 뜻.

果哉(과재) : 과감하다. '果'는 '과단'의 뜻. 과단성이 있어 좋구나. '哉'는 감탄의 어기조사.

末之難矣(말지난의) : 그를 나무랄 수 없다. '末'은 '無' 곧 '할 수 없다'는 뜻. 일설은 (세상을 그렇게 과감하게 보고 버릴 수 있다면) '그것은 어렵지 않은 것이다'라고 새긴다. '之'는 '深則厲淺則揭'를 가리킨다.

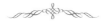

子張이 **曰 書云高宗**이 **諒陰三年**을 **不言**이라 하니 **何謂也**이꼬.
자 장   왈 서 운 고 종   양 암 삼 년   불 언   하 위 야

子曰 何必高宗이리오. **古之人**이 **皆然**하니 **君薨**커시든 **百官**이
자 왈 하 필 고 종   고 지 인   개 연   군 훙   백 관

總己하여 **以聽於冢宰 三年**하니라.
총 기   이 청 어 총 재 삼 년

❦

통해(通解)

자장이 말했다. "『서경』에 이르기를 고종이 선제의 복상 중 삼 년 동안이나 말하지 않았다 하니 이는 무엇을 말한 것입니까?" 공자께서 말씀하셨다. "어찌 반드시 고종뿐이겠느냐? 옛사람이 다 그러했다. 임금이 돌아가시면 백관이 자기 직무를 다했고 총재(총리대신)의 말을 듣고 삼 년이나 정치를 해나갔다."

■ 요지 : 공자는 옛날에는 임금이 복상 중 태재에게 국사를 위임하고 아무것도 하지 않는 것이 상도였다고 말했다.

어석 · 문법

書(서) : 『서경』. 『尚書』.

高宗(고종) : 은나라 중흥의 왕 무정(武丁).

諒陰(양암) : 諒闇(양암). 천자가 선제의 상중에 있음. 천자가 복상하고 있는 동안.

三年不言(삼년불언) : 삼 년간 정치적 발언을 하지 않는다.

薨(훙) : 왕후(王侯)가 죽다.

百官總己(백관총기) : 모든 관원이 자기의 직무를 다스리다.

以(이) : 순접 접속사 '而'와 같다.

冢宰(총재) : 태재(太宰). 총리급.

14-44

子曰 上이 好禮則民易使也니라.
자 왈 상   호 례 즉 민 이 사 야

통해(通解)

　공자께서 말씀하셨다. "윗자리에 있는 사람이 예를 좋아하면 백성을 부리기가 한결 쉽다."

■ 요지 : 윗사람이 솔선수범하면 백성이 쉽게 따른다는 뜻이다.

어석 · 문법

上(상) : 윗사람.

易使(이사) : 부리기 쉽다.

14-45

子路問君子한대 子曰 修己以敬이니라. 曰 如斯而已乎이까. 曰
자 로 문 군 자   자 왈 수 기 이 경   왈 여 사 이 이 호   왈

修己以安人이니라. 曰 如斯而已乎이까. 曰 修己以安百姓이니
수 기 이 안 인   왈 여 사 이 이 호   왈 수 기 이 안 백 성

修己以安百姓은 堯舜도 其猶病諸시니라.
수 기 이 안 백 성   요 순   기 유 병 저

통해(通解)

자로가 군자에 관하여 여쭙자 공자께서 말씀하셨다. "자기의 몸을 닦는 데 공경하는 마음을 가지고 하는 것이다." 자로가 말했다. "다만 이와 같이 할 따름입니까?" 공자께서 말씀하셨다. "우선 자기의 몸을 닦아서 다른 사람을 편안하게 해주어야 한다." 그러자 자로가 다시 말했다. "이와 같이 할 따름입니까?" 공자께서 말씀하셨다. "자기 몸을 닦아서 백성을 편안하게 하는 것은 요순도 아마 오히려 그것을 어려워하셨을 것이다."

■ 요지 : 문인 자로가 군자를 물은 것에 답한 것. 군자란 경으로써 몸을 닦는 사람이다. 그와 같이 수기를 하면 남을 편안하게 하고 다시 백성을 편안하게 하는 것이 가능하다. 그것은 이미 성인의 경역에 미치는 것이다.

어석 · 문법

問君子(문군자) : 군자의 본분에 관하여 질문했다.

修己以敬(수기이경) : 자기의 몸을 닦는 데 공경하는 마음을 가지고 하다. 이것이 군자의 본분이라는 것이다.

如斯而已乎(여사이이호) : 다만 이것뿐입니까? '斯'는 앞의 '修己以敬'과 뒤의 '修己以安人'을 가리킨다. '而已'는 '뿐'이라는 한정의 어기조사이고, '乎'는 의문과 감탄의 어기를 나타내는 어기조사다.

修己以安人(수기이안인) : 우선 자신의 몸을 닦고 그리고 남을 편안하게 하다. '以'는 '而'와 같은 접속사. '安'은 편안하게 하다. 안정시키다. '人'은 '己'와 반대가 되며, 자기와 가까운 다수의 사람이나 붕우를 지시한다.

百姓(백성) : 인민. 천하. 세상의 모든 사람들.

堯舜(요순) : 성인. 중국 고대의 성천자였던 당우(唐堯)와 우순(虞舜). 유교에서 존숭하는 성인.

其猶病諸(기유병저) : 아마 오히려 그것을 고심했을 것이다. 좀처럼 잘 안 되어 걱정했던 것이다. '其'는 아마. '病'은 염려하다, 고통을 느끼다, 고심하다의 뜻. '諸'는 '之'의 뜻.

14-46

原壤^이 夷俟^{러니} 子曰 幼而不孫弟^{하며} 長而無述焉^{이요}
원 양　　　이 사　　　자 왈　유 이 불 손 제　　　장 이 무 술 원

老而不死 是爲賊^{이라} 하시고 以杖叩其脛^{하시다.}
노 이 불 사　시 위 적　　　　　　이 장 고 기 경

통해(通解)

원양이 쭈그리고 앉아 기다리자 공자께서 말씀하시기를 "어려서부터 겸손하고 우애롭지 못하며, 자라서는 칭찬받을 만한 선행이 없고, 늙어서도 죽지 않으면 이것은 해로운 존재다." 하시고 지팡이로 그의 정강이를 두드리셨다.

■요지 : 구지인(舊知人)의 무례하고 불손한 태도를 질책한 것이다.

어석 · 문법

原壤(원양) : 노나라 사람. 공자의 오랜 지인인 듯. 자기 어머니가 죽었는데도 관재(棺材) 위에 올라가 노래를 불렀다 한다. 공자가 대신 장례를 준비해주었다 한다.

夷(이) : 쭈그리고 앉다. 불손한 좌법이다. 옛날에는 자리에 무릎을 꿇고 견부(臀部)를 발꿈치 위에 올려놓는 것이 바른 좌법이었다.

俟(사) : 기다리다. '待也'.

不孫弟(불손제) : 겸손하고 우애롭지 못하다. '孫弟'는 '遜悌'와 같다.

無述(무술) : 칭찬받을 만한 선행이 없다.

叩(고) : 때리다. 두드리다.

脛(경) : 정강이.

14-47

闕黨童子將命이어늘 或이 問之曰 益者與이까. 子曰 吾見
궐 당 동 자 장 명   혹   문 지 왈 익 자 여   자 왈 오 견

其居於位也하며 見其與先生並行也호니 非求益者也라
기 거 어 위 야   견 기 여 선 생 병 행 야   비 구 익 자 야

欲速成者也니라.
욕 속 성 자 야

통해(通解)

궐이라고 하는 고을의 한 동자가 손님의 안내를 맡고 있었다. 혹자가 그에 관하여 물어보았다. "학문에 정진하는 자입니까?" 공자께서 말씀하셨다. "나는 그 아이가 어른들 자리에 있는 것을 보았으며, 그 아이가 선생과 더불어 어깨를 나란히 하고 걸어가는 것을 보았습니다. 그러니 학문의 진전을 구하는 자가 아니라 속히 이루고자 하는 자일 것입니다."

■ 요지 : 동자가 예를 좇지 않는 것으로 보아, 그는 조속히 성자(成者)가 되고자 하는 철부지라는 것.

어석 · 문법

闕黨(궐당) : 공자가 살던 마을. '黨'은 500호의 마을.

童子(동자) : 아이. 15세 이하. 16세 이상이 성인(『正義』).

將命(장명) : 주인과 손 사이를 오가며 명을 전달하다. 명을 받들다.

益者與(익자여) : 학문의 정진을 위하여 노력하는 아이인가? 정진하는 사람인가? '益'은 정진하다.

居於位(거어위) : 자리에 앉다. 공손한 태도로 서 있지 않음을 말한 것이다.

與先生並行(여선생병행) : 연장자들과 나란히 걸어가다. 연소자는 약간 뒤처져 걸어가야 하는 것이다.

速成者(속성자) : 빨리 성공하고자 하는 사람.

제15편

위령공 衛靈公

위령공편에는 주로 공자가 불우했던 때의 일화와
수신, 처세의 법이 기록되어 있다.
인도(仁道)에 대한 제자들과의 문답이 많다.

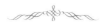

15-1

衛靈公이 問陳於孔子한대 孔子對曰 俎豆之事는 則嘗聞之
위 령 공　　문 진 어 공 자　　　공 자 대 왈　조 두 지 사　　즉 상 문 지

矣어니와 軍旅之事는 未之學也라 하시고 明日遂行하시다.
의　　　　군 려 지 사　　미 지 학 야　　　　　　　명 일 수 행

在陳絶糧하니 從者病하여 莫能興이러니 子路慍見曰君子
재 진 절 량　　종 자 병　　　막 능 흥　　　　자 로 온 현 왈 군 자

亦有窮乎이까. 子曰 君子固窮이니 小人窮斯濫矣니라.
역 유 궁 호　　　자 왈 군 자 고 궁　　　소 인 궁 사 람 의

통해(通解)

　위나라 영공이 공자께 진법에 관하여 묻자 공자께서 대답하여 "예의에 관한 일은 일찍이 들은 적이 있지만 군사에 관한 일은 아직 배우지 못하였습니다."라고 말씀하시고 이튿날 드디어 떠나셨다. 진나라에 계실 때 식량이 떨어지고 따르는 자들이 병이 들어 일어날 수 없게 되자 자로가 화를 내며 공자를 뵙고 말했다. "군자도 곤궁할 때가 있습니까?" 공자께서 말씀하셨다. "군자도 진실로 궁한 때가 있다. 그러나 소인은 궁하면 곧 마음의 평정을 잃는다."

- ■ 요지 : 위령공이 공자에게 진법을 묻자 전쟁에 대해선 배우지 못했다고 말하고 곧 위나라를 떠나 진(陳)나라로 갔다. 식량이 떨어지고 종자(從者)가 병이 나서 자로가 군자도 궁할 때가 있느냐고 묻자 공자는 궁할 때가 있어도 군자는 이성을 잃지 않는다고 대답했다.

어석 · 문법

衛靈公問陳於孔子(위령공문진어공자) : 위나라 영공이 진법(전쟁에 관한 것)을 공

자에게 물었다. 위영공은 무도한 임금이었으나 신하의 재능을 잘 살려 등용했다고 「헌문편」에 나와 있다. '陳'은 전쟁의 진립(陳立)이며 전진(戰陳)의 일. 이것을 공자에게 물었던 것은 문위(門違) 곧 잘못 짚은 것이다.

俎豆之事(조두지사) : 예의의 일. '俎'는 제사에서 희생육을 담는 제기. '豆'는 제사에서 야채를 담는 제기. 이 두 가지 제기를 나란히 놓는 데서 예의의 일을 말하게 되었다.

嘗聞之矣(상문지의) : 전부터 들어서 잘 알고 있다. '嘗'은 '이전에'로 '矣'라는 단정의 어기조사를 수반하여 '분명히'의 의미를 나타낸다. '之'는 '조두지사'를 가리킨다.

軍旅之事(군려지사) : 군대의 일. '五人'을 '伍', '五伍'를 '兩', '四兩'을 '卒', '五卒'을 '旅', '五旅'를 '師', '五師'를 '軍'이라 하므로 '軍'은 12500인, '旅'는 500인의 병사다.

未之學也(미지학야) : 아직 배우지 못하였다. '未'는 재역한자로 '也'라고 하는 단정의 어기조사를 동반하여 배우지 않은 것이 분명하다고 말하고 있다.

明日遂行(명일수행) : 그 다음날 위나라를 떠났다. '明日'은 '즉시'의 뜻.

특수 연구 26 - 재역한자의 용법

　재역한자란 하나의 한자를 두 번 새겨야 하는 것을 말하며 재독한자(再讀漢子)라고도 한다. 처음에는 부사로, 뒤에는 조동사나 동사로 읽기를(새기기를) 마무리한다. 재독한자의 종류와 용례는 다음과 같다.

1. 未(미) : '아직 ~하지 아니하다'.

　未若貧而樂富而好禮者也 (그것은) 아직 가난하면서 도를 즐기며 부귀하면서 예를 좋아하는 것만 같지 못하다.

　讀未曾見之書 아직 일찍이 보지 못한 글을 읽다.

2. 將(장)과 且(차) : '막(또) ~하려고 한다'.

　將限其食 장차 그 식량을 제한하려고 한다.

　將入門 막 문을 들어가려고 하다.

趙且伐燕 조나라가 또 연나라를 공격하려 했다.

病愈我且往見 병이 나으면 내가 또 가 보려 한다.

3. 當(당) : '마땅히 ~해야 한다'.

及時當勉勵 때에 이르러 마땅히 勉勵해야 한다.

當自知之 마땅히 스스로 그것을 알아야 한다.

4. 應(응) : '응당 ~일 것이다'.

應知故鄕事應當 고향의 일을 응당 알고 있어야 할 것이다.

一切準備應已就緖 모든 준비는 응당 이미 다 되었을 것이다.

5. 宜(의) : '당연히 ~이어야 한다'.

惟仁者宜在高位 단지 어진 사람만이 마땅히 높은 자리에 있어야 할 것이다.

公宜少從衆 공은 마땅히 조금은 뭇사람들을 따르는 게 좋을 것이오.

6. 須(수) : '모름지기 ~해야 한다'. (할 필요가 있다).

男兒須讀五車書 남자는 모름지기 다섯 수레에 실을 만큼의 책을 읽어야 적당하다.

須常思病苦時 모름지기 늘 병 때문에 고통스러울 때의 일을 생각하고 있을 필요가 있다.

7. 猶(유) : '오히려 ~와 같다'.

過猶不及 지나친 것은 오히려 미치지 못한 것만 같지 못하다.

學者猶種樹 학문이라는 것은 오히려 나무를 심는 것과 같다.

8. 蓋(합) : '어찌 ~하지 않으리오'(어찌 ~하지 않는가?)

蓋各言爾志 어찌 각각 너희들의 뜻을 말하지 않느냐?

蓋往歸焉 어찌 돌아가지 않으리오?.

9. 雖(수) : '비록 ~이라도'.

雖曰未學吾必謂之學 비록 배우지 않았다고 말하더라도 나는 그를 배운 사람이라고 이를 것이다.

回雖不敏請事斯語矣 제(顔回)가 비록 민첩하지 못하나 청컨대 이 말씀을 일삼겠습니다.

在陳絶量(재진절량) : 진나라에서 식량난에 빠졌다. 이것은 공자가 초청받고 초나라로 가려고 했을 때의 일이다. 만일 공자가 초나라에 등용되면 소국인 진과 채의 대부들은 위험해질 것이라고 생각하고 함께 병졸을 내어 공자를 들에서 둘러싸고 가지 못하게 하였다.

從者病莫能興(종자병막능흥) : 종자가 병이 나서 일어날 수 없을 정도였다. 종자는 공자의 제자들. '興'은 '起'와 같음. '莫'은 '無'와 같음.

子路慍見曰(자로온현왈) : 자로가 마음속으로 불만의 마음을 가지고 뵙고 말하다. '慍'은 화가 나다. 불평불만의 마음을 가지다.

君子亦有窮乎(군자역유궁호) : 성덕자인 군자도 궁한 때가 있습니까? '窮'은 만사가 잘 되지 않고 어려움에 처하는 것. '乎'는 의문의 어기조사.

君子固窮(군자고궁) : 군사도 물론 궁해지는 일이 있다. '固'는 진실로, 본디부터. 다만 군자는 궁해도 평정을 잃지 않는다.

小人窮斯濫矣(소인궁사람의) : 소인은 궁하면 곧 마음의 평정을 잃는다. '濫'(남)은 이성을 잃고 흐트러진 모습을 보이는 것이다. 잘못을 저지른다. 자제력을 잃는다. '斯'는 '곧'으로, 단정의 어기조사 '矣'를 짝하여 '곧', '즉시'의 뜻을 나타낸다.

15-2

子曰 賜也아. 女以予로 爲多學而識之者與아. 對曰 然하이다.
자왈 사야 여이여 위다학이지지자여 대왈 연

非與이까. 曰 非也라. 予는 一以貫之니라.
비흥 왈 비야 여 일이관지

통해(通解)

공자께서 말씀하셨다. "사야. 너는 나를 많이 배워서 그것을 다 기억하고

있는 사람이라고 생각하느냐?" 사가 대답하였다. "그렇습니다. 그렇지 않습니까?" 그러자 공자께서 말씀하셨다. "아니다. 나는 인 하나로써 만사를 관철하고 있을 뿐이다."

■요지 : 공자는 자신의 도가 인에 기초하고 있다고 말하고 있다.

어석 · 문법

賜(사) : 子貢의 이름.

也(야) : 부르는 말. 호격의 어기조사. '~야'.

以~爲(이~위) : ~을 ~라고 생각하다, 여기다.

多學而識之者(다학이지지자) : 많이 배워서 그것을 기억하고 있는 사람. '而'는 순접. '識'(지)는 '기억하다, 외우다'.

一以貫之(일이관지) : 한 마디 말로써 그것을 관철하다. '一'은 충서(忠恕), 넓게는 도덕. '一以'는 '以一'의 도치.

15-3

子曰 由아. 知德者鮮矣니라.
자 왈 유   지 덕 자 선 의

통해(通解)

　공자께서 말씀하셨다. "유야, 이 세상에 덕을 아는 사람은 드물구나."

■요지 : 자로에게 세상에 지극히 덕이 큰(많은) 사람이 적다고 한탄한 말이다.

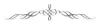

어석 · 문법

由(유) : 자로의 이름.

知德者(지덕자) : 덕 있는 사람을 알아보고 그를 등용하는 사람.

15-4

子曰 無爲而治者는 其舜也與신저. **夫何爲哉**시리오. **恭己**
자 왈   무 위 이 치 자   기 순 야 여   부 하 위 재   공 기

正南面而已矣시니라.
정 남 면 이 이 의

❧

통해(通解)

　공자께서 말씀하셨다. "인위적으로 애쓰지 않고 천하를 잘 다스린 사람은 아마도 순제일 것이다. 대저 무슨 일을 하셨겠는가? 자기의 몸가짐을 공손히 하고 바로 남면을 하셨을 따름이다."

■요지 : 무위이치(無爲而治)하는 덕치정치의 이상을 실현한 것은 성천자 순이다.

어석 · 문법

無爲而治(무위이치) : 인위나 작위를 사용하지 않으면서도 자연스럽게 인민들을
　　　감화시키는 것. 노장사상에서는 '無爲而化'(성인의 덕이 크면 클수록 백성들
　　　이 스스로 따라 와서 잘 감화된다)를 주장하고 있다. '爲'는 작위. '而'는 역접.

夫何爲哉(부하위재) : 그가 (도대체) 무엇을 한 것일까? 아무것도 하지 않았다. 반
　　　어 구법. '夫'는 발어사(대체)로 볼 수도 있고 삼인칭 대명사(그, 저)로 볼 수
　　　도 있다.

恭己(공기) : 오로지 자신의 몸을 닦고 항상 공경하는 것.

南面(남면) : 천자의 좌석. 천자의 좌석은 남면하게 되어 있다. 천자의 자리에 오르는 것.

而已矣(이이의) : 따름이다. 뿐이다. 한정과 단정을 통하여 보다 강한 단정의 어기를 나타내는 어기조사.

15-5

子張이 問行한대 子曰 言忠信하며 行篤敬이면 雖蠻貊之邦이
자 장   문 행   자왈 언충신   행독경   수만맥지방

라도 行矣어니와 言不忠信하며 行不篤敬이면 雖州里나 行乎哉
    행 의   언불충신   행불독경   수주리   행호재

아. 立則見其參於前也요 在輿則見其倚於衡也니 夫然後行이
    입즉견기참어전야   재여즉견기의어형야   부연후행

니라. 子張이 書諸紳하니라.
    자 장   서저신

통해(通解)

　자장이 도를 실현할 수 있는 방법을 여쭙자 공자께서 말씀하셨다. "말을 성실하고 믿음직하게 하며, 행동을 독실하고 경건하게 하면 비록 오랑캐 나라라에서도 실현할 수 있을 것이다. 말을 성실하고 믿음직스럽게 하지 못하고 행동을 독실하고 경건하게 하지 못한다면 비록 향리에서라고 하더라도 실현할 수 있겠는가? 일어서면 앞에 그것(언충신행독경(言忠信行篤敬)이란 글자)이 늘어서 있는 것처럼 보이고, 수레를 타고 있어도 멍에에 그것이 기대어 있는 것같이 보여야 한다. 무릇 그런 다음에야 실현할 수 있는 것이다." 자장은 큰 띠에 이 말을 적었다.

■요지 : 인도를 실행하기 위해서는 성실하고 경건한 언행을 해야 한다고 말한
것이다.

어석 · 문법

行(행) : 행해지다. 도나 신념을 실행하다.

言忠信(언충신) : 말이 성실하고 믿음직하다.

行篤敬(행독경) : 행동이 독실하고 경건하다.

蠻貊(만맥) : 남만(南蠻)과 북적(北狄). 오랑캐.

州里(주리) : 문화와 예교가 있는 향리. 주는 2500가, 리(里)는 25가. 좁은 행정구
　　역.

立(입) : 정청(정무를 보는 관정)에 서다.

見其參於前(견기참어전) : 앞에 그것이 늘어서 있는 것처럼 보인다. 마치 거기에
　　군립(群立)해있는 것같이 보인다. '參'(참)은 '늘어서다, 줄지어(나란히) 서
　　다, 어깨를 나란히 하다, 마치 거기에 있는 것 같다'는 뜻을 가진 말이다.
　　'其'는 그것, 곧 '言忠信行篤敬'이라는 글자.

輿(여) : 수레.

倚(의) : 기대어 있다.

衡(형) : 수레의 멍에. '軶也'. '軶'(액)은 멍에. 마차의 채 끝에 댄 횡목.

夫然後行(부연후행) : 대저 그런 뒤에 행하다. '夫'는 대저, 대체로, 무릇.

紳(신) : 큰 띠. 큰 띠의 늘어진 부분.

子曰 直哉라 史魚여. 邦有道에 如矢하며 邦無道에 如矢로다.
자왈 지재 사어   방유도   여시   방무도   여시

君子哉라 蘧伯玉이여. 邦有道則仕하고 邦無道則可卷而懷之로
군자재   거백옥   방유도즉사   방무도즉가권이회지

다.

통해(通解)

  공자께서 말씀하셨다. "정직하도다, 사어여! 나라에 도가 있어도 화살처
럼 곧으며 나라에 도가 없어도 화살처럼 곧도다. 군자로다, 거백옥이여! 나
라에 도가 있으면 나아가 벼슬하고 나라에 도가 없으면 거두어 그것을 가
슴속에 숨길 수 있었구나."

■요지 : 곧은 사어와 도에 맞게 처신한 거백옥을 칭찬한 것이다.

어석·문법

史魚(사어) : 위나라 대부. 역사관. 姓은 史, 名은 鰌(추), 字는 子魚. 성격이 강
    직하여『千字文』에도 '史魚秉直'이라 하였다. 간신을 멀리하고 현신 거백
    옥을 쓰라고 위령공에게 간했으나 뜻을 이루지 못하고 죽었다. 뒤에 영공
    이 깨닫고 거백옥을 중용했다. 여기서 '죽어서도 간한다'는 '시간(尸諫)'이
    란 말이 생겼다.

如矢(여시) : 화살같이 곧다.

蘧伯玉(거백옥) : 위나라 대부. 名은 瑗(원). 너그럽고 강직하고 몸을 바르게 한
    현인이었다.

卷(권) : 말아서 걷다. 거두다.

懷之(회지) : 그것을 감추다. '懷'는 '장(藏)'과 같다. 품에 안다. '之'는 자신의 재
　　　　　　주.

15-7

子曰 可與言而不與之言이면 **失人**이요 **不可與言而與之言**이
자 왈　가 흥 언 이 불 여 지 언　　실 인　　불 가 여 언 이 어 지 언

면 **失言**이니 **知者**는 **不失人**하며 **亦不失言**이니라.
　실 언　　　지 자　불 실 인　　　역 불 실 언

통해(通解)

　공자께서 말씀하셨다. "함께 말할 만한데도 그와 말하지 않으면 사람
을 잃는 것이고, 함께 말할 만하지 않은데도 그와 말을 하게 되면 말을 잃
고 마는 것이다. 지혜로운 사람은 사람을 잃지 않으며 또한 말도 잃지 않는
다."

■요지 : 지자는 말할 만한 사람을 알아차려 내용 있는 대화를 하는 사람이다.

어석 · 문법

可(가) : 할 수 있다. 해서 좋다. 조동사다. 여기서는 '～할 가치가 있다'. 할 만하
　　　　다. 함직하다.
與言(여언) : (누구와) 함께 말하다. '與'는 부사.
而(이) : 역접.
與之(여지) : 그와. '與'는 병렬을 나타내는 접속사.
知者(지자) : 학식이 있는 사람. 사물의 도리를 잘 분별하는 사람.

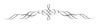

15-8

子曰 志士仁人은 無求生以害仁이요 有殺身以成仁이니라.
자 왈 지 사 인 인   무 구 생 이 해 인   유 살 신 이 성 인

통해(通解)

공자께서 말씀하셨다. "뜻이 높은 선비와 인덕을 지닌 사람은 삶을 구하기 위하여 인을 해치지 않고, 오히려 몸을 죽여 인을 이루는 일이 있다."

■요지 : 지사와 인인은 도의 실현을 위해서는 생명을 버리지 않으면 안 된다는 것이다.

어석 · 문법

志士(지사) : 굳은 뜻과 이상을 가지고 있는 선비.

仁人(인인) : 인덕을 훌륭하게 갖춘 인물.

求生(구생) : 생명을 구하다. 삶을 구하다.

以(이) : '而'와 같다.

成(성) : 성취하다. 끝까지 해내다. 완수하다.

15-9

子貢이 問爲仁한대 子曰 工欲善其事인댄 必先利其器니
자 공   문 위 인   자 왈 공 욕 선 기 사   필 선 리 기 기

居是邦也하여 事其大夫之賢者하며 友其士之仁者니라.
거 시 방 야   사 기 대 부 지 현 자   우 기 사 지 인 자

통해(通解)

자공이 인을 행하는 방법에 관하여 여쭙자 공자께서 말씀하셨다. "기술 자가 자기의 일을 잘 하고자 한다면 반드시 먼저 자기가 사용할 그릇(연장) 을 예리하게 하는 법이다. 이(어떤) 나라에 살면서 대부 중에서 어진 자를 섬기며 벗 중에서 어진 사람과 벗해야 한다."

■요지 : 공자는 자공에게 인을 이루려면 현자를 섬기고 인자를 사귀어야 한다고 가르쳤다.

어석 · 문법

爲仁(위인) : 인을 행하다. 인자가 되다. 인을 이루다.

工(공) : 백공의 공. 기술자.

欲善其事(욕선기사) : 자기의 일을 잘 하고자 원하다. '善'은 '훌륭하게 하다'라는 사역동사.

利其器(이기기) : 자기의 도구를 예리하게 하다. '利'는 '날카롭게 하다'라는 사역 동사다. '其'는 자기, 곧 '工'. '器'는 도구, 기구.

居是邦也(거시방야) : 이 나라에 거하다. '是'라는 대명사에는 '하나의, 모든, 어떤'이라는 뜻이 내표되어 있다.

顔淵이 問爲邦한대 子曰 行夏之時하며 乘殷之輅하며 服周之冕
안 연　　문 위 방　　　　자왈 행 하 지 시　　　승 은 지 로　　　복 주 지 면

하며 樂則韶舞요 放鄭聲하며 遠佞人이니 鄭聲은 淫하고 佞人은
악 즉 소 무　　방 정 성　　　원 녕 인　　　정 성 은　　음 하고　　녕 인 은

殆니라.
태

───※───

통해(通解)

안연이 나라를 다스리는 법에 관하여 여쭙자 공자께서 말씀하셨다. "하
나라의 책력[時令]을 쓰며, 은나라의 수레를 타며, 주나라의 예관을 쓰며,
음악은 정조(正調)인 소무로 하고, 속조인 정나라의 음악은 몰아내며 아첨
하는 사람을 멀리해야 한다. 정나라 음악은 음탕하고 아첨하는 사람은 위
험하다."

■ 요지 : 안연이 나라를 다스리는 법을 묻자 문물은 하은주의 장점을 취용하고
백성의 교화를 위해선 소(韶)를 사용하는 것이 좋다고 가르쳤다.

어석 · 문법

爲邦(위방) : 나라를 다스리는 방법. 치도.

夏之時(하지시) : 하나라의 시령[曆法]. 동지(冬至)의 어느 시각에 북두칠성 자
　　　　루의 앞 끝을 연장했을 때 인(寅)의 방향을 향하는 달을 정월로 하여 만든
　　　　역. 음력으로 농사를 짓는 데 편리함.

殷之輅(은지로) : 은나라의 큰 수레[大車]. 주례(周禮)에는 玉 · 金 · 象 · 革 · 木
　　　　輅의 다섯 가지 노가 있는데 '殷輅'는 가장 검소한 목로.

周之冕(주지면) : 주나라의 예관(禮冠).

韶舞(소무) : '韶'는 순왕 때 태평성세를 구가한 악곡. 옛날 궁중에서는 악(樂)과
　　　무(舞)가 일치함. 공자는 '소'를 최상의 음악으로 쳤다.

放(방) : 추방. 몰아냄.

鄭聲(정성) : 정나라의 음악으로 음란했다 함. 『시경』 '國風' 가운데 '鄭風'은 남
　　　녀 사이의 연애를 노래한 것이 많다.

淫(음) : 도를 넘어 음란하다.

佞人(영인) : 말 잘하고 아첨하는 사람.

15-11

子曰 人無遠慮면 必有近憂니라.
자 왈　인 무 원 려　　필 유 근 우

통해(通解)

　공자께서 말씀하셨다. "사람이 먼 장래의 일을 미리 생각하고 대비해두
지 않으면 반드시 몸 가까이에서 근심스런 일이 일어나는 것이다."

■요지 : 먼 장래의 일까지 생각해두지 않으면 몸 가까이에서 근심스런 일이 일
　어나는 것이다.

어석 · 문법

遠慮(원려) : 자기의 먼 장래의 일을 미리미리 생각해두는 것.

近憂(근우) : 자기의 몸 가까이에서 생기는 근심.

15-12

子曰 已矣乎라. 吾未見好德을 如好色者也케라.
자 왈 기 의 호   오 미 견 호 덕   여 호 색 자 야

통해(通解)

　공자께서 말씀하셨다. "끝났구나. 나는 아직까지 덕을 좋아하는 것을 여색을 좋아하는 것같이 하는 열성적인 사람을 보지 못하였다."

■ 요지 : 덕을 좋아하는 자를 보기 어렵다는 것.

어석 · 문법

已矣乎(기의호) : 다 끝났구나. 이젠 끝장이구나. 이젠 어쩔 수 없구나. 참 딱하구나. '已'는 동사로 '끝났다'의 뜻, '矣'는 완료를 표시하는 어기조사. '乎'는 감탄의 어기조사.

好德 · 好色(호덕 · 호색) : 덕을 좋아하다 · 색을 좋아하다. '好'는 '좋아하다'라는 뜻의 동사.

15-13

子曰 臧文仲은 其竊位者與인저. 知柳下惠之賢而不與立也로
자 왈 장 문 중   기 절 위 자 여   지 유 하 혜 지 현 이 불 여 립 야

다.

통해(通解)

　공자께서 말씀하셨다. "장문중은 아마도 벼슬자리를 도둑질한 사람일 것이다. 유하혜가 어진 사람임을 알면서도 그를 추천하여 함께 조정에 서지 않았구나."

■ 요지 : 장문중은 현자를 알면서도 등용치 않은 녹 도둑이다. 그는 사를 위해 공을 잊은 인물이라는 것이다.

어석 · 문법

臧文仲(장문중) : 노나라 대부 장손진(臧孫辰). 공자는 이 사람을 어질지도 지혜
　　롭지도 못한 사람으로 보았다.

其竊位者與(기절위자여) : 아마도 자리를 훔친 자일 것이다. '其'는 아마도. '與'
　　는 의문, 약한 단정과 추측의 어기를 나타낸다.

柳下惠(유하혜) : 노나라 대부. 姓은 전(展), 名은 획(獲), 字는 禽(금). 柳下는 식
　　읍, 惠는 시호. 유능하고 유덕한 인물이었으나 장문중이 계씨에 아부하며
　　그의 공명정대한 의견을 따르지 않았다고 한다.

不與立(불여립) : 같이 조정에 서지 않다. 천거하여 쓰게 하지 않다.

15-14

子曰 躬自厚而薄責於人이면 則遠怨矣니라.
자 왈 궁 자 후 이 박 책 어 인　　즉 원 원 의

통해(通解)

　공자께서 말씀하셨다. "스스로 자기 자신에 대해서는 책망을 엄중하게
하며 다른 사람에 대해서는 책망을 가볍게 한다면 (그 다른 사람들로부터의) 원

망(불평과 미움)이 자연히 멀어지게 될 것이다."

■ 요지 : 자기에의 비판은 엄격하게 하고 타인에의 비판은 관대하게 하라고 말하고 있다.

어석 · 문법

躬(궁) : '身'과 같다. 몸소. 스스로.

自(자) : 자기 자신.

厚(責)(후(책)) : 무겁게 책망하다. 심하게 책망하다. 동사 '責'이 생략됨.

薄責於人(박책어인) : 남을 책하는 데 느슨하다. 남을 책하는 일이 적다. 於는 '~을'로 새기는 전치사.

則(즉) : 가정, 조건을 나타내는 접속사.

遠怨矣(원원의) : 원망이라고 하는 것이 자연히 멀어진다. '원망'은 마음에 불평을 품고 미워하는 것이다.

15-15

子曰 不曰如之何 如之何者는 吾末如之何也已矣니라.
자 왈 불 일 여 지 하   여 지 하 자   오 말 여 지 하 야 이 의

통해(通解)

공자께서 말씀하셨다. "'이것을 어떻게 할까, 이것을 어떻게 할까?' 하고 말하지 않는 사람은 나도 아직 그 사람을 어떻게 해야 할지 알지 못할 뿐이다."

■ 요지 : '이것을 어떻게 하면 좋을까' 하고 숙려하고 있는 사람이 아니면 나도 그것을 어떻게 할 도리 없다고 하는 공자의 말씀이다.

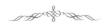

어석 · 문법

不日(불왈) : 말하지 않다.

如之何如之何(여지하여지하) : 이것을 어떻게 할까, 이것을 어떻게 할까? 두 번
　　　반복한 것은 숙려의 정도가 깊은 것을 나타낸다. '如何'는 의문을 표시하
　　　는 어기조사. '之'는 '어떤 일'을 가리킨다.

吾末如之何也已矣(오말여지하야이의) : 나로서도 전혀 그 사람을 어떻게 할 수
　　　없을 따름이다. '末'은 '할 수 없다'는 말. '之'는 그 사람.

15-16

子曰 群居終日에 言不及義요 好行小慧면 難矣哉라.
자 왈 군 거 종 일 　언 불 급 의 　　호 행 소 혜 　 난 의 재

통해(通解)

　공자께서 말씀하셨다. "여럿이 모여 하루를 보내면서 말이 의에 미치지
않고 잔재주 부리기만 좋아하면 바른 사람이 되기 어렵다."

■요지 : 말이 의에 미치지 않고 작은 지혜만 부리면 올바른 사람이 되기 어렵다
　는 것이다.

어석 · 문법

群居終日(군거종일) : 여럿이 모여 날을 마치다. 여럿이 모여 하루를 보내다.

言不及義(언불급의) : 말이 의에 미치지 못하다. '의'는 일반적인 도덕론.

小慧(소혜) : 작은 재주. 조그만 지혜.

難矣哉(난의재) : (올바른 사람이 되기는) 어렵도다. '矣哉'는 감탄의 어기조사.

15-17

子曰 君子義以爲質이요 禮以行之하며 孫以出之하며 信以
자왈 군자의이위질   예이행지   손이출지   신이

成之하나니 君子哉라.
성지   군자재

통해(通解)

공자께서 말씀하셨다. "군자는 대의로 바탕을 삼고 예로 그것을 행하며
겸손으로 그것을 표출하며 믿음으로 그것을 성취한다. 그래야 참으로 군자
답다."

■요지 : 참다운 군자는 의를 근본으로 삼고 그것을 예, 공손, 믿음을 통하여 완
성한다는 것.

어석 · 문법

義以爲質(의이위질) : 의를 바탕으로 삼다. '義'는 대의, 도의. '質'은 본질, 바탕.
  '義以'는 '以義'의 도치.

孫以出之(손이출지) : 겸손으로써 그것을 나타내다. '孫以'는 '以孫'의 도치. '孫'
  은 '遜'과 같다. '出之'는 그것을 말하다. '之'는 '義'를 가리킨다.

信(신) : 信義.

成之(성지) : 그것을 완성하다. '之'는 '義'를 가리킨다.

15-18

子曰 君子는 病無能焉이요 不病人之不己知也니라.
자 왈 군 자   병 무 능 언   불 병 인 지 불 기 지 야

통해(通解)

　공자께서 말씀하셨다. "군자는 자기의 능력 없음을 걱정하고, 다른 사람이 자기를 알아주지 않는 것을 걱정하지 않는다."

■요지 : 군자는 자신의 무능을 걱정할 뿐, 남이 알아주기를 걱정하지 않는다는 것이다.

어석 · 문법

病(병) : 걱정하다. 근심하다.

15-19

子曰 君子는 疾沒世而名不稱焉이니라.
자 왈 군 자   질 몰 세 이 명 불 칭 언

통해(通解)

　공자께서 말씀하셨다. "일생을 마치도록 이름이 세상에 일컬어지지 않는 것을 근심한다."

■요지 : 군자는 죽은 뒤에도 이름이 일컬어지지 않는 것을 근심한다는 것이다.

어석 · 문법

疾(질) : 걱정하다. 근심하다. 부끄러워하다.

沒世(몰세) : 세상을 마치도록. 종신토록.

15-20

子曰 君子는 求諸己요 小人은 求諸人이니라.
자 왈 군 자 　구 저 기 　소 인 　구 저 인

통해(通解)

공자께서 말씀하셨다. "군자는 일의 책임을 자기에게서 찾고, 소인은 그
것을 남에게서 찾는다."

■ 요지 : 군자와 소인의 구별은 무슨 일에 있어서도 자기에게서 구하려고 하는가
남에게서 구하려고 하는가에 있다. 군자는 자기에게서 구하려고 해야 한다는
것이다.

어석 · 문법

求諸己(구저기) : 일의 원인을 자기에게서 그것을 구하려고 하다. '諸'는 '之於'의
합자. '之'는 일, 행위, 사정 등을 가리킨다.

求諸人(구저인) : 일의 원인을 타인에게서 구하려고 하다. '諸'는 '之於'의 합자.
'人'은 '己'의 대어로 타인.

15-21

子曰 君子는 矜而不爭하며 羣而不黨이니라.
자 왈 군 자　　긍 이 부 쟁　　　　군 이 부 당

통해(通解)

　공자께서 말씀하셨다. "군자는 긍지를 가지나 다투지 아니하며, 여러 사람과 어울리나 파당을 하지 않는다."

■요지 : 군자는 다투지 않고 편당하지 않는다는 것이다.

어석 · 문법

矜(긍) : 긍지를 가지다. 장엄한 태도를 지니다.

羣而不黨(군이부당) : 여러 사람이 모이되 무리를 짓지 않는다. '羣'(군)은 '여러 사람이 모이다'의 뜻. '而'는 역접 접속사. '黨'은 '편당하다. 잘못을 감싸다'의 뜻.

15-22

子曰 君子는 不以言擧人하며 不以人廢言이니라.
자 왈 군 자　　불 이 언 거 인　　　불 사 인 폐 언

통해(通解)

　공자께서 말씀하셨다. "군자는 말로써(말만 듣고) 사람을 발탁하지 않으며, 사람으로서(좋지 않은 사람이라고 하여) 좋은 말을 버리지 않는다."

■요지 : 군자는 공평무사하다. 그래서 착한 말만으로 사람을 천거하지 않고, 또 좋지 않은 사람일지라도 그 착한 말까지 버리려고 하지 않는다.

어석 · 문법

不以言擧人(불이언거인) : 그 말만으로 그 사람을 천거하여 쓰지 않는다. 예컨 대, 선언(善言)을 하더라도 그 사람의 행실이 바르지 않을 수도 있기 때문 이다. '言'은 선언(善言). '人'은 그 선언을 말한 사람.

不以人廢言(불이인폐언) : 그 사람으로 말미암아 그 선언을 버리려고 하지 않는 다. 예컨대, 좋지 않은 사람이라 하더도 그의 선언은 버리지 않아야 하기 때문이다.

15-23

子貢이 問曰 有一言而可以終身行之者乎이꼬. 曰 其恕乎인
자 공   문 왈   유 일 언 이 가 이 종 신 행 지 자 호   왈 기 서 호

저. 己所不欲을 勿施於人이니라.
기 소 불 욕   물 시 어 인

통해(通解)

자공이 여쭈었다. "한 마디 말로써 종신토록 이것을 행할 수 있는 것이 있 습니까?" 공자께서 말씀하셨다. "그것은 아마 용서(인애)일 것이다. 자기가 하고자 하지 않는 것을 남에게 베풀지 않는 것이다."

■요지 : 다만 한 마디 말로 종신토록 행해야만 하는 것은 용서(인애)라고 하고 그 일례를 들었다.

어석 · 문법

一言(일언) : 한 마디의 말. 간단한 말로. 한 자.

可以終身行之者(가이종신행지자) : 종생 실천할 수 있는 말은. '可以'는 가능의
　　뜻을 나타내는 조동사로 '할 수 있다'의 뜻. '之'는 '一言'을 가리킴.

其恕乎(기서호) : 그것은 아마 용서라고 하는 말일까? '其'는 '그것은 아마'의 뜻.
　　'恕'는 동정심, 배려. 인애(仁愛). 자신의 마음에서 남을 생각해주는 것.
　　'乎'는 의문 · 영탄의 어기를 나타내는 어기사. 가벼운 단정의 어기를 나타
　　내는 어기조사로도 볼 수 있다.

己所不欲勿施於人(기소불욕물시어인) : '己所不欲'은 '勿施'의 목적어[객어]다. 보
　　통형은 '勿施己所不欲於人'이다. 목적어를 도치하여 앞에 놓음으로써 문
　　의를 강조했나. 명령문.

15-24

子曰 吾之於人也에 誰毀誰譽리오. 如有所譽者면 其有所
자 왈 오 지 어 인 야　수 훼 수 예　　여 유 소 예 자　기 유 소

試矣니라. 斯民也는 三代之所以直道而行也니라.
시 의　사 민 야　삼 대 지 소 이 직 도 이 행 야

통해(通解)

　공자께서 말씀하셨다. "내가 다른 사람을 상대함에 있어서는 누구를 허
물하고 누구를 칭찬하겠느냐? 만일 칭찬할 사람이 있었다면 아마 시험해본
바가 있었기 때문이다. 이 백성들은 삼대가 바른 도를 행해온 사람들이다."

■요지 : 공자는 남을 허물하고 기리는 일을 하지 않으나 이 백성들이 삼대의 백
　성들이므로 기린다고 말하고 있다.

어석 · 문법

吾之於人也(오지어인야) : 내가 다른 사람에 관해서는. 내가 다른 사람을 상대함
　에 있어서는. '之'는 주격을 나타내는 구조조사. '於'는 '관계하다, 상대하
　다'(동사). '也'는 제시를 나타내는 어기조사다.

誰毁誰譽(수훼수예) : 누구를 허물고 누구를 칭찬하겠느냐? 반어형. 누구나
　폄훼(貶毁)하거나 칭찬하지 않는다. 강조를 위한 '毁誰譽誰'의 도치형.

斯(사) : 이 백성들. 지금 사람.

三代之所以直道而行也(삼대지소이직도이행야) : 삼대가 바른 길로써 걸어온 바
　(사람)이다. '三代'는 하 · 은 · 주. '所以'는 '~로써 하는 바'. 까닭. '直道'는
　'곧은 길, 무사곡(無私曲), 사사(私事)와 왜곡이 없는 것'을 뜻한다.

15-25

子曰 吾猶及史之闕文也와 有馬者 借人乘之호니 今亡矣夫
자 왈　오 유 급 사 지 궐 문 야　　유 마 자　차 인 승 지　　금 무 의 부
인저.

통해(通解)

　공자께서 말씀하셨다. "나는 그래도 예전에는 사관이 글자를 빼놓고 기
록하지 않는 것과, 말이 있는 사람이 다른 사람에게 빌려줘 그것을 타게 하
는 것을 보았는데 이제는 그런 것이 없어졌구나!"

■요지 : 고래의 순박한 풍습이 이제는 사라졌다고 탄식하고 있다.

어석 · 문법

猶(유) : 오히려. 여전히. 그래도 좀.

及(급) : 미치다. 보다. 볼 수가 있었다.

史(사) : 역사 기술. 사관.

闕文(궐문) : 글자를 빼놓고 기록하지 않는다. 의아한 점이 있으면 공란으로 두
　다.

借人乘之(차인승지) : 남에게 빌려주어 타게 하다. 자기 말을 남에게 조련시키다.

亡(무) : 없다. '無'.

夫(부) : 감탄의 어기조사.

15-26

子曰 巧言은 亂德이요 小不忍 則亂大謀니라.
자 왈 교 언　　난 덕　　　소 불 인　즉 난 대 모

통해(通解)

　공자께서 말씀하셨다. "입에 발린 말은 덕을 어지럽히고, 작은 것을 참지
못하면 대사를 어지럽힌다."

■ 요지 : 입에 발린 말과 작은 일을 참지 못하면 덕과 일을 그르친다는 것이다.

어석 · 문법

巧言(교언) : 교묘한 말. 입에 발린 말을 잘하는 것.

亂德(난덕) : 덕을 흩뜨리다. 덕을 어지럽히다.

小不忍(소불인) : 작은 것을 참지 못하다. '忍'은 사회인의 필요조건.

大謀(대모) : 크게 꾸미는 것. 대사.

15-27

子曰 衆惡之라도 必察焉하며 衆好之라도 必察焉이니라.
자 왈 중 오 지 　　 필 찰 언 　　 중 호 지 　　 필 찰 언

통해(通解)

　　공자께서 말씀하셨다. "많은 사람들이 그(어떤 사람)를 미워하더라도 반드시 좋은 점이 없는지 살펴봐야 하며, 많은 사람들이 그를 좋아해도 반드시 좋은 점이 없는지 살펴봐야 한다."

■ 요지 : 뭇사람의 호오에 뇌동하지 말고 반드시 그 사실의 유무를 조사해봐야 한다.

어석 · 문법

衆惡之(중오지) : 중인이 어떤 사람을 미워하더라도. '衆'은 많은 사람. '惡'(오)는 미워하다. '之'는 어떤 사람.

必察焉(필찰언) : 반드시 사실을 잘 조사해보라. '察'은 원래 제사(諸事)를 잘 살핀다는 뜻이었다.

15-28

子曰 人能弘道요 非道弘人이니라.
자 왈 인 능 홍 도 　　 비 도 홍 인

통해(通解)

공자께서 말씀하셨다. "사람이 노력해서 도를 넓힐 수 있는 것이지 도가 사람을 넓힐 수 있는 것은 아니다."

■요지 : 인간이 사회생활을 하는 규범이 도이므로, 사람은 자주적으로 도를 넓혀야 한다고 말하고 있다.

어석·문법

弘(홍) : 넓혀 크게 하다.

道(도) : 사회생활의 규범. 도덕.

15-29

子曰 過而不改 是謂過矣니라.
자 왈 과 이 불 개 시 위 과 의

통해(通解)

공자께서 말씀하셨다. "잘못을 저지르고도 고치지 않으면 이것이 잘못이다."

■요지 : 잘못하면 고쳐야 한다는 것이다.

어석·문법

過(과) : 잘못하다. 허물이 있다.

謂(위) : 이르다. '∼이다'. '爲'와 같다. 이른바.

15-30

子曰 吾嘗終日不食하며 終夜不寢하여 以思호니 無益이라.
자 왈 오 상 종 일 불 식   종 야 불 침   이 사   무 익

不如學也로다.
불 여 학 야

&

통해(通解)

공자께서 말씀하셨다. "내가 일찍이 종일토록 먹지 아니하며 밤이 새도록 자지 아니하면서 생각해보았으나 유익함이 없었다. 생각하는 것은 고인의 가르침을 배우는 것만 못하다."

■ 요지 : 어느 때 일심불란하게 사색했으나 유익함이 없어 결국 고인의 가르침을 배우는 것이 낫겠다고 깨달았다는 것이다.

어석 · 문법

吾嘗(오상) : 나는 어느 때. '嘗'은 일찍이.

終日不食, 終夜不寢(종일불식, 종야불침) : 온종일 아무것도 먹지 않다, 온밤을 자지 않다. 대구(對句)다.

以思無益(이사무익) : 그리고 생각했으나 유익함이 없었다. '以'는 순접 접속사로 '而'와 같다. '思'는 깊이 생각하다. '無益'은 유익함이 없다.

不如學也(불여학야) : (성인의 가르침을) 배우는 것만 같지 못하다. '不如'는 '미치지 못한다'는 뜻의 비교형. '學'은 학문. '也'는 단정의 어기조사. 공자의 본의는 사색과 학문을 병용하는 것이 최선이라는 데 있다.

15-31

子曰 君子는 謀道요 不謀食하나니 耕也에 餒在其中矣요 學也
자왈 군자 모도 불모식   경야 뇌재기중의   학야

에 祿在其中矣니 君子는 憂道요 不憂貧이니라.
  녹재기중의   군자   우도   불우빈

통해(通解)

공자께서 말씀하셨다. "군자는 도를 구하고 먹을 것을 구하지 않는다. 농
사를 지어도 굶주림이 그 가운데 있고 학문을 해도 봉록이 그 가운데 있으
니, 군자는 도를 걱정하고 가난을 걱정하지 않는다."

■요지 : 군자는 도를 얻으려고 근심하고 가난을 근심하지 않는다.

어석 · 문법

謀(모) : 꾀하다. 구하다. 도모하다. 마음을 쓰다.

餒(뇌) : 굶주리다. '餓也'.

耕(경) : 농사짓다. 밭을 갈다.

在其中(재기중) : 그 가운데 있다. 자연 그러한 결과를 가져온다. '其'는 '祿'을 가
리킨다.

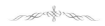

15-32

子曰 知及之오도 仁不能守之면 雖得之나 必失之니라. 知及之
자왈 지급지　인불능수지　수득지　필실지　지급지

하며 仁能守之오도 不莊以涖之則民不敬이니라. 知及之하며
인능수지　불장이리지즉민불경　지급지

仁能守之하며 莊以涖之오도 動之不以禮면 未善也니라.
인능수지　장이리지　동지불이예　미선야

통해(通解)

　공자께서 말씀하셨다. "지혜가 거기에 미치더라도 인이 그것을 지켜낼 수 없으면, 비록 그것을 얻을 수 있더라도 반드시 그것을 잃을 것이다. 지혜가 거기에 미치고 인이 그것을 지켜낼 수 있어도 위엄(바른 자세)을 가지고 백성들에게 임하지 않으면 백성들이 공경하지 않을 것이다. 지혜가 거기에 미치고 인이 그것을 지켜낼 수 있으며 위엄을 가지고 백성들에게 임하고서도 백성들을 예로써 동원하지 않으면 (아직) 완전하지 못하다."

■요지 : 정치는 지혜로써 하더라도 인덕과 예와 위엄이 없으면 완전하지 못하다.

어석 · 문법

知及之(지급지) : 지혜로써 그것을 잡다. '之'는 국가, 국민, 군주의 지위.
莊(장) : 威嚴. 장중함. 엄격함. 바른 자세.
涖(리) : 임하다.
動之(동지) : 그것을 동원하다. 그것을 사용하다.

15-33

子曰 君子는 不可小知而可大受也요 小人은 不可大受
자 왈 군 자   불 가 소 지 이 가 대 수 야   소 인   불 가 대 수

而可小知也니라.
이 가 소 지 야

통해(通解)

공자께서 말씀하셨다. "군자는 작은 일은 알 수 없으나 큰일을 맡을 수 있
는 깃이요, 소인은 큰일을 맡을 수 없으나 작은 일은 알 수 있다."

■요지 : 군자는 큰일을 맡을 수 있다.

어석 · 문법

小知(소지) : 작은 일을 알다. 자세한 것을 알다. 전문적인 지식을 가지다.

受(수) : 수용하다. 떠맡다.

15-34

子曰 民之於仁也에 甚於水火하니 水火는 吾見蹈而死者矣어
자 왈 민 지 어 인 야   심 어 수 화   수 화   오 견 도 이 사 자 의

니와 未見蹈仁而死者也케라.
미 견 도 인 이 사 자 야

통해(通解)

　공자께서 말씀하셨다. "백성은 인에 대해서는 물이나 불보다 중요하게 여긴다. 나는 물과 불을 밟아서 죽은 사람은 보았지만 아직 인을 밟아서 죽은 사람은 보지 못했다."

■요지 : 인은 사람에게 있어서 물불보다 중요하며 물불은 때로 해를 입히는 일이 있으나, 인에는 그와 같은 해가 없으므로 크게 탐구하길 좋아해야 한다고 말하고 있다.

어석 · 문법

民(민) : 인민.

民之於仁也(민지어인야) : 백성이 인에 관해서는. 백성이 인에 대해서는. 백성이 인에 의지하는 것은. '於'는 '대하다, 관계하다, 의지하다'는 뜻의 동사. '也'는 제시의 뜻을 지니는 어기조사다.

甚於水火(심어수화) : 물이나 불보다도 한층 중요한 것이다. '於'는 비교를 표시하는 전치사. '甚'은 매우 중요하다는 뜻. '火'는 신(薪), 곧 섶의 비유다.

蹈而死者(도이사자) : 짓밟아서 죽은 사람. '而'는 순접 접속사.

未(미) : 아직 ~하지 아니하다. 재역 문자. 미정을 나타내는 부사.

15-35

子曰 當仁하여 **不讓於師**니라.
자 왈 당 인　　불 양 어 사

통해(通解)

　공자께서 말씀하셨다. "인을 행할 때에는 스승에게도 양보하지 않고 먼

저 행한다."

■요지 : 인(仁)을 행할 때는 스승에게도 양보하지 않는다.

어석 · 문법

當仁(당인) : 인을 행함에 당하다. '當'은 '당면하다'의 뜻.

15-36

子曰 君子는 貞而不諒이니라.
자 왈 군 자　　성 이 불 량

통해(通解)

　공자께서 말씀하셨다. "군자는 정도를 지키되 덮어놓고 신의를 지키지는 않는다."

■요지 : 군자는 바르고 굳으나 완고하지 않다는 것이다.

어석 · 문법

貞(정) : 바르고 굳다. 정직. 정도.

不諒(불량) : 옳고 그름을 가리지 않는다, 맹목적인 신의가 아니다. 신의를 덮어 놓고 지키지는 않는다. '諒'은 하찮은 의리를 묵수하다. 소신(小信).

15-37

子曰 事君호대 敬其事而後其食이니라.
자 왈 사 군　　　경 기 사 이 후 기 식

통해(通解)

　공자께서 말씀하셨다. "임금을 섬김에 있어서는 자기의 일(직무)을 신중히 처리하고 자기의 녹은 뒤로할 것이다."

■ 요지 : 임금을 섬길 때는 그 일에 정성을 다하고 보수 문제는 뒤로해야 한다는 것이다.

어석 · 문법

敬(경) : 신중하게 처리하다.

後(후) : 도외(度外)로 한다. '뒤로 돌리다'라는 동사, 그 밖의 일.

食(식) : 녹(祿). 식록(食祿).

15-38

子曰 有敎면 無類니라.
자 왈 유 교　　　무 류

통해(通解)

　공자께서 말씀하셨다. "가르침에는 신분과 지위 같은 구별이 없다."

■요지 : 가르침에는 유별이 없다는 것. 교육 앞에 인간은 평등하다는 것.

어석 · 문법

類(유) : 종류. 유별. 신분이나 지위 등의 구별 같은 것.

15-39

子曰 道不同이면 不相爲謀니라.
자 왈　도 부 동　　불 상 위 모

통해(通解)

　공자께서 말씀하셨다. "지향하는 도가 같지 않으면 서로 함께 일을 꾀하지 않는다."

■요지 : 도를 달리하면 서로 함께 계획해도 헛수고라는 것이다.

어석 · 문법

爲(위) : 함께(부사). '與'와 같다.

謀(모) : 꾀하다. 계획하다. 도모하다.

15-40

子曰 辭는 達而已矣니라.
자 왈　사　달 이 이 의

통해(通解)

공자께서 말씀하셨다. "말은 꾸미기보다 내용을 전달하면 그것으로 족하다."

■ 요지 : 말은 분식(粉飾)보다 달의(達意)로 족하다는 것이다.

어석 · 문법

辭(사) : 외교사령. 언사(言辭). 자국 군주의 의지를 상대국에 전하는 언어.

而已矣(이이의) : ~일 뿐이다. 한정의 어기조사. '而已'보다 의미가 강해서 강한
　　단정의 어기사로 보기도 한다.

15-41

師冕이 見할새 及階어늘 子曰 階也라 하시고 及席이어늘
사　면　　현　급　계　　자　왈　계　야　　　　　급　석

子曰席也라 하시고 皆坐어늘 子告之曰 某在斯某在斯라 하시다.
자　왈　석　야　　　　　개　좌　　자　고　지　왈　모　재　사　모　재　사

師冕이 出커늘 子張이 問曰 與師言之道與이까. 子曰 然하다.
사　면　　출　　자　장　　문　왈　여　사　언　지　도　여　　　자　왈　연

固相師之道也니라.
고　상　사　지　도　야

통해(通解)

악사인 소경 면이 공자를 뵈오려고 섬돌에 이르니 공자께서 말씀하셨
다. "섬돌이다." 그가 자리에 이르자 공자께서 말씀하셨다. "자리다." 모두
자리잡고 앉자 공자께서 그에게 고하여 말씀하셨다. "아무개가 여기에 있

다. 아무개가 여기에 있다." 악사 면이 나가자 자장이 여쭈어보았다. "이것이 악사와 함께 이야기하는 방법이십니까?" 그러자 공자께서 말씀하셨다. "그러하다. 바로 악사를 돕는 방법이다."

■요지 : 공자가 악사인 면을 돕는 방법에 대하여 말한 것이다.

어석 · 문법

師(사) : 악사. 옛날에는 소경이 악사 노릇을 많이 했다.

見(현) : 윗사람을 뵙다.

冕(면) : 악사의 이름.

及階(급계) : 층계에 이르다.

某在斯(모재사) : 아무개가 여기 있다.

相(상) : 돕다. 부조(扶助)하다. 도(導).

제16편

계씨 季氏

계씨편은 세 가지 벗(三友), 세 가지 즐거움(三樂),
세 가지 경계할 것(三戒),
세 가지 두려운 것(三畏)에 대해서 말하고 있다.
성현들이 겪은 불우함과
도덕이 쇠퇴한 세태에 대해서도 기록하고 있다.

16-1

季氏將伐顓臾러니 冉有季路見於孔子曰 季氏將有事於顓
계 씨 장 벌 전 유　　염 유 계 로 현 어 공 자 왈　계 씨 장 유 사 어 전

臾로소이다. 孔子曰 求아. 無乃爾是過與아. 夫顓臾는 昔者에
유　　　　공 자 왈　구　　무 내 이 시 과 여　　부 전 유　　석 자

先王이 以爲東蒙主하시고 且在邦域之中矣라. 是社稷之臣
선 왕　이 위 동 몽 주　　　차 재 방 역 지 중 의　　시 사 직 지 신

也니 何以伐爲리오. 冉有曰 夫子欲之언정 吾二臣者는
야　하 이 벌 위　　염 유 왈　부 자 욕 지　　　오 이 신 자

皆不欲也로이다. 孔子曰 求아. 周任이 有言曰 陳力就列
개 불 욕 야　　　공 자 왈　구　　주 임　유 언 왈　진 력 취 렬

하여 不能者止라 하니 危而不持하며 顚而不扶면 則將焉
　불 능 자 지　　　위 이 부 지　　전 이 불 부　　즉 장 언

用彼相矣리오. 且爾言이 過矣로다. 虎兕出於柙하며 龜玉이
용 피 상 의　　차 이 언　과 의　　　호 시 출 어 합　　귀 옥

毁於櫝中이 是誰之過與오. 冉有曰 今夫顓臾固而近於費
훼 어 독 중　시 수 지 과 여　　염 유 왈　금 부 전 유 고 이 근 어 비

하니 今不取면 後世에 必爲子孫憂하리이다. 孔子曰 求아.
　금 불 취　후 세　필 위 자 손 우　　　　공 자 왈　구

君子는 疾夫舍曰欲之요 而必爲之辭니라. 丘也는 聞有國
군 자　질 부 사 왈 욕 지　이 필 위 지 사　　구 야　문 유 국

有家者 不患寡而患不均하며 不患貧而患不安이라호니 蓋均
유 가 자 불 환 과 이 환 불 균　　불 환 빈 이 환 불 안　　　개 균

이면 無貧이요 和면 無寡요 安이면 無傾이니라. 夫如是故
　무 빈　　화　무 과　안　무 경　　　부 여 시 고

로 遠人이 不服則修文德以來之하고 旣來之則安之니라.
로 원 인　불 복 즉 수 문 덕 이 래 지　　기 래 지 즉 안 지

今由與求也는 相夫子호대 遠人이 不服而不能來也하며
금 유 여 구 야　상 부 자　　원 인　불 복 이 불 능 래 야

邦分崩離析而不能守也하고 而謀動干戈於邦內하니 吾는 恐
방 분 붕 리 석 이 불 능 수 야　　　이 모 동 간 과 어 방 내　　　오　　공

季孫之憂不在顓臾而在蕭墻之內也하노라.
계 손 지 우 부 재 전 유 이 재 소 장 지 내 야

통해(通解)

　계씨가 장차 전유를 치려 하였다. 가신인 염유와 계로가 공자를 찾아뵙고 말했다. "계씨가 장차 전유에서 일(事變)을 일으키려고 합니다." 공자께서 말씀하셨다. "구야, 바로 네가 실로 잘못한 것이 아니냐? 저 전유는 옛적에 주나라 선왕께서 동몽산의 제주로 삼으셨고 또한 노나라의 경역(境域) 가운데 있다. 이는 사직의 신하인데 어찌 정벌할 수 있겠느냐?" 염유가 말했다. "그분(계씨)이 그렇게 하시고자 할망정 저희 두 신하는 모두 하고자 하지 않습니다." 공자께서 말씀하셨다. "구야, 사관인 주임의 말이 있다. '자기의 힘을 펴서 벼슬아치의 자리에 나아가, 일을 할 수 없으면 그만둔다'고 하였다. 나라가 위험한데도 붙잡아주지 않으며 넘어져도 부축해주지 않는다면, 장차 저(계씨의) 보조자를 어디에 쓸 수 있겠느냐? 또 너희들의 말이 잘못이다. 범이나 외뿔소가 우리에서 나오며, 귀옥이 궤 속에서 깨어진다면, 이것은 누구의 잘못이겠느냐?" 염유가 말했다. "지금 저 전유는 성이 견고하고 비읍에 가까우므로, 지금 취하지 않으면 후세에 반드시 자손들의 근심거리가 될 것입니다." 공자께서 말씀하셨다. "구야, 군자는 대체로 그것을 원한다고 솔직히 말하지 않고 반드시 그것을 말로 꾸미는 것(핑계를 대는 것)을 미워한다. 내가 들건대, '나라를 지니고 가문을 지니고 있는 사람은 백성이 적은 것을 근심하지 않고 재산의 소유가 고르지 못함을 근심하며 가난을 근심하지 않고 나라가 편안하지 못함을 근심한다'고 했다. 대체로 재산의 소유가 고르면 가난이 없고, 나라가 화평하면 백성이 적어지는

일이 없고, 나라가 편안하면 기울어지는 일이 없다. 대체로 이와 같기 때문에 먼 곳의 사람이 복종하지 않으면, 문덕을 닦아서 그들이 오게 하고, 이미 그들이 왔으면 그들을 편안하게 해주어야 한다. 이제 유와 구는 부자(계씨)를 도우면서, 먼 곳의 사람들이 복종하지 않는데도 그들이 찾아올 수 있게 하지 못하며, 나라가 붕괴되고 분열되어도 이를 지킬 수 없고, 간과(전쟁)를 나라 안에서 일으키고자 꾀하고 있다. 나는 계손씨의 근심이 전유에 있지 않고 소장(담장) 안에 있을까 두렵다."

■ 요지 : 계씨가 공신인 전유를 치려 하자 계씨에게 피용되어 있는 유와 구가 공자의 의견을 구하자 공자가 그 부당성을 말하고 문덕을 닦아 원인(遠人)을 교화하고 인민이 잘 살도록 노력하라고 훈계한 것이다.

어석 · 문법

季氏(계씨) : 삼환의 하나. 대부 계손씨.

顓臾(전유) : 전설상의 고왕(古王)인 복희씨의 후예[武王 또는 成王]가 다스린 나라. 풍성(風姓)으로 노나라의 부용국(附庸國, 제후에게 신속시킨 영세한 나라)이다.

有事(유사) : 일(사변)을 일으키다. 공격하다. 치다. 싸움을 하다.

無乃爾是過與(무내이시과여) : 바로 네가 실로 잘못한 것이 아니냐? '無乃'는 '바로 ~이 아닌가?'라는 반문형. '是'는 실로. '與'는 반어를 표하는 어기조사.

先王(선왕) : 무왕(武王) 또는 성왕(成王).

東蒙主(동몽주) : 몽산(蒙山)의 제주. 몽산은 동몽산이라 불렀다. 주나라의 천자가 전유를 동몽산 밑에 봉하고 제사를 주관하게 하였다.

社稷之臣(사직지신) : 국가의 제사를 지내는 공신.

何以伐爲(하이벌위) : 무슨 이유로 정벌하는가? '以'는 이유를 나타내는 전치사. '爲'는 '~하는가'라는 의문을 나타내는 어기조사.

周任(주임) : 고대의 뛰어났던 사관.

陳力就列(진력취렬) : 힘을 발휘해 보이고 벼슬자리에 나가다.

不能者止(불능자지) : 능력이 없으면 파직한다. '者'는 가정이나 조건을 표시하는 어기조사. '止'는 그만두다.

焉用彼相矣(언용피상의) : 그(저) 보조자를 어디에 쓰겠는가? '相'은 도와주는 사람. 보조자. '矣'는 반어를 표하는 어기조사.

兕(시) : 외뿔 난 소. 야우(野牛). 계씨의 포악한 위세를 비유한 것.

柙(합) : 짐승의 우리.

龜玉(귀옥) : 보석 이름. 계씨의 폭위를 비유한 것.

櫝(독) : 궤. 함. 상자.

固(고) : 견고하다.

費(비) : 계씨의 성읍.

舍曰欲之(사왈욕지) : 그것을 탐한다고 말하지 아니하다. '舍'는 '捨'와 같다.

寡(과) : 적다. 토지나 백성이 적다.

均(균) : 균등하다.

貧(빈) : 궁핍하다. 부족하다.

安(안) : 서로 편안하다.

修文德(수문덕) : 문덕을 실천하다. '文德'은 문화의 덕.

分崩(분붕) : 딴 마음을 먹고 떠나려고 하다. 산산이 붕괴됨. 와해되다.

離析(이석) : 떨어져 나가고 갈라지다. 한데 모을 수 없다. 분열하다.

干戈(간과) : 방패(楯)와 창(戟). 싸움을 하는 것. 전쟁.

修文德以來之(수문덕이래지) : 문덕을 닦아서 그들을 오게 하다. '以'는 '而'와 같은 순접 접속사. '來'는 '오게 하다'라는 사역동사. '之'는 '遠人'을 가리킨다.

蕭牆(소장) : 쑥 울타리. 군신이 회견하는 곳에 쌓은 담. 계씨의 저택.

16-2

孔子曰 天下有道則禮樂征伐이 自天子出하고 天下無道
공자왈 천하유도즉예악정벌 자천자출 천하무도

則禮樂征伐이 自諸侯出하나니 自諸侯出이면 蓋十世에
즉예악정벌 자제후출 자제후출 개십세

希不失矣요 自大夫出이면 五世에 希不失矣요 陪臣이 執國
희불실의 자대부출 오세 희불실의 배신 집국

命이면 三世에 希不失矣니라. 天下有道則政不在大夫하고
명 삼세 희불실의 천하유도즉정부재대부

天下有道則庶人이 不議하나니라.
천하유도즉서인 불의

통해(通解)

공자께서 말씀하셨다. "천하에 도가 있으면 예악과 정벌이 천자로부터 나오고, 천하에 도가 없으면 예악과 정벌이 제후로부터 나온다. 제후로부터 나오면 대개 십 대 안에 나라를 잃지 않는 예가 드물고, 대부로부터 나오면 오대 안에 나라를 잃지 않음이 드물고, 배신이 국명을 잡으면 삼 대 안에 나라를 잃지 않음이 드물다. 천하에 도가 있으면 정치가 대부에게 있지 않고, 천하에 도가 있으면 서민이 정치를 논의하지 않는다."

■ 요지 : 천하에 도가 행해지면 정치가 잘 되어 서민이 비판할 일이 없어진다는 것이다.

어석 · 문법

禮樂(예악) : 문화적인 교화를 통한 통치 방식.

征伐(정벌) : 무력적 제압을 통한 통치 방식.

自天子出(자천자출) : 천자로부터 나오다. '自'는 출발점을 표시하는 전치사.

蓋(개) : 대개. 아마.

希(희) : 적다. 드물다. 희소하다.

陪臣(배신) : 가신(家臣).

十世 · 五世 · 三世(십세 · 오세 · 삼세) : '世'는 '대'(代).

執國命(집국명) : 나라의 전권, 정령을 집행하다.

庶人不議(서인불의) : 서민이 비판하지 않는다. 서민이 의론하지 않는다.

16-3

孔子曰 祿之去公室이 五世矣요 政逮於大夫 四世矣니 故로
공자왈 녹지거공실　오세의　정체어대부 사세의　고

夫三桓之子孫이 微矣니라.
부삼환지자손　미의

통해(通解)

　공자께서 말씀하셨다. "작록을 주는 권한이 공실을 떠난 지가 오 대요, 정권이 대부에게로 돌아간 지가 사 대이다. 그런 까닭으로 저 삼환의 자손이 미약해진 것이다."

■요지 : 대권이 노나라 공실을 떠나고 정치의 실권이 대부의 수중에 옮겨져 삼환 자손들의 힘이 약해졌다는 사실을 지적한 것이다.

어석 · 문법

祿(녹) : 작록. 영예, 지위, 경제적 권리. 신하 백관의 봉록.

公室(공실) : 노나라의 군주.

五世(오세) : 양중(襄仲)이 문공(文公)(21)의 아들 적(赤)을 죽이고 선공(宣公)(22)을 세운 후부터 성공(成公)(23) · 양공(襄公)(24) · 소공(昭公)(25) · 정공(定公)(26)에 이르는 오공의 오 대.

逮(체) : 미치다. 손에 들어가다.

四世(사세) : 사 대. 이는 계무자(季武子)가 국정을 전횡하면서부터 도자(悼子) · 평자(平子) · 환자(桓子)에 이르는 사자의 사 대를 말한다. 그런데 정공(25) 때에 가신 양호가 계환자를 가두고 국정을 전횡하는 일이 벌어졌다.

夫三桓之子孫(부삼환지자손) : 저 삼환의 자손. '夫'는 원칭의 지시대명사.

微(미) : 미약. 삼환의 자손들의 힘이 미약해졌다.

16-4

孔子曰 益者三友요 損者三友니 友直하며 友諒하며 友多聞이
공 자 왈 익 자 삼 우   손 자 삼 우   우 직   우 량   우 다 문

면 益矣요 友便辟하며 友善柔하며 友便佞이면 損矣니라.
  익 의 우 편 벽   우 선 유   우 편 녕   손 의

통해(通解)

공자께서 말씀하셨다. "유익한 것이 세 벗이요 해로운 것이 세 벗이다. 정직한 사람을 벗하며, 신실한 사람을 벗하며, 견문이 많은 사람을 벗하면 유익하다. 그러나 아첨하는 사람을 벗하며, 얼굴 꾸미기를 잘하는 사람을 벗하며, 말만 잘하는 사람을 벗하면 해롭다."

■요지 : 익우와 손우의 종류를 들고 교제상의 주의점을 설명하였다.

어석 · 문법

益者三友(익자삼우) : 유익한 것이 세 벗이다.

直(직) : 정직. 강직한 인물.

諒(량) : 신실하고 남을 속이지 않는다. 표리가 없는 것.

多聞(다문) : 넓게 사물의 도리를 이해하고 있는 것 같은 박학한 인물.

便辟(편벽) : 남의 비위를 맞춰 알랑거림. 또 그렇게 하는 사람. '便'은 남이 좋아
하는 것에 붙좇음. '辟'은 남이 싫어하는 바를 피함.

善柔(선유) : 안색만 싱글거리며 신실하지 않은 것. 안색을 좋게 하여 남에게 알
랑거림. 영색(令色).

便佞(편녕) : 입만으로 둘러대기를 잘함. 구변이 좋고 심술이 바르지 않아 아첨
을 잘함. 교언(巧言).

16-5

孔子曰 益者三樂요 損者三樂니 樂節禮樂하며 樂道人之善
공자왈 익자삼요 손자삼요 요절예악 요도인지선

하며 樂多賢友면 益矣요 樂驕樂하며 樂佚遊하며 樂宴樂이면
요다현우 익의 요교락 요일유 요연락

損矣니라.
손 의

통해(通解)

공자께서 말씀하셨다. "유익한 것이 세 가지 좋아함이요, 해로운 것이 세
가지 좋아함이다. 예악의 조절을 좋아하며, 다른 사람의 선행을 말하기 좋아
하며, 현우가 많음을 좋아하면 유익하다. 그러나 교만과 방종을 좋아하며,

편안히 노는 것을 좋아하며, 향락에 빠지는 것을 좋아하면 해롭다."

■요지 : 유익한 것과 해로운 것을, 세 가지씩 예를 들어 설명한 것이다.

어석 · 문법

三樂(삼요) : 세 가지 좋아하는 것.

節禮樂(절예악) : 예악을 규제해 나가는 것.

樂道人之善(요도인지선) : 다른 사람의 선행을 말하기를 좋아하다. '道'는 '말하다, 기술하다'라는 뜻의 동사.

驕樂(교락) : 교만한 즐거움. 교만과 방종. 오만.

佚遊(일유) : 편안히 노는 것. 태평하게 놀기만 하다. 안타(安惰).

宴樂(연락) : 음탕하고 멋대로 하는 것. 소비생활의 사치. 주색의 즐거움.

16-6

孔子曰 侍於君子에 有三愆하니 言未及之而言을 謂之躁요
공자왈　시어군자　　유삼건　　　언미급지이언　　　위지조

言及之而不言을 謂之隱이요 未見顔色而言 謂之瞽니라.
언급지이불언　　위지은　　미견안색이언　위지고

통해(通解)

공자께서 말씀하셨다. "군자를 모시고 있을 때에 범하기 쉬운 세 가지 허물이 있다. 말할 때가 아직 되지 않았는데 말하는 것을 조급하다 하고, 말할 때가 왔는데도 말하지 않는 것을 숨긴다고 하고, 윗사람의 안색을 보지 않고 말하는 것을 눈이 멀었다고 한다."

■요지 : 군자를 모실 때의 세 가지 허물을, 조급함과 숨김과 일방적으로 말하는

것이라고 말하고 있다.

어석 · 문법

君子(군자) : 존자(尊者). 윗사람.

愆(건) : 허물. 과실.

躁(조) : 조급하다. 침착하지 못하다.

隱(은) : 감추다. 말하지 않고 있다.

瞽(고) : 소경. 봉사. 눈이 멀다. 눈치가 없다. 상대편을 보지 않고 일방적으로 말
하는 것.

16-7

孔子曰 君子有三戒하니 少之時에 血氣未定이라 戒之在色
공 자 왈 군 자 유 삼 계　　　 소 지 시　　 혈 기 미 정　　　 계 지 재 색

이요 及其壯也하여 血氣方剛이라 戒之在鬪요 及其老也하여
　　 급 기 장 야　　　　 혈 기 방 강　　　 계 지 재 투　　 급 기 노 야

血氣旣衰라 戒之在得이니라.
혈 기 기 쇠　　 계 지 재 득

통해(通解)

공자께서 말씀하셨다. "군자는 세 가지의 경계할 것이 있다. 젊었을 때는
혈기가 아직 안정되지 않았으므로 여색을 경계해야 하고, 장년이 되어서는
혈기가 바야흐로 왕성해지므로 싸움을 경계해야 하며, 노년에 들어서는 혈
기가 이미 쇠하였으므로 탐욕을 경계해야 한다."

■요지 : 젊은 때에는 여성 관계를, 장년 때에는 다투는 것을, 노년이 되어서는

탐욕을 각각 삼가야만 한다고 말하고 있다.

어석 · 문법

三戒(삼계) : 세 가지의 경계. '戒'는 '警'과 같다.

少(소) : 29세 이하.

혈기(血氣) : 육체의 본능적인 기운. 정서.

戒之在色(계지재색) : 그것을 경계할 것이 여색에 있다. '之'는 사람 곧 여자를
   가리킨다. '色'은 색욕, 이성 관계.

方剛(방강) : 바야흐로 굳세다. '方'은 '바야흐로', '한창'의 뜻을 가지는 부사다.

未定(미정) : 정해지지 않다. 세차게 움직이고 있다.

在色(재색) : 남녀 간의 교제에 있다.

及其壯也(급기장야) : 그가 장년에 미쳐서는(이르러서는). '壯'은 30세에서 40세까
   지. '也'는 어조를 고르는 어기조사.

剛(강) : 굳세다.

鬪(투) : 남과 다투다.

老(노) : 40~50세 이후

得(득) : 재화나 이욕을 얻다. 탐하다. 이득. 물욕.

16-8

孔子曰 君子有三畏하니 畏天命하며 畏大人하며 畏聖人之言
공자왈 군자유삼외   외천명   외대인   외성인지언

이니라. 小人은 不知天命而不畏也라 狎大人하며 侮聖人之言
     소인   부지천명이불외야   압대인   모성인지언

이니라.

통해(通解)

공자께서 말씀하셨다. "군자가 세 가지 두려워해야 할 것이 있다. 천명을 두려워하며, 대인을 두려워하며, 성인의 말씀을 두려워해야 한다. 소인은 천명을 알지 못하여 두려워하지 않기 때문에 대인을 함부로 대하며 성인의 말씀을 경멸한다."

■요지 : 군자는 항상 두려워하는 것이 있다고 말하고 군자와 소인과의 상위(相違)함을 비교하고 있다.

어석 · 문법

三畏(삼외) : 세 가지 두려운 것.

天命(천명) : 하늘의 명령. 하늘이 준 도덕적 사명과 운명. 인간이 지닌 가능성과 한계.

大人(대인) : 인격이 높은 사람. 사람을 높여 부르는 말. 권세가 있는 가문. 고위 관직에 있는 높은 사람.

聖人之言(성인지언) : 옛날 성현들의 유훈이나 천명이 가르치는 것. '성인'은 완전한 인격자. '성인'은 만세의 규준이므로 그의 말을 두려워하는 것이다.

小人(소인) : 쓸데없는 인간. 신분이 낮은 자. 인격이 낮은 자. 덕이 없는 자. 하인. 자기를 겸손하게 하는 말.

而不畏(이불외) : 그리하여 두려워하지 않는다. '而'는 순접접속사.

狎(압) : 버릇없이 너무 친하게 굴다. 친압하다. 어려워하지 않는다.

侮(모) : 경멸하다.

16-9

孔子曰 生而知之者는 上也요 學而知之者는 次也요 困而學
공자왈 생이지지자　　상야　　학이지지자 차야　　곤이학

之는 又其次也니 困而不學이면 民斯爲下矣니라.
지　　우기차야　　곤이불학　　민사위하의

통해(通解)

　공자께서 말씀하셨다. "태어나면서부터 사물의 도리를 아는 사람은 상급
에 속하는 사람이고, 배우고 나서 아는 사람은 그 다음 단계에 속하는 사람
이고, 고난을 참아가며 애써 배우는 사람은 또 그 다음 단계에 속하는 사람
이다. 그러나 통하지 않는데도 애써 배우지 아니한다면 세인들은 이들을
가장 낮은 계층에 속하는 사람이라고 한다."

■요지 : 사물의 도리를 아는 데 있어서의 단계를 들고 학문에 노력하지 않는 인
　간을 경계한 것이다.

어석 · 문법

生而知之(생이지지) : 태어나면서부터 사물의 도리를 알다. '之'는 도리나 진리
　를 가리킴. 이 '之'를 동사에 붙은 접미사로 볼 수도 있다. '而'는 순접. 이
　런 이는 성인(聖人).

學而知(학이지) : 배워서 안다. 학문을 하여 지성을 갖추다. '而'는 순접. 이런 이
　는 현인(賢人)이다.

困而學(곤이학) : 곤경에 처하여 배운다. 통하지 않아서 배운다. 이런 이는 상인
　(常人)

困而不學(곤이불학) : 곤경에 처해서도 배우지 않는다. '困'은 곤경에 부딪쳐 스
　스로 해결할 수 없는 것. '而'는 역접. 이런 이는 우인(愚人)이다.

民斯爲下(민사위하) : 백성들이(백성들 중에서는) 이것을 하우(下愚)라고 한다. 이런 이는 하우인(下愚人)이다.

16-10

孔子曰 君子有九思하니 視思明하며 聽思聰하며 色思溫하
공 자 왈 군 자 유 구 사   시 사 명   청 사 총   색 사 온

며 貌思恭하며 言思忠하며 事思敬하며 疑思問하며 忿思難하며
  모 사 공   언 사 충   사 사 경   의 사 문   분 사 난

見得思義니라.
견 득 사 의

통해(通解)

　공자께서 말씀하셨다. "군자에게는 아홉 가지 생각하는 것이 있다. 사물을 볼 때에는 분명하게 볼 것을 생각하며, 소리를 들을 때에는 똑똑하게 들을 것을 생각하며, 안색은 온화할 것을 생각하며, 용모는 공손할 것을 생각하며, 말은 성실할 것을 생각하며, 일할 때는 신중할 것을 생각하며, 의심이 날 때는 물을 것을 생각하며, 분할 때에는 뒤에 어렵게 될 것을 생각하며, 이익을 보게 될 때는 의로운 것인지를 생각한다."

■요지 : 군자가 생각해야 할 9가지 일에 대하여 말했다 .

어석 · 문법

思(사) : 생각하다.

視思明(시사명) : 볼 때는 명백하게 볼 것을 생각한다.

聰(총) : 총명하다. 똑똑하다.

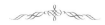

色思溫(색사온) : 얼굴빛을 보일 때는 온화할 것을 생각하다.

貌(모) : 몸가짐. 태도.

事思敬(사사경) : 일할 때는 신중할 것을 생각하다.

疑思問(의사문) : 의문이 있을 때는 물을 것을 생각하다.

忿思亂(분사난) : 분할 때는 환난을 생각하다.

見得思義(견득사의) : 이득을 보면 의로운 것인지를 생각하다.

16-11

孔子曰 見善如不及하며 見不善如探湯을 吾見其人矣요
공자왈 견선여불급　　　견불선여탐탕　　오견기인의

吾聞其語矣로라. 隱居以求其志하며 行義以達其道를 吾聞
오문기어의　　　은거이구기지　　　행의이달기도　　오문

其語矣요 未見其人也로라.
기어의　미견기인야

통해(通解)

　공자께서 말씀하셨다. "착한 일을 보면 거기에 미치지 못하는 것같이 하며, 착하지 않은 일을 보면 끓는 물을 더듬는 것같이 한다는 것을, 나는 그런 사람을 보았고 나는 그런 말도 들었다. 숨어 살면서 그 뜻을 추구하며, 의를 행하여 그 도를 달성한다는 것을, 나는 그런 말을 들었지만 아직 그런 사람은 보지 못했다."

■요지 : 인간이라고 하는 것은 다만 자기 자신을 좋게 하려는 것만이 아니고 더 나아가 사회질서를 바르게 해 나가려는 각오가 중요하다고 말하고 있다.

어석 · 문법

如不及(여불급) : 선이라는 것은 추구해도 따라잡을 수 없는 것이라고 생각하고
　　　일심으로 추구하는 것

如探湯(여탐탕) : 손으로 뜨거운 물을 더듬듯 매우 두려운 것처럼 생각하다. 부
　　　상을 두려워하여 쉽게 접촉하려고 하지 않는다.

隱居(은거) : 세상에 쓰여지지 않아 물러나 숨다. 세상이 어지럽기 때문에 몸을
　　　숨기다.

以(이) : '而'와 같다.

求其志(구기지) : 다른 날, 세상이 다스려진 후에 그 뜻을 실현하기 위하여 연구
　　　하다.

行義(행의) : 관리가 되어 의를 행하는 것.

達其道(달기도) : 그 올바른 도리를 세상에 골고루 미치게 하다. 그 도를 세상에
　　　널리 행하다.

특수 연구 27 – '其'의 용법

'其' 자는 주로 대명사로 쓰이지만 어기사로도 쓰인다.

1. 대명사인 경우는 주로 관형어로 쓰이는데 '그, 그의, 그 중의' 등의 뜻을 가진
　다.

　　母以刀斷其織(어머니가 칼로써 그 베를 끊었다.)

　　隱居以求其志(은거하여 그의 뜻을 실현하려고 연구한다.)

2. 주절이 아닌 종속절에서 주어처럼 쓰인다.

　　百姓知其賢(백성들은 그가 어질다는 것을 알았다.)

3. 어기사로서 여러 가지 어기를 나타낸다.

　　泰伯謂其德也已矣(태백은 아마 지극한 덕을 가진 사람일 것이다.)[추측의 어
　기]

　　其然乎(어찌 그럴 수 있단 말이오?)[반문의 어기]

　　爾其無忘(너는 잊지 말아라.)[명령, 권고의 어기]

16-12

齊景公이 有馬千駟호대 死之日에 民無德而稱焉이요 伯夷叔齊
제 경 공   유 마 천 사   사 지 일   민 무 덕 이 칭 언   백 이 숙 제

는 餓于首陽之下호대 民到于今稱之하나니라. 其斯之謂與인저.
  아 우 수 양 지 하   민 도 우 금 칭 지   기 사 지 위 여

통해(通解)

　제경공이 말 4,000필을 가지고 있었으나 그가 죽은 날에 백성들이 그가 덕이 있다고 칭송하지 않았고, 백이 숙제는 수양산 아래에서 굶어죽었으나 백성들이 지금에 이르도록 그들을 칭송하고 있다. 아마도 이것을 말하는 것 같다.

■요지 : 경공의 부는 덕이 아니고, 백이 숙제의 아사는 의로운 것이다.

어석 · 문법

千駟(천사) : '駟'는 말 네 필. '千駟'는 4,000 필.

民無德而稱焉(민무덕이칭언) : 백성들이 덕이 있다고 하여 그를 칭송하지 않는 다. '無'는 '莫'과 같고 '焉'은 '之'와 같다.

其斯之謂與(기사지위여) : 아마 이런 것을 이르신 것이리라. '之'는 '謂斯'(이것을 이르다)의 술어와 목적어를 도치시키는 과정에서 들어간 구조조사다.

16-13

陳亢이 問於伯魚曰 子亦有異聞乎아. 對曰 未也로라. 嘗獨
진항　　문어백어왈 자역유이문호　　대왈 미야　　　상독

立이어시늘 鯉趨而過庭이러니 曰 學詩乎아. 對曰 未也로이다.
립　　　　이 추 이 과 정　　　왈 학시호　　대왈 미야

不學詩면 無以言이라 하여시늘 鯉退而詩호라. 他日에 又獨立
불 학 시　　무 이 언　　　　　이 퇴 이 학 시　　타 일　우 독 립

이어시늘 鯉趨而過庭이라니 曰 學禮乎아. 對曰 未也로이다.
　　　　이 추 이 과 정　　　왈 학례호　　대왈 미야

不學禮면 無以立이라 하여시늘 鯉退而學禮호라. 聞斯二者로
불 학 례　　무 이 립　　　　　이 퇴 이 학 례　　　문 사 이 자

라. 陳亢이 退而喜曰 問一得三하니 聞詩問禮하고 又聞君子
　　진 항　퇴 이 희 왈 문 일 득 삼　　문 시 문 례　　　우 문 군 자

之遠其子也호라.
지 원 기 자 야

통해(通解)

　진항이 백어에게 물었다. "그대는 선생님께 특별히 들은 것이 있습니까?"
백어가 대답했다. "없습니다. 일찍이 아버님께서 혼자 서 계셨을 때 제(이)
가 종종걸음으로 뜰을 지나갔더니 아버님께서 물으셨습니다. 『시경』을 배
웠느냐? 제가 '아직 배우지 못했습니다.' 하고 대답하니, 아버님께서 『시경』
을 배우지 않으면 말할 수가 없다'고 하셔서 저는 물러나 『시경』을 배웠습
니다. 다른 날에 또 홀로 서 계셔서 제가 종종걸음으로 뜰을 자나갔더니 아
버님께서 말씀하셨습니다. 『예기』를 배웠는가? 라고 하시기에 대답했습니
다. '아직 배우지 못했습니다.' 하니 아버님께서는 『예기』를 배우지 않으면
자립할 수 없다' 하셔서 저는 물러나서 『예기』를 배웠습니다. 결국 이 두 가

지를 들었습니다." 진항이 물러나서 기뻐하면서 말했다. "하나를 물어 세 가지를 얻었으니, 『시경』을 듣고 『예기』를 듣고 또 군자가 그 아들을 멀리한 다는 것을 들었다."

■요지 : 진항은 공자가 아들인 백어(伯魚)에게 시와 예를 배워야 한다고 가르쳤 다는 말을 들었다는 것이다.

어석 · 문법

陳亢(진항, 진강) : 어떤 인물인지 불명. 진(陳)나라 사람으로 공자의 제자. 姓은 陳, 名은 亢, 일설에는 字가 子禽이라 한다. 공자보다 40세 연하. '亢'은 '높다'라는 뜻일 때는 '강'으로 읽는다.

對曰(대왈) : '對'는 대답하다. 경의를 표시하는 쓰기 방식.

伯魚(백어) : 공자의 아들. 名은 鯉(리)이). 공자보다 일찍 죽어 공자가 몹시 슬퍼 했다.

子亦(자역) : 그대는 또한.

異聞(이문) : 진기한 이야기. 정설과 다른 이야기. 타인이 들을 수 없는 특별한 이야기.

獨立(독립) : 혼자 서 있다.

趨(추) : 종종걸음으로 걷다. 자기보다 연장자 앞을 지나갈 때 걸음걸이.

學詩乎學禮乎(학시호학례호) : 詩를 배웠는가, 禮를 배웠는가? '詩'는 『詩經』, '禮'는 『禮記』를 말한다.

不學詩無以言(불학시무이언) : 『시경』을 배우지 않으면 남과 응대하여 잘 말할 수 없다. '無以'는 할 수 없다.

退(퇴) : 아버지 앞에서 물러나다. 집으로 돌아오다.

不學禮無以立(불학례무이립) : 『예기』를 배우지 않으면 자립할 수 없다. '立'은 '자립하다'. 인격이 확립되다.

聞斯二者(문사이자) : 이 두 가지를 들은 적이 있고 그 이외는 생각이 미친 적이 없다.

遠其子(원기자) : 그 자기 아들을 멀리했다. 자기의 아들이라고 해서 가깝게 특

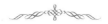

별히 귀여워하지 않고 타인의 자식과 똑같이 취급했다.

16-14

邦君之妻를 君이 稱之曰夫人이요 夫人이 自稱曰小童이요
방 군 지 처　　군　　칭 지 왈 부 인　　　　부 인　　　자 칭 왈 소 동

邦人이 稱之曰君夫人이요 稱諸異邦曰寡小君이요 異邦人이
방 인　　칭 지 왈 군 부 인　　　칭 저 이 방 왈 과 소 군　　　이 방 인

稱之에 亦曰君夫人이니라.
칭 지　　역 왈 군 부 인

통해(通解)

나라 임금의 아내를 임금이 일컫기를 '부인'이라 하고, 부인이 스스로를
일컫기를 '소동'이라 하고, 나라 사람들이 그를 일컫기를 '군부인'이라 하
고, 다른 나라 사람에게 그를 일컫기를 '과소군'이라 하고, 다른 나라 사람
이 그를 일컫기를 또한 '군부인'이라 한다.

■ 요지 : 임금의 배우자에 대한 칭호가 문란하여 공자가 바르게 불러야 함을 말
한 것이라 한다.

어석 · 문법

邦君(방군) : 나라의 임금. 제후.

妻(처) : 아내.

童(동) : 겸손하게 유치하다고 하는 뜻.

稱諸異邦(칭저이방) : 다른 나라 사람에게 그를 일컫다. '諸'는 '之於'의 합자다.

寡(과) : 덕이 적다는 뜻.

제17편

양화 陽貨

양화편에는 공자가 관직에 나가고
물러났던 경험에 대한 문답이 많다.
세상에 도덕이 없음을 한탄한 기록도 많이 보인다.

17-1

陽貨欲見孔子어늘 孔子不見하신대 歸孔子豚이어늘 孔子時
양 화 욕 현 공 자　　　공 자 불 견　　　귀 공 자 돈　　　공 자 시

其亡也 而往拜之러시니 遇諸途하시다. 謂孔子曰 來하라.
기 무 야 이 왕 배 지　　　우 저 도　　　위 공 자 왈 래

予與爾言호리라. 曰 懷其寶而迷其邦이 可謂仁乎아. 曰 不可
자 여 이 언　　　왈 회 기 보 이 미 기 방　　　가 위 인 호　　　왈 불 가

하다. 好從事而亟失時 可謂知乎아. 曰 不可하다. 日月이 逝矣
　　　호 종 사 이 기 실 시 가 위 지 호　　　왈 불 가　　　일 월　　　서 의

라 歲不與니라. 孔子曰 諾다. 吾將仕矣로리라.
　　　세 불 여　　　공 자 왈 낙　　오 장 사 의

❧

통해(通解)

　양화가 공자를 만나뵙고자 하였으나 공자께서 만나주지 않으시자 공자
께 돼지를 예물로 보냈다. 공자께서 그가 없는 틈을 타 찾아가서 그것을 사
례하고 돌아오시는 길에 그를 만나셨다. 양화가 공자께 일러 "어서 오시오.
내가 그대에게 말할 게 있습니다." 하고 나서 "그 보배로운 재능을 품고 있
으면서 나라가 혼미한 것을 보고만 있는 것을 인이라 이를 수 있습니까?"
하고 말했다. 공자께서 대답하셨다. "옳지 않습니다." 양화가 다시 말했
다. "정사를 하는 것을 좋아하면서 자주 때를 잃는 것을 지혜롭다고 말할
수 있습니까?" 공자께서 말씀하셨다. "옳지 않습니다." 그러자 양화가 말
했다. "자꾸만 날이 가고 달이 갑니다. 세월은 우리를 기다려주지 않습니
다." 공자께서 말씀하셨다. "그렇습니다. 나는 장차 벼슬을 할 것입니다."

■요지 : 양화가 공자에게 벼슬을 할 것을 권하자 장차 그럴 생각이라고 회피하
　는 뜻을 편 것이다.

어석 · 문법

陽貨(양화) : 名은 虎, 字는 貨. 계씨의 가신이었는데 계환자를 잡아 가두고 국
　　　정을 전횡했다.

欲見孔子(욕현공자) : 공자를 뵙고자 하다.

특수 연구 28 - '見'의 용법

1. '보다'

　　逐鹿者不見山(사슴을 쫓는 자는 산을 보지 못한다.)

2. '뵙다, 만나다'

　　孟子見梁惠王(맹자께서 양혜왕을 뵙다.)

3. '나타나다, 나오다'

　　天下有道則見(천하에 도가 있으면 나타난다.)

4. 피동 조동사

　　信而見疑 忠而被謗(신의를 지켜도 의심을 받고 충성을 다해도 비방을 당하다.)

其 : 아마. 추측을 나타내는 부사.

也已 : 강한 단정을 표시하는 어기조사.

歸孔子豚(귀공자돈) : 공자께 돼지를 선물했다.

孔子時其亡也而往拜之(공자시기무야이왕배지) : 공자가 그가 없을 때를 틈타 가
　　　서 그것을 사례하다. '時'는 틈타다. '也'는 어조를 고르는 어기조사. '而'는
　　　순접. '之'는 양화가 돼지를 보낸 것을 가리킨다.

遇諸塗(우저도) : 길에서 만나다. '諸'는 之於의 合字. '塗'(도)는 길.

子與爾言(여여이언) : 내가 당신에게 말하겠다. '與'는 於와 같은 전치사. '爾'는
　　　이인칭 대명사.

懷其寶(회기보) : 그 보물을 품다. '寶'는 지식과 덕성. 도덕.

迷其邦(미기방) : 그 나라를 어지럽게 버려둔다.

亟(기) : 여러 번. 누차. 자주.

失時(실시) : 때를 놓치다.

歲不我與(세불아여) : 세월이 나와 함께하지 않는다. 세월은 우리를 기다려주지 않는다. '與'는 기다리다. '我與'는 '與我'의 도치형이다.

吾將仕矣(오장사의) : 나는 장차 벼슬을 하겠다. '將'은 '장차 ~을 하려 하다'의 뜻. '矣'는 단정의 어기조사.

17-2

子曰 性相近也나 習相遠也니라.
자 왈 성 상 근 야   습 상 원 야

통해(通解)

공자께서 말씀하셨다. "사람의 타고난 본성은 서로 비슷하지만 후천적인 습성에 의하여 큰 차이가 생긴다."

■요지 : 사람의 타고난 본성은 비슷하지만 그 후의 습관에 따라 그 차가 크게 벌어지는 것이다.

어석 · 문법

性 · 習(성 · 습) : '性'은 타고난 것, 천성, 본성. '習'은 습관. '性'과 '習'은 서로 대어다.

相遠也(상원야) : 서로 멀다. 서로 매우 다르다. '也'는 단정의 어기조사.

17-3

子曰 唯上知與下愚는 不移니라.
자왈 유 상 지 여 하 우   불 이

통해(通解)

공자께서 말씀하셨다. "오로지 가장 지혜로운 사람과 가장 어리석은 사람은 자기의 생각을 다른 데로 옮기지 않는다."

■ 요지 : 하지자(上知者)와 하우자(下愚者)는 좀처럼 변하지 않는 자들이라고 말하고 있다.

어석 · 문법

上知(상지) : 태어나면서부터 아는 자. 生而知之者.
下愚(하우) : 매우 어리석은 사람. 困而不學者.

17-4

子之武城하사 聞弦歌之聲하시다. 夫子莞爾而笑曰 割鷄에
자 지 무 성   문 현 가 지 성   부 자 완 이 이 소 왈 할 계

焉用牛刀리오. 子游對曰 昔者에 偃也聞諸夫子호니 曰 君子
언 용 우 도   자 유 대 왈 석 자   언 야 문 저 부 자   왈 군 자

學道則愛人이요 小人이 學道則易使也라호이다. 子曰 二三子
학 도 즉 애 인   소 인 학 도 즉 이 사 야   자 왈 이 삼 자

아. 偃之言이 是也니 前言은 戲之耳니라.
언 지 언 시 야 전 언   희 지 이

통해(通解)

　공자께서 무성에 가셨을 때 현악에 맞추어 부르는 노랫소리를 들으셨다. 부자께서 빙그레 웃으시며 말씀하셨다. "닭 잡는 데 어찌 소 잡는 칼을 쓰겠는가?" 자유가 대답하여 말했다. "옛적에 제(언)가 선생님께 들었습니다. '군자가 도를 배우면 사람을 사랑하고 소인이 도를 배우면 부리기 쉽다'고 하셨습니다. 공자께서 말씀하셨다. "제자들아, 언의 말이 옳다. 좀 전의 말은 그를 놀려준 말일뿐이다."

■ 요지 : 자유가 무성의 읍을 예악의 대도에 의해서 다스리려고 하고 있는 것을 알고 공자가 농담을 하며 칭찬한 것을 둘러싸고 주고받은 말을 기록한 것. 공자와 자유의 성격이 잘 나타나 있다.

어석 · 문법

之武城(지무성) : 노나라 안에 있는 무성에 가서. '之'는 '가다'라는 동사. '무성'은 작은 현. 이때 공자의 문인 자유가 장관(읍장)을 하고 있었다.

弦歌之聲(현가지성) : 금슬(琴瑟) 등의 현악기를 반주로 한 노랫소리. 현악기에 맞추어 부르는 노랫소리.

夫子莞爾(부자완이) : 선생은 빙그레 웃으셨다. '爾'(이)는 형용사화 접미사. 莞(동사)＋爾(접미사) → 형용사

割鷄焉用牛刀焉(할계언용우도언) : 닭을 잡는 데 어찌 소 잡는 칼을 쓰리오? 반어문. '割'은 요리하다. '焉'은 '어찌 ~을 하리오'라는 반어의 뜻을 나타내는 어기조사. '牛刀'는 소를 요리하는 큰 포정(庖丁). '鷄'와 '牛刀'를 대비하여 말한 것은 무성과 같은 작은 현을 다스리는 데는 그 정도의 본격적인 방법을 쓰지 않아도 된다는 생각 때문이다. '焉'은 반어를 표시하는 어기조사.

子遊對曰(자유대왈) : 자유(子遊)가 대답하여 가로되. '對'는 존귀한 사람이나 장상을 대하는 말. 여기서는 공자에 대한 존경을 표시하기 위하여 사용했다.

昔者偃也(석자언야) : 옛날 제가. '偃'(언)은 자유의 名. '也'는 제시의 뜻을 나타

내는 어기조사. 자유가 '언'이라고 하는 자기의 이름을 말한 것은 선생에 대한 존경의 정을 나타낸 것이다.

聞諸夫子(문저부자) : 그것을 선생님으로부터 들었습니다. '諸'는 '之於'의 합자. '之'는 '君子 ~亦思也'를 가리킴. 부자(夫子)는 선생, 여기서는 공자를 가리킴.

君子·學道(군자학도) : 군자가 예악을 배우다. '道'는 예악.

易使也(이사야) : 사용하기 쉽다. '使'는 사용하고 있다. '也'는 단정의 어기조사.

二三子(이삼자) : 너희들. 제자들을 향하여 한 말. 제군.

偃之言是也(언지언시야) : 언(子遊)이 말한 것이 옳다. '是'는 바르다, 옳다. '之'는 주격을 나타내는 어기조사.

前言戱之耳(전언희지이) : 전에 한 말은 그를 놀린 것일 뿐이다. '전언'은 '割雞 ~ 牛刀'를 가리킨다. '之'는 '언'을 가리킨다. '耳'는 한정의 어기조사.

17-5

公山弗擾以費畔하여 召어늘 子欲往이러시니 子路不說曰
공 산 불 요 이 비 반   소   자 욕 왕   자 로 불 열 왈

末之也已니 何必公山氏之之也시리이꼬. 子曰 夫召我者는
말 지 야 이   하 필 공 산 씨 지 지 야   자 왈 부 소 아 자

而豈徒哉리오 如有用我者인댄 吾其爲東周乎인저.
이 기 도 재   여 유 용 아 자   오 기 위 동 주 호

통해(通解)

공산불요가 비읍을 근거로 반란을 일으키고 공자를 부르자 공자께서 가고자 하셨다. 자로가 기뻐하지 않으며 말했다. "가실 곳이 없으면 그만 두실 따름이지 어찌 공산씨에게 가려고 하십니까?" 공자께서 말씀하셨

다. "저, 나를 부르는 사람이라면 어찌 한갓되이(공연스럽게) 그러겠느냐? 만일 나를 써주는 사람이 있다면 나는 그 나라를 동쪽의 주나라로 만들겠다."

■요지 : 비록 공산불요 같은 모반자가 부르더라도 한 번 나가서 훌륭한 동주 시대를 실현해보고 싶다는 공자의 희망을 엿볼 수 있다.

어석 · 문법

公山不擾(공산불우) : 姓은 公山, 名은 弗擾(불우). 계씨의 가신으로 비(費)의 읍 재였다.

以費畔(이비반) : 비읍(費邑)으로써 반기를 들다. '以는' 근거로 하다, 의지하다' 라는 뜻. '畔'은 '叛'(반)과 같다. 비읍을 근거지로 하여 계씨에게 반기를 들 었다.

김(소) : 부르다.

末之也已(말지야이) : (아무 데도) 갈 곳이 없으면 가지 말 뿐이다. '末'은 '無'와 같 다. '也'는 조건을 표시하는 어기조사다. '耳'는 '而已'와 같은 한정과 단정 의 어기조사다.

何必(하필) : 어째서 꼭 ~하려 하느냐?

豈徒哉(기도재) : 어찌 헛되이 하겠느냐? 반어문.

其爲東周乎(기위동주호) : 장차 옛 동주 시대를 실현하겠다. '其'는 장차. '乎'는 단정의 어기조사.

17-6

子張이 問仁於孔子한대 孔子曰 能行五者於天下면 爲仁矣니
자장　문인어공자　공자왈 능행오자어천하　위인의

라. 請問之한대 曰 恭寬信敏惠니 恭則不侮하고 寬則得衆하고
청문지　왈 공관신민혜　공즉불모　관즉득중

信則人任焉하고 敏則有功하고 惠則足以使人이니라.
신즉인임언　민즉유공　혜즉족이사인

통해(通解)

　자장이 공자께 인에 관하여 여쭙자 공자께서 말씀하셨다. "오자를 천하 어디에서나 행할 수 있으면 인이라 할 수 있다." 자장이 그 다섯 가지에 대하여 묻기를 청하자, 공자께서 말씀하셨다. "공(恭)과 관(寬)과 신(信)과 민(敏)과 혜(惠)다. 공손하면 업신여김을 당하지 않고, 관대하면 대중의 지지를 얻게 되고, 신실하면 다른 사람들이 믿게 되고, 민첩하면 공로가 있게 되고, 은혜로우면 다른 사람을 부릴 수 있다."

■요지 : 공·관·신·민·혜의 다섯 가지를 천하에 실행할 수 있으면 인이라고 말할 수 있다.

어석·문법

能行五者於天下爲仁矣(능행오자어천하위인의) : 천하에 다섯 가지를 행할 수 있으면 그것이 인이다. '能'은 할 수 있다. '行於天下'는 천하의 어디를 가서도 실행한다.

請問之(청문지) : 청컨대 그것을 묻다. '請'은 상대방에게 어떤 일을 부탁하거나 권할 때 쓰는 경어다. 부디, 청컨대, 모쪼록 등의 뜻이 있다. '之'는 오자(五者)를 가리킨다.

恭(공) : 태도가 삼감이 깊고 공손한 것.

寬(관) : 마음이 너그러운 것. 관대. 너그러운 마음.

信(신) : 말한 것을 반드시 실행하는 것. 언행일치. 신의.

敏(민) : 재빠르다. 민첩. 기민.

惠(혜) : 은혜가 깊은 것.

不侮(불모) : 깔보게 되지 않는다. 남으로부터 바보 취급을 받지 않는다.

得衆(득중) : 인망이 모이다. '衆'은 많은 사람.

人任焉(인임언) : 다른 사람이 자기를 신뢰하다. '任'은 의지하다. '焉'은 단정조
　　　자.

有功(유공) : 일의 실적이 있다. 일을 많이 할 수 있다. '功'은 일의 성과.

足以使人(족이사인) : 충분히 백성을 사역할 수 있다. '足以'는 '~하기에 충분하
　　　다, ~하기에 족하다'는 뜻을 가진 조동사다.

17-7

佛肸이 召어늘 子欲往이러시니 子路曰 昔者에 由也聞諸夫
필 힐　　소　　　자욕왕　　　　자로왈 석자　유 야문저부

子호니 曰 親於其身에 爲不善者어든 君子不入也라 하시니
자　　왈 친어기신　위불선자　　군자불입야

佛肸이 以中牟畔이어늘 子之往也는 如之何이꼬. 子曰 然하
필 힐　이중모반　　　자지왕야는 여지하　　자왈 연

다. 有是言也니라. 不曰堅乎아. 磨而不磷이니라. 不曰白乎아.
유시언야　　　불왈견호　　마이불린　　　불왈백호

涅而不緇니라. 吾豈匏瓜也哉라. 焉能繫而不食이리오.
날이불치　　　오기포과야재　　언능계이불식

통해(通解)

필힐이 공자를 부르자 공자께서 가시고자 하였다. 자로가 말했다. "옛날에 제(유)가 선생님께 들었습니다. '친히 자신의 몸으로 불선을 하는 사람에게는 군자가 들어가지 않는다'고 하셨습니다. 필힐이 중모읍을 근거로 반란을 일으켰는데 선생님께서 그에게 가시려고 하는 것은 (그게) 어떠하겠습니까?" 공자께서 말씀하셨다. "그렇다. 이렇게 말한 적이 있었다. 굳다고 말할 수 있지 않겠느냐? 갈아도 얇아지지 않으니! 희다고 말할 수 있지 않겠느냐? 검은 물을 들여도 검어지지 않으니! 내가 어찌 뒤웅박이겠느냐? 어찌 매달려만 있고 따먹히지 않을 수가 있겠는가?"

■ 요지 : 공자는 자기를 알고 등용해주는 군주가 나타나기를 대망했던 심경을 비유적으로 토로하고 있다.

어석 · 문법

佛肹(필힐) : 진(晉)나라 대부 조간자의 가신으로 중모의 읍재로 있었다. 필힐이 공자를 부른 것은 애공 5년 공자 63세 무렵이었다고 한다.

昔者(석자) : 옛적. '者'는 때를 나타낸다.

由也(유야) : '유'(자로)가. 여기서는 '제가'. '也'는 주어의 제시를 표시하는 어기조사.

諸(저) : '之於'의 합자. '~에게서 그것'으로 새김. '之'는 '그것'이란 지시대명사.

親於其身爲不善君子不入(친어기신위불선군자불입) : 친히 자신의 몸으로써 불선을 행하는 자에게는 군자가 들어가지 않는다. '親'은 친히. '於'는 '以'와 같다. '爲'는 '행하다'라는 말. '不入'은 (그 집이나 나라, 당에) 들어가지 않는다는 뜻.

以中牟畔(이중모반) : 중모를 근거로 하여 배반하다. '畔'은 자기가 맡고 있는 영지를 압령하여 주인에게 거역하는 것이다.

子之往也如之何(자지왕야여지하) : 선샘님께서 가시려 하는 것은 어떻습니까? '之'는 주격을 표시하는 구조조사. '也'는 제시의 뜻을 표시하는 어기조사

다. '如之何'는 '그것이 어떠한가'라는 성질이나 상태를 묻는 말이다.

不日堅乎(불왈견호) : (정말) 굳다고 말하지 않겠는가? 반어형.

磨而不磷(마이불린) : 갈아도 얇아지지 않는다. '而'는 역접.

涅(날) : 검은 물을 들이다. 수중의 흑토.

緇(치) : 흑색. 검은 물을 들이다.

吾豈匏瓜也哉(오기포과야재) : 내가 어째서 포과(뒤웅박)이겠는가? '豈~哉'는 반
　　어의 구법. '匏瓜'는 박, 바가지. '也哉'는 반어를 나타내는 어기조사.

焉能繫而不食(언능계이불식) : 어찌 매달려서 먹히지 않을 수가 있겠는가? 쓸모
　　없는 인간이 될 수는 없다는 뜻.

17-8

子曰 由也아. 女聞六言六蔽矣乎아. 對曰 未也로이다. 居하
자왈 유야　　여문육언육폐의호　　대왈 미야　　　　거

라. 吾語女호리라. 好仁不好學이면 其蔽也愚요 好知不好學이
오어녀　　　　호인불호학　　　기폐야우　　호지불호학

면 其蔽也蕩이요 好信不好學이면 其蔽也賊이요 好直不好學이
기폐야탕　　호신불호학　　　기폐야적　　호직불호학

면 其蔽也絞요 好勇不好學이면 其蔽也亂이요 好剛不好學이면
기폐야교　호용불호학　　　기폐야난　　호강불호학

其蔽也狂이니라.
기폐야광

통해(通解)

공자께서 말씀하셨다. "유야, 너는 여섯 가지 말과 여섯 가지 폐해를 들어
보았느냐?" 유가 대답하여 말했다. "아직 듣지 못하였습니다." 그러자 공자

께서 말씀하셨다. "앉아라. 내가 너에게 말해주겠다. 인만 좋아하고 배우기를 좋아하지 않으면 그 폐단은 어리석어지는 것이고, 지혜만 좋아하고 배움을 좋아하지 않으면 그 폐단은 방탕하게 되는 것이고, 믿음직함만 좋아하고 배움을 좋아하지 않으면 그 폐단은 남을 해치게 되는 것이고, 곧은 것만 좋아하고 배움을 좋아하지 않으면 그 폐단은 각박해지는 것이고, 용맹스러움만 좋아하고 배움을 좋아하지 않으면 그 폐단은 난폭해지는 것이고, 굳센 것만 좋아하고 배우지 않으면 그 폐단은 경망해지게 되는 것이다."

■요지 : 공자는 자로에게 육자는 미덕이나, 그것을 온전히 하기 위해서는 학문이 필요하다는 것을 가르친 것이다.

어석 · 문법

六言(육언) : 여섯 가지 들을 만한 좋은 말. '仁·知·信·直·勇·剛'의 육사(六事).

六蔽(육폐) : 여섯 가지 폐단. 숨어 있는 것.

學(학) : 깨닫다.(『疏』)

居(거) : 앉아라!

好仁不好學(호인불호학) : 인을 좋아하면서 배우기를 좋아하지 않는다.

其蔽也愚(기폐야우) : 그 폐단은 어리석어지는 것이다. '蔽'는 '弊'와 같다. '也'는 어세를 강하게 하는 어기조사.

蕩(탕) : 방탕. 허황. 방자.

賊(적) : 의를 해치다. 남을 해롭게 하다. 궁굴(窮屈)하다. 궁하여 막히다.

絞(교) : 각박하다. 박절하다.

亂(난) : 반란. 난폭. 무질서.

狂(광) : 광기. 미치다. 망발하다. 무모해지다. 경망해지다.

17-9

子曰 小子는 何莫學夫詩오. 詩는 可以興이며 可以觀이며
자왈 소자   하막학부시   시   가이흥   가이관

可以群이며 可以怨이며 邇之事父며 遠之事君이요 多識於
가이군   가이원   이지사부   원지사군   다식어

鳥獸草木之名이니라.
조수초목지명

통해(通解)

　공자께서 말씀하셨다. "너희들은 어찌하여 저 시(『시경』)를 배우지 않느
냐? 시는 감흥을 일으키게 하며, 인정과 풍속을 살필 수 있게 하며, 무리를
지어 어울릴 수 있게 하며, 위정자의 잘못을 탓할 수 있게 하며, 그것을 본
받아 가까이로는 어버이를 섬길 수 있게 하고, 멀리로는 임금을 섬길 수 있
게 하고, 또한 많이 조수와 초목의 이름을 기억하게 한다."

■요지 : 시(『시경』)를 배우는 효과에 대하여 말하였다.

어석 · 문법

小子(소자) : 제자.

何莫學(하막학) : 어찌 배우지 않느냐? '莫'은 不과 같다.

興(흥) : 감흥을 일으키다. 분발시키다.

觀(관) : 인정, 풍속 등을 엿볼 수 있다.

群(군) : 무리지어 어울리다.

怨(원) : 탓하고 비판한다.

邇之事父(이지사부) : 가까이로는 아버지를 섬길 수 있게 하다. '之'는 '~로는'의
　　　뜻을 표하는 접속사.

遠之事君(원지사군) : 멀리로는 임금을 섬길 수 있게 한다. '之'는 '~로는'의 뜻
　　을 표하는 접속사.

17-10

子謂伯魚 曰 女爲周南召南矣乎아. 人而不爲周南召南이면
자 위 백 어 왈　여 위 주 남 소 남 의 호　　　인 이 불 위 주 남 소 남

其猶正牆面而立也與인저.
기 유 정 장 면 이 립 야 여

통해(通解)

　공자께서 백어에게 일러 말씀하셨다. "너는 '주남'과 '소남'을 공부했느
냐? 사람으로서 '주남'과 '소남'을 공부하지 않는다면 아마 그것은 바로 담
장을 마주 보고 서 있는 것과 같을 것이다."

■ 요지 : 백어에게 『시경』의 '주남'과 '소남'편을 공부하라고 당부하고 있다.

어석 · 문법

伯魚(백어) : 공자의 아들. 字는 鯉(리)이).

女爲周南召南矣乎(여위주남소남의호) : 너는 '주남' '소남'을 공부했느냐? '女'는
　　'汝'와 같다. '爲'는 '배우다, 공부하다'의 뜻. '주남'·'소남'은 『시경』의 첫
　　머리다. '이남'(二南)이라고 하며 25편으로 되어 있다. 주로 부부의 도를
　　노래했다. '矣乎'는 의문을 표하는 어기조사다.

正牆面而立(정장면이립) : 바로 담장을 마주하여 서 있다.

其 ~也與 : 아마 ~일 것이다. '也與'는 추측을 나타내는 어기조사.

17-11

子曰 禮云禮云이나 玉帛云乎哉아. 樂云樂云이나 鐘鼓云乎哉
자 왈   예 운 예 운   옥 백 운 호 재   악 운 악 운   종 고 운 호 재
아.

통해(通解)

  공자께서 말씀하셨다. "예라 예라 말하지만, 어디 옥이나 비단만을 말하는 것이겠느냐? 음악이라 음악이라 말하지만 어디 종이나 북만을 말하는 것이겠느냐? 중요한 것은 그 정신이다."

■요지 : 예와 악은 형식보다 내용이 중요하다는 것이다.

어석 · 문법

禮云禮云(예운예운) : 예라 예라 이르다. '云'은 '이르다'라는 동사. 어조를 맞추는 어기조사로 보기도 한다.

玉帛云乎哉(옥백운호재) : 옥백을 말하는가? '옥백'은 예물로 옥은 규장(圭璋) 곧 예식 때 장식으로 쓰이는 옥, 백(帛)은 속백(束帛)으로 비단 5필을 양 끝에서 마주 말아 한 묶음으로 한 예물이다. '云'은 '말하다'라는 뜻의 말. '乎哉'는 의문을 표시하는 어기조사.

鍾鼓(종고) : 종과 북. 악기를 대표하는 것. '鍾'은 '鐘'과 같다.

17-12

子曰 色厲而内荏을 譬諸小人컨댄 其猶穿窬之盗也與인저.
자 왈 색 려 이 내 임   비 저 소 인   기 유 천 유 지 도 야 여

통해(通解)

공께서 말씀하셨다. "얼굴빛엔 위엄이 있으나 마음이 유약한 것을, 소인
에게 비유하면 아마 벽을 뚫고 담을 넘는 좀도둑과 같을 것이다."

■요지 : 겉으로 난 척하나 속이 유약한 소인배를 풍자한 말이다.

어석 · 문법

色厲(색려) : 안색을 위엄 있게 꾸미다. '厲'(려)는 위엄.

内荏(내임) : 안은 부드럽다. 속이 유약하다. '荏'(임)은 유약함.

譬諸小人(비저소임) : 소인에게 그것을 비유하다. '諸'는 '之於'의 합자.

穿(천) : 벽을 뚫다. 천벽(穿壁)

窬(유) : 담을 넘다. 유장(踰牆).

也與(야여) : ~일 것이다. 추측을 표시하는 어기조사.

17-13

子曰 鄉原은 德之賊也니라.
자 왈 향 원   덕 지 적 야

통해(通解)

공자께서 말씀하셨다. "향당의 파당적인 사람들은 덕을 해치는 자들이다."

■ 요지 : 향당(鄕黨)의 파당적인 사람들은 덕을 해친다는 것.

어석 · 문법

鄕原(향원) : 鄕은 시골. 原은 愿과 통하며 파당적인 사람. 인정에 영합하여
　　　군자 소리를 듣는 위선자. 사이비 군자.

德之賊也(덕지적야) : 덕을 해치는 것이다. '적덕야(賊德也)'가 도치된 것. '之'는
　　　강조를 위해 끼어 들어간 목적격 구조조사.

17-14

子曰 道聽而塗說이면 德之棄也니라.
자 왈　도 청 이 도 설　　　덕 지 기 야

통해(通解)

공자께서 말씀하셨다. "큰길에서 듣고 바로 작은 길에서 말하면 덕을 버리는 것이다."

■ 요지 : 도로에서 들은 것을 그대로 도로에서 남에게 들려주는 것은 자기의 덕을 버리는 것이라고 말하고 있다. 착한 말을 들으면 마음에 잘 간직하여 내 것으로 해야지 남에게 흘려버리면 덕을 쌓을 수 없다는 뜻이다.

어석 · 문법

道廳而塗說(도청이도설) : 도로에서 들은 것을 곧, 노상에서 타인에게 이야기하
는 것. '道'는 사람이 왕래하는 곳의 총칭. 대도(大道). '塗'는 소도(小道).
'而'는 순접.

德之棄(덕지기) : 덕을 버리다. '棄'는 스스로 버리다. 폐기하다. '之'는 도치시킬
때 목적어와 동사 사이에 첨가된 구조조사.

17-15

子曰 鄙夫는 可與事君也與哉아. 其未得之也면 患得之하고
자왈 비부   가여사군야여재   기미득지야   환득지

旣得之하얀 患失之하나니 苟患失之면 無所不至矣니라.
기득지   환실지   구환실지   무소부지의

통해(通解)

　공자께서 말씀하셨다. "비루한 사람은 함께 임금을 섬길 수 있겠는가? 그
는 아직 그것을 얻지 못하였을 때는 그것을 얻으려고 근심하고 이미 그것
을 얻고 나면 그것을 잃을까 근심한다. 진실로 그것을 잃을까 근심한다면,
무슨 방법을 써서라도 못하는 짓이 없을 것이다."

■요지 : 뜻이 낮고 비열한 사람은 임금을 섬길 수 없다는 것을 말하고 있다.

어석 · 문법

鄙夫(비부) : 비루한 사나이.

可與事君也與哉(가여사군야여재) : (그와) 함께 임금을 섬길 수 있는가? '也(단정)
＋與(의문)＋哉(반문)'→ 반어를 표시하는 어기조사.

患得之(환득지) : 그것을 얻기를 근심하다. '之'는 지위나 화리(貨利)를 뜻한다.

其未得之也(기미득지야) : 그가 아직 그것을 얻지 못하였을 때(는). '之'는 관직이나 명예 등을 가리킨다. '也'는 시간을 나타내는 어기조사.

患失之(환실지) : 그것을 잃을까봐 근심한다.

無所不至矣(무소부지의) : 이르지 않는 데가 없다. 어떤 수단이나 방법을 이용해서라고 감히 행한다. '矣'는 단정의 어기조사.

17-16

子曰 古者에 民有三疾이러니 今也엔 或是之亡也로다. 古之
자왈 고자　　민유삼질　　금야　　혹시지무야　　　고지

狂也는 肆러니 今之狂也는 蕩이요 古之矜也는 廉이러니
광야　사　　금지광야　　탕　　고지긍야　　염

今之矜也는 忿戾요 古之愚也는 直이러니 今之愚也는 詐而
금지긍야　분려　고지우야　직　　　금지우야　사이

已矣로다.
이의

통해(通解)

　공자께서 말씀하셨다. "옛적에는 사람들에게 세 가지 병폐가 있었는데 오늘날엔 아마 이것마저 없어진 것 같다. 옛날의 무법자는 자유분방했지만 지금의 무법자는 방탕하고, 옛날의 오만한 사람은 행실이 바르고 절조가 굳었으나 지금의 오만한 사람은 성을 내고 남과 싸우며, 옛날의 어리석은 사람은 우직하였으나 지금의 어리석은 사람은 비굴하게 남을 속일 뿐이다."

■요지 : 옛날에는 광·긍·우의 세 가지 결점이 있었으나 오늘날에는 그마저 없어졌다고 한탄하였다.

어석 · 문법

古者(고자) : 옛적. 옛날.

疾(질) : 나쁜 버릇. 병폐. 경망하다.

今也或是之亡也(금야혹시지무야) : 지금은 아마 이것을 잃어버리게 되었을 것이다. '今也'는 '지금은'의 뜻. '今也'의 '也'는 어세를 강하게 하는 어기조사. '或'은 추측을 표시하는 어기조사. '是之亡'는 '亡是'가 도치됨으로써 구조조사 '之'가 들어간 것. '之'는 우리말 목적격 조사(을/를)의 구실을 한다. '亡也'의 '也'는 추측을 표시하는 어기조사.

狂(광) : 광질. 광자. 무법자. 뜻이 커서 상규를 벗어나는 일을 하는 자. 경망한 사람. 고집쟁이.

肆(사) : 방자하다. 거리낌없이 행동하다. 체면·관습에 얽매이지 않다. 자유분방하다.

蕩(탕) : 방탕하다.

矜(긍) : 자긍심을 가진 사람. 자존가. 오만한 사람. '莊也'(예의범절이 엄정하다) (黃侃)

廉(염) : 염결. 염우(廉隅). '염우'란 '행실이 바르고 절조가 굳다'는 뜻(馬融).

忿戾(분려) : 분노와 투쟁. 성을 내고 남과 싸우다.

今之愚也詐而已矣(금지우야사이이의) : 지금의 어리석음은 속임수일 뿐이다. '也'는 강의의 어기조사. '詐'는 '속이다'의 뜻. '而已矣'는 '~뿐이도다'라는 뜻. 而(접속사) + 已(한정) + 矣(감탄) → 강한 단정.

17-17

子曰 巧言令色이 鮮矣仁이니라.
자 왈 교 언 영 색　　　선 의 인

통해(通解)

공자께서 말씀하셨다. "남의 환심을 사기 위하여 교묘한 말을 하고 얼굴색을 꾸미는 사람 중에는 인한 사람이 드물다."

■요지 : 말이나 얼굴을 꾸미는 사람은 거의 인하지 않다.

어석 · 문법

巧言令色(교언영색) : 남의 환심을 사기 위하여 아첨하는 교묘한 말과 보기 좋게
　　　꾸미는 얼굴 빛.
鮮矣仁(선의인) : 인한 자가 드물다. '仁鮮矣'의 도치형.

17-18

子曰 惡紫之奪朱也하며 惡鄭聲之亂雅樂也하며 惡利口之
자 왈 오 자 지 탈 주 야　　 오 정 성 지 란 아 악 야　　　오 리 구 지

覆邦家者하노라.
복 방 가 자

통해(通解)

공자께서 말씀하셨다. "자주색이 붉은색을 밀어내는 것을 미워하며, 관

능적인 정나라의 음악이 우아한 아악을 어지럽히는 것을 미워하며, 말재주로 나라를 뒤엎는 것을 미워한다."

■ 요지 : 중간색이 정색(正色)을 밀어내고 정성(鄭聲)이 아악을 밀어내는 현실을 비판하고 있다.

어석 · 문법

惡紫之奪朱也(오자지탈주야) : 자주색이 붉은색을 빼앗는 것을 싫어하다. '惡'(오)는 '미워하다'라는 뜻. '之'는 주격을 표시하는 구조조사다. '奪朱'는 붉은색을 빼앗는다는 것. 중간색(혼합색)인 자색(黑赤)이 정색인 주색(赤)을 밀어낸다는 뜻이다. '也'는 단정을 표시하는 어기조사.

鄭聲(정성) : 정나라의 음탕한 음악.

雅樂(아악) : 전아한 정도(正道)의 음악. 아(雅)는 정색임.

利口(이구) : 말재주. 겉만 영리하게 보이는 말. 날카로운 입.

覆(복) : 뒤엎다.

17-19

子曰 予欲無言하노라. 子貢이 曰 子如不言이시면 則小子何
자 왈 여 욕 무 언   자 공   왈 자 여 불 언   즉 소 자 하

述焉이리이꼬. 子曰 天何言哉시리오. 四時行焉하며 百物이
술 언   자 왈 천 하 언 재   사 시 행 언   백 물

生焉하나니 天何言哉시리오.
생 언   천 하 언 재

통해(通解)

　공자께서 말씀하셨다. "나는 말을 하지 않으려고 한다." 자공이 말했다. "선생께서 만일 말씀하지 않으시면 저희들은 무엇을 전술하겠습니까?" 공자께서 말씀하셨다. "하늘이 무슨 말을 하시겠느냐? 사시가 운행되며 만물이 생겨서 자라나지만 하늘이 무슨 말씀을 하시던가?"

■ 요지 : 공자가 제자들을 향하여 구도에 즈음하여 말에만 의지하지 말고 깊은 실천에 생각이 미쳐야 한다고 설명하고 있다.

어석 · 문법

子欲無言(여욕무언) : 나는 말하지 않으려고 한다. '無'는 '不'과 같다.

則(즉) : 가정이나 조건을 나타내는 접속사.

小子(소자) : 공자의 문인들이 스스로 하는 말.

何述焉(하술언) : 도대체 무엇을 말하겠는가? 아무것도 말하지 않는다. '何…焉'은 반어의 구법. '述'은 하나를 근거로 하여 부연하다. 공자의 가르침을 근거로 하여 전술하는 것. '焉'은 반어의 어기조사.

何言哉(하언재) : 도대체 무엇을 말하고 있는 것인가? 아무것도 말하고 있지 않다. 반어의 구법.

四時(사시) : 춘하추동의 사계절.

百物(백물) : 만물.

17-20

孺悲欲見孔子_{어늘} 孔子辭以疾_{하시고} 將命者出戶_{어늘} 取瑟
유비욕현공자   공자사이질   장명자출호   취슬

而歌_{하사} 使之聞之_{하시다.}
이가   사지문지

❦

통해(通解)

　유비가 공자를 뵙고자 했는데 공자께서 병으로써 거절하시고, 명을 전하
는 사람이 문을 나가자 거문고를 타시면서 노래를 하시어 그로 하여금 듣
게 하셨다.

■요지 : 유비의 면회를 거절함으로써 그로 하여금 반성하는 기회를 준 것이다.
　이런 가르침을 불초지교유(不屑之敎誨)라 한다(맹자의 말).

어석 · 문법

孺悲(유비) : 노나라 사람으로 애공의 신하. 공자에게 사상례(士喪禮)를 배웠다.

辭(사) : 사양하다. 거절하다.

將命者(장명자) : 명을 전하는 사람. 사자. '將'은 행하다, 전하다.

使之聞之(사지문지) : 그로 하여금 그것을 듣게 하다. 앞의 '之'는 '孺悲'를 가리
　　키고 뒤의 '之'는 '歌'를 가리킨다.

17-21

宰我問三年之喪이 期已久矣로소이다. 君子三年을 不爲禮
재아문삼년지상　　기이구의　　　　　군자삼년　　불위례

면 禮必壞하고 三年을 不爲樂이면 樂必崩하리니 舊穀이 旣沒
예필괴　　삼년　　불위악　　악필붕　　구곡　기몰

하고 新穀이 旣升하며 鑽燧改火하나니 期可已矣소이다. 子曰
신곡　기승　　찬수개화　　기가이의　　　자왈

食夫稻하며 衣夫錦이 於女에 安乎아. 曰安하이다. 女安則爲
식부도　　의부금　어녀　안호아　왈안　　　여안즉위

之하라 夫君子之居喪에 食旨不甘하며 聞樂不樂하며 居處不
지　　부군자지거상　　식지불감　　문악불락　　거처불

安故로 不爲也하나니 今女安則爲之하라. 宰我出커늘 子曰
안고　불위야　　금녀안즉위지　　재아출　　자왈

予之不仁也여. 子生三年然後에 免於父母之懷하나니 夫三
여지불인야　자생삼년연후　면어부모지회　　부삼

年之喪은 天下之通喪也니 予也有三年之愛於其父母乎아.
년지상　천하지통상야　여야유삼년지애어기부모호

통해(通解)

재아가 말했다. "삼 년의 복상은 일 년이라도 너무 깁니다. 군자가 삼 년
동안 예를 행하지 아니하면 예가 반드시 무너지고, 삼 년 동안 음악을 연주
하지 않으면 음악이 반드시 무너질 것입니다. 묵은 곡식이 이미 없어지고
햇곡식이 이미 상에 오르며, 불씨를 만드는 나무도 바뀌었으니, 일 년이면
복(服) 입기를 그만둠직합니다." 공자께서 말씀하셨다. "저 쌀밥을 먹으며
저 비단옷을 입는 것이 너에게는 편안하냐?" 재아가 말했다. "편안합니다."
그러자 공자께서 말씀하셨다. "네가 편안하면 그렇게 하거라. 군자는 상중

에 있을 때엔 맛있는 음식을 먹어도 달지 않으며, 음악을 들어도 즐겁지 않으며, 거처함이 편안하지 않기 때문에 그렇게 하지 않는 것인데 이제 네가 편안하면 그렇게 하거라." 재아가 나가자 공자께서 말씀하셨다. "재아의 어질지 못함이여! 자식이 태어나서 삼 년이 지난 뒤에야 부모의 품을 벗어나게 된다. 대체로 삼 년의 상은 천하의 공통된 상례인데 재여는 삼 년의 사랑을 그 부모에게서 받은 일이 있었던가?"

■요지 : 공자가 삼 년의 복상 기간이 길지 않느냐는 재아의 물음에 삼 년의 사랑을 부모에게서 받은 정을 생각하면 무엇이 기냐고 가르친 것이다.

어석 · 문법

宰我(재아) : 공자의 제자. 姓은 宰, 名은 予(여), 字가 子我. 말재주가 뛰어났음.

三年之喪(삼년지상) : 3년간 복상(服喪)하는 것.

期已久矣(기이구의) : 기간(만 1년, 만 27개월)이 끝났다, 기간이 이미 오래되었다, 기간이 너무 길다 등 여러 가지로 해석될 수 있다.

鑽燧改火(찬수개화) : 나무를 마찰시켜 불씨를 바꾸다. '鑽'(찬)은 나무를 마찰시키다. '燧(수)'는 불을 일으키는 데 쓰는 나무. 계절마다 쓰는 나무의 종류가 달랐다고 한다. '개화'는 나무를 바꾸어 새 불씨 얻는 것을 말한다. 봄에는 느릅나무와 버드나무(푸른색), 여름에는 대추나무와 살구나무(붉은색), 늦여름엔 뽕나무와 산뽕나무(노란색), 가을엔 떡갈나무와 줄참나무(흰색), 겨울엔 회나무와 박달나무(검은색) 등을 썼다.

期可已矣(기가이의) : 일주기가 되면 그만둘 수 있다. 일주기가 되면 끝내도 좋다. '已矣'는 단정을 표하는 어기조사.

食夫稻(식부도) : 저 쌀밥을 먹다. '夫'는 지시대명사 그, 저.

爲之(위지) : 그것을 행하다. '之'는 일주기.

夫君子之居喪食旨不甘(부군자지거상식지불감) : 대저 군자가 상중에 있으면 맛있는 음식을 먹어도 달지 않다. '之'는 주격을 나타내는 구조조사. '夫'는 발어사로, '대저, 무릇'의 뜻.

予之不仁也(여지불인야) : 재여(子我)의 인하지 못함이여. '也'는 감탄을 표시하는 어기조사.

予也有三年之愛於其父母乎(여야유삼년지애어기부모호) : 재여는 삼 년 동안 그 부모에게서 사랑받은 일이 있었는가? '也'는 주어를 제시하는 어기조사. '於'는 피동의 주체를 표시하는 전치사. '乎'는 의문을 표하는 어기조사.

17-22

子曰 飽食終日하여 無所用心이면 難矣哉라. 不有博奕者乎아.
자 왈 포 식 종 일　　　무 소 용 심　　　난 의 재　　　불 유 박 혁 자 호

爲之猶賢乎已니라.
위 지 유 현 호 이

통해(通解)

공자께서 말씀하셨다. "배불리 먹고 하루 종일 마음을 쓸 곳이 없다면 진실한 인간이 되기 어렵다. 장기나 바둑이 있지 않느냐? 그것을 하는 것이 오히려 아무것도 하지 않는 것보다 나을 것이다."

■요지 : 한거(閑居)하여 마음을 쓸 일이 없는 폐를 지적한 말이다.

어석 · 문법

飽食終日(포식종일) : 배불리 먹고 하루를 보낸다.

無所用心(무소용심) : 마음을 쓸 곳이 없다.

難矣哉(난의재) : 곤란하도다. 어렵도다. '矣哉'는 감탄의 어기를 표시하는 어기조사.

博奕(박혁) : '博'은 국희(局戲, 장기나 주사위 놀이), '奕'은 위기(圍碁, 바둑을 두는

일). 결국 장기나 바둑.

猶賢乎己(유현호이) : 오히려 그만두는 것보다 현명하다. '乎'는 비교의 뜻을 나
　　　타내는 전치사로 '於'와 같다.

17-23

子路曰 君子尙勇乎이까. 子曰 君子義以爲上이니 君子有勇
자 로 왈　군 자 상 용 호　　　　자 왈　군 자 의 이 위 상　　　　군 자 유 용

而無義면 爲亂이요 小人이 有勇而無義면 爲盜니라.
이 무 의　　위 란 이요　소 인　　유 용 이 무 의　　위 도

통해(通解)

　　자로가 말했다. "군자도 용맹을 숭상합니까?" 공자께서 말씀하셨다. "군
자는 의를 덕의 으뜸으로 삼는다. 군자가 용맹만 있고 의가 없으면 문란한
짓을 하고, 소인이 용맹만 있고 의가 없으면 도적질을 할 것이다."

■요지 : 군자는 용기가 있어야 하지만 의도 필요하다고 자로에게 가르쳤다.

어석 · 문법

尙(상) : 숭상하다.

義以爲上(의이위상) : 의로써 으뜸을 삼는다. '義以'는 以義의 도치형. '爲'는 '삼
　　　다, 만들다'라는 뜻.

勇(용) : 용기. 용맹성.

義(의) : 정의. 대의.

爲亂(위란) : 문란한 짓을 하다. '亂'은 반란. 문란한 짓. '爲'는 '행하다'라는 의미.

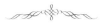
子貢이 曰 君子亦有惡乎이까. 子曰 有惡하니 惡稱人之惡者하
자공 왈 군자역유오호   자왈 유오   오칭인지악자

며 惡居下流而訕上者하며 惡勇而無禮者하며 惡果敢而窒者
오거하류이산상자   오용이무례자   오과감이질자

니라. 曰 賜也 亦有惡乎아. 惡徼以爲知者하며 惡不孫以爲勇
왈 사야 역유오호   오요이위지자   오불손이위용

者하며 惡訐以爲直者하노이다.
자   오알이위직자

통해(通解)

자공이 말했다. "군자도 또한 미워하는 것이 있습니까?" 공자께서 말씀하
셨다. "미워하는 것이 있다. 다른 사람의 나쁜 점을 말하는 사람을 미워하
며, 아래 있으면서 윗사람을 비방하는 사람을 미워하며, 용맹만 있고 예가
없는 사람을 미워하며, 과감하기만 하고 융통성이 없는 사람을 미워한다."
또 공자께서 말씀하셨다. "사야, 너도 또한 미워하는 것이 있느냐?" 자공이
말했다. "엿보아 살피는 것을 가지고 안다고 여기는 사람을 미워하며, 공손
하지 못한 것을 가지고 용감하다고 여기는 사람을 미워하며, 남의 비밀을
들추어내는 것을 가지고 솔직하다고 여기는 사람을 미워합니다."

■ 요지 : 군자는 도리에 비추어보아 미워할 만한 사람을 미워한다고 하며, 바른
태도를 가지는 것이 중요하다는 것을 네 가지의 예를 가지고 교도하고 있다.

어석 · 문법

有惡(유오) : 미워하는 것이 있다.

稱人之惡(칭인지악) : 타인의 결점을 떠들어대는 것. '稱'은 '떠들어대다'라는 말

(주자).

居下流而訕上(거하류이산상) : 밑에 있으면서 윗사람을 헐뜯다. '下流'는 하위,
　　밑. '而'는 순접접속사. '산상(訕上)'은 자기보다도 신분이 높은 사람을 헐
　　뜯는 것이다.

果敢(과감) : 마음껏 스스로 나아가 일을 이루는 것.

窒(질) : 막히다. 닫다. 사물의 도리에 통하지 않는 것.

徼以爲知(요이위지) : 엿보아 살피는 것을 지혜롭다고 여기다. '徼以'는 '以徼'의
　　도치형. '요(徼)'는 '엿보아 살피다, 남의 생각이나 동정 등을 사심으로 엿
　　보다, 남의 눈을 속여 훔치다, 표절하다' 등의 뜻을 갖고 있다. '知'는 '智'
　　와 같다.

不孫(불손) : '不遜'과 같다. 윗사람을 범하고 존귀한 사람을 업신여기며 오만한
　　것.

訐以爲直者(알이위직자) : 남의 비밀을 들추어내고 자신만이 정직한 사람이라고
　　하는 자를 말한다. 줄여서 '알직(訐直)'이라 한다. '訐'은 '남의 비밀을 들추
　　어내다'라는 말.

17-25

子曰 唯女子與小人이 爲難養也니 近之則不孫하고 遠之則怨
자 왈 유 여 자 여 소 인　　위 난 양 야　　근 지 즉 불 손　　　원 지 즉 원
이니라.

통해(通解)

　공자께서 말씀하셨다. "오직 여자와 소인은 다루기가 어렵다. 그들을 가
까이하면 공손하지 않고 그들을 멀리하면 원망한다."

■요지 : 여자와 소인은 대우하기가 어렵다는 것.

어석 · 문법

爲難養也(위난양야) : 다루기가 어렵다고 한다. '養'은 기르다. 대우하다. 다루다. '也'는 설명 또는 단정의 어기를 나타내는 어기조사다.

孫(손) : 공손하다.

怨(원) : 원망하다.

17-26

子曰 年四十而見惡焉이면 其終也已니라.
자 왈　연 사 십 이 견 오 언　　기 종 야 이

통해(通解)

공자께서 말씀하셨다. "나이 사십이 되어서도 미움을 받으면 아마도 모든 것이 끝난 것일 뿐이다."

■요지 : 불혹의 나이가 되어도 남에게 미움을 받지 않으려면 수업(修業)을 해야 한다는 것이다.

어석 · 문법

見惡(견오) : 미움을 당하다. '見'은 피동(수신)을 나타낸다.

其(기) : 아마. 추측을 나타내는 부사.

也已(야이) : 강한 단정을 표시하는 어기조사.

제18편

미자 微子

미자편에는 성인과 현인들에 대한 기록이 많다.
공자의 전기(傳記)도 볼 수 있다.
또한 접여, 장저, 걸닉 등 숨어 살았던 은자들과
공자를 대비하여 보여주는 부분이 눈길을 끈다.

18-1

微子는 去之하고 箕子는 爲之奴하고 比干은 諫而死하니라.
미 자　거 지　　기 자　위 지 노　　비 간　간 이 사

孔子曰 殷有三仁焉하니라.
공 자 왈 은 유 삼 인 언

❧

통해(通解)

　미자는 그(주왕)를 떠났고 기자는 그의 종이 되었고 비간은 간하다 죽었다. 공자께서 말씀하셨다. "은나라에는 세 사람의 어진이가 있었다."

■ 요지 : 은나라에는 주왕의 폭정에 항거한 미자, 기자, 비간의 세 인자가 있었다는 것.

어석 · 문법

微子(미자) : 미국(微國)의 군주로 은 최후의 왕인 주왕의 서형(庶兄). 주왕의 무도로 나라를 떠나 주왕조로 가서 은의 조상을 제사하고 은의 혈통을 남겼다.

箕子(기자) : 기국(箕國)의 군주로 주왕의 백부. 주왕을 간했으나 붙잡혀 정신병자라고 속이고 노예가 되었다. 주에 패한 은의 황폐한 수도를 방문하여 '맥수(麥秀)의 노래'를 지었다.

爲之奴(위지노) : 그의 종이 되다. '之'는 주왕을 가리킨다.

比干(비간) : 주왕의 제부(諸父, 아버지의 형제). 성인(聖人)의 가슴에 난 7개의 구멍을 보자고 칭하고 그의 가슴을 베어 죽였다.

18-2

柳下惠爲士師하여 三黜이어늘 人이 曰 子未可以去乎
유 하 혜 위 사 사　　　　삼 출　　　　인　　왈　자 미 가 이 거 호

아. 曰直道而事人이면 焉往而不三黜이며 枉道而事人이면
　　왈 직 도 이 사 인　　언 왕 이 불 삼 출　　　왕 도 이 사 인

何必去父母之邦이리오.
하 필 거 부 모 지 방

통해(通解)

　유하혜가 사사(士師)가 되어 세 차례나 쫓겨나자 어떤 사람이 말했다. "그대는 아직 떠나갈 수 없습니까?" 유하혜가 말했다. "도를 바르게 하여 사람을 섬기면 어딜 가더라도 세 번 쫓겨나지 않겠으며 도를 굽혀서 사람을 섬기면 어찌 반드시 부모의 나라를 떠날 필요가 있겠습니까?"

■요지 : 유하혜는 세 번이나 면직이 되었으나 자신은 정도로써 임금을 섬겼으므로 그에 개의치 않고 노나라를 떠나지 않겠다는 것이다.

어석 · 문법

柳下惠(유하혜) : 노나라의 현대부. 姓은 展, 名은 獲, 字는 禽, 惠는 그의 시호. 柳下는 식읍(?). 세 번 벼슬에서 쫓겨나도 원망하지 않고 세 번 벼슬에 올라도 기뻐하지 않아 遺佚而不怨(유일이불원, 세상이 버려두어도 원망하지 않는다)하는 사람이라는 평을 받았다고 한다(『맹자』 「공손축편」).

士師(사사) : 典獄(재판관). '士'는 형관, '師'는 그 장.

三黜(삼출) : 몇 번이나 쫓겨나다.

直道而事人(직도이사인) : 도를 곧게 하여 자기가 행한 도로 남을 섬기다. '而'는 순접. '事人'은 남을 섬김.

焉往不三黜(언왕불삼출) : 어디를 가더라도 세 번은 면직된다. '焉 ～不'은 '어찌 ～하지 않겠는가?'라는 반어의 구법. 어찌 세 번 네 번 면직되지 않겠는가?

枉道(왕도) : 굽혀 남에게 아부하는 것. '왕'(枉)은 '直'(직)의 반대.

何必去父母之邦(하필거부모지방) : 어찌 부모의 나라를 떠날 수 있겠는가? 떠날 수 없다. 반어의 구법.

18-3

齊景公이 待孔子曰 若季氏則吾不能이어니와 以季孟之間으로
제 경 공   대 공 자 왈 약 계 씨 즉 오 불 능   이 계 맹 지 간

待之호리라 하고 曰吾老矣라. 不能用也라 한대 孔子行하시다.
대 지   왈 오 노 의 불 능 용 야   공 자 행

통해(通解)

제경공이 공자를 대우하여 말했다. "노나라 임금이 계씨를 대우하는 것 같이 내가 당신을 대우할 수는 없으나 상경인 계씨와 하경인 맹씨 중간 정도로 당신을 대우하겠소." 현자(賢者) 안영(晏嬰)이 반대하자 다시 말했다. "내가 늙어서 원대한 정치를 하는 선생을 등용할 수 없소이다." 그러자 공자께서 떠나셨다.

■ 요지 : 경공(景公)이 등용할 마음을 번복하자 공자는 곧 떠나갔다는 것.

어석 · 문법

景公(경공) : 제나라 임금(기원전 549~545)

待(대) : 기다리다. 대우하다.

季孟之間(계맹지간) : 상경(上卿)인 계씨와 하경인 맹씨 중간 정도의 대우. 후한
　　대우.
吾老矣(오노의) : 내가 늙었다. '矣'는 단정을 표하는 어기조사.

18-4

齊人이 歸女樂이어늘 季桓子受之하고 三日不朝한대 孔子行하
제 인　귀 여 악　　　　계 환 자 수 지　　　　삼 일 불 조　　　　곰 자 행

시다.

통해(通解)

　제나라 사람이 노나라를 타락시키려고 여자 악사를 보내오자 계환자가
이를 받아들여 여악에 정신이 빠져 사흘 동안 조회를 열지 않았다. 그러자
공자께서 떠나가셨다.

■요지 : 제인(齊人)이 여악을 보내 계환자를 유혹하자 공자가 떠났다는 것.

어석·문법

歸(귀) : 선사하다. 선물하다.
女樂(여악) : 여자 악공. 미녀 가무단 80명.
季桓子(계환자) : 노나라의 대부. 名은 斯.

18-5

楚狂接輿歌而過孔子曰 鳳兮鳳兮여 何德之衰오. 往者는
초 광 접 여 가 이 과 공 자 왈 봉 혜 봉 혜   하 덕 지 쇠   왕 자

不可諫이어니와 來者는 猶可追니 已而已而어다. 今之從政
불 가 간   내 자 는 유 가 추   이 이 이 이   금 지 종 정

者殆而니라. 孔子下하사 欲與之言이러시니 趨而辟之하니
자 태 이   공 자 하   욕 여 지 언   추 이 피 지

不得與之言하시다.
부 득 여 지 언

통해(通解)

초나라의 광인 접여가 노래를 부르며 공자 앞을 지나가면서 말했다. "봉황이여! 봉황이여! 어찌하여 그대의 덕이 이리도 쇠했는가? 지나간 것은 아무리 간해도 돌이킬 수 없지만 앞으로 다가오는 일은 오히려 따를 수 있을 것이니. 그만둘지어다, 그만둘지어다! 오늘날 정치를 하는 사람들은 위태롭다." 공자께서 수레에서 내리시어 그와 더불어 말하고자 하셨으나 그가 빨리 달아나 피하므로 그와 함께 이야기를 나눌 수 없으셨다.

■ 요지 : 난세에 정치에 종사하는 것은 위험하다고 은자가 말하고 사라졌다는 것.

어석·문법

楚狂接輿(초광접여) : 초나라 사람으로 미친 척하며 천하의 무도를 개탄한 은자.
      姓은 陸, 名은 通, 接輿는 그의 字.

鳳(봉) : 영조(靈鳥). 천하에 도가 있으면 나타나고 없으면 숨는다고 함. '鳳'은 수컷이고, '凰'은 암컷. 여기서는 공자를 비유함.

兮(혜) : '~여'. 감탄을 나타내는 어기조사.

不可諫(불가간) : 간하여 고칠 수 없다. 돌이킬 수 없다.

加追(가추) : 따라갈 수 있다. 결코 늦지 않다는 뜻이다.

已而(이이) : 그만두어라. 말아라. '而'는 어말(語末)을 강조하는 어기조사.

殆而(태이) : 위태롭도다. '而'는 감탄의 어기조사.

辟之(피지) : 그를 피하다. '辟'는 '避'와 같다. '之'는 공자를 가리킨다.

18-6

長沮桀溺이 耦而耕이어늘 孔子過之하실새 使子路로 問津焉
장 저 걸 닉   우 이 경   공 자 과 지   사 자 로   문 진 언

하신대 長沮曰 夫執輿者爲誰오. 子路曰 爲孔丘시니라. 曰 是
      장 저 왈 부 집 여 자 위 수   자 로 왈 위 공 구   왈 시

魯孔丘與아. 曰 是也시니라. 曰 是知津矣니라. 問於桀溺한
노 공 구 여   왈 시 야   왈 시 지 진 의   문 어 걸 닉

대 桀溺이 曰 子爲誰오. 曰 爲仲由로라. 曰 是魯孔丘之徒與
   걸 닉   왈 자 위 수   왈 위 중 유   왈 시 노 공 구 지 도 여

아. 對曰然하다. 曰 滔滔者 天下皆是也니 而誰以易之리오.
   대 왈 연   왈 도 도 자 천 하 개 시 야   이 수 이 역 지

且而與其從辟人之士也론 豈若從辟世之士哉리오 하고 耰而
차 이 여 기 종 피 인 지 사 야   기 약 종 피 세 지 사 재   우 이

不輟하더라. 子路行하여 以告한대 夫子憮然曰 鳥獸는 不可
불 철   자 로 행   이 고   부 자 무 연 왈 조 수   불 가

與同群이니 吾非斯人之徒與요 而誰與리오. 天下有道면
여 동 군   오 비 사 인 지 도 여   이 수 여   천 하 유 도

丘不與易也니라.
구 불 여 역 야

통해(通解)

　장저와 걸닉 두 사람이 나란히 밭을 가는데 공자께서 그들이 있는 곳을 지나시다가 자로에게 나루터를 묻게 하셨다. 장저가 물었다. "저 수레의 말 고삐를 잡은 사람이 누굽니까?" 자로가 말했다. "공자이십니다." 또 장저가 물었다. "이 사람이 노나라의 공구이십니까?" 자로가 말했다. "그렇습니다." 장저가 말했다. "이 사람은 나루터를 아실 것입니다." 자로가 이번에는 걸닉에게 물어보자 걸닉이 말했다. "그대는 누구십니까?" "중유입니다." 하니 걸닉이 물었다. "노나라 공구의 제자입니까?" 중유가 대답하였다. "그렇습니다." 그러자 걸닉이 말했다. "도도하게 흘러가는 홍수처럼 온 천하가 이 모양으로 혼탁한데 누구와 함께 이 세상을 바꾸겠다는 것이오? 또 그대가 사람을 피하는 인사를 따르는 것보다는 어찌 세상을 피하는 인사를 따르는 것이 낫지 않겠소?" 하면서 곰방메로 씨앗에 흙덮기를 그치지 않았다. 자로가 가서 고하니 부자께서는 실의에 차서 이렇게 말씀하셨다. "조수와 함께 무리지어 살 수 없다면 내가 이 사람의 무리와 함께 살지 않고 누구와 함께 살겠는가? 천하에 도가 있다면 내가 함께 고치려고 하지 않았을 것이다."

- ■요지 : 공자가 난세를 구제하려고 하여 천하 국가를 주유하고 있었을 때, 은자인 장저, 걸닉을 만나 배를 건널 곳을 물었으나 가르쳐주지 않아 개연히 자기는 바른 도를 실현하며, 인간과 함께 살아가고 싶다고 하는 뜻을 말하고 있다.

어석·문법

長沮桀溺(장저걸닉) : 두 사람 다 은인. 세상을 버린 자.

耦而耕(우이경) : 두 사람이 나란히 밭을 갈고 있다. '耦'는 나란히 하다.

過之(과지) : 그들의 옆을 지나가다. '之'는 '長沮 桀溺'을 가리키는 대명사.

使子路問津焉(사자로문진언) : 문인인 자로로 하여금 나루터가 있는 곳을 묻게 하다. '使'는 '~로 하여금 ~하게 하다'의 재역한자. 사역문을 만드는 동사. 사역하는 사람은 '使' 위에 있고 사역을 당하는 사람은 '使' 다음에 있

다. '爲'은 단정을 표시하는 어기조사.

夫執輿者爲誰(부집여자위수) : 저 수레 위에 말고삐를 잡고 있는 사람은 누구입니까? '夫'는 저. '輿'는 수레, '執'은 잡다, '爲誰'는 '누구입니까?'라는 뜻.

爲孔丘(위공구) : 공자이다. 이름을 말한 것은 타인에 대한 존경 때문이다.

특수 연구 29 – '爲'의 용법

'爲'는 다양한 의미를 가진 동사로 쓰이며 때로는 개사나 어기조사로도 쓰이므로 주의해야 한다.

1. 동사로 쓰일 때

　1) '하다, 행하다'

　　爲富不仁矣(치부를 하면 인하지 않다.)

　　爲政以德(정사를 행하기를 덕으로써 하다.)

　2) '～되다', '～로 되다'

　　我爲楚將(나는 초나라의 장수가 되었다.)

　　變沙漠爲良田(사막이 변하여 좋은 밭이 되었다.)

　　一分爲二(하나가 나뉘어 둘로 되다.)

　3) '만들다', '만들어내다', '꾸미다', '낳다'

　　爲蛇足者終亡其酒(뱀의 발을 만든 자는 마침내 그 술을 잃었다.)

　4) '이다' : 영어의 계사(繫辭) 같은 것이다.

　　子爲誰曰爲仲由(그대는 누구인가? 대답하기를 '중유입니다.')

　5) '당하다'

　　皆者爲殺戮(모든 이가 살육을 당했다.)

　　我爲魚肉(나는 참살당할 운명이다.)

　6) '다스리다'

　　爲國(나라를 다스리다.)

　　爲民(백성을 다스리다.)

2. 개사로 쓰일 때는 '위하여, 때문에'란 이유나 목적을 나타낸다.

　　爲人謀而不忠乎(남을 위하여 꾀하되 성실했는가?)

女爲何不來(너는 무엇 때문에 오지 않는가?)

3. 명사로 쓰일 때는 '소위, 소행, 행동, 짓'을 나타낸다.

其爲近婦人(그 행위는 부인에 가깝다.)

是魯孔丘與(시노공구여) : 이는 노나라 공구입니까? '是'는 '孔丘'를 가리키는 대
　　명사. '與'는 의문을 나타내는 어기조사.

是知津矣(시지진의) : 공구라면 나루터를 알고 있을 것이다. '矣'는 단정을 표하
　　는 어기조사.

滔滔者(도도자) : 개울이 흐르는 모양. 수세가 도도하다. 천하가 어지러운 것의
　　비유.

天下皆是也(천하개시야) : 온 천하가 다 이러하다(어지럽다). '是'는 '滔滔者'를 가
　　리키는 대명사.

誰以易之(수이역지) : 누구와 함께 천하의 혼란을 변역할 것인가? '誰'는 의문대
　　명사. '以'는 '共'(공)과 같다. '之'는 천하를 가리킨다.

子爲誰(자위수) : 그대는 누구입니까? '子'는 자로.

徒與(도여) : 제자입니까? '徒'는 제자, 門人. '與'는 의문을 나타내는 어기조사.

且而(차이) : 또 너. '而'는 너, 자로를 가리킴.

與其從辟人之士豈若從辟世之士哉(여기종피인지사기약종피세지사재) : 그 사람
　　을 피하는 인사를 따르기보다는 세상을 피하는 인사를 따르는 것이 어찌
　　낫지 않겠는가? '與其'는 '그 ~하기보다는'이라는 뜻의 비교를 나타내는
　　접속사. '其'는 막연하게 '그, 저' 정도의 뜻을 나타내는 대명사. '辟'(피)는
　　'避'와 같다. '辟人之士'는 무도한 군주를 피하는 선비 곧 공자를 가리킨
　　다. '豈若 ~乎'는 '어찌 낫지 않으리오? 또는 어찌 미치리오?'의 뜻을 가
　　진 반어형의 구다. '豈若'은 '不若, 不如, 豈如, 孰若, 孰如' 등과 같이 쓰
　　인다. 결국 같지 않다, 또는 미치지 못한다는 뜻이다. '若'은 '如'와 같지만
　　'미치다, 필적하다. ~할 만하다, 어깨를 나란히 하다'라는 뜻을 가지고 있
　　다. '從辟世之士'는 세상을 버리고 숨어 사는 인사 곧 장저 · 걸닉을 가리
　　키는 말이다. '與其A也, 豈若~B哉'는 '그 A하기보다는 어찌 B를 하지 않

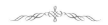

는가?' 곧 'A보다는 차라리 B 쪽이 낫다'는 뜻이 된다. A는 B에 미치지 못한다(不若). A보다 B가 더 낫다.

특수 연구 30 – 비교 선택

【 與其 + 不與·孰·若·寧 】

1. 與其 A, 不如 B — 그 A하기보다는 B하는 쪽이 낫다.

   與其生而無義固不如烹(그 살아서 정의를 잃는 것보다는 무론(毋論) 팽당하는 쪽이 좋다.)

2. 與其 A, 孰·若 B — 그 A하기보다는 B하는 쪽이 낫다.

   與其有譽於前 孰無毀於其後(그 생전에 명예를 받는 것보다는 죽은 뒤에 비난을 받지 않는 쪽이 낫다.)

3. 與其 A, 寧 B – 그 A하기보다는 차라리 B하는 쪽이 낫다.

   禮與其奢也寧儉 (儀禮는 그 사치하기보다는 차라리 검소한 편이 낫다.)

耰而不輟(우이불철) : 뿌린 씨앗을 덮는 일을 그치지 않는다. '耰'는 뿌린 씨앗에 흙을 덮는 것, 곧 부종(覆種). '輟'은 '止'와 같다. 그만두다. 그치다.

子路行以告(자로행이고) : 자로가 돌아가서 고하다. '以'는 '而'와 같은 순접.

夫子憮然(부자무연) : 공자는 맥이 풀리다. 실망하다. 창연(悵然)하다.

鳥獸不可與同群(조수불가여동군) : 새나 짐승과는 함께 무리지어 살 수 없다. '與'는 '함께'(共)라는 부사. 은자를 조수에 비긴 것이다.

吾非斯人之徒與(오비사인지도여) : 나는 이러한 (조수가 아닌) 인간들과 함께하지 않는다. '斯人'은 이 세상 사람들. '與'는 '함께하다'라는 동사.

誰與(수여) : 누구와 함께하겠는가? '與'는 '함께하다'라는 동사.

丘不與易也(구불여역야) : 나는 세상을 함께 개혁하려고 하는 것은 아니다. '구'는 공자. '역'은 고치다, 바꾸다. 개혁하다. '여'는 '함께'라는 부사.

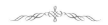

18-7

子路從而後러니 遇丈人이 以杖荷蓧하여 子路問曰 子見夫
자로종이후　　　우장인　　이장하조　　　자로문왈　가견부

子乎아. 丈人이 曰 四體를 不勤하며 五穀을 不分하나니 孰爲
자호　　장인　왈 사체　불근　　오곡　불분　　　　숙위

夫子오 하고 植其杖而芸하더라. 子路拱而立한대 止子路宿하
부자　　　　식기장이운　　　자로공이입　　　지자로숙

여 殺鷄爲黍而食之하고 見其二子焉이어늘 明日에 子路行
　살계위서이사지　　　현기이자언　　　　명일　　자로행

하여 以告한대 子曰隱者也로다 하시고 使子路로 反見之하시니
　이고　　자왈은자야　　　　　　사자로　　반견지

至則行矣러라. 子路曰 不仕無義하니 長幼之節을 不可廢也
지즉행의　　　자로왈 불사무의　　　장유지절　　불가폐야

니 君臣之義를 如之何其廢之리오. 欲潔其身而亂大倫이로다.
　군신지의　　여지하기폐지　　　욕결기신이란대륜

君子之仕也는 行其義也니 道之不行은 已知之矣시니라.
군자지사야　　행기의야니　도지불행　　이지지의

통해(通解)

　자로가 공자를 따라가다 뒤처진 적이 있었다. 그때, 지팡이를 사용하여
대삼태기를 멘 노인을 만났다. 자로가 물어보았다. "노인께서는 우리 선생
님을 보셨습니까?" 노인이 "수족을 부지런히 움직여 일을 하지도 못하며 오
곡도 분별하지 못하는데 그런 인간을 누가 선생이라 한단 말이오?" 하고 말
하고 그 지팡이를 땅에 꽂아놓고 김을 매었다. 자로는 공손히 두 손을 마
주잡고 서 있었다. 그러자 그는 자로를 머물러 일박을 하게 하여 닭을 잡
고, 기장밥을 지어 먹이고, 두 아들을 만나보게 하였다. 이튿날 자로가 가

서 공자께 고하니, 공자께서 "은자로구나." 하고 말씀하시고 자로에게 돌아가 그를 만나보라 하셨다. 자로가 다시 가보니 노인은 이미 떠나가버렸다. 자로는 두 사람의 아들에게 이렇게 말했다. "출사하지 않는 것은 의롭지 않은 것이다. 어른과 아이의 예절도 폐지할 수 없는데 하물며 군신의 의를 어찌 폐할 수 있겠는가? 그것은 자기를 깨끗이 하고자 하려다가 대륜을 어지럽히는 것이다. 군자가 벼슬을 사는 것은 자기의 의를 행하는 것이다. 지금 세상에 도가 행해지지 않는다고 하는 것을 그대들 부친께서도 이미 알고 계셨을 것이다."

■ 요지 : 공자가 세상에 나와서 벼슬하고자 하는 것은 인간이 행해야 할 바른 도를 실현하기 위해서이고, 은자가 고독하게 세상을 피하여 자기만의 몸을 깨끗하게 지내는 것과는 전연 다르다고 말하고 있다.

어석 · 문법

從而後(종이후) : 따라가다가 뒤에 처지다. '而'는 순접.

丈人(장인) : 지팡이를 사용하는 사람이라는 의미로 노인이다. 장로.

篠(조) : 대나무로 만든 흙을 운반하는 기구. 대삼태기.

子(자) : '당신'의 존칭.

見夫子乎(견부자호) : 우리 선생님을 보셨습니까? '乎'는 의문의 어기조사.

四體不勤(사체불근) : 몸을 움직여 일을 하지 않다. '四體'는 양수양족.

五穀不分(오곡불분) : 오곡의 구별도 알지 못하다. 오곡을 나눠 심다. 오곡은 벼, 보리, 콩, 조, 기장. '分'을 '씨를 뿌리다'로 보는 설도 있다.(『정의』)

孰爲(숙위) : 도대체 누구를 ~라 하는 것인가?

植杖(식장) : '杖'은 지팡이를 꽂아 세워놓다.

芸(운) : 제초. 김을 매다.

拱(공) : 두 손을 마주 잡다. 공수(拱手)하다. 길사에는 왼손을 위로 하고 흉사에는 오른손을 위로 한다.

爲黍(위서) : 기장으로 밥을 짓다.

見其二子焉(현기이자언) : 그의 두 아들을 그에게 뵈이다. '焉'은 '於是'와 같다. 곧 '이(자로)에게'.

隱者(은자) : 세상을 피하여 조용하게 살아가는 사람.

使子路反見之(사자로반견지) : 자로로 하여금 노인을 만나게 하다.

至則行矣(지즉행의) : 가보니 노인은 없었다. '矣'는 단정을 표시하는 어기조사.

不仕無義(불사무의) : 출사하지 않으면 군신의 의가 없다.

長幼之節(장유지절) : 장유의 순서를 지키다.

如之何其廢之(여지하기폐지) : 도대체 어떻게 그것을 버릴 수가 있으리오? 버릴 수 없다. 반어의 구법. '其'는 강의의 어기조사.

大倫(대륜) : 군신의 도. 군신 간의 의리.

君子之仕也行其義也(군자지사야 행기의야) : 군자가 벼슬에 나아가는 것은 그의 의리를 행하는 것이다. '之'는 주격을 나타내는 구조 조사다. '仕也'의 '也'는 주어의 제시를 표시하는 어기조사이고, '義也'의 '也'는 단정의 어기조사.

已知之矣(이지지의) : 이미 그것을 알고 있었다. '之'는 '道之不行'을 가리킨다. '矣'는 단정의 어기조사. '知'는 그 주체가 자로라면 '알고 있었다'로 새기고, 은자(노인)나 공자라면 '알고 계셨다'로 새겨야 할 것이다. 선인들이 토를 '시니라'로 단 것에 유의하면 후자로 해석해야 옳을 것 같다.

逸民은 伯夷와 叔齊와 虞仲과 夷逸과 朱張과 柳下惠와 少連
일민　백이　숙제　우중　이일　주장　유하혜　소련

이니라. 子曰 不降其志하며 不辱其身은 伯夷叔齊與인저. 謂
　　　자왈 불강기지　　불욕기신　백이숙제여　　위

柳下惠少連하사대 降志辱身矣나 言中倫하며 行中慮하니
유하혜소련　　강지욕신의　언중륜　행중려

其斯而已矣니라. 謂虞仲夷逸하사대 隱居放言하나 身中淸하며
기사이이의　위우중이일　은거방언　신중청

廢中權이니라. 我則異於是하여 無可無不可호라.
폐중권　아즉이어시　무가무불가

통해(通解)

　인격이 뛰어났지만 숨어서 산 현인은 백이 · 숙제 · 우중 · 이일 · 주장 · 유하혜 · 소련이다. 공자께서 말씀하셨다. "자기의 뜻을 굽히지 않고 자기의 몸을 욕되게 하지 않은 이는 백이와 숙제일 것이다." 그리고 유하혜와 소련에 대하여 평하셨다. "뜻을 굽히고 몸을 욕되게 하였으나 자기의 발언이 도리에 맞고 그의 행위도 사려에 맞았으니, 아마 이렇게 했을 따름이다." 또 우중과 이일에 대해서도 평하셨다. "세상을 피하여 숨어 살며 말을 함부로 했으나 몸가짐을 깨끗하게 했고, 세상을 버린 것이 권도에 맞았다. 그러나 나의 경우는 이들과 다르다. 상식과 중용을 따를 뿐, 꼭 어떤 일을 해야 한다는 것도 없고 또 어떤 일을 해서는 안 된다고 하는 것도 없다."

■요지 : 공자는 숨어 살던 현인 7명의 인물을 평하고 자신은 이들처럼 하나의 입장만 고집하지 않고 중용의 길을 가겠다고 천명하고 있다.

어석 · 문법

逸民(일민) : 절행이 뛰어나나 숨어 사는 현인(『집해』).

虞仲(우중) : 주나라를 버린 태백의 아우 중옹(仲雍)이라고도 하고 중옹의 증손
　　　이라고도 한다. 불명.

夷逸(이일) : 미상.

朱張(주장) : 미상.

少連(소련) : 동이(東夷) 사람.

柳下惠(유하혜) : 노나라 대부.

不降其志(불강기지) : 그 뜻을 굽히지 않다.

不辱其身(불욕기신) : 그 몸을 욕되게 하지 않다.

言中倫(언중륜) : 말이 도와 조리에 맞다.

行中慮(행중려) : 행동이 생각에 맞다.

其斯而已矣(기사이이의) : 아마 이러했을 뿐일 것이다. 아마 이것이 존경받을
　　　만한 점이었을 뿐이다. '其'는 아마. '斯'는 '此'와 같으며 '言中倫, 行中慮'
　　　를 가리킨다. '而已矣'는 강한 단정의 어기조사.

放言(방언) : 말을 마구 함.

廢中權(폐중권) : 세상을 버리는 것이 시의에 맞는다. '廢'는 세상을 버리다. 그
　　　만두다. '權'은 권형(權衡), 추(錐), 균형, 시의(時宜).

我則異於是(아즉이어시) : 나는 이들과 다르다. '則'은 다른 것과 구별하여 주어
　　　를 명확히 나타내는 접속사.

'是'는 은자들을 가리킨다.

無可無不可(무가무불가) : 가한 것도 없고 불가한 것도 없다. 해야 한다는 것도
　　　없고 해서는 안 된다고 하는 것도 없다.

大師摯는 適齊하고　亞飯干은 適楚하고　三飯繚는 適蔡하고
태 사 지　적 제　　아 반 간　적 초　　삼 반 료　적 채

四飯缺은 適秦하고　鼓方叔은 入於河하고　播鼗武는 入於漢하
사 반 결　적 진　　고 방 숙　입 어 하　　파 도 무　입 어 한

고 小師陽과 擊磬襄은 入於海하니라.
　소 사 양　격 경 양　입 어 해

❧

통해(通解)

　노나라가 어지러워지자, 태사 지는 제나라로 갔고, 아반 간은 초나라로
갔고, 삼반 요는 채나라로 갔고, 사반 결은 진나라로 갔고, 고수 방숙은 황
하 지역으로 들어갔고, 작은 북을 흔드는 무는 한중으로 들어갔고, 소사인
양과 경쇠를 치는 양은 해도(섬)로 들어갔다.

■요지 : 노나라가 쇠하자 아악의 대가들이 노나라를 떠나간 일을 서술했다.

어석 · 문법

大師(태사) : 음악 장관. 소사는 그 보좌관.

摯(지) : 태사의 이름.

適(적) : 가다.

亞飯 · 三飯 · 四飯(아반 · 삼반 · 사반) : 음악으로써 음식의 흥을 돋우는 악관명
　　　으로 초반이 끝나고 두 번째 음식(점심)을 권하는 역이 아반, 세 번째 음식
　　　(새참)을 권하는 역이 삼반, 네 번째 음식(저녁)을 권하는 역이 사반이다.

鼓(고) : 고수.

播鼗(파도) : 도(鼗, 땡땡이)를 흔드는 역. '도'는 자루가 달린 소고(小鼓)로 양쪽에
　　　달린 귀가 돌아가며 흔들면 소리가 남.

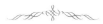

擊磬(격경) : 경을 치는 역. '磬'은 옥이나 돌로 만든 악기.

方叔·武·陽·襄(방숙·무·양·양) : 각각 그 직을 맡은 악관의 이름.

河(하) : 하내. 황하 상류.

漢(한) : 漢中. 한수(漢水) 유역.

小師(소사) : 대사의 부관.

襄(양) : 사양자(師襄子). 공자가 금(琴)을 배웠다고 한다.

海(해) : 해도. 섬.

18-10

周公이 謂魯公曰 君子不施其親하며 不使大臣으로 怨乎不以
주공   위노공왈 군자불이기친   불사대신   공호불이

하며 故舊無大故則不棄也하며 無求備於一人이니라.
고구무대고즉불기야   무구비어일인

통해(通解)

　주나라의 창업 공신인 주공이 아들 노공에게 일러 말했다. "군자는 그 일
가 친족을 버리지 않으며, 대신들로 하여금 자기를 써주지 않는다고 원망을
품게 하지 않으며, 원로 공신은 큰 잘못이 없는 한 버리지 않으며, 남을 부
릴 때는 어느 한 사람에게서 완전무결한 것(재능)을 구하지 않아야 한다."

■요지 : 백금이 노나라의 임금이 되었을 때 아버지인 주공 단(旦)이 교유한 것.
　한 사람에게 완전함을 요구해서는 안 된다는 것이다.

어석 · 문법

周公(주공) : 주나라 무왕의 아우 희단(姬旦). 무왕을 보좌한 성인.

魯公(노공) : 주공의 아들 백금. 노(魯)를 봉했다.

不施其親(불이기친) : 그 일가 친속을 버리지 않았다. 施(이)는 유기(遺棄)와 같음.

大臣(대신) : 중신. 경대부.

怨乎不以(공호불이) : 원불용(怨不用). 써주지 않음을 원망하다. '乎'는 동작의 대
　　　상을 표시하는 전치사. '以'는 '用'과 같다.

故舊(고구) : 원로. 공신. 고(故)도 구(舊)도.

大故(대고) : 큰 잘못. 악역(惡逆).

18-11

周有八士하니 伯達과 伯适과 仲突과 仲忽과 叔夜와 叔夏와
주유팔사　　　백 달　　백 괄　　중 돌　　중 홀　　숙 야　　숙 하

季隨와 季騧니라.
계 수　　계 와

통해(通解)

　주나라에는 여덟 명의 선비가 있었다. 백달 · 백괄 · 중돌 · 중홀 · 숙야 ·
숙하 · 계수 · 계와가 그들이다.(이들은 쌍생아였다.)

■ 요지 : 주나라에 여덟 명의 선비가 한 집안에서 태어났다.

어석 · 문법

八士(팔사) : 여덟 명의 인재. 일모사유(一母四乳), 곧 한 어미에게서 네 쌍생아가
　　　태어났다는 것이다. 伯 · 仲 · 叔 · 季는 형제의 순서를 나타낸다. 성왕(成
　　　王) 시대라고도 하고 선왕(宣王) 시대라고도 한다.

제19편

자장 子張

자장편에는 공자 제자들의 말을 기록하였다.
특히 문학에 뛰어났던 자하와
변설에 능했던 자공이 한 말이 많이 기록되어 있다.

19-1

子張이 曰 士見危致命하며 見得思義하며 祭思敬하며 喪思哀
자장   왈 사견위치명   견득사의   제사경   상사애

면 其可已矣니라.
　　기 가 이 의

통해(通解)

　자장이 말했다. "선비는 국가가 위급할 때는 목숨을 버리며, 이익을 얻었을 때는 정당한 것인가를 생각하며, 제사를 지낼 때는 경건함을 다하며 상사(喪事) 때는 슬픔을 극진히 한다면, 아마 (선비로서의 몸가짐이) 족하다고 할 수 있을 것이다."

■요지 : 자장이 선비의 마음가짐에 관하여 말한 것이다.

어석·문법

士(사) : 학덕이 있고 뜻이 바르며 절조가 있는 사람.

見危(견위) : 남의 위난을 보다.

致命(치명) : 자기의 목숨을 던져 그것을 구하다. '致'는 '바치다, 맡기다, 걸다, 주다'의 뜻.

見得(견득) : 이득을 보다.

思義(사의) : 바른 도리에 합당한지 어떤지를 생각하다.

思敬(사경) : 존경하는 마음, 성실한 마음을 잃지 않는다.

思哀(사애) : 슬퍼하는 마음을 잃지 않는다.

其可已矣(기가이의) : 아마 좋을 것이다. '其'는 아마. '可'는 좋다, 괜찮다. '已矣'는 '한정' + '단정' → 강한 단정의 어기조사다.

19-2

子張이 曰 執德不弘하며 信道不篤이면 焉能爲有며 焉能爲亡
자장　왈　집덕불홍　　신도부독　　언능위유　언능위무
리오.

통해(通解)

　자장이 말했다. "덕을 지키는 것이 넓지 못하며 도를 믿는 것이 독실하지
못하면 어찌 그것(덕과 도)을 지니고 있다고 할 수 있으며 어찌 그것을 지니
고 있지 않다고 할 수 있겠는가?"

■요지 : 덕은 널리 집수(執受)하고 도는 두텁게 신봉해야 한다는 말이다.

어석 · 문법

執德(집덕) : 덕을 잡고 실천하다. 덕을 지키다.

不洪(불홍) : 넓지 못하다. 편벽되다. 협소하다.

信道(신도) : 도를 믿다. '道'는 진리, 절대선, 인도(仁道).

爲有(위유) : 존재하다. 있다고 하다. '爲'는 '～라고 하다'.

爲亡(위무) : 존재하지 않다. 없다고 하다.

子夏之門人이 問交於子張한대 子張이 曰 子夏云何오. 對曰
자 하 지 문 인　　문 교 어 자 장　　　자 장　　왈 자 하 운 하　　대 왈

子夏曰 可者를 與之하고 其不可者를 拒之라 하더이다. 子張
자 하 왈 가 자　　여 지　　　기 불 가 자　　거 지　　　　　　　　자 장

이 曰 異乎吾所聞이로다. 君子는 尊賢而容衆하며 嘉善而矜不
왈 이 호 오 소 문　　　　　군 자　　존 현 이 용 중　　　가 선 이 긍 불

能이니 我之大賢與인댄 於人에 何所不容이며 我之不賢與인댄
능　　아 지 대 현 여　　어 인　하 소 불 용　　　아 지 불 현 여

人將拒我니 如之何其拒人也리오.
인 장 거 아　　여 지 하 기 거 인 야

통해(通解)

　　자하의 문인이 자장에게 친구를 사귀는 일에 대하여 물어보자 자장이 말
했다. "자하는 뭐라고 말하더냐?" 이에 자하의 문인이 대답하여 말했다. "자
하께서는 '사귈 만한 사람이면 그와 함께하고 그중에서 사귈 만하지 못한
사람은 이를 물리치라' 하셨습니다." 자장이 말했다. "내가 들은 바와는 다
르구나. 군자는 어진 사람을 존중하지만 대중도 넓게 받아들인다. 선한 사
람을 칭송하지만 능력이 없는 사람도 긍휼(矜恤)히 여긴다. 만일 내가 크게
어질다면 다른 사람에게 무슨 용납되지 못할 바(것)가 있겠으며, 내가 어질
지 못하다면 다른 사람이 장차 나를 물리치려고 할 텐데, 어찌 그 다른 사
람을 물리칠 수 있겠느냐?"

■요지 : 자하와 자장과의 교제에 관한 의견을 기술한 것이다. 자하는 문인에게
　　선인과 사귀고 불선인과는 사귀지 말라고 가르쳤다. 자장은 공자에게 물은 것
　　을 말하고 자기가 대현하면 어떤 사람과도 사귀고 자기가 불현하면 남이 사귀

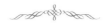

어주지 않을 것이다, 그렇다면 어떻게 남과 사귀지 않는 따위를 말할 수 있겠느냐고 말했다. 전자는 과하고 후자는 불급한 느낌이다.

어석 · 문법

問交(문교) : 사람과 사귀는 일을 물었다. '交'는 교제.

子夏云何(자하운하) : 자하는 그것에 대하여 어떻게 말했는가?

可者與之(가자여지) : 좋은 사람이면 그와 함께한다. '之'는 '可者'를 가리킨다.

其不可者拒之(기불가자거지) : 그 가운데 좋지 않은 사람은 이를 물리친다. '拒'는 '거절하다, 물리치다, 사귀지 않다'의 뜻. '之'는 '不可者'를 가리킴.

異乎吾所聞(이호오소문) : 내가 들은 바와 다르다. '乎'는 於와 같은 전치사.

尊賢而容衆(존현이용중) : 현인을 존경하더라도 널리 중인(衆人)을 포용한다. '容'은 포용하다. '而'는 역접.

嘉善而矜不能(가선이긍불능) : 선인을 찬양하지만 그렇지 못한 사람을 불쌍히 여기다. '矜'(긍)은 불쌍한 사람을 포용하다. 불쌍히 여기다. '而'는 역접.

我之大賢與(아지대현여) : 내가 뛰어난 현인이라면. '與'는 가정 · 조건을 나타내는 어기조사.

於人何所不容(어인하소불용) : 다른 사람들에게 무슨 용납되지 못할 바(것)가 있겠는가? 모두에게 용납될 것이다. 반어형이다.

人將拒我(인장거아) : 다른 사람이 장차 나와 사귀려 하지 않을 것이다. 다른 사람이 나를 물리치려 할 것이다.

於人何所不用(어인하소불용) : 다른 사람에게 무엇을 용납하지 못하겠는가?

如之何其拒人也(여지하기거인야) : (그럼에도 불구하고) 어떻게 그 다른 사람을 거절할 수 있겠는가? 곧 거절할 수 없다는 뜻. 반어문. '也'는 '如何'를 받아서 반어형을 만든다.

19-4

子夏曰 雖小道나 必有可觀者焉이어니와 致遠恐泥라 是以로
자 하 왈 수 소 도   필 유 가 관 자 언   치 원 공 니   시 이

君子不爲也니라.
군 자 불 위 야

통해(通解)

　자하가 말했다. "백공들의 기예는 비록 작은 도지만 반드시 볼 만한 것이 있다. 그러나 원대한 뜻을 이루는 데 방해가 될까 두려우므로(그러므로) 군자는 그것을 배우지 않는 것이다."

■ 요지 : 군자는 소도를 배우거나 거기에 종사하지 않는다는 것.

어석 · 문법

小道(소도) : 작은 기예. 재예.

必有可觀者焉(필유가관자언) : 반드시 볼 만한 것이 (여기에) 있다. '焉'은 단정을 표하는 어기조사로 볼 수도 있고 '於是'로 볼 수도 있다. 후자로 보면 '여 기에'로 새길 수 있다.

致遠恐泥(치원공니) : 원대한 뜻을 이루는 데는 아마도 장애가 될 것이다. 또는 원대한 뜻을 이루는 데 장애가 될까 두렵다. '致遠'은 원대한 정도(正道)에 이르는 것. '恐'에는 '아마도'라는 뜻과 '두렵다'는 뜻이 있다. '泥'는 진흙 탕에 빠지는 것. 불통이나 장애의 요인이 된다는 것을 말한 것이다.

君子不爲(군자불위) : 군자는 배우지 않는다. '爲'는 '힘을 쓰다, 배우다'의 뜻이 다.

19-5

子夏曰 日知其所亡하며 月無忘其所能이면 可謂好學也已矣
자 하 왈   일 지 기 소 무   월 무 망 기 소 능   가 위 호 학 야 이 의
니라.

통해(通解)

　자하가 말했다. "날마다 자기가 알지 못하던 것을 알며, 달마다 자기가 잘 깨닫고 있는 것을 잊지 않으면, 그 사람은 학문을 좋아하는 사람이라고 평가할 수 있을 것이다."

■ 요지 : 군자의 독학(篤學)의 마음을 논했는데, 새로운 지식을 얻고 그것에 관하여 반성하는 것이야말로 호학자라고 이를 수 있다고 말하고 있다.

어석 · 문법

日知其所亡(일지기소무) : 날마다 자기가 알지 못하던 것을 알다. '무(亡)'는 '자기가 아직 알고 있지 못하거나 행하지 못한 것, 새로운 것'을 말한다.

所能(소능) : 자기가 잘 알았던 것. 잘 할 수 있었던 것.

可謂好學也已矣(가위호학야이의) : 학문을 좋아한다고 이를 수 있을 따름이다. '可'는 '가능하다, 자격이 있다, 가치가 있다'는 뜻을 가진 조동사다. '也已矣'는 강한 단정의 어기를 표시하는 어기조사.

19-6

子夏曰 博學而篤志하며 切問而近思하면 仁在其中矣니라.
자 하 왈 박 학 이 독 지   절 문 이 근 사   인 재 기 중 의

통해(通解)

자하가 말했다. "널리 배우고 뜻을 도탑게 새기며, 깊이 묻고 자기 주변의 가까운 것부터 생각하면 인은 바로 그 가운데 내재해 있는 것이다."

■요지 : 인의 도는 박학, 독지, 절문, 근사 속에서 자연히 얻어지는 것이라고 말하고 있다.

어석 · 문법

篤志(독지) : 두텁게 마음에 새기다. '志'는 '識(지)', 마음에 기록하다, 곧 기억하다. 또는 '쓰고 해석하다'.

切問(절문) : 절실하게 묻다. 이미 배웠으나 아직 잘 깨닫지 못한 것을 묻다(『집해』).

近思(근사) : 자기 속에서 생각을 구하다. 문제를 구체적으로 생각하는 것.

在其中矣(재기중의) : 그 속에 있다. 박학, 독지, 절문, 근사의 네 가지를 명심하다. 그러한 가운데 인을 체득하는 요소가 자연히 갖춰지고 있는 것이다. '재기중'은 원래 없던 것이 생겨난다는 관용구. '矣'는 단정의 어기를 나타내는 어기조사.

19-7

子夏曰 百工이 居肆하여 以成其事하고 君子學하여 以致其道
자 하 왈 백 공　　거 사　　이 성 기 사　　군 자 학　　　이 치 기 도
니라.

통해(通解)

　자하가 말했다. "모든 기술자들은 작업장에 있으면서 거기서 자기의 일을 이루고, 군자는 끊임없는 배움을 통하여 자기의 도를 이룬다."

■요지 : 군자는 학문의 세계에 들어가서 그 도를 완성한다.

어석 · 문법

百工(백공) : 모든 공장(工匠). 기술자.
肆(사) : 작업장. 시장. 제조장
致(치) : 이르다. 극치를 이루다. 최고의 경지에 도달하다.

19-8

子夏曰 小人之過也는 必文이니라.
자 하 왈 소 인 지 과 야　　필 문

통해(通解)

　자하가 말했다. "소인이 잘못을 저지를 때는 반드시 그럴듯하게 꾸며 사람을 속이려 한다."

■요지 : 자하의 말 – 과실의 변명을 하는 것은 소인이다.

어석 · 문법

之 ~也(지 ~야) : 무엇이 ~할 때는. 여기서는 '소인이 과오를 변명할 때는'의
　　　　뜻. '之'는 주격을 나타내는 구조조사.

文(문) : 문자, 문장, 서(書), 편지 등의 의미 외에 무늬, 문식(文飾), 외형을 꾸미다.

19-9

子夏曰 君子有三變하니 望之儼然하고 卽之也溫하고 聽其
자 하 왈　군 자 유 삼 변　　　망 지 엄 연　　　즉 지 야 온　　　청 기

言也厲니라.
언 야 려

통해(通解)

　자하가 말했다. "군자에게는 세 가지 변화가 있다. 떨어져서 그를 바라보
면 의젓하고, 가까이서 바라보면 온화하고, 그의 말을 들으면 바르고 엄숙
하다."

■요지 : 군자가 접하는 이에게 주는 세 가지 다른 느낌을 말하였다.

어석 · 문법

三變(삼변) : 세 가지 변화. 변하는 것. 세 가지의 태도.

儼然(엄연) : 엄연하다.

卽之(즉지) : 이(그)를 가까이 보다. 그에게 나아가다. '卽'은 '就也'. 나아가다.

厲(려)여 : 말이 의리에 맞고 정확하다. 청렴하고 올바르다. 엄정하다.

19-10

子夏曰 君子信而後에 勞其民이니 未信則以爲厲己也니라.
자 하 왈 군 자 신 이 후   노 기 민   미 신 즉 이 위 려 기 야

信而後에 諫이니 未信則以爲謗己也니라.
신 이 후   간   미 신 즉 이 위 방 기 야

통해(通解)

자하가 말했다. "군자는 신임을 받은 다음에 그 백성을 부려야 한다. 아직 신임을 받지 못하고 부리면 백성들은 자기들을 괴롭힌다고 여긴다. 임금에 게도 신임을 받은 다음에 충간을 해야 한다. 아직 신임을 받지 못하고 충간 을 하면 임금은 자기를 비방한다고 여길 것이다."

■ 요지 : 남의 신뢰를 받는 것이 백성을 부리거나 임금을 섬기는 데 가장 중요하 다는 것이다.

어석 · 문법

未信則以爲厲己也(미신즉이위려기야) : 아직 믿음직스럽지 못한 상태면 (백성 은) 자기들을 학대한다고 여긴다. '信'은 '신임을 받다, 믿어주다'라는 뜻. '厲'(려)여)는 '괴롭히다, 학대하다, 피곤하게 하다'는 뜻.

以爲(이위) : '~여기다'. 생각하다.

19-11

子夏曰 大德이 不踰閑이면 小德은 出入이라도 可也니라.
자 하 왈 대 덕　　불 유 한　　　소 덕　　출 입　　　　가 야

통해(通解)

자하가 말했다. "큰 덕(효제 등)이 법도를 넘어서지 않는다면 작은 덕(일상
의 용모나 행동거지)은 약간 들고 남이 있어도 괜찮다."

■요지 : 대덕은 법도에서 일탈하면 안 되지만 소덕은 융통성이 있다.

어석 · 문법

大德 · 小德(대덕 · 소덕) : '대덕'은 대절(大節) 또는 오륜(五倫) 같은 기본 덕행.
　　'소덕'은 소절(小節) 또는 사소한 행동이나 예의범절.
閑(한) : 문지방, 울타리, 테두리, 법칙. 법도.
踰閑(유한) : 울타리를 넘다. 법도를 넘어서다.
出入(출입) : 넘나들다. 융통성이 있다. 들고 나다.

19-12

子游曰 子夏之門人小子는 當灑掃應對進退則可矣나
자유왈 자하지문인소자 당쇄소응대진퇴즉가의

抑末也라. 本之則無하니 如之何오. 子夏聞之曰 噫라 言游過
억말야 본지즉무 여지하 자하문지왈 희 언유과

矣로다. 君子之道 孰先傳焉이며 孰後倦焉이리오. 譬諸草木컨
의 군자지도 숙선전언 숙후권언 비저초목

댄 區以別矣니 君子之道 焉可誣也리오. 有始有卒者는 其惟
구이별의 군자지도 언가무야 유시유졸자 기유

聖人乎인저.
성인호

통해(通解)

　자유가 말했다. "자하의 문인 중 젊은이들은 물을 뿌리고 마당을 쓸며 손님을 응대하며 나아가고 물러나는 일 등에 있어서는 괜찮지만 대저 그것은 말단적인 것이다. 그것(대학의 도)을 근본으로 하는 것에 대하여 볼 만한 것이 없으니 이를 어찌하겠느냐?" 자하가 그 말을 듣고 말했다. "아! 언유(자유)의 말은 잘못이다. 군자의 도를 가지고 어느 것을 먼저 전하며 어느 것을 뒤로 미루어 게을리 전하겠느냐? 초목에 그것을 비유하면, 초목은 그 종류에 따라 심는 법이 다른 것이다. 군자의 도도 이와 같은 것이니 순서와 차례대로 점진적으로 가르쳐야지 어찌 왜곡할 수 있겠느냐? 처음과 끝이 한결같은 사람은 아마 오직 성인뿐일 것이다."

■요지 : 자유가 교육은 지엽적인 것보다 근본적인 도리를 가르쳐야 한다고 주장한 데 대하여, 자하는 순서와 차제에 따라 점진적으로 해 나가야 한다고 비판한 것이다.

어석 · 문법

門人小子(문인소자) : 제자 아이들

當灑掃應對進退則可矣(당쇄소응대진퇴즉가의) : 물을 뿌리고 마당을 쓸고 손님
을 응대하고 나오고 물러나는 일을 만나는 것은 괜찮다. '當'은 '일을 만나
다'의 뜻. '則'은 다른 것과 구별하여 주어를 명확히 제시하는 접속사. '可
矣'는 '괜찮다, 좋다'는 뜻.

抑(억) : 그러나(역접), 문득.

末(말) : 지엽적, 말단적인 것.

本之則無(본지즉무) : 그것을 근본으로 하는 것은 없다. '本'은 근본적인 것. 도
리의 근본. 여기서는 '근본으로 하다, 기본으로 삼다'라는 동사로 쓰였다.
'之'는 대학의 도 또는 학문의 도 같은 것을 뜻한다고 볼 수 있다.

言游(언유) : 姓은 言. 名은 偃(언). 字는 子游.

孰先傳焉(숙선전언) : 어느 것을 먼저라 하여 전하랴? 孰(숙)은 '어느 것'이란 뜻
의 의문대명사. '焉'은 반어를 나타내는 어기조사.

孰後倦焉(숙후권언) : 어느 것을 뒤라 하여 게을리하랴?

譬諸草木(비저초목) : 초목에 그것을 비유하다. '諸'는 '之於'의 합자.

區以別矣(구이별의) : 종류에 따라 구분하는 것이다. '區猶類也'(『집주』). 초목은
종류에 따라 구분하여 심는다는 뜻이다. '區'는 종류다. '矣'는 어기를 고르
는 어기조사.

焉可誣也(언가무야) : 어찌 속일 수 있겠는가? '무(誣)'는 '속이다, 깔보다, 경시하
다, 사실을 왜곡하다'. '也'는 반어를 표하는 어기조사. 피교육자의 능력과
정도, 그리고 차례와 순서를 무시하고 무턱대고 대학의 도를 가르친다는
것은 군자의 도를 왜곡시킬 뿐만 아니라 피교육자를 속이는 셈이 된다는
것이다.

其惟聖人乎(기유성인호) : 아마도 오직 성인뿐이리라. '其'는 아마(부사). '惟'는
오직 '乎'는 추측의 어기를 표시하는 어기조사.

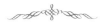

19-13

子夏曰 仕而優則學하고 學而優則仕니라.
자 하 왈 사 이 우 즉 학   학 이 우 즉 사

통해(通解)

자하가 말했다. "일(벼슬살이)을 하고도 남은 힘이 있으면 더 학문을 하고, 학문을 하고 나서도 더 남은 힘이 있으면 일(벼슬살이)을 할 것이다."

■요지 : 벼슬살이를 하는 것과 학문은 분리할 수 없다는 것이다.

어석 · 문법

優(우) : 여력이 있다. 여유가 있다.

19-14

子游曰 喪은 致乎哀而止니라.
자 유 왈 상   치 호 애 이 지

통해(通解)

자유가 말했다. "상은 슬픔을 다하고 거기서 그쳐야 한다."

■요지 : 상사에서는 비애의 정을 다하면 된다는 것.

致乎哀而止(치호애이지) : 슬픔을 다하고 (거기서) 그칠 뿐이다. '致'는 다하다. 구
극(究極)의 뜻. '止'는 '그것만으로 그치다.' '비애의 정만을 나타내고 그 이
상은 하지 말라'는 뜻이다.

19-15

子游曰 吾友張也 爲難能也나 然而未仁이니라.
자유왈 오우장야 위난능야   연이미인

통해(通解)

자유가 말했다. "나의 벗 자장은 남이 잘하기 어려운 일을 잘할 수 있는
능력을 가졌다. 그러나 아직 인하다고 하지는 못하겠다."

■ 요지 : 자유는 벗인 자장이 훌륭한 인물이지만 아직 인도에는 충분히 도달해
있지 못하다고 평하고 있다.

어석 · 문법

張也(장야) : 자장은. '也'는 이름을 불러서 그를 주어로 제시하는 어기조사.
爲難能也(위난능야) : 잘 하기가 어려운 일을 하다. '也'는 단정의 어기조사.

19-16

曾子曰 堂堂乎라 張也여. 難與竝爲仁矣로다.
증 자 왈 당 당 호   장 야   난 여 병 위 인 의

통해(通解)

　증자께서 말씀하셨다. "훌륭하구나, 자장의 풍채는! 그러나 함께 한가지
로 인을 실천할 경지에는 이르지 못했다."

■ 요지 : 자장의 태도는 훌륭하나 인도를 실천하기엔 부족한 점이 있다.

어석 · 문법

堂堂乎張也(당당호장야) : 훌륭하도다, 장자의 풍채여. '乎'는 감탄의 어기조사.

특수 연구 31 - 도치형

　도치형은 어세를 강하게 하고 표현 효과를 높이고자 하는 기법이다. 보통의 어
순을 반대로 하여, 강하게 표현하고자 하는 부분이 앞에 제시된다.

　1. 술어를 앞에 제시하는 형

　　보통의 문 : 回也賢哉(안회는 어질구나!) - '주어 + 술어'의 구조.

　　도치된 문 : 賢哉回也(어질구나, 안회는.) - '술어 + 주어'의 구조.

　2. 보족어(목적어 · 보어)를 앞에 제시하는 형.

　　보통의 형 : 謂此 - 述語 + 目的語(이것을 이른다.)

　　도치된 형 : 此之謂 - '목적어(이것) + 구조조사(강조의 '이것을') + 술어(이른
다). 직역하면 "이것 이것을 이른다"가 된다. 강조하는 구조조사 '之'가 양자
사이에 들어갔다. 결국 우리는 '此之'를 합하여 '이것을'로 해석할 수밖에 없
다.

　　보통의 형 : 父母憂其疾 - 주어(父母) + 술어(憂) + 목적어(其疾). "부모는 그 (자

식의) 병을 걱정한다"로 해석된다.

도치된 형 : 父母其疾之憂 — '주어(父母) + 목적어(其疾) + 구조조사(之) + 술어(憂)'. 직역하면 "부모는 그 (자식의) 병 그것을 걱정한다"가 된다. 여기서도 우리는 '疾之'를 합하여 '병을'로 해석할 수밖에 없다.

그런가 하면 앞의 〈특수 연구 2 – 조사의 분류〉(p.19)에서 보았던 何必公山氏之之也에서의 구조조사 '之'는 '公山氏'가 보어이므로 '公山氏之'를 합하여 "공산씨에게"로 해석하지 않을 수 없다.

難與竝爲仁(난여병위인) : (그와) 더불어 함께 인을 실천하기가 어렵다. '爲'는 행하다, 실천하다.

19-17

曾子曰 吾聞諸夫子호니 人未有自致者也나 必也親喪乎인저.
증 자 왈 오 문 저 부 자   인 미 유 자 치 자 야   필 야 친 상 호

통해(通解)

증자께서 말씀하셨다. "내가 부자께 들은 바가 있다. 사람이 아직까지 스스로 정성을 다한 일이 있지 않지만 반드시 친상에는 정성을 다할 것이다."

■ 요지 : 자기의 정성을 극진히 하는 것을 볼 수 있는 것은 친상 때일 것이라는 말이다.

어석 · 문법

聞諸夫子(문저부자) : 선생님에게서 그것을 듣다. '諸'는 '之於'의 합자.
人未有自致者也(인미유자치자야) : 사람이 아직 자신(의 정성)을 다한 일이 없다.

'自致'란 '致自'를 도치시킨 것으로 자기의 정성을 극진히 하는 것을 의미한다.

必也親喪乎(필야친상호) : 반드시 친상 때는 정성을 다할 것이다. '乎'는 단정의 어기조사.

19-18

曾子曰 吾聞諸夫子호니 孟莊子之孝也 其他는 可能也어니와
증 자 왈 오 문 저 부 자　　맹 장 자 지 효 야 기 타　　가 능 야

其不改父之臣과 與父之政이 是難能也니라.
기 불 개 부 지 신　　여 부 지 정　　시 난 능 야

통해(通解)

　증자께서 말씀하셨다. "나는 부자께 이런 말을 들었다. '맹장자의 효에 있어서 다른 것은 아무나 할 수 있지만 그가 부친의 가신과 부친의 정사를 고치지 않고 그대로 쓴 것은 남들이 행하기 어려운 것이다.'"

■ 요지 : 증자가, 아버지의 가신과 정사를 고치지 않은 맹장자의 효성을 높이 평가한 말이다.

어석 · 문법

孟莊子(맹장자) : 노나라의 대부 중손속(仲孫速). 역시 대부였던 그의 부친 맹헌자는 선공(宣公), 성공(成公), 양공(襄公), 즉 삼군을 도왔다. 현덕한 인물이었다.

其他可能也(기타가능야) : 그 이외의 것은 할 수 있다. '其'는 '孟莊子之孝'를 가리킨다.

不改(불개) : 고치지 않다.

是難能也(시난능야) : 이것은 하기 어렵다. '是'는 앞에서 말한 것을 뭉뚱그려서 말하는 지시대명사로 '其不改父之臣與父之政'을 가리킨다.

19-19

孟氏使陽膚로 爲士師라 問於曾子한대 曾子曰 上失其道하여
맹 씨 사 양 부　　위 사 사　　문 어 증 자　　　증 자 왈 상 실 기 도

民散이 久矣니 如得其情 則哀矜而勿喜니라.
민 산　　구 의　　여 득 기 정 즉 애 긍 이 물 희

통해(通解)

　　맹손씨가 양부를 사사(옥관장)로 삼자 양부가 증자께 어찌하면 좋겠느냐고 물었다. 증자께서 말씀하였다. "윗사람이 자신의 도의를 잃어 백성들이 흩어진 지 이미 오래되었다. 만일 그들이 죄를 짓게 된 실정을 알게 된다면 오히려 그들을 슬퍼하고 불쌍히 여기며 증거를 찾았다고 기뻐하지 말라."

■요지 : 증자는 양부에게 사사(士師)가 되어 죄인을 조사할 경우, 정실(情實, 사실적인 내막)을 잡게 되면 죄인을 불쌍히 여기는 마음을 가지라고 가르쳤다.

어석 · 문법

孟氏(맹씨) : 맹손씨. 맹무백.

陽膚(양부) : 증자의 제자?

士師(사사) : 법을 집행하는 관리. 재판관과 검사의 양역을 했다.

如得其情(여득기정) : 만일 그들(백성들)의 범죄의 정실을 알면. '得'은 '이해하다, 깨닫다'의 뜻이다.

哀矜(애긍) : 슬퍼하고 가엾이 여기다.

19-20

子貢이 曰 紂之不善이 不如是之甚也니 是以로 君子惡居下
자공　왈　주지불선　　불여시지심야　　시이　　군자오거하

流하나니 天下之惡이 皆歸焉이니라.
류　　　천하지악　　개귀언

통해(通解)

　자공이 말했다. "은왕조 주왕의 불선이 세상에서 말하는 것처럼 그렇게 심한 것은 아니었다.(그러나 한 번 악평을 받으면 거기서 벗어나기 어렵다.) 그러므로 군자는 하류에 처하기를 싫어한다. 하류에 처하면 천하의 악이 다 그에게 돌아갈 것이기 때문이다."

■ 요지 : 주왕(紂王)처럼 악행을 하면 무도(無道)의 화신이 되므로 군자는 하류에 있기를 싫어한다는 것이다.

어석 · 문법

紂(주) : 은(殷)나라 주왕(紂王).

不如是之甚(불여시지심) : 이와 같이 심한 것은 아니다. 이와 같은 심한 상태는 아니다. '不'은 '非'와 같다.

惡居下流(오거하류) : 하류에 처하기를 싫어하다.

皆歸焉(개귀언) : 다 그에게 귀착되다. '焉'은 삼인칭 대명사로 '於是'와 같다.

19-21

子貢이 曰 君子之過也는 如日月之食焉이라. 過也에 人皆見
자공　왈 군자지과야　여일월지식언　　과야　인개견

之하고 更也에 人皆仰之니라.
지　　경야　인개앙지

통해(通解)

　자공이 말했다. "군자의 과실이라는 것은 일식이나 월식과 같다. 그가 과
실을 범하면 사람들이 다 그것을 보게 되고, 그가 과실을 고치면 사람들이
다 그를 우러러보게 된다."

■ 요지 : 군자의 과실은 소인의 과실과 달라 일월식처럼 모두 보고 있으나, 고치
면 누구나 우러러본다. 정말 공명정대한 태도이다.

어석 · 문법

君子之過也(군자지과야) : 군자의 과오라고 하는 것은. '也'는 제시를 나타내는
　　　어기조사. '之~也'는 '무엇의 ~라고 하는 것'이라는 제시 형식.
如日月之食焉(여일월지식언) : 정말로 일식이나 월식과 같다. 공명정대하다는
　　　뜻. '焉'은 단정을 표시하는 어기조사. '矣'보다 어기가 가볍다.
過也人皆見之(과야인개견지) : 과오를 하면 누구라도 그것을 본다. '也'는 가정
　　　이나 조건을 나타내는 어기조사. '之'는 '過'를 가리킴.
更也人皆仰之(경야인개앙지) : 과오를 고치면 누구라도 그것을 우러러본다. '更'
　　　은 고치다. '改'와 같다. '仰'은 존경하다. '之'는 '更'을 가리킨다.

19-22

衛公孫朝問於子貢曰 仲尼는 焉學고. 子貢이 曰 文武之道
위 공 손 조 문 어 자 공 왈　중 니　　언 학　　자 공　　왈 문 무 지 도

未墜於地하여 在人이라. 賢者는 識其大者하고 不賢者는 識其
미 추 어 지　　재 인　　　현 자 　지 기 대 자　　　불 현 자 　지 기

小者하여 莫不有文武之道焉하니 夫子焉不學이시며 而亦何
소 자　　막 불 유 문 무 지 도 언　　부 자 언 불 학　　　이 역 하

常師之有시리오.
상 사 지 유

통해(通解)

　위나라의 공손조가 자공에게 물었다. "중니는 어디서 배웠습니까?" 자공
이 말했다. "문왕과 무왕의 도는 쇠했으나 아직 땅에 떨어지지 않고 사람의
마음속에 살아 있습니다. 현자는 그 가운데서 큰 것을 알고 불현자는 그 가
운데서 작은 것을 알아 문무의 도를 지니고 있지 않은 사람이 없습니다. 부
자께서는 어디에선들 배우지 않으셨겠으며 또한 어디엔들 정해진 스승이
계셨겠습니까?"

■ 요지 : 중니가 어디서 배웠느냐는 공손조의 물음에 자공은 공자님께서는 어디
　를 가셔도 대도를 배우실 수 있었을 것이니 상사(常師)는 있을 수 없었다고 대
　답한 것이다.

어석 · 문법

公孫朝(공손조) : 위나라의 대부.

焉學(언학) : 어디서 (누구에게) 배웠는가? '焉'은 '어디'라는 부정칭(不定稱) 대명

사로 사람이나 장소를 나타낸다.

文武之道(문무지도) : 문왕, 무왕 2인이 이상으로 한 정치와 문화. 예악, 문장, 제도.

識(지) : 기억하다.

莫不有文武之道(막불유문무지도) : 문무의 도를 지니지 않은 이가 없다.

夫子焉不學(부자언불학) : 부자가 어디에선들 배우지 않으셨겠는가? 반어형.

何常師之有(하상사지유) : 어찌 상사(常師)를 지니셨겠습니까? 반어형. '常師'는 일정한 스승.

19-23

叔孫武叔이 語大夫於朝曰 子貢이 賢於仲尼하니라. 子服景
숙손무숙   어대부어조왈 자공   현어중니   자복경

伯이 以告子貢한대 子貢이 曰 譬之宮牆컨댄 賜之牆也는
백   이고자공   자공   왈 비지궁장   사지장야

及肩이라 窺見室家之好어니와 夫子之牆은 數仞이라 不得其
급견   규견실가지호   부자지장   수인   부득기

門而入이면 不見宗廟之美와 百官之富니 得其門者或寡矣라.
문이입   불견종묘지미   백관지부   득기문자혹과의

夫子之云이 不亦宜乎아.
부자지운   불역의호

통해(通解)

숙손무숙이 조정에서 대부에게 말했다. "자공이 중니보다 낫습니다." 자복경백이 그 말을 자공에게 고하자 자공이 말했다. "그것을 궁장에 비유하면, 나(賜)의 담은 어깨 정도에 미치므로 집안의 좋은 면을 엿볼 수 있지만

부자(공자)의 담은 몇 길이나 되므로 그 문을 찾아 들어가지 않으면 종묘의 아름다움과 백관의 성대한 모습을 볼 수 없을 것입니다. 그 문을 찾은 사람이 아마 적었을 터인즉 선생(叔孫武叔)이 말하는 것도 또한 마땅하지 않겠습니까?"

■요지 : 자공이 공자를 비난한 숙손무숙의 우매함을 비판한 것이다.

어석 · 문법

叔孫武叔(숙손무숙) : 노나라 대부. 名은 州仇(주구), 武는 시호, 叔은 字.

子服景伯(자복경백) : 노나라 대부. 名은 何.

以告子貢(이고자공) : 이를 자공에게 고하다. '以'는 此와 같다.

賜之牆(사지장) : 나의 담. '賜'는 자공.

宮牆(궁장) : 집 주위를 둘러싼 흙벽.

及肩(급견) : 어깨에 미치다. 어깨의 높이.

窺見室家之好(규견실가지호) : 집안의 좋은 것을 엿볼 수 있다. 아름다운 소주택이 눈에 들어온다.

仞(인) : 한 길. 8척. 당시 1척은 22.5센티미터.

宗廟(종묘) : 조상을 제사 지내는 묘(사당). 일족의 당주가 관리한다.

不得其門而入(부득기문이입) : 그 문을 얻어 들어가지 않다. 순서를 밟아 옳은 경로로 문을 들어가지 않다. 정도를 밟아 배우지 못한 것을 비유한 말이다.

夫子之牆(부자지장) : 선생님(공자)의 담.

或寡矣(혹과의) : 혹시(아마) 적었을 것이다. '矣'는 단정의 어기조사.

夫子之云(부자지운) : 선생(공손무숙)의 말.

19-24

叔孫武叔이 毁仲尼어늘 子貢이 曰 無以爲也하라. 仲尼는
숙 손 무 숙   훼 중 니   자 공   왈 무 이 위 야   중 니

不可毁也니 他人之賢者는 丘陵也라 猶可踰也어니와 仲尼는
불 가 훼 야   타 인 지 현 자   구 릉 야   유 가 유 야   중 니

日月也라 無得而踰焉이니 人雖欲自絶이나 其可傷於日月乎
일 월 야   무 득 이 유 언   인 수 욕 자 절   기 가 상 어 일 월 호

리오. 多見其不知量也로다.
      다 견 기 부 지 량 야

통해(通解)

　숙손무숙이 중니를 비방하자 자공이 말했다. "이렇게 하지 마시오. 중니
는 비방할 수 없는 분입니다. 다른 사람의 현명함은 언덕 같아서 그냥 넘어
갈 수 있지만 중니는 일월같이 높으신 분이므로 누구도 넘어갈 수 없습니
다. 사람이 비록 스스로 일월과의 관계를 끊고자 하나 그 어찌 일월을 손상
할 수 있겠습니까? 다만 사람이 자기의 분수를 깨닫지 못한 것을 드러냈을
뿐입니다."

■요지 : 숙손무숙이 공자를 헐뜯자 자공이 일월 같은 공자를 비방하는 것은 자
　기 분수를 모르는 허를 드러낸 것이라고 비판했다.

어석 · 문법

毁(훼) : 헐뜯다. 비방하다.

無以爲也(무이위야) : 이렇게 하지 말라. 이러지 말라. '無'는 '毋'나 '勿'과 같은
　　금지사로 조동사다. '以'는 '此'와 같다. '也'는 명령을 나타내는 어기조사.

丘陵(구릉) : 언덕.

無得而踰焉(무득이유언) : 넘을 수 없다. '得而'는 '可'와 같은 가능의 조동사다.

自絶(자절) : 스스로 절교하다.

多(다) : 마침. 우연히. 다만(祇)(『集註』).

見('견' 또는 '현') : 보이다. 나타내다. 드러내다.

量(량) : 분량. 분수. 자기의 용량. 인격의 정도.

19-25

陳子禽이 謂子貢曰 子爲恭也언정 仲尼豈賢於子乎리오.
진 자 금　　위 자 하 왈　자 위 공 야　　　중 니 기 현 어 자 호

子貢이 曰君子一言에 以爲知하며 一言에 以爲不知니 言不
자 공　　왈 군 자 일 언　　이 위 지　　　일 언　　이 위 부 지　　언 불

可不愼也니라. 夫子之不可及也는 猶天之不可階而升也니
가 불 신 야　　　부 자 지 불 가 급 야　　유 천 지 불 가 계 이 승 야

라. 夫子之得邦家者인댄 所謂立之斯立하며 道之斯行하며
　　부 자 지 득 방 가 자　　　소 위 입 지 사 립　　　도 지 사 행

綏之斯來하며 動之斯和하여 其生也榮하고 其死也哀니 如之
유 지 사 래　　　동 지 사 화　　　기 생 야 영　　　기 사 야 애　　여 지

何其可及也리오.
하 기 가 급 야

통해(通解)

　진자금이 자공에게 일러 말했다. "선생(子貢)이 겸손을 행했기 망정이지 중니가 어찌 선생보다 현명하겠소?" 자공이 말했다. "군자는 다만 한마디 말로써 지혜롭다고 여기며 한마디 말로써 지혜롭지 않다고도 여기는 것이므로 말이란 삼가지 않을 수 없는 것이오. 제가 우리 선생님을 따라갈 수

없는 것은 마치 하늘을 사다리로 오를 수 없는 것과 같소. 선생님께서 나라를 얻으신다면 옛말과 같이 '그들(일반 백성)을 세워주면 곧 서고, 인도하면 곧 따라가며, 안정시켜주면 곧 따라오며, 움직이게 해주면 곧 동화되어, 그가 살아 계시면 삶이 영광스럽고 그가 돌아가시면 죽음이 슬플 것이니' 내가 어찌 그분에게 미칠 수 있겠소?"

■ 요지 : 진자금이 자공을 중니보다 더 현명한 자라고 말하자, 자공은 공자의 위대함에 자신은 절대로 미칠 수 없다고 말하였다.

어석 · 문법

陳子禽(진자금) : 진나라 사람. 공자의 제자인 진항(陣亢). 공자보다 9세 연하.

爲恭(위공) : 겸손을 행하다.

一言以爲知(일언이위지) : 한마디로써 지혜롭다고 생각하다. '一言以'는 以一言의 도치형.

階而升(계이승) : 사다리를 놓고 올라가다. '階'는 계단 또는 사다리. '而'는 순접.

所謂(소위) : 이른바. 말한 바.

得邦家者(득방가자) : '邦家'(나라)를 얻으면. '邦'은 제후이고 '家'는 경대부. 높은 지위에 오르는 것. '者'는 가정을 표하는 어기조사.

立之斯立(입지사립) : 그들을 세우면 곧 서다. '之'는 백성을 가리킨다. 백성들에게 생업을 주면 곧 생계가 선다. '斯'는 則('~하면)과 같은 접속사다.

道之(도지) : 그들을 이끌다. 백성을 인도하다. '道'는 '導'와 같다.

綏(유) : 편안하게 하다. 순화하다.

動之(동지) : 그들을 움직이다. 백성들을 고무시키다.

如之何其可及也(여지하기가급야) : 어찌 미칠 수 있겠는가? '其'는 어세를 강하게 하는 어기조사. '也'는 반어를 나타내는 어기조사.

제20편

요왈 堯曰

요왈편은 고대의 전설적인 성군이며
평화적인 양위의 선례를 남긴
요, 순, 우 의 말을 기록하는 것으로 시작한다.
공자의 이상을 엿볼 수 있는 『논어』의 마무리다운 편이다.

堯曰 咨爾舜아. 天之曆數在爾躬하니 允執其中하라. 四海困
요왈 자이순　천지력수재이궁　　윤집기중　　　사해곤

窮하면 天祿이 永終하리라. 舜이 亦以命禹하시니라. 曰 予小
궁　　천록　영종하리라.　순　역이명우　　　왈 여소

子履는 敢用玄牡하여 敢昭告于皇皇后帝하노니 有罪
자리　감용현모　　　감소고우황황후제　　　　유죄

를 不敢赦하며 帝臣不蔽니 簡在帝心이니이다. 朕躬有罪는
불감사　제신불폐　간재제심　　　짐궁유죄

無以萬方이요 萬方有罪는 罪在朕躬하니라. 周有大賚하신대
무이만방　만방유죄　죄재짐궁　　　주유대뢰

善人이 是富하니라. 雖有周親이나 不如仁人 이요 百姓有過
선인　시부　　　수유주친　　불여인인　　백성유과

在予一人이니라. 謹權量하며 審法度하며 修廢官하신대 四方
재여일인　　　근권량　　심법도　　수폐관　　　사방

之政이 行焉하니라. 興滅國하며 繼絶世하며 擧逸民하신대
지정　행언　　　흥멸국　　계절세　　거일민

天下之民이 歸心焉하니라. 所重은 民食喪祭러시다. 寬則得衆
천하지민　귀심언　　　소중　민식상제　　　관즉득중

하고 信則民任焉하고 敏則有功하고 公則說이니라.
신즉민임　　　민즉유공　　공즉열

통해(通解)

　요임금께서 말씀하셨다. "아! 그대 순이여, 하늘의 운수가 그대의 몸에 있
으니 진실로 그 중정(中正)을 지켜라. 사해의 백성이 곤궁하면 하늘의 복록
이 영원히 끊어질 것이다." 순임금도 또한 이렇게 우임금에게 명하셨다. 은

나라의 탕임금이 말씀하셨다. "저 소자 이(履)는 감히 검은 수소를 희생으로 바치며 감히 거룩하고 거룩하신 천제께 고하나이다. 죄가 있는 사람은 감히 용서하지 않겠으며, 천제의 신하는 버려두지 않을 것이오니, 이를 가려내는 것은 오직 천제의 마음에 달려 있나이다. 저의 몸에 죄가 있음은 만방의 백성 때문이 아니며, 만방의 백성에게 죄가 있다면 그 죄는 저의 몸에 있는 것이옵니다." 주나라에 큰 선물을 내려주셨으니 훌륭한 인재가 많아졌다. 그리하여 무왕이 말씀하셨다. "비록 지극히 가까운 친척이 있더라도 어진 사람만 못하고, 백성에게 허물이 있으면 그 죄는 나 한 사람에게 있다." 무왕이 도량형을 바로잡고 예악 제도를 살피며 폐했던 관직을 다시 설치하시니 사방의 정치가 제대로 시행되었다. 멸망한 나라를 일으키며 끊어진 세대를 이어주며 숨은 사람을 찾아내어 등용하시니 천하의 백성의 마음이 그에게 돌아왔다. 주나라가 중히 여긴 것은 백성과 식량과 상사와 제사였다. 관대하면 많은 사람을 얻고, 믿음이 있으면 백성이 이를 신임할 것이고, 행동이 민첩하면 공을 세울 것이고, 공정하면 백성들이 기뻐할 것이다.

- ■ 요지 : 성왕이었던 요·순·탕·무왕 등의 말을 모은 것이다. 요임금은 덕이 높은 순에게 평화적으로 양위했다. 순임금도 유덕자 우에게 양위했다. 여기까지는 선양(禪讓)이다. 그러나 우는 임금 자리를 자손에게 물려주어 천하를 사유화했다. 그 후예인 걸왕이 폭정을 하여 탕왕이 무력으로 걸을 추방했다. 다음 주의 무왕은 은의 주왕을 쳤다. 그러나 이것은 방벌(放伐)이다. 이러한 역사적 사실을 들어 공자는 자기의 정치적 이상(수기치인)을 나타낸 것이다.

어석 · 문법

咨(자) : 아아! 차탄(嗟歎)의 감정을 나타내는 감탄사.
曆數(역수) : 천도(天道). 하늘이 정해준 통치의 순서.
允(윤) : 진실로. 신(信).
執其中(집기중) : 그 중도를 잡다. 중용의 도를 지키다.

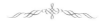

天祿永終(천록영종) : 하늘이 내리는 복록이 영원히 끊어지다. '天祿'은 왕위를 가리킨다.

舜亦以命禹(순역이명우) : 순도 또한 이것을 우에게 명하다. '以'는 '以此'에서와 같은 동작의 대상을 표시하는 전치사. 이 '此'에 해당하는 것은 요가 순에게 한 말(천지력수(天之曆數)～천록영종(天祿永終))이다.

특수 연구 32-중국의 고대 왕조사 개괄

【 신화시대-삼황오제 】

三皇(중국 고대의 천자)-伏羲氏(사냥의 기술), 神農氏(농사짓는 법 발명), 燧人氏(불의 발명).

五帝(다섯 사람의 성천자)-황제(黃帝), 전욱(顓頊), 제곡(帝嚳), 제요(帝堯), 제순(帝舜).

1. 堯

공손하고 총명하고, 우아하며, 온유했다고 한다(『서경』). 세상을 잘 다스렸고, 순(舜)이란 어진 이를 발탁하여 나라를 맡긴 성천자였다.

2. 舜

어질고 우아하고 총명하고 온화하고 착실했다고 한다(『서경』). 가정을 잘 이끌어 마을 사람들이 존경했으며 그의 덕행이 천자의 귀에까지 들려 제왕이 되었다고 한다. 인재 등용을 잘 했고, 정치를 정비하고, 한족(漢族)의 세력을 넓혔다 한다. 우(禹)를 등용하여 하천을 개수하고, 구주(九州)를 설정했고 백관을 부리며 음악도 즐긴 문화적 성왕이었다.

3. 禹

황하의 홍수를 다스리고 구주를 경략했다. 백성의 신망이 두터웠다고 한다. 순(舜)이 죽자 임금에 추대되었고 하왕조(夏王朝)를 열었다. 17대 걸왕(桀王)이 말희(末喜)와 향락에 빠져 폭정을 하다 나라를 망쳤다.

4. 湯王

걸왕을 토멸하고 상은(商[殷])나라를 연 혁명왕이다. 은왕조는 600년이나 계속되었다. 33대 주왕(紂王)은 폭군이며 변설가였다 한다. 그는 달기(妲己)란 여자

의 말만 듣고 주지육림에 빠졌고, 포락지형(炮烙之刑)을 일삼아 백성의 원망을
사서 나라를 잃었다.

5. 文王

은나라의 제후였다. 주왕을 무너뜨리고 주왕조(周王朝)를 열었다. 수렵을 갔다
가 태공망을 만나 군사(君師)로 맞이했다.

6. 武王

문왕의 장자. 아버지의 위업을 이어 주왕조를 완성했다.(은을 치려 할 때 백이
숙제(伯夷叔齊)가 막았다. 신하의 몸으로 군주를 쳐서는 안 된다고 반대하는 이
제(夷齊)를 죽이려 하자 태공망이 변호하여 죽임을 당하지 않았다. 이제는 주왕
조가 서자 수양산으로 들어가 고사리를 캐어 먹다 죽었다 한다.)

7. 朱公旦

문왕의 아들이며 무왕의 아우. 형을 도와 혁명을 완수했다. 무왕이 죽은 뒤 어
린 조카인 성왕(成王)을 도와 지방을 평정하고, 왕실의 내분을 다스리고, 관
제·예제·교육제도 등을 입안 실시함으로써 왕조의 기초를 다지고 한민족
문명 진전에 기여한 유능한 정치가였다. 자만하지 않고 성왕을 섬기며 예를
두터이 했다고 한다. 현명하고 유능한 선비와 사귄 어진 군자였다.(공자는 성
현 중에서 주공을 가장 존경했다. 자신의 정치적·윤리적 이상은 주공의 가
르침을 재현하는 것이라고 생각했다. 주공은 공자의 학문과 실천의 이상형이
다. 이렇게 문왕, 무왕, 주공의 노력으로 이상적인 사회가 실현되었던 것이니,
공자와 후세의 유가는 이 시대의 주인을 모범적인 인간상(성인)으로 우러르고
있다.) 12대 유왕(幽王)은 포사(褒姒)란 여자를 사랑하며 포악무도한 짓을 자행
했다. 이때 견융이 쳐들어와 유왕은 죽임을 당했다. 아들인 평왕이 도읍을 호
경(鎬京)에서 낙양(洛陽)으로 옮겼다. 이것이 주(周)의 동천 곧 동주 시대의 서막
이다.

子小子履(여소자리) : 저 보잘것없는 아이인 이(履). '履'는 은나라 탕왕의 이름.
敢用玄牡(감용현모) : 감히 검은 수소를 희생으로 쓰다. '敢'은 '송구함을 무릅쓰
　　　고, 함부로'의 뜻을 가진 부사다. '玄牡'(현무 〉현모)는 검은 황소. 희생물로

'牡牛'(무우 〉모우)를 썼다.

敢昭告于皇皇后帝(감소고우황황후제) : 감히 거룩하고 거룩하신 천제께 분명히
　　아뢴다. 소고(昭告)는 분명히 말하는 것이다. '皇皇'은 '크다, 거룩하다'의
　　뜻. '后帝'는 '천제, 하느님'이라는 뜻을 가졌다.

有罪不敢赦(유죄불감사) : 죄가 있어 감히 용서할 수 없다.

帝臣(제신) : 천제의 신으로 은왕을 가리킨다. 탕왕이 사유할 수 없다는 뜻.

不蔽(불폐) : 은폐하지 않다. 버려두지 않다.

簡(간) : 가리다. 선발하다.

朕(짐) : 나. 황제의 자칭.

無以萬方(무이만방) : 만방의 백성 때문이 아니다. '以'는 '由'와 같다.

賚(뢰) : 하사물. 보물. 하늘이 크게 보물을 내려주다.

善人是富(선인시부) : 선인이 이에 많아지다. '是'는 '실로, 참으로'라는 뜻으로
　　새길 수도 있다.

周親(주친) : 지극히 가까운 친척.

權量(권량) : 저울의 추와 두곡(斗斛). 두곡은 곡식을 되는 말과 휘. 휘는 10말 또
　　는 15말들이의 되는 그릇. 결국 '도량형'을 말한다.

法度(법도) : 예악의 제도.

興滅國(흥멸국) : 멸망하는 나라를 일으키다.

繼絶世(계절세) : 끊어진 세대를 이어주다.

所重民食喪祭(소중민식상제) : 소중히 여기는 바는 백성의 식과 상과 제다.

信則民任焉(신즉민임언) : 믿음이 있으면 백성들이 이를 신임한다. '焉'은 '於是'
　　와 같다.

子張이 問於孔子曰 何如라야 斯可以從政矣니이고. 子曰
자장   문어공자왈 하여   사가이종정의   자왈

尊五美하며 屛四惡이면 斯可以從政矣리라. 子張이 曰 何謂
존오미   병사악   사가이종정의   자장   왈 하위

五美니이고. 子曰 君子惠而不費하며 勞而不怨하며 欲而不
오미   자왈 군자혜이불비   노이불원   욕이불

貪하며 泰而不驕하며 威而不猛이니라. 子張이 曰 何謂惠而
탐   태이불교   위이불맹   자장   왈 하위혜이

不費니이고. 子曰 因民之所利而利之니 斯不亦惠而不費乎
불비   자왈 인민지소리이이지   사불역혜이불비호

아. 擇可勞而勞之어니 又誰怨이리오. 欲仁而得仁이어니
   택가로이노지   우수원   욕인이득인

又焉貪이리오. 君子無衆寡하며 無小大히 無敢慢하나니 斯不
우언탐   군자무중과   무소대   무감만   사불

亦泰而不驕乎아. 君子正其衣冠하며 尊其瞻視하여 儼然人望
역태이불교호   군자정기의관   존기첨시   엄연인망

而畏之하나니 斯不亦威而不猛乎아. 子張이 曰 何謂四惡
이외지   사불역위이불맹호   자장   왈 하위사악

이니이고. 子曰 不敎而殺을 謂之虐이요 不戒視成을 謂之暴
         자왈 불교이살   위지학   불계시성   위지포

요 慢令致期를 謂之賊이요 猶之與人也로대 出納之吝을
  만령치기   위지적   유지여인야   출납지린

謂之有司니라.
위지유사

통해(通解)

　자장이 공자께 여쭈었다. "어찌하면 곧 정치에 종사할 수 있습니까?" 그러자 공자께서 말씀하셨다. "다섯 가지 미덕을 존중하며, 네 가지 악을 물리치면 곧 정치에 종사할 수 있을 것이다." 자장이 말했다. "무엇이 다섯 가지 미덕입니까?" 그러자 공자께서 말씀하셨다. "군자는 백성들에게 은혜를 베풀어주되 낭비하지 아니하며, 노역을 시키되 원망을 사지 아니하며, 원하기는 하되 탐내지 아니하며, 태연하되 교만하지 않으며, 위엄이 있으되 사납지 않다." 자장이 말했다. "무엇을 은혜를 베풀고 낭비를 하지 않는 것이라 합니까?" 공자께서 말씀하셨다. "백성이 이롭게 여기는 바에 따라 그들을 이롭게 해주니, 이것 또한 백성에게 은혜를 베풀되 낭비를 하지 않게 하는 것이 아니겠느냐? 노역을 시킬 만한 일을 선택하여 그들을 수고롭게 하니, 또 누가 원망하겠느냐? 인을 하고자 하여 인을 얻는다면, 또 무엇을 탐하겠느냐? 군자는 사람의 많고 적음에 관계없이 또 권세의 작고 큼에 관계없이 감히 교만하지 않으니, 이것 또한 태연스럽고 교만하지 않은 것이 아니겠느냐? 군자는 자신의 의관을 바르게 하며, 자신의 용모를 존엄하게 하여 엄숙하게 사람이 바라보고 그것을 두려워하니, 이것 또한 위엄이 있으면서 사납지 않은 것이 아니겠느냐?" 자장이 말했다. "무엇을 네 가지 악이라 하십니까?" 공자께서 말씀하셨다. "백성들을 가르치지 않고 죽이는 것을 잔학이라 하고, 미리 훈계하지 않고 잘못된 결과만을 따지는 것을 포악이라 하고, 명을 소홀히 하고 기한을 재촉하는 것을 적해라 하고, 어차피 다른 사람에게 줄 물건의 출납을 인색하게 하는 것을 창고지기(작은 벼슬아치) 같다고 한다."

■요지 : 공자는 자장에게 바른 정치를 하려면 다섯 가지 미덕을 존중하고 네 가지 악덕을 물리쳐야 한다고 가르쳤다.

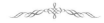

어석·문법

何如斯可以從政矣(하여사가이종정의) : 어떻게 하면 정치에 종사할 수 있는가?
　　'斯'는 '則'과 같은 접속사다. '矣'은 의문을 표하는 어기조사다.

五美(오미) : 다섯 가지의 미덕. 미행.

屛四惡(병사악) : 네 가지 악덕을 물리치다. '屛'(병)은 '除'와 같다.

蕙而不費(혜이불비) : 은혜를 주면서 허비하지 않는다.

勞而不怨(노이불원) : 노역하게 하나 원망하지 않는다.

欲而不貪(욕이불탐) : 욕망은 있어도 탐하지 않는다.

泰而不驕(태이불교) : 태연하나 교만하지 않다.

威而不猛(위이불맹) : 위엄이 있으나 사납지 않다.

因民之所利而利之(인민지소리이이지) : 백성들이 이롭다고 여기는 바를 따라서
　　그들을 이롭게 해주다. '之'는 주격을 나타내는 구조조사다. '所利'의 '利'
　　는 '이롭게 여기다'라는 일반 동사이고, '利之'의 '利'는 '이롭게 해주다'라
　　는 사역동사다.

擇可勞而勞之(택가로이노지) : 수고롭게 할 만한 일을 택하여 그들을 수고롭게
　　하다.

誰怨(수원) : 누구를 원망하랴?

欲仁而得仁(욕인이득인) : 인하고자 하여 인을 얻다.

衆寡(중과) : 많거나 적거나.

小大(소대) : 작거나 크거나. 지위의 고저.

瞻視(첨시) : 보다. 정시(正視). 보는 바. '瞻'은 고개를 펴고 보다.

儼然人望而畏之(엄연인망이외지) : 엄연하게 하면 사람들이 바라보고 그것을 두
　　려워한다.

不敎而殺謂之虐(불교이살위지학) : 가르쳐주지 않으면서 죽이는 것을 그것을 잔
　　학이라고 이른다. '之'는 '不敎而殺'을 가리킨다.

不戒視成(불계시성) : 경계하지 않고 결과를 따진다.

慢令致期(만령치기) : 명령은 소홀히 하고 기한을 재촉한다. '致期'는 기한을 제
　　한하는 것이다.

賊(적) : 해롭게 하다. 도적.

猶之與人也(유지여인야) : 이를 의당히 남에게 주다. '猶之'는 '똑같이, 어차피, 의당히'의 뜻.

出納之吝(출납지린) : 출납이 인색하다. '之'는 주격을 나타내는 구조조사다.

有司(유사) : 작은 벼슬아치. 출납관. 창고지기. 나쁜 본보기로서의 역인(役人).

20-3

孔子曰 不知命이면 無以爲君子也요 不知禮면 無以立也요
공자왈 부지명　　　무이위군자야　　부지례　　무이립야

不知言이면 無以知人也니라.
부지언　　　무이지인야

통해(通解)

공자께서 말씀하셨다. "천명을 알지 못하면 군자가 될 수 없고, 예를 알지 못하면 세상에 나설 수 없고, 말을 알아듣지 못하면 다른 사람을 알 수 없다."

■요지 : 군자는 천명, 예, 말을 안다. 천명을 모르면 군자의 자격이 없고, 예를 모르면 세상에 설 수 없고, 말을 모르면 인물을 알 수 없기 때문이라는 것이다.

어석 · 문법

不知命(부지명) : 천명을 알지 못하다. 가정, 조건을 표시하는 句.

無以爲君子也(무이위군자야) : 군자가 될 수 없다. '無以~ 也'는 할 수 없다. '以'는 어조를 고르고 구의(句意)를 강하게 하는 어기조사.

無以立也(무이립야) : 세상에 서서 행할 수 없다. '立'은 세상에 서서 몸을 세우는 것.

不知言(부지언) : 남의 말의 참다운 의미를 모르는 것. 가정, 조건을 표하는 구.

'知言'은 상대방 말의 진의를 아는 것.

無以知人也(무이지인야) : 그 인물을 알 수 없다. '知人'은 그 인물을 안다.

부록

중니 제자 일람

춘추시대 지도

중니 제자 일람

字	姓名	出身國	摘要	十哲
路	顔無繇	魯	顔回의 父	
白魚	孔鯉	魯	孔子의 子	
伯牛	冉耕	魯		德行
晳	曾點	魯	曾參의 父	
子開 또는 子若	漆彫開	魯(蔡)		
子開 또는 子張	琴牢	衛		
子騫	閔損	魯		德行
子羔 또는 子皐	高柴	齊(衛)	費宰	
子貢	端木賜	衛		言語
子禽 또는 子元	陳亢	陳(齊)		
子期 또는 子旗	巫馬施	陳(魯)		
子路 또는 季路	仲由	魯	季氏宰, 蒲大父	政事
子思	原憲	宋(魯)	孔子의 家臣	
子産	冉季	魯		
子我	宰予	魯	臨淄大夫	言語
子輿	曾參	魯		
子淵	顔回	魯	孔子의 首弟子	德行
子容	南宮适	魯		

字	姓名	出身國	摘要	十哲
子羽	澹臺滅明	魯		
子牛	司馬耕	宋	司馬桓魋의 弟	
子有	有若	魯		
子游	言偃	吳(魯)	武城宰	文學
子有	冉求	魯	季氏宰	政事
子張	顓孫師	陳		
子長 또는 子芝	公冶長	魯(齊)		
子周	公伯寮	魯		
子遲	樊須	魯(齊)		
子賤	宓不齊	魯		
子夏	卜商	衛	莒父宰	文學
子華	公西赤	魯		
周	申棖	魯		
仲弓	冉雍	魯		德行

춘추시대 지도

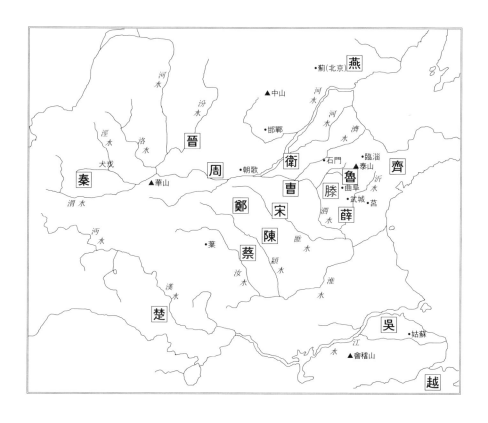

찾아보기

어구

인명

역자 인암仁庵 신춘호申春浩

1939년 충북 청원군(현 청주)에서 태어나 청주사범학교를 졸업했다. 1958년 중등학교 교원 자격 고시(국어과)에 합격하여 청주상고, 오산고교, 풍문여고 등에서 국어 교사로 봉직했다. 1960년 『소설계』 현상소설 모집에 응모하여 단편 「포말(泡沫)」로 제3회 신인상을 수상했다. 체계적인 문학 수업을 하기 위하여 국제대학 국문과를 졸업하고, 그 후 고려대학교 대학원 국문과에 입학하여 한국 현대소설에 관한 연구로 문학석사 학위(1973)와 박사 학위(1980)를 취득했다. 한편 제2전공 분야라 할 수 있는 한문 고전에 대한 보다 깊은 이해를 위하여 민족문화추진회 국역연수원(연수부)에 들어가 2년간 국역 연수 과정을 이수(졸업)하였다(1978). 그 후 고려대학교 문과대 강사를 거쳐 1981년 건국대학교 인문대 국문과 교수로 부임하여 20여 년간 문학의 이론과 한국 현대소설론을 강의했다. 그 과정에서 중원인문연구소장과 『건대학보』 주간을 역임했고, 1989년에는 미국 캘리포니아대학교 샌디에이고 캠퍼스(University of California, Sandiego) 객원교수로 초빙되어 문학부에서 미국 소설과 한국 소설에 대한 비교 연구를 수행했다. 2004년 건국대학교 명예교수로 퇴임했고, 현재는 지역사회 봉사기관에서 『논어』와 문예 창작을 강의하고 있다. 주요한 논문으로 「한국 빈궁문학의 두 양상—1920년대 소설 문학을 중심으로」(석사 학위 논문)를 비롯하여 「주요섭론」 「이익상론」 「염상섭의 삼대(三代)론」 「이기영의 두만강 연구」 「조명희 소설론」 「미국의 농민소설 연구」 등이 있으며, 저서로는 『한국 농민소설 연구』(박사 학위 논문)를 비롯하여 『문학의 이해와 감상—최서해』 『문학이란 무엇인가』 『한국 작가 작품론』 『한국 현대 장편소설 연구』 등이 있다.

논어 論語

초판 인쇄 · 2021년 1월 10일
초판 발행 · 2021년 1월 15일

지은이 · 공   자
옮긴이 · 신춘호
펴낸이 · 한봉숙
펴낸곳 · 푸른사상사

주간 · 맹문재 | 편집 · 지순이 | 교정 · 김수란
등록 · 1999년 7월 8일 제2-2876호
주소 · 경기도 파주시 회동길 337-16 푸른사상사
대표전화 · 031) 955-9111(2) | 팩시밀리 · 031) 955-9114
이메일 · prun21c@hanmail.net
홈페이지 · http://www.prun21c.com

ⓒ 신춘호, 2021

ISBN 979-11-308-1720-0 03140
값 39,000원

저자와 합의하여 인지는 생략합니다.
이 도서의 전부 또는 일부 내용을 재사용하려면 사전에 저작권자와
푸른사상사의 서면에 의한 동의를 받아야 합니다.